Angelika Krebs

in Zusammenarbeit mit
Stephanie Schuster, Alexander Fischer
und Jan Müller

Das Weltbild der Igel

Naturethik einmal anders

Schwabe Verlag

Bibliografische Information der Deutschen Nationalbibliothek
Die Deutsche Nationalbibliothek verzeichnet diese Publikation in der Deutschen Nationalbibliografie;
detaillierte bibliografische Daten sind im Internet über http://dnb.dnb.de abrufbar.

© 2021 Schwabe Verlag, Schwabe Verlagsgruppe AG, Basel, Schweiz
Dieses Werk ist urheberrechtlich geschützt. Das Werk einschließlich seiner Teile darf ohne schriftliche
Genehmigung des Verlages in keiner Form reproduziert oder elektronisch verarbeitet, vervielfältigt,
zugänglich gemacht oder verbreitet werden.
Abbildung Umschlag: Igel mit Milchschälchen, © Graham McCallum
Korrektorat: Anna Ertel, Göttingen
Cover: icona basel gmbh, Basel
Layout: icona basel gmbh, Basel
Satz: 3w+p, Rimpar
Druck: CPI books GmbH, Leck
Printed in Germany
ISBN Printausgabe 978-3-7965-4414-9
ISBN eBook (PDF) 978-3-7965-4415-6
DOI 10.24894/978-3-7965-4415-6
Das eBook ist seitenidentisch mit der gedruckten Ausgabe und erlaubt Volltextsuche. Zudem sind
Inhaltsverzeichnis und Überschriften verlinkt.

rights@schwabe.ch
www.schwabe.ch

Inhalt

Vorwort 9
Eine andere Methode für die Naturethik 9
Und ein anderer Inhalt 12
Eine widersprüchliche Erfahrung und die Einsicht, zu der sie führt 13
Die Buchkapitel im Überblick 14
Ein Gemeinschaftsprojekt 17

Einleitung
Ein Gespräch, das nie stattgefunden hat:
Mit Peter Kurzeck über Natur und Literatur 19
Die Lesung 19
Der Anruf 20
Versäumt 23
Die Natur im Süden 24
Keiner stirbt 26
Resonanz mit der Natur 26
Wir hätten die Erde nicht aufgeben sollen! 28
Literatur und Philosophie 31
… und das Leben 33
Die Vorher-nachher-Technik 34
Das Stilmittel der Personifikation 37
Anmerkungen und Literaturhinweise zur Einleitung 38

Erstes Kapitel
Daß wir die Tiere verraten haben **und warum wir sie und die ganze Natur wieder verzaubern müssen** 45

«Die Igel am Fahrbahnrand» 45
Mitleid und Moral 46
Der Pluralismus von Moral und Vernunft 48
Literatur und Gefühl 52
Empathie oder Sympathie? 59
Aus der Sicht der Igel 61
Spielarten der Personifikation 64
Evokation und Diskurs 72
Es braucht beides 77
Die Personifikation der Natur als notwendige Metapher 78
Eine Landkarte der Naturethik 80
Anmerkungen und Literaturhinweise zum ersten Kapitel 85

Zweites Kapitel
Alles ruft: **Die unersetzbare Schönheit der Natur** 95

«Der Morgen als Maler» 95
Stimmung und Landschaft 98
Ästhetische Resonanz 107
What's Wrong with Plastic Trees? 112
Schöne Natur und Zeiterleben 113
Der Begriff der Zeit 114
Achtsamkeit auf Zeit 117
Zyklische Naturzeit versus lineare Uhrenzeit 119
Aus der Zeit gefallen 124
Das Leben ist ein Geschenk 129
Anmerkungen und Literaturhinweise zum zweiten Kapitel 129

Drittes Kapitel
Gott schläft: **Zurück zu einer spirituellen Haltung gegenüber der Welt** 135

«Aus Gottes Hand gefallen» 135

Laudato si' 137

Die Ausrottung der Frösche 138

Reden wir über Gott 144

Kein Etwas, aber auch nicht ein Nichts 145

Spirituelle Erfahrung 147

Die Natur ist heilig 151

Zum Verhältnis von Moral, Schönheit und Heiligkeit 155

Anmerkungen und Literaturhinweise zum dritten Kapitel .. 156

Viertes Kapitel
Die Wege kennen dich: **Natur als Heimat** 161

«Mein schönes Tal» 161

Nostalgie, Sentimentalität, Kitsch? 168

Bauen in der Landschaft 170

Wie viel Heimat braucht der Mensch? 173

Anmerkungen und Lektürehinweise zum vierten Kapitel .. 178

Fünftes Kapitel
Von allem zu viel und dabei nie genug: **Falsche Bedürfnisse und Gewinnmacherei auf Kosten der Natur** 181

«Fahren, immer nur fahren!» 181

Wer Begehrlichkeit sät 190

Maßhalten statt Schritthalten 196

Philosophie des Geldes 198

Kritik von innen 207

Damit die Welt noch weitergeht 211

Anmerkungen und Literaturhinweise zum fünften Kapitel . 214

Schluss
Fly like an Igel 219
Anmerkungen und Literaturhinweise zum Schluss 220

Anhang 221
Verzeichnis der Literatur 221
Bildnachweise 231
Die Autorinnen und Autoren 233
Register 235

Vorwort

Das ist ein Buch für Menschen. Menschen, denen die Natur etwas bedeutet und die ihr Glück nicht nur drinnen und unter ihresgleichen suchen, sondern auch draußen, unter freiem Himmel. Ob nur hin und wieder, vielleicht im Sommer in den großen Ferien, bei einer schweren Erkrankung oder sonst einem Kummer, oder immer wieder, jeden lieben Tag.

Die Zahl dieser Menschen ist zuletzt stark gestiegen. Die Corona-Pandemie hat eine ganze Welle von Neu- und Wiederentdeckungen der Natur ausgelöst. Die Rede ist dabei nicht nur von Sport und Erholung in frischer Luft, einem schonenderen Umgang mit dem Klima oder einer nachhaltigeren Nutzung endlicher natürlicher Ressourcen. Die Rede ist auch von Freude und Seligkeit in der Natur, vom Staunen über das, was es dort alles gibt, was einfach so da ist. Von der Geborgenheit und dem Trost, den wir in der Natur finden können.

Der Niedergang der Religion hat dieser Erfahrung der Schönheit und Sinnhaftigkeit der Natur den Boden unter den Füßen weggezogen – oder so hat es zumindest den Anschein. Viele der Menschen, denen die Natur heute etwas bedeutet, glauben ja nicht unbedingt, es gäbe da einen, den lieben Gott, der ihnen mithilfe der Natur etwas zu bedeuten hätte oder sagen wollte. Trotzdem spüren sie, dass da etwas ist und dass es ihnen guttut, in und mit der Natur zu sein. Was ist da und warum tut es gut?

Die Wissenschaft, und das heißt vor allem die philosophische Ethik und insbesondere die Ästhetik der Natur, gibt kaum eine Antwort auf diese Fragen. Das Feld der Naturästhetik wird seit Jahrzehnten nicht mehr recht bestellt. Es ist nahezu verwaist. Die Menschen werden weitgehend allein gelassen mit ihrer Resonanzerfahrung und der Angst, dass die Natur um sie herum bald ganz verschwindet.

Eine andere Methode für die Naturethik

Das ist in diesem Buch anders. Es will die Naturerfahrung der Menschen ernst nehmen und in ihr Recht setzen. Im Unterschied zu den meisten wissenschaftlichen Publikationen wendet es sich auch nicht an die Kolleginnen und Kollegen aus der eigenen akademischen Zunft, jedenfalls nicht in erster Linie. Es tritt vielmehr heraus aus dem Elfenbeinturm und will den Menschen, die die Erfahrung der Schönheit der Natur trotz allem machen, etwas an die Hand geben. Es will Brücken bauen von der Lebenswelt in die Wissenschaft und wieder zurück. Es will die Wichtigkeit der naturästhetischen Erfahrung für das Glück eines jeden menschlichen Lebens rechtfertigen. In anderen Worten will es ein Menschenrecht auf Natur begründen. Denn die naturästhetische Erfahrung ist keine rein subjektive Angelegenheit. Sie gehört auch nicht in das Luxussegment der Angebote an Selbstverwirklichung. Unerträglich die Vorstellung, dass wir auf eine Welt zutreiben, in der nur noch einige Reiche und Mächtige Zugang zu den letzten Resten an intakter Natur haben. Und die vielen Anderen ihr Leben in hochtechnisierten Beton- und Agrarwüsten fristen müssen. Was das Buch somit anbietet, ist eine Ethik der Natur, in deren Zentrum eine Ästhetik der Natur steht, und zwar für alle.

Wie aber kommt man an diese menschliche Naturerfahrung heran? Wie «er-innert» man sie, sodass sie nicht nur eindeutig identifiziert ist, sondern auch lebendig spürbar wird in ihrem vollen Wert? Mit empirischer Messung, Begriffsdefinition und logischer Argumentation, der üblichen wissenschaftlichen Methodik also, ist es da nicht getan. Versuchen Sie nur einmal zu definieren, wie die Farbe Grün aussieht, wie sie sich anfühlt. Das wird Ihnen nicht gelingen. Und die Natur ist natürlich nicht einfach nur grün. Zusätzlich zu wissenschaftlicher Präzision braucht es die prägnante Vergegenwärtigung, die plastische Vorführung dessen, was auf dem Spiel steht. Dann kann es sich in seiner Selbstevidenz zeigen und ohne dass man dazu extra den moralischen Zeigefinger erheben müsste.

Unser wissenschaftliches Zeitalter überschätzt das explizite «Sagen, dass» und unterschätzt das direkte Zeigen. Es überschätzt den Diskurs und unterschätzt die Evokation. Es überschätzt den Verstand und unterschätzt das Gefühl. Das Herz hat nämlich seine Gründe, von denen der Verstand nichts weiß. Zwar ist in Zeiten von Fake News, Verschwörungstheorien und zunehmender Respektlosigkeit gegenüber den Traditionen und Institutionen des Wissens unbedingt die Vernunft hochzuhalten. Doch Vernunft und wissenschaftliche Rationalität sind zwei Paar Stiefel. Die Vernunft sieht das Ganze. Sie schaut auf alle Facetten eines Problems und bemüht dabei neben dem Verstand auch das Gefühl. Der Spagat zwischen gefühlter Prägnanz und rationaler Präzision ist nicht leicht. Doch man muss auch an das Herz herankommen, wenn sich in unserem Umgang mit der Natur etwas grundlegend ändern soll.

Prägnante Evokation aber ist die Stärke der Literatur. Daher setzt dieses Buch auch auf Literatur und nicht nur auf wissenschaftliche Philosophie. Es arbeitet mit dichterischen Passagen von großer Leuchtkraft. Diese Passagen sollen einerseits eigene Naturerfahrungen wieder aufrufen und bekräftigen. Andererseits sollen sie sie zusätzlich anleiten, verfeinern und vertiefen. Und sie sollen zum Weiterdenken und zum Andersleben anregen.

Alle Passagen stammen von einem einzigen zeitgenössischen Dichter, aus einem einzigen Werk. Dadurch entsteht eine hohe Verweisdichte unter den Passagen, welche wiederum deren Leuchtkraft steigert. Eine solche Intensität erreicht man kaum, wenn man zwischen Zitaten aus verschiedenen Epochen, von verschiedenen Autorinnen und Autoren und deren Werken hin- und herspringt. Es hat Jahre gedauert, bis wir «unseren» Autor, sein Werk und die passenden Zitate gefunden haben. Wir sind auch die Ersten, welche das Werk dieses Dichters mit Blick auf die Natur lesen.

Jedes Kapitel unseres Buches beginnt also mit einer solchen Passage. Oft wird dabei nicht schlicht eine Textstelle zitiert, sondern das Zitat wird mit Bild und Ton angereichert. Es hat Gemälde und Fotografien, es hat Audiolinks und Transkriptionen. Alsdann wird die eindringliche dichterische Stimme in einem «close reading» mit verschiedenen eher auf begriffliche Unterscheidung, argumentative Ordnung und Verbindlichkeit bedachten philosophischen Stimmen ins Gespräch gebracht. Teilweise stammen diese Stimmen von uns, dem Autorenteam, teilweise handelt es sich um Glanzstücke aus diversen Bereichen der philosophischen Forschung, nicht nur aus der Moralphilosophie und der Ästhetik, sondern auch aus der philosophischen Anthropologie, der Emotionstheorie, der Erkenntnistheorie, der Religionsphilosophie, der verstehenden Soziologie oder der politischen Ökonomie. Denn genauso wenig wie den Elfenbeinturm können wir uns Fachidiotentum leisten.

Unser wissenschaftliches Zeitalter überschätzt fachliche Spezialisierung, das Immer-weiter-Vorpreschen im Kleinen, und unterschätzt Ganzheitlichkeit, das Zusammenfügen des Einzelnen zu einem großen Ganzen. Auch die Integration von Wissen zu einem Ganzen ist anspruchsvoll, soll sie auf dem neuesten Stand sein, nicht unzulässig simplifizieren und das Gewichtigere vom nicht so Gewichtigen scheiden. Expertentum mag zwar förderlicher sein für die wissenschaftliche Karriere als Umsicht. Doch Letztere ist unabkömmlich, will man der Sache in ihrer Gesamtheit dienen.

Zu hoch im Kurs heutzutage steht außerdem der wissenschaftliche Hang zu vorschneller Abstraktion, die Theorieversessenheit, denn sie geht mit einem Mangel an Bodenhaftung und Respekt vor der konkreten Vielfalt der Welt einher. Es bringt bei unserem Thema nicht viel, in die Höhen der ethischen und ästhetischen Theorie abzuheben, eine soundsovielte Meinung im endlosen Streit der Theorien zu vertreten und sie dann, sozusagen im Nachgang des eigentlichen philosophischen Geschäfts, auf die Praxis anzuwenden. Wir gehen in diesem Buch daher genau den umgekehrten Weg: von unten nach oben, «bottom up», und nicht von oben nach unten, «top down». Wir fangen mit der konkreten menschlichen Naturerfahrung und ihrer literarischen Evokation an und bewegen uns dann mithilfe philosophischer Unterscheidungen und Begründungen auf einer mittleren Ebene zwischen spezifischer Erfahrung und theoretischer Reflexion. Die philosophischen Unterscheidungen betreffen etwa die zwischen Verstand und Vernunft, Präzision und Prägnanz, Empathie und Mitgefühl oder Grundbedürfnis und Interesse. Und die philosophischen Argumentationen beziehen sich etwa auf ein Verständnis von Gerechtigkeit, in dessen Kern nicht die gleiche Berücksichtigung der Interessen aller steht, sondern die Garantie der Möglichkeit zur Erfüllung von Grundbedürfnissen. Die immense Komplexität, die sich bereits auf dieser mittleren Ebene auftut, straft ohnehin das Ansinnen Lügen, man könne all dem mit einer einzigen Theorie «Herr» werden. In den Höhen der Theorie ist die Luft zu dünn, ist die Sprache zu blass, ist der Abstand zum gelebten Leben zu groß, als dass man damit praktisch viel anfangen könnte.

Unser Buch setzt sich damit in seinem Vorgehen zwischen viele Stühle: zwischen die Lebenswelt und die Wissenschaft, zwischen die Philosophie und die Literatur und auch noch die Literaturwissenschaft sowie zwischen die Vielzahl an internen Fachrichtungen und Theorien. Auch dass das Buch von einem Autorenkollektiv geschrieben wurde, ist ungewöhnlich. Trotz all dem oder gerade dadurch bietet es eine klare Orientierung für das praktische Leben.

Und ein anderer Inhalt

Unkonventionell ist jedoch nicht nur die Methode, sondern auch, wie eingangs schon betont, der Inhalt des Buches. Es legt den Fokus auf die Schönheit der Natur und damit auf etwas, das zwar viele von uns privat empfinden und wertschätzen, das jedoch in der politischen Arena eher belächelt wird, wenn es nicht regelrecht schlechtgemacht wird. Landschaft hat bisher keine Lobby. Es braucht Mut, um im politischen Kampf mit den harten Fakten und Zahlen der Klima- und Wohlstandsentwicklung das immaterielle Bedürfnis nach schöner Natur überhaupt zu erwähnen. Den Mut dazu wollen wir machen und das Rüstzeug dafür liefern.

Auch in der Naturethik, der Lehre vom moralischen Umgang mit der Natur, spielt die Schönheit der Natur kaum eine Rolle, obwohl es zumindest in der geschützten akademischen Welt nicht allzu viel Mut bräuchte, um sie mitzudenken und einzubringen. Die Naturethik ist vielfach erstarrt in einem krassen Gegensatz zwischen Anthropozentrik und Ökozentrik. Die Anthropozentrik verteidigt dabei das moralische Recht des Menschen, die Natur nach Belieben zum eigenen Vorteil zu benutzen, solange dies nur einigermaßen nachhaltig geschieht und nicht zu sehr auf Kosten von Menschen in der Zukunft und in anderen Regionen der Welt.

Der ökozentrischen Opposition gilt die Anthropozentrik als Inbegriff des Bösen, als Sündenfall des Menschen, als Entwürdigung der Natur. Denn warum sollte nur der Mensch eine Würde, einen moralischen Eigenwert haben und nicht auch Gaia die Natur, die doch so viel älter und größer ist als wir und alles am besten weiß und der wir nur zu folgen hätten? Der Natur kommt in dieser ökozentrischen Sichtweise fast etwas Göttliches zu. Die anthropozentrische Gegenposition hält die steilen ökozentrischen Behauptungen denn auch für nicht allgemein begründbar und wittert Esoterik, Dogmatik, Fanatismus bis hin zu Ökofaschismus.

Die Kluft zwischen den beiden Seiten ist also denkbar groß. Das kann bei dem rasenden Tempo der Naturzerstörung zu einer gefährlichen Spaltung der Gesellschaft in jung gegen alt, arm gegen reich, ökologisch-erleuchtet gegen hoffnungslos-humanchauvinistisch führen. Die Wut der «Fridays for Future»-Bewegung, die sich freilich teilweise auch noch innerhalb des anthropozentrischen Weltbildes verstehen lässt, mag da nur ein leiser Vorgeschmack sein. Dieser Riss muss geheilt werden, bevor er zu tief wird.

Er lässt sich auch heilen. Und zwar, indem man den Blick auf das richtet, was zwischen den Extremen der anthropozentrischen Degradierung der Natur zu einer bloßen Ressource und der ökozentrischen Vergöttlichung oder zumindest Personifikation der Natur liegt. Dazwischen liegt, ja, genau, der ästhetische Umgang mit der Natur. In diesem Umgang erscheint die Natur nicht als Ressource, die man abgreift, sondern als Gegenüber, das einem zu fühlen und zu denken gibt und dem man selbst auch etwas schuldet. Naturästhetische Resonanz erfordert ein Leben im Einklang mit der Natur. Das ist nicht bloß eine hehre Idee, ein edles Gefühl, sondern verlangt, ganz praktisch, dass man anders lebt: anders wohnt, anders arbeitet, sich anders ernährt und sich anders fortbewegt.

Damit sind wir bei dem literarischen Werk, das wir für unser Buch ausgesucht haben. Es ist der 2011 erschienene Roman *Vorabend* des Frankfurter Schriftstellers Peter Kurzeck. Dieser Roman feiert die ästhetische Resonanz des Menschen mit der Natur. Er macht aber auch die existenzielle Heimatlosigkeit schmerzlich spürbar, die uns mit dem Verlust der Natur droht. Wir befinden uns wahrlich am «Vorabend», am Abend vor einer ästhetischen Rettung der Natur oder vor ihrem und unserem seelischen Niedergang. Wer Peter Kurzeck liest, erlebt ein Wechselbad der Gefühle von himmelhoch jauchzend bis zu Tode betrübt. Er oder sie «be-greift», dass «die Bäume in den Himmel zeigen» und «wir die Erde nicht hätten aufgeben sollen».

Eine widersprüchliche Erfahrung und die Einsicht, zu der sie führt

Wer Peter Kurzeck liest, macht aber auch noch eine andere, sonderbare Erfahrung. Er macht die Erfahrung, dass Tiere und Pflanzen, Flüsse und Berge, die Sonne und der Mond sprechen können und uns etwas zu verstehen geben, obwohl er weiß, dass weder Tiere noch Pflanzen noch der Rest der Natur wirklich sprechen können, so wie wir Menschen es können. Diese widersprüchliche Erfahrung kann man zwar auch mit anderen literarischen Texten machen, vor allem mit Texten aus der Epoche der Romantik, etwa bei Eichendorff, für den gilt: «Und die Welt hebt an zu singen, triffst du nur das Zauberwort.» Kurzeck ist in der Tat ein Romantiker, jedoch ein moderner Romantiker, der uns Heutige unmittelbar zu erreichen und zu berühren vermag.

Widersprüche kann man beseitigen, indem man eine der beiden Seiten aufgibt. Also entweder so: Was da in der Natur spricht, das ist doch nur der Kurzeck, der seine eigenen Ansichten der Natur in den Mund legt. Oder so: Wer sagt denn, dass die Natur nicht sprechen kann, die Wissenschaft täuscht sich halt. Man kann aber auch versuchen, den Widerspruch erst einmal auszuhalten und als Hinweis auf die Qualität einer Erfahrung zu betrachten, die man auch selbst, mit oder ohne Kurzeck, in der Natur machen kann, und zwar die Erfahrung der Natur als bedeutsames Gegenüber und nicht nur als Mittel zu unseren Zwecken. Diese Erfahrung ist real. Ihre Qualität ist real. Und die Beschreibung oder besser Evokation ihrer Qualität mithilfe des Bildes einer Person oder eines Gegenübers, das zu uns spricht, ist genau das: bildhaft, metaphorisch und nicht wortwörtlich zu verstehen. Und das heißt nicht: «nur» metaphorisch und eigentlich falsch. Es heißt vielmehr: metaphorisch und wahr, wenngleich nicht wörtlich wahr. Das metaphorisch Wahre beißt sich nicht mit dem wörtlich Wahren.

Auch damit ist der Widerspruch aufgelöst, aber ohne dass man sich auf eine der beiden Seiten geschlagen hätte. Denn beide Seiten treffen nur einen Teil der Wahrheit. Die Naturwissenschaft hat die Natur nur «entzaubert» und unsere Welt «trostlos» gemacht, wenn wir ihr einen Alleinvertretungsanspruch auf Wahrheit zuerkennen und unser Weltbild szientistisch an ihr ausrichten. Das sollten wir aber nicht tun. Denn auch in der ästhetischen Erfahrung offenbaren sich Welt und Wahrheit. Damit tut sich ein dritter Weg auf zwischen den Extremen der Anthropozentrik und Ökozentrik. Diesen Weg wollen wir in unserem Buch beschreiten. Denn beides ist falsch: sowohl die Natur szientistisch zu einer instrumentellen Ressource für uns zu erniedrigen als auch die Natur esoterisch zu einer Person oder gar einer Göttin zu verklären. Wir nennen unsere dritte Position «ästhetische Ökozentrik». Das richtige, metaphorische Verständnis der Personifikation der Natur entpuppt sich somit als Schlüssel, um aus der unheilvollen Frontstellung zwischen Anthropozentrik und Ökozentrik herauszukommen.

Die Buchkapitel im Überblick

Das Buch beginnt mit einem fiktiven Gespräch zwischen dem Schriftsteller Peter Kurzeck und der Philosophin Angelika Krebs. Es ist heiß und man sitzt in einem Café unter alten Arkaden im Städtchen Uzès in Südfrankreich und unterhält sich über Natur und Literatur. In dem Gespräch klingen einleitend und auf sehr persönliche Weise all die Fragen an, mit denen sich die folgenden fünf Kapitel dann ausführlich auseinandersetzen.

Das *erste* Kapitel nimmt seinen Ausgang von einer Kurzeck-Passage über das herzzerreißende Los von fünf Igeln, welche auf dem Weg zum Winterschlaf vergeblich versuchen, eine stark befahrene Straße zu überqueren. Damit wendet es sich nicht gleich dem Hauptthema des Buches zu, der Schönheit der Natur, sondern zunächst dem Leid und Leben der mit uns verwandten Tiere, die eine Sonderstellung in der Natur haben. Das Kapitel verficht den moralischen Status der Igel und aller leidensfähigen Tiere, und das ohne Rekurs auf eine Moraltheorie wie den Utilitarismus oder den Kantianismus. Es stützt sich vielmehr auf lebensweltliche Gewissheiten, wie die, dass ein Mensch ohne Mitleid kein guter Mensch sein kann. So ein Vorgehen ist, zumindest in der akademischen Philosophie, rar und erklärungsbedürftig. Daher reflektiert das Kapitel die Erkenntniskraft von Gefühlen wie dem Mitleid und deren Evokation in der Literatur. Es tritt ein für emotionale und literarische Prägnanz als notwendige Ergänzung von wissenschaftlicher Präzision und rechtfertigt auf dieser Basis die Personifikation der Igel und dann auch, im Vorgriff auf die Folgekapitel, die Personifikation der ganzen Natur. Es tut dies nicht völlig freihändig, sondern mithilfe des klaren Ansatzes, den der Jenaer Erkenntnistheoretiker Gottfried Gabriel in seinem Werk *Erkenntnis* von 2015 vorgelegt hat. Das wird auch in den anderen vier Kapiteln so sein, dass jeweils ein philosophisches Glanzstück für unsere Diskussion fruchtbar gemacht wird, natürlich neben vielen anderen kleinen und mittelgroßen Bezugnahmen. Das erste Kapitel endet mit einer Übersicht über das verzweigte Terrain der Naturethik. Dabei wird das, was dieses Vorwort bisher als «naturästhetisch» angesprochen hat, weiter aufgefächert in drei Dimensionen: erstens die Schönheit der Natur, zweitens ihre Heiligkeit und drittens ihr Wert als Heimat.

Das *zweite* Kapitel hebt an mit der Kurzeck'schen Evokation einer wunderschönen Morgenstimmung: Wie die Sonne langsam durch den weißen Nebel dringt und Dorf und Tal nach und nach aufleuchten. Plastisch vorgeführt wird dies mithilfe der metaphorischen Personifikation des Morgens als Maler, der einmal hier, einmal dort seinen Pinsel ansetzt. Auch in dem inspirierenden ästhetischen Ansatz des Oxforder Allrounders Roger Scruton, wie er etwa in seinem Werk *Schönheit* von 2012 entwickelt ist, spielt metaphorische Personifikation eine Hauptrolle. Ohne sie könnten wir, so Scruton, Musik gar nicht als Musik hören, Gemälde nicht als Gemälde sehen und Landschaften nicht als Landschaften. Und die Erfahrung von Landschaften, von schönen, intakten Landschaften, das möchten wir in diesem Kapitel mit Kurzeck zeigen, ist für ein gutes Leben unersetzbar. Denn diese Erfahrung erfüllt unsere bewusste oder unbewusste Sehnsucht danach, ein Teil des Ganzen der Natur zu sein und nicht völlig entfremdet von der Erde zu leben. Noch um einen weiteren Aspekt der landschaftsästhetischen Erfahrung ist es uns, wie auch Scruton und Kurzeck, zu tun. Das ist ihre eigentümliche Zeitlichkeit. Wer in der Natur weilt, vergisst leicht, wie viel Uhr es ist. Es kann einem sogar passieren, dass man ganz aus der Zeit fällt. Zugleich vermag die zyklische Natur unser Bewusstsein für den Fluss der Zeit auf versöhnliche Weise zu schärfen, ihre Tiefe zu erleben und uns gewissermaßen auch in der Zeit zu «beheimaten».

Im *dritten* Kapitel geht es um die spirituelle Dimension unseres Verhältnisses zur Natur. Das einführende Kurzeck-Zitat zur Ausrottung der Frösche vergegenwärtigt das Ausmaß der Naturzerstörung und bringt Empörung darüber zum Ausdruck, dass wir damit inzwischen und vielleicht endgültig «aus Gottes Hand gefallen» sind. Das Kapitel reflektiert unter Rückgriff auf das kluge Werk *Religion* des Potsdamer Sprachphilosophen Hans Julius Schneider von 2008, wie Ästhetik und Spiritualität zusammenhängen. Es begreift die spirituelle Naturerfahrung als eine Facette der ästhetischen und damit Naturästhetik als einen Zugang zu Spiritualität und Religion. Es fragt weiter mit Schneider, ob das, was in der Religion oft mit «Gott» bezeichnet wird, als wörtliche Referenz auf einen real existierenden, personalen Schöpfergott zu verstehen ist oder eher metaphorisch als Ausdruck einer spirituellen Erfahrung. Womit wir wieder beim Thema metaphorische Personifikation wären und der Suche nach einem dritten Weg neben Szientismus und Metaphysik im schlechten Sinne.

Die Kurzeck-Passage, welche das *vierte* Kapitel eröffnet, zeigt die Verwandlung eines schönen Tals durch den Bau einer Autobahn: Das Tal wird von einem Tal für Menschen zu einem Tal für Autos. Die Menschen verlieren damit einen Teil ihrer Heimat. An schönen Orten mögen wir vielleicht am liebsten Wurzeln schlagen. Doch andere Orte tun es auch. Nur sogenannte Unorte sind dafür nicht geeignet. Ein Autobahn-Tal ist ein Unort. Dass die Autos einen nicht «kennen», die alten Wege früher aber schon, zeigt auch hier wieder die Bedeutung der Personifikation. Dem oft als nostalgisch abgetanen Bedürfnis des Menschen nach Beheimatung in der Landschaft geht das Kapitel nach anhand des klassischen Essays «Wieviel Heimat braucht der Mensch?» des jüdischen Intellektuellen Jean Améry von 1966.

Damit ist nun auch der Inhalt der drei zentralen, «ästhetischen» Kapitel – erstens zur Schönheit, zweitens zur Heiligkeit und drittens zur Heimatlichkeit der Natur – angerissen. Das letzte und *fünfte* Kapitel schlägt einen völlig anderen Ton an. Es beginnt mit einer Kurzeck'schen Parodie des «geilen Geizes» im nachkriegsdeutschen Auto- und Supermarktland. Philosophische Kritik an der privaten und unternehmerischen Gewinnmacherei auf Kosten der Natur übt das Kapitel mithilfe der begrifflich konsequenten «Bemerkungen zu politischer Ökonomie» aus dem Jahre 1998 von Friedrich Kambartel, einem philosophischen Urgestein aus Konstanz. Am Ende steht, was sonst?, die Hoffnung auf Umkehr nicht nur im Denken, sondern auch im Fühlen und im Handeln.

Alle Kapitel verzichten der besseren Lesbarkeit halber auf Fußnoten und akademische Insider-Sprache. Philosophische Vorkenntnisse setzen wir keine voraus. Die Lektüre der Kapitel soll alle, die Interesse haben, emotional und intellektuell herausfordern und Neugierde wecken auf mehr Literatur und mehr Philosophie zur Natur. Hinweise dazu finden sich in den ausführlichen Anmerkungen am Schluss eines jeden Kapitels. Die Anmerkungen sind insbesondere auch für diejenigen Leserinnen und Leser gedacht, die ihre Liebe zur Natur pädagogisch weitergeben wollen, sei es an der Universität, in der Schule oder in der Familie. Wem die oben genannten Philosophen-Namen etwas sagen, der wird jetzt schon merken, dass in unserem Buch im Hintergrund Immanuel Kant und Ludwig Wittgenstein allgegenwärtig sind.

Auch den Namen Peter Kurzeck muss man noch nicht gehört haben. Man muss auch seinen Roman *Vorabend* nicht kennen. Ein Schaden ist es jedoch nicht, wenn man ihn parallel zu unserem Buch liest. Der Roman hat allerdings über 1'000 Seiten und erschließt sich nicht auf Anhieb. Man muss erst in den richtigen Rhythmus hineinkommen. Die ausgewählten Zitate sollen auch Lust machen auf diesen Glücksfall der Gegenwartsliteratur. In einem Gespräch mit Schülerinnen und Schülern sagte Kurzeck einmal selbst über dieses Werk: «Und es ist eigentlich die Summe all dessen, was ich weiß, in dem Buch drin.» Zum Einstieg in den besonderen «Kurzeck-Sound» empfiehlt sich das Anhören eines seiner frei erzählten Hörbücher, etwa *Ein Sommer, der bleibt* von 2007.

Der Titel unseres Buches ist übrigens eine Hommage an Peter Kurzeck. Im *Vorabend* gibt es zwei Kapitel zum «Weltbild der Igel». Mit Peter Kurzeck wollen wir über die Natur auch aus der Perspektive der Igel nachdenken, stehen doch die Igel im Märchen für Umsicht, Vernunft und Weisheit. Aus dieser Perspektive betrachtet erscheint es ziemlich seltsam, wie sich die Menschen auf ihren Wegen und in ihren Geschäften seit einiger Zeit aufführen: «Was es nicht alles so gibt.» Unser Buch ist also auch insofern anders, als es die gewohnte menschliche Perspektive auf die Natur mithilfe dichterischer Fantasie verfremdet, hinterfragt und übersteigt.

Ein Gemeinschaftsprojekt

Das Buch ist wie gesagt nicht auf dem Mist einer einzigen Person gewachsen. Neben der Basler Philosophieprofessorin Angelika Krebs haben ihre beiden Assistenten Dr. Alexander Fischer und Dr. Jan Müller sowie die Studentin Stephanie Schuster mitgearbeitet. Wir haben den *Vorabend* miteinander gelesen, zusammen Seminare an der Universität Basel darüber abgehalten und Ausflüge in die Kurzeck'sche Natur in und um Staufenberg und Uzès unternommen.

Angelika Krebs hat das Buch im Ganzen konzipiert, die Richtung und den Gang der Argumentation vorgezeichnet sowie die Auswahl der einleitenden Kurzeck-Passagen und der philosophischen Referenzliteratur getroffen. Auch den Stil des Buches hat sie wesentlich geprägt. Der Stil orientiert sich an einer Urform der Philosophie: dem sokratischen Dialog. Er geht von daher gut zusammen mit dem ausgesprochen mündlichen Schreibstil von Peter Kurzeck. Allein aus ihrer Feder stammt die Einleitung mit dem fiktiven Gespräch, das erste, tierethische und methodische Kapitel, die erste Hälfte des zweiten, naturästhetischen Kapitels und das vierte Kapitel zu Natur als Heimat. Eingeflossen sind darin ihre früheren naturethischen Arbeiten, vor allem der von ihr herausgegebene und in vielen Auflagen erschienene Suhrkamp-Sammelband *Naturethik* von 1997 und ihre UNO-Studie *Ethics of Nature – A Map* von 1999. Angelika Krebs ist also ein «alter Hase», der die philosophische Diskussion um Naturethik seit Jahrzehnten verfolgt und mitgestaltet. Lieber als ein Hase möchte sie inzwischen allerdings ein Igel sein.

Den zeitphilosophischen Teil des zweiten, naturästhetischen Kapitels hat Stephanie Schuster auf der Basis ihrer Masterarbeit *«Die Ewigkeiten macht man sich selbst» – Schönheit und Zeiterleben in Peter Kurzecks Werk* von 2019 verfasst. Zum dritten Kapitel über Spiritualität hat Jan Müller beigetragen, wenn auch der Text in der vorliegenden Form hauptsächlich auf Angelika Krebs zurückgeht. Das fünfte Kapitel zur politökonomischen Kapitalismus- und Bedürfniskritik haben Alexander Fischer und Angelika Krebs zusammen geschrieben. Die Entwürfe aller Kapitel wurden vom gesamten Autorenteam kritisch durch die Mangel gedreht und von Angelika Krebs zu einem Ganzen zusammengefügt. Es versteht sich bei einem solch kooperativen Unternehmen von selbst, dass nicht immer jeder mit allem einverstanden ist. Im Großen und Ganzen haben wir aber alle an einem Strang gezogen.

Unser Dank gilt den Studierenden unserer Kurzeck-Seminare und der *Peter-Kurzeck-Gesellschaft*, dort vor allem Marcel Baumgartner, Rudi Deuble, Ilona Fuchs, Volker Hess, Günter und Vilma Kämpf, Wend Kässens, Michael Kling, Alexander Losse, Christian Riedel und Erika Schellenberger-Diederich. Michael Kling gewährte uns Einblick in sein privates Peter-Kurzeck-Archiv und half uns, verschollen geglaubte Mitschnitte von Kurzeck-Lesungen aufzutreiben. Die Basler Fotografin und Kurzeck-Vertraute Ute Schendel durchstöberte ihr altes Filmmaterial nach Fotografien von Peter Kurzeck in Uzès und erlaubte uns den Abdruck. Auch der Filmemacher Frank Wierke hat ein spannendes Kurzeck-Foto beigesteuert. Peter Kurzecks Tochter, Carina Wächter, ließ uns Hunderte von Bildern, die ihr Vater als junger Mann gemalt hat, in Augenschein nehmen. Auch da durften wir uns einige Gemälde aussuchen.

Wir danken weiterhin Brigitte Descoeudres, die uns als Kunsthistorikerin bei der Auswahl der Bilder beraten hat, und Laura Heinze sowie Yvonne Stocker, die das ganze Projekt als Hilfsassistentinnen unterstützt haben. «Last, but not least» wäre dieses Buch ohne die philosophische Klarsichtigkeit von Gottfried Gabriel, Roger Scruton, Hans Julius Schneider und Friedrich Kambartel – und ohne unsere Gespräche mit ihnen – ein ziemlich anderes Buch geworden. Ihnen gilt unser größter Dank.

Uzès im Februar 2021
Angelika Krebs

Einleitung

Ein Gespräch, das nie stattgefunden hat: Mit Peter Kurzeck über Natur und Literatur

Die Lesung

«Was von allein wächst, wird weggemacht!» – das hatten wir uns als Titel ausgesucht, Peter Kurzeck und ich, für seine Lesung in meinem Ethik-Grundkurs an der Universität Basel im Herbst 2013. Um Natur sollte es gehen, ist doch die Natur das, was von sich aus entsteht und von uns heute immer mehr «weggemacht» wird:

> Und zwischen den Pflastersteinen wächst Gras. Gut, daß die Stadtverwaltung von diesem Gras nichts weiß. Sonst müssten immer wieder städtische Arbeitstruppen kommen, die es immer wieder amtlich entfernen (was von allein wächst, wird weggemacht!). (*Oktober und wer wir selbst sind*, S. 41)

Um Natur also sollte es gehen in Peter Kurzecks Basler Auftritt, um ihren Verlust, ihr «Wegverschwinden», und was dieser Verlust für uns bedeutet. Vor allem im Roman *Vorabend* spielt die Resonanz mit der Natur eine zentrale Rolle. Aber auch im Hörbuch *Ein Sommer, der bleibt* ist die Natur wichtig. Das ist nicht so sehr der Fall in den Stadt- und Straßenromanen wie *Keiner stirbt* oder *Übers Eis*. Wieder ein wenig anders verhält es sich mit *Kein Frühling* und (eben) mit *Oktober und wer wir selbst sind*.

Auf dem Flyer der Basler Lesung hatten wir einige Kurzinfos zu Peter Kurzeck notiert: Geboren ist er 1943 in Böhmen. Er wuchs als Flüchtlingskind in Staufenberg im Kreis Gießen auf. Danach lebte er in Frankfurt am Main und in Uzès, Südfrankreich. *Die Zeit* schreibt über ihn im Jahr 2012: «Wenn Peter Kurzeck zu sprechen beginnt, steht die Welt still.» Erzählt er von seiner Kindheit im hessischen Staufenberg oder seinem Leben als Schriftsteller in Frankfurt und Uzès, dann vergisst man für einen Moment tatsächlich alles, was außerhalb seines Textes liegt. Meilensteine seines Schaffens sind die bisher sieben Bände der autobiografischen Chronik *Das alte Jahrhundert* (mit *Vorabend* als Band fünf) und Hörbücher wie *Ein Sommer, der bleibt* oder *Für immer*.

Abb. 1: Peter Kurzeck, im Baum schreibend

Der Anruf

Eine Woche vor seinem Besuch in Basel rief mich Peter Kurzeck wie vereinbart noch einmal aus Uzès an, um seine Ankunftszeit am Bahnhof SBB durchzugeben und letzte Fragen zu klären. Aber eigentlich hatten wir alles schon geklärt. Er würde das 42. Kapitel aus *Vorabend* lesen, ungefähr 15 Seiten, pro Seite brauche er zweieinhalb Minuten, das habe er schon oft getestet. Vielleicht bleibe noch Zeit für einige kleinere Stellen, etwa zum Altweibersommer am Teufelsfußstein oder aus dem Doppelkapitel zum Weltbild der Igel oder dem korrespondierenden Doppelkapitel zur Wanderung der Frösche, und dann würden wir in ein philosophisch-literarisches Gespräch eintreten.

Gegen Ende unseres Telefonats (oder was ich für das Ende hielt) fragte mich Peter Kurzeck, ob er mir noch etwas erzählen dürfe. Ich weiß noch, wie ich mich zurücklehnte in meinem Sessel und die Füße auf den Schreibtisch legte: Vielleicht käme ja wieder so eine Geschichte wie beim letzten Mal. Da hatte er mir erzählt, dass es ihm in diesem Sommer schlecht geht und er vor lauter Rückenschmerzen überhaupt nicht mehr schlafen kann. Und wie er sich vorstellt, er kauft sich einen neuen Mantel, packt seinen Koffer, reist in ein fremdes Land, checkt in ein Hotel ein unter einem anderen Namen, und dann im Zimmer oben

Abb. 2: Peter Kurzeck in der Telefonzelle

ist auch alles neu und die Rückenschmerzen sind weg. «Dann machen Sie's doch!», hatte ich damals gesagt, und wir hatten gelacht.

Die Geschichte, die nun kam, war allerdings nicht zum Lachen, sondern zum Weinen: Ihm sei etwas Furchtbares passiert. Er sei vorgestern am Mittag aus

Abb. 3: Peter Kurzeck auf der Wendeltreppe zu seiner Wohnung in Uzès

dem Haus getreten, in Uzès habe es ein Fest gegeben mit vielen Ständen, da wollte er sich irgendwo hinsetzen und etwas Gutes essen. Doch dann sei er zu unruhig gewesen und weiter durch die Gassen gelaufen. Und plötzlich sei ihm aufgefallen, dass er die Menschen, die ihm entgegenkommen, nur noch als Schatten sieht, als Umrisse, aber keine Gesichter mehr, gerade noch, ob es eine Frau ist oder ein Mann. Er habe dann versucht, die Schilder der Läden zu lesen, auch das sei nicht mehr gegangen, da habe er es mit der Angst zu tun bekommen. Wieder zuhause habe er sich ein wenig beruhigt und gedacht, er sieht schon wieder besser, aber das habe nicht gestimmt, er habe es sich nur vorgemacht. Nach meiner Telefonnummer habe er gesucht und sie dann stundenlang nicht entziffern können, jede Zahl habe er sich einzeln erarbeiten müssen. Am Tag drauf sei er zum Augenarzt gegangen (wo er doch gar kein Französisch spreche und keine Seele kenne in Uzès und das auch so sein müsse, damit er zum Schreiben kommt – in seiner Wohnung sei er verborgen wie in einem Schneckenhaus).

Doch der Arzt habe ihm auch nicht helfen können. Dann habe er überlegt, dass er bei der Lesung in Basel ja nicht ablesen muss, sondern auch frei erzählen kann, das bekomme er schon hin, er habe ja einige Hörbücher eingesprochen und wisse, wie das geht. Nur wie er zum Bahnhof finden und Zug fahren solle, wo er doch nichts mehr sieht, das falle ihm einfach nicht ein. Morgen müsse er aber zunächst einmal in die Klinik nach Nîmes. Nur wisse er auch da nicht, wie er hinfinden soll. Geld für ein Taxi habe er keins und auch keins für die Klinik und sowieso keine Krankenversicherung für Frankreich. Und wenn sie ihn denn dabehalten, dann komme er halt später nach Basel. Er rufe mich an. Bestimmt. Sobald es wieder geht. Es ging dann aber nicht mehr. Nur ein paar Wochen später, am 25. November 2013, ist Peter Kurzeck in einem Krankenhaus in Frankfurt gestorben.

Versäumt

Ich habe mir oft überlegt, wie unser Gespräch wohl verlaufen wäre. Und dass ich vorher schon nach Uzès hätte fahren sollen und mit ihm über Natur reden. Doch versäumt ist versäumt. «Stehen und spüren, wie du etwas versäumst und immer weiter versäumst! Man spürt es im Magen und spürt es am Herz!» (*Als Gast*, S. 416) Das ist von Peter Kurzeck, aber es passt auch auf mich. Ich habe nach seinem Tod seine Wohnung in Uzès übernommen und sogar seine Telefonnummer.

Ich hätte schon vorher nach Uzès fahren sollen. Vielleicht hätten wir uns auf einen «petit café» an einem der schönen Plätze dort getroffen, etwa am *Place Albert 1er*, und Peter Kurzeck hätte am Brunnen auf mich gewartet oder am *Place aux Herbes*, unter den Arkaden im *Café L'Oustal*, wo die Kellner in ihren kurzen roten Hosen fröhlich sind und immer etwas zu berichten haben, mit sprechenden Händen und Augen, sodass man ihr Französisch perfekt versteht. Peter Kurzeck wäre in einem hellen Jackett gekommen, mit einem wehenden getupften Seidenschal, vielleicht hätte er sogar seinen Sonnenhut aufgehabt.

Abb. 4: Peter Kurzeck an einem Brunnen in Uzès

Und er hätte sofort erst einmal erzählen müssen von der Natur hier im Süden, wie schön die besonders im Winter ist. Die Leute kämen ja eher im Sommer in die Provence, so wie ich jetzt. Doch im Winter sei es eigentlich noch viel schöner.

Die Natur im Süden

Oft im Dezember gibt es im Süden, also hier am Rand des Deltas eigentlich schon – am Rand des Rhone-Deltas und kurz vor der Camargue – gibt es Tage mit wolkenlosen Himmeln, die ganz windstill sind, und das ist in der Zeit der Olivenernte. Man geht zum Beispiel durch Felder, durch die Weinfelder, die dann leer sind zu der Zeit natürlich – zum Teil noch die Blätter haben, oder die Blätter wehen, die Blätter fliegen um einen herum – und dann kommen windstille Tage und man sieht Gartenfeuerchen, man sieht den Rauch, wie er reglos – eigentlich blau – den ganzen Tag da steht, es riecht sehr gut und die Leute – man sieht Leute, die auf Leitern stehen in den lichten Olivenbäumen und dort die Oliven ernten. Und es riecht nach Erde natürlich. Und dann Ende Dezember wird es gewöhnlich dunkel, also kommen Tage, an denen der Himmel bedeckt ist. Und ab Anfang Januar oder spätestens vom Dreikönigstag an fängt dann alles zu blühen an. Im Januar blüht der Rosmarin schon. Wenn man Glück hat, sitzt man auf einem Stein und sieht aus der Ferne den Schnee in den Cevennen oder auch den Schnee auf dem *Mont Ventoux* – sitzt aber selbst in der Sonne im Gras oder auf einem Stein, hat Bienen um sich herum und manchmal schon Schmetterlinge und es fangen die Mimosen auch an zu blühen. Mir passiert manchmal, dass ich voller Sorge aus dem Haus gehe und wegen irgendwelcher äußeren Anlässe, wegen Post, die man bekommen hat, oder weil man anfängt, sein Leben auszurechnen und eigentlich nur zu dem Schluss kommen kann, dass es völlig verpfuscht ist, dass man die ganze verlorene Zeit nicht mehr einholt, dass nicht nur das eigene, sondern jedermanns Leben offenbar eine Katastrophe ist und verpfuscht und das eigene aber ganz besonders, weil man ja vielleicht andere Vorsätze hatte, andere Pläne und andere Vorstellungen und Wünsche als die meisten Leute, also weil ich einfach die Vorstellung habe, die Zeit, mein Zeitalter aufzuschreiben, und weil einem das keine Ruhe mehr lässt, wenn man erstmal damit angefangen hat und man weiß, im Grunde kann man es gar nicht wirklich schaffen. Ich gehe aber dann aus dem Haus und nach drei Schritten oft schon, gerade wenn die Sonne scheint, denke ich, gut, das stimmt zwar alles, aber jetzt gehst du hier in der Sonne, du gehst im Süden, du gehst mit einem, zum Beispiel einem Körpergefühl, das man in Deutschland eigentlich nicht kennt. Nämlich man geht so, dass man weiß, dass man bei jeder Bewegung weiß, man ist auch zur eigenen Freude auf der Welt. Nicht nur zum Vergnügen, sondern wirklich zur eigenen Freude. Natürlich auch, dass man seine Arbeit macht, dass man andere Menschen respektiert, aber eben auch zur eigenen Freude jetzt gerade hier die Straße entlanggeht. Und dann sieht man, dass neben dem Postamt, also in Uzès jetzt jedenfalls, ein riesiger Mimosenbaum steht und blüht und gut riecht, und kann sich darüber freuen, dass eigentlich schon der Frühling angefangen hat im Januar, zwei Tage nach dem Dreikönigstag, also am 8. oder 9. Januar. (Transkription aus dem Hörbuch *Mein wildes Herz*, CD 1, Track 2, Minute 0–3:25)

Es gibt viele Fotos, auf denen man Kurzeck in der Natur im Süden so gehen oder stehen sieht, oft im Hintergrund die Türme von Uzès.

Abb. 5: Peter Kurzeck vor den Türmen von Uzès

Peter Kurzeck mochte die Gemälde von Vincent van Gogh sehr. Das merkt man spätestens in seinem bisher letzten Buch *Der vorige Sommer und der Sommer davor*. Van Gogh lebte und arbeitete auch in der Provence, nicht weit von Uzès, in Arles und St. Rémy-de-Provence. Es hat viele Van-Gogh-Bilder von Olivenbäumen. Manche zeigen Olivenpflücker auf einer Leiter bei der Ernte: «man sieht Leute, die auf Leitern stehen in den lichten Olivenbäumen und dort die Oliven ernten».

Keiner stirbt

Im Hörbuch *Mein wildes Herz* erzählt Peter Kurzeck von seinem ersten Schlaganfall und macht ihn damit, wie er selbst es, vielleicht überspitzt, formulieren würde, allererst zu einem Teil seines Lebens und seiner Kunst, wobei seine Kunst sein Leben ist oder, noch radikaler, sein Leben seine Kunst. Auf dem Backcover eines seiner Romane steht: «Als Kind hast du dir gewünscht, das Leben soll sein wie in Büchern. Und jetzt gehst du hier als Romanfigur.» (*Ein Kirschkern im März*)

Seinen zweiten Schlaganfall, der ihn, der doch so ein «Augentier» war, fast erblinden ließ, konnte er nur noch ein paar Leuten erzählen. Aber gerade eben habe ich Ihnen diesen zweiten Schlaganfall erzählt, genauso wie er ihn mir damals am Telefon erzählte, und habe damit seine Kunst und sein Leben weitergesponnen: «Keiner stirbt.» Er lebt weiter «auf den Lippen der Anderen» – wie es der israelische Philosoph Avishai Margalit in seiner *Ethik der Erinnerung* einmal formulierte. Und wie es Peter Kurzeck selbst in seiner Grabrede für seinen Freund Jürgen ausdrückte:

> Ich bin Schriftsteller. Ich glaube nicht an den Tod und auch nicht an die Vergänglichkeit. Ich denke, daß es sich dabei um einen menschlichen Irrtum handelt. Eines Tages werden wir darauf kommen, daß wir da etwas wesentliches nicht kapiert oder falsch verstanden haben. Wir können Menschen, die von uns gehen, nicht austauschen und auch nicht ersetzen. Wir müssen sie uns, genau wie die eigene Lebensgeschichte, aus der Erinnerung jeden Tag neu erschaffen. Dann sehen wir, daß die Toten nicht wirklich gegangen sind. Sie sind nicht gestorben. Sie leben mit uns. Keiner stirbt. (*Bis er kommt*, S. 363)

Resonanz mit der Natur

Nun muss ich allerdings schauen, dass ich die Kurve kriege zurück zur Natur. Ich stelle mir also vor, wie ich im Café, noch ein wenig benommen vom Duft der Mimosen mitten im heißen Uzèser Sommer, Peter Kurzeck beipflichte, dass es genau das ist, worum es auch mir als Naturethikerin geht, um die Schönheit, die Freude, insbesondere auch in der Natur, und wie uns diese Erfahrung beheimatet in der Welt; dass ich das «Resonanzthese» nenne, und schon während ich dieses

Wort ausspreche, spüre ich es deutlich im Mund als etwas Fremdes, Schales, doch es ist schon heraus und ich muss schnell erklären, was ich damit meine.

Ich meine, dass der Mensch das emotionale Mitschwingen mit der Natur braucht, um ganz Mensch zu sein. Es braucht das Mitgehen mit den natürlichen Rhythmen, etwa dass die Mimosen anfangen zu blühen. Es braucht das Aufgehen in der Stimmung einer Landschaft, etwa in der erlösenden Hoffnung des Frühlings nach dem Winter. Mit dem Verlust einer Natur, die uns einlädt, mit ihr zu resonieren, die uns «ruft», werden wir auch uns selbst ein Stück weit fremd, und nicht nur uns selbst, sondern auch der Erde fremd, deren Teil wir doch eigentlich sind. Ohne die Natur als Resonanzraum mag der Mensch überleben. Doch gedeihen kann er ohne sie nicht. Das ist meine Überzeugung und, würde ich fortfahren, ich habe diesen Gedanken eigentlich auch überall in Ihrem Werk wiedergefunden. Um nur eine Stelle zu zitieren:

> Durch das Waldstück jetzt, an seinem Rand hin. So ein schütteres kleines Waldstück – wie man auch geht, man geht immer am Rand. Und der Wald wie leergeräumt. Eher wie eben erst aufgestellt, sagst du dir. Keine Wurzeln? Ohne Wurzeln die Bäume? Von Fachleuten fachgerecht aufgestellt. Qualitätswald. Bestandsgarantie. Lebensgröße. Und mit Sorgfalt befestigt. Wie echt. Direkt beinah wie echt! Und so still, als ob die Erde, jeder Fleck Erde, die Pflanzen, die Steine und jedes Ding, als ob die Welt insgesamt längst aufgehört hätte, mit uns zu sprechen. Und wir dann auch mit uns selbst. Schon länger. Wir antworten nicht! So still, aber hinter der Stille ein Dröhnen, ein wachsendes Dröhnen. Von allen Seiten. Und kommt auf uns zu. Oder wie im eigenen Kopf drin. (*Als Gast*, S. 191 f.)

Diese Passage handelt nicht von einem Wald, sondern von einem Waldstück. Wenn wir Wälder als Landschaften betrachten, als größere Einheiten in der Natur mit einem besonderen Charakter, dann zeigt Ihre Rede von dem «Stück» Wald doch bereits an, dass etwas nicht stimmt. Teile von Einheiten kann es geben, Stücke nicht. Wenn eine Einheit zerstückelt wird, geht sie verloren. Dazu passt auch, dass man in Ihr Waldstück nicht hineinkommen kann, man geht immer nur am Rand. Das Waldstück ist zu leer, zu schütter und zu klein, als dass es uns die Erfahrung eines Drinnen ermöglichen würde. Die Entfremdung, die wir, an richtige Wälder gewöhnt, in einem solchen Waldstück empfinden mögen, drücken Sie dadurch aus, dass Sie die Bäume, die da stehen, beschreiben, als wären sie aufgestellte Attrappen, und sie dann mit den Mitteln der Werbung («Qualitätswald. Bestandsgarantie. Lebensgröße») anpreisen, gipfelnd im paradoxen Ausruf: «Direkt beinah wie echt!» Paradox ist das, weil wir die Natur doch hatten, sie aber immer mehr «weggemacht» haben, um dafür etwas an ihre Stelle zu setzen, das idealerweise «beinah wie echt» aussieht.

Und es ist still in dem Waldstück, es spricht uns nichts mehr an, daher antworten, resonieren wir auch nicht. Schlimmer noch, es ist so still, als ob die ganze Erde aufgehört hätte, mit uns zu sprechen. Das Waldstück wird zum Sinnbild unseres Resonanzverlusts mit der Natur im Ganzen. Und nicht nur mit der Natur, auch mit uns selbst und den anderen Menschen. Wir antworten nicht mehr. Auch unsere menschliche Gemeinschaft und wir selbst sind zerstückelt und stehen einzeln wie aufgestellt in der Welt herum.

Doch hinter der Stille dröhnt es. Das ist die Autobahn. Das Waldstück steht im Frankfurter Stadtwald, wo die Autobahn dröhnt. Von diesem Dröhnen heißt es, dass es «wächst». Wie naturhaft vermehrt sich der Lärm aus der Maschinenwelt, er umzingelt uns und dringt in uns ein, wohingegen das, was von der Natur noch übrig ist, uns nichts mehr zu sagen hat, vielleicht auch, weil die Maschinenwelt es zudröhnt. Ihre Passage über das schüttere kleine Waldstück hat mich sehr berührt. Sie macht dichterisch unseren Resonanzverlust mit der Natur spürbar. Sie findet für unsere Entfremdung eine Sprache, die wir als Folie verwenden können für unser eigenes Leiden.

Also, dass wir heute einen beispiellosen Resonanzverlust erleben und dies uns noch teuer zu stehen kommen wird, das ist auch meine Überzeugung. Den Resonanzbegriff habe ich übrigens vom Jenaer Soziologen Hartmut Rosa. Doch als Philosophin muss ich, will ich noch viel genauer sagen, was ich mit dieser Behauptung meine. Etwa dass es verschiedene Arten von Resonanz gibt, rein sinnliche, dann biografische (also heimatliche), ferner spirituelle und schließlich ästhetische Resonanz, und dass es mir vor allem um letztere drei geht. Und nicht nur muss ich meine Behauptung präzisieren, ich muss auch zu begründen versuchen, wieso es sich so verhält, wieso die These von der unersetzbaren Bedeutung der Resonanz mit der Natur für das gute menschliche Leben zutrifft.

Wir hätten die Erde nicht aufgeben sollen!

Und dabei, so würde ich weiterreden, wenn mich Peter Kurzeck denn so lang überhaupt zu Wort kommen ließe, dabei können Sie mir als Dichter helfen! Nehmen wir doch nur einmal das *Vorabend*-Kapitel 42, welches wir für Ihre Lesung in Basel ausgewählt haben. Es ist wie eine Koda, wie die Moral von der Geschicht', die das, was vorher so konkret, so plastisch, so emotional erfahrbar über die Natur und ihren Verlust in Ihrem Roman steht, noch einmal zusammenführt:

Dass die Dörfer keine Dörfer mehr sind und die Landschaften keine Landschaften, seitdem alle Straßen geteert wurden und man «überall im vierten Gang durchfahren» kann – «ohne Blick für die Welt». Dass sowieso nicht mehr viel zu sehen ist: die Bäume weg, die Bäche «zur Strafe unter die Erde», die Tiere weg, die Kinder in Kindergärten «gefangen gehalten», im Neubaugebiet jedes Haus für sich, «grasgrün der Rasen», und das Land zwischen den Dörfern leergeräumt, «schön übersichtlich».

In dem Kapitel hat es große Behauptungen: «Wir hätten die Erde nicht aufgeben sollen!», Ausrufezeichen (S. 712). Und davor: «Daß wir die Tiere verraten haben» (S. 709). Und dann wird gefragt: «Wie soll man begreifen», und Sie heben die Arme, «daß etwas gut ist und dann nicht mehr so gut?», und Sie stehen auf und setzen sich wieder, «daß vorher etwas richtig war! Und dann wird es schlechter gemacht?» (S. 712).

Das ist direkt und unverblümt, direkter geht es eigentlich nicht. Nebenbei ist es auch sehr genau. «Etwas» war vorher besser, nicht alles im Einzelnen oder alles im Großen und Ganzen. Natürlich nicht alles! «Daß uns die verlorene Zeit nur nicht nachträglich noch zur Idylle mißrät», warnen Sie schon im einleitenden Kapitel Ihres frühen Romans *Kein Frühling* (S. 10), wo es u. a. um die Plackerei vor allem der Männer im Dorf Staufenberg in den 50er und 60er Jahren des letzten Jahrhunderts geht, die, müde und krank von der Arbeit auf der «Hütt'», im Eisenwerk *Buderus*, noch die Arbeit auf dem Feld und dem Hof schultern und abends als «wortlose Riesen» zuhause sitzen, «kein Zugang» zu sich selbst, fremd auch der «eigenen» Frau und den Kindern, und die früh mit 60 schon sterben, als «alleinige Wintergreise». Ich habe hier das Plakat Ihrer Lesung aus dem Roman 1987 in Staufenberg.

Sie sind kein Nostalgiker. Dass jeder, der am technischen Fortschritt etwas zu kritisieren wagt, gleich ein Nostalgiker, Romantiker, Idylliker sein soll, der zurückwolle in die Steinzeit oder zumindest ins Mittelalter, das ist ohnehin eine der vielen Gemeinheiten in der gegenwärtigen Debatte zur Natur. Eine andere Gemeinheit ist, dass es die Natur (zumindest in unseren Breiten) überhaupt nicht mehr gebe. Doch blühen die Mimosen nicht von allein, wehen die Blätter nicht von allein? Natürlich nicht ganz von allein, aber weitgehend. Denn auch die von uns berührte Natur ist nicht unsere eigene Veranstaltung. Die Begriffe der Natur und des Artefakts bilden halt, wie wir in der Sprachphilosophie sagen, «polare», d. h. graduelle und keine «dichotomischen», d. h. harten, sich ausschließenden Gegensätze. «Natur und Artefakt» verhalten sich so wie «hell und dunkel» und nicht wie «schwanger und nicht-schwanger». Wer glaubt, dass etwas nur deswegen nicht mehr Natur sein kann, weil es von uns berührt ist, der verkennt, dass nicht jede Unterscheidung zwischen einander gegenüberstehenden Begriffen eine Dichotomie sein muss. Er wird blind für das Natürliche im Kultivierten. Oder er macht absichtlich Begriffspolitik. Auch «Landschaft» sagt heute fast keiner mehr. Es heißt jetzt wissenschaftlich aufgeklärt «Ökosystem». Und «Heimat» heißt politisch aufgeklärt «Region». Die die Landschaft verschandelnde Windenergie heißt «grün» und «nachhaltig». Und die Zerstörung schöner, alter, vielleicht gar denkmalgeschützter Gebäude in der Stadt heißt «Verdichtung». Und geschieht natürlich im Namen der Natur!

Abb. 6: «ein stück geschichte – peter kurzeck liest», Plakat

Literatur und Philosophie

Doch zurück zu Ihren starken Behauptungen in Kapitel 42. Das sind regelrecht Thesen, wie wir Philosophinnen und Philosophen sie aufstellen, erläutern und dann begründen. Und tun Sie nicht auch all das in Ihrem Buch? Sogar begründen! Freilich mit den Mitteln der Literatur, nicht nur «propositional» sagend, sondern auch plastisch zeigend, voller Erfahrung und Gefühl: «To paint, to write is to love again», zitieren Sie Henry Miller in Ihrem ersten Buch *Der Nußbaum gegenüber vom Laden in dem du dein Brot kaufst* (S. 85). Sie singen die Schönheit, und wir als Leser singen sie mit. Denn auch «to read is to love again». Meine Resonanzthese buchstabiert dagegen die Schönheit nur diskursiv aus. Deswegen will ich mich ja mit Ihnen verbünden.

Besonders aufgefallen sind mir im *Vorabend* die folgenden vier literarischen Mittel. Erstens montieren Sie *Vorher-nachher-Bilder* der Natur in scharfem Kontrast aneinander. Zweitens bringen Sie das positive, lebendige, reiche Vorher durch eine *Personifikation* der Natur zum Leuchten. Drittens steigern Sie das negative, tote, eintönige Nachher ins *Groteske*. Und viertens liefern Sie auch noch ein *Narrativ* der Verselbständigung der Zweckrationalität und Gewinnmacherei wider alle Vernunft, der rationalen und kapitalistischen Zurichtung der Welt, welches verständlich macht, wie es geschehen konnte, dass wir heute «von allem zu viel und dabei nie genug» haben (*Vorabend*, S. 894), dass «vorher etwas richtig war» und «dann wird es schlechter gemacht».

Ich finde diese verschiedenen literarischen Techniken auf einmal in einer längeren *Vorabend*-Passage zu den Schwalben, die nicht mehr ins Dorf kommen:

> Die Schwalben, sagte ich und jäh meine Stimme weg. Manchmal beim Sprechen kann einem geschehen, daß man in Tränen ausbricht und merkt es erst mittendrin. Die Schwalben kommen nicht mehr ins Dorf. Erstens kein Platz mehr für sie. Und zwotens – weil sie keiner mehr will. Hat niemand mehr Freude an ihnen. Sind zuletzt noch einmal gekommen und dann gleich wieder weg. Ohne Abschied weg. Und haben doch durch die Jahrhunderte mit uns gelebt. Ohne Schwalben, sagte ich, aber wer weiß das noch? Ohne Schwalben gibt es kein Glück im Haus. Überhaupt die Vögel, sagte ich. In Scharen. Bachstelzchen, Rotkehlchen, Rotschwänzchen, Meisen und Spatzen. Als Kind, sagte ich. Schon am Morgen. Was für eine Freude. Man kommt aus dem Haus und überall Leben. Alles lebendig. Alles atmet und lebt. Du bist vier oder fünf und weißt schon ganz genau, du gehörst mit zum Leben dazu. Und jetzt? Beton, Kacheln, Glastüren, Glasziegel, Preßglas, Eternit, Kunststoffe, Eisen, ein Spuk. Wie neu. Und bleibt auch wie neu. Immer frisch verputzt. Weiß, sauber, ordentlich, läßt sich gut sauber halten. Alles genormt. Grell das Lampenlicht drauf. Und die ganze Nacht ein elektrisches Surren. Die Klimaanlage. Das Licht. Die Alarmanlage. Eine Überwachungskamera. Flutlicht wie vom Mond. (*Vorabend*, S. 608)

Das *Nachher* mit dem toten Beton prallt auf das *Vorher* mit den lebendigen Schwalben. Die *Personifikation* ist nur angedeutet in den Schwalben, die «ohne

Abschied weg» sind. Ein Glanzstück der Personifikation, über das wir später noch sprechen müssen, ist Ihr «Weltbild der Igel». Ins *Groteske* spielt das Geisterlicht in allen Häusern mit den Schüssen und «hey Joe» aus dem Fernseher, das freilich erst ein paar Zeilen nach der eben zitierten Stelle kommt. Und noch ein paar Zeilen weiter ein Spray mit altdeutschem Brotgeruch, mit dem man das geruchslose Maschinenbrot einsprühen kann. Ein kleiner Ansatz des rationalismus- und kapitalismuskritischen *Narrativs* findet sich in der Erklärung, dass man Beton und Kacheln gut sauber halten kann.

Es ist doch so? Sie wollen mit Ihrem Werk auch die Welt verbessern, die Menschen verbessern? Sie zur Einsicht, zum Begreifen bringen, sodass sie ihr Leben ändern?

> Und eigentlich habe ich auch immer noch die Vorstellung, obwohl ich's mir auszureden versuche, dass die Welt ohne meine Bücher zum Untergang verurteilt wäre, und dass die Bücher dazu beitragen, dass die Welt halt trotz der Politik und all dieser Ungeheuerlichkeiten, die jeden Tag in den Zeitungen stehen, dass die überhaupt weiter existieren kann. Sodass man sozusagen unentwegt ein Gegengewicht, also diese Sisyphusarbeit, ständig schafft jeden Tag wieder, damit die Welt noch weitergeht. Insgeheim träume ich eigentlich davon, ein Buch zu schreiben, das so gut ist, dass die Leute dann – so wie sie bisher gelebt haben – nicht mehr weiterleben können. Sondern dass sie, ich weiß nicht, bessere Menschen werden. Nicht bessere, sondern, ich weiß nicht, dass es, naja, dass (seufzt), dass sie deutlicher sehen, von welchem Pfusch wir umgeben sind, und dass sie dann sagen: gut, ab jetzt nicht mehr. (Transkription aus dem Hörbuch *Für Immer*, Track 10, Minute 6:48–7:56 – es gibt eine Parallelstelle dazu im *Vorabend*, S. 327: «So gut spielen, daß die Leute ihr eigenes Leben danach nicht mehr aushalten und dann wird die Welt eine bessere Welt.»)

Aber warum wollen Sie sich das auszureden versuchen? Oder ist das so ernst nicht gemeint? Ich glaube, das ist Ihre Selbstironie, Ihre Bescheidenheit in Ihrer, Entschuldigung, Selbstüberhebung (dass Sie das allein mit Ihrem Werk schaffen könnten!). Es ist keine Absage an eine engagierte Literatur, die auch eine Botschaft hat und zu ihr steht. Solange man nur versteht, dass diese Botschaft nicht ablösbar ist vom Werk, die Moral nicht ablösbar ist von der Geschicht', sonst landet man bei Parolen, Propaganda, Ideologie oder grauer Theorie.

Die Literaturästhetiker zitieren an diesem Punkt gerne die Antwort Leo Tolstois auf die Frage nach dem Hauptgedanken von *Anna Karenina*, nämlich dass, wollte er mit Worten all das sagen, was er durch den Roman habe ausdrücken wollen, er den gleichen Roman noch einmal schreiben müsste. Ein solcher Satz findet sich variiert auch in Ihrem *Vorabend*: «Wenn ich es mit ein paar Sätzen sagen könnte, dann hätte ich es doch nicht schreiben müssen.» (S. 819)

Und in Ihrem Vorwort zu Ihrem Lieblingsbuch *Das Beil* von Ludvík Vaculík verweigern Sie alles Zusammenfassen oder Deuten, denn «richtige Bücher lassen sich nicht nacherzählen» (S. 7). «Jeder Leser soll sich selbst die Mühe machen und ein eigenes Bild. So geht Lesen. So geht das Leben überhaupt.» (S. 11)

Mit Stichwörtern wie «Paradox der Interpretation» oder «Häresie der Paraphrase» warnen die Literaturästhetiker davor, in einer Interpretation propositional sagen zu wollen, was sich nur nicht-propositional zeigen lässt. Diese Unterscheidung zwischen verkopftem «Wissen, dass» und verkörpertem «Wissen, wie» (oder wirklichem «Be-Greifen») findet sich systematisch auch in Ihrem Werk. Ein schönes Beispiel, wiederum aus *Vorabend*, ist das folgende:

> An dem Herbstnachmittag, als ich so lang in Lollar bei der Waage beim Güterbahnhof stand, hatte mir kurz vorher jemand erzählt, daß die Erde eine Kugel ist. Ein Gymnasialschüler. Drei Jahre älter. Ehrenwort, sagt er. Auch wenn man es glaubt, braucht man eine ganze Weile, um es zu begreifen. Erst recht, sagte ich, wenn man auf einem Vorplatz steht, wo sich schon sowieso auch noch das Pflaster gesenkt hat. (*Vorabend*, S. 649)

Der Literaturästhetiker Gottfried Gabriel hat in seinem vor ein paar Jahren erschienenen Buch *Erkenntnis* vorgeschlagen, den Wahrheits- und Begründungsbegriff auf den ersten Fall des propositionalen «Wissens, dass» zu beschränken und im zweiten Fall nur von «Angemessenheit» und «Aufweis» zu sprechen. Danach würde ein Schriftsteller wie Sie mit *Vorabend* nichts Wahres zu behaupten und zu begründen versuchen, sondern sich nur bemühen, die Angemessenheit seiner Sicht aufzuweisen. Sie selbst haben in einem Interview von der «Wahrhaftigkeit» und nicht «Wahrheit» der Literatur gesprochen. Gottfried Gabriel hat uns in einem Vortrag in Basel einmal auseinandergesetzt, warum er diese Begriffsstrategie eingeschlagen hat. Und zwar, weil ihm sonst niemand aus seiner logischen und wissenschaftstheoretischen Zunft auch nur zuhören würde, wenn er den Erkenntniswert von Literatur verteidigt und Wissenschaft und Philosophie in ihre Grenzen verweist. Seine Strategie mag in solchen Kreisen in der Tat weise sein, aber wir hier bewegen uns ja nicht nur oder vor allem oder überhaupt in diesen Kreisen. Daher dürfen wir hier auch ungeschminkt von «Wahrheit» und «Begründung» sprechen, meine ich, und müssen nicht auf die vergleichsweise blasse Rede von «Angemessenheit» oder «Wahrhaftigkeit» und «Aufweis» ausweichen.

... und das Leben

Über Ihre engagiert grüne Literatur hinaus sind Sie aber nicht politisch aktiv, oder? Etwa bei den Grünen in der Partei oder in einer Kirche? Sie glauben nicht an den lieben Gott; höchstens, so hat mir das Ihr Lektor Rudi Deuble einmal gesagt, dass Sie selbst der liebe Gott sind! Sie essen auch Fleisch, aber nicht unmäßig. Sie fahren auch Auto, aber nur, wenn Sie jemand herumkutschiert, selbst haben Sie keins. Sie haben auch keinen Hund, keine Katze, das ginge schon wegen der vielen Lesereisen nicht. Doch als Kind hatten Sie Ihren Hund Rolf. Und auch den Hund Eisbär Ihrer Tochter Carina mochten Sie sehr, wie der sich manchmal gefreut hat beim Applaus nach Ihren Lesungen. In dem von Erika Schmied herausgegebenen Bild- und Textband zu Ihrem 70. Geburtstag hat es ein Foto von Ihnen mit Eisbär, da sehen Sie einander fast ähnlich!

Die Vorher-nachher-Technik

Lassen Sie uns zum Abschluss bitte wenigstens ein oder zwei Ihrer literarischen Techniken eingehender betrachten: die Vorher-nachher-Technik und das Stilmittel der Personifikation. Die Vorher-nachher-Technik sollte man vielleicht besser, wie Christian Riedel es in seiner Doktorarbeit zu Ihrem Erzählkosmos tut, «Kippbilder-Technik» nennen, da nach dem Vorher und dem Nachher oft noch einmal das Vorher wiederkommt, das dann als verloren, für immer verloren, umso schmerzlicher schön aufscheint, oder sowieso Vorher und Nachher bzw. etliche Vorhers und Nachhers, sogar kontrafaktische, ineinander verwoben sind, also beständig ineinander kippen.

Dass man in Gemälden die Zeitebenen nicht so ineinander kippen kann, mag einer der Gründe sein, warum Sie sich für das Schreiben und gegen das Malen entschieden haben. Auf dem von Ihnen mit Anfang 20 gemalten, unbetitelten Bild des Gewerbegebiets *Lollar Süd* sieht man das Vorher immerhin noch links von der «Chaussee» in der Bildmitte, bei den Wiesen, das Nachher rechts von ihr.

Die rechte, übervolle, neongrelle Artefaktenwelt drängt die linke, die im Vergleich dazu, aber eben nur im Vergleich, öd und leer wirkt, fast aus dem Bild, die Wiesen «kippen so weg», wie Sie selbst im *Vorabend* (S. 874) sagen.

Sie schreiben dort auch, dass «die Igel natürlich mit auf dem Bild (sind), aber die sieht man nicht» (S. 875). Diese schön widersprüchliche Formulierung bestätigt es eigentlich: Literatur kann etwas, was Malerei nicht kann oder zumindest nicht so gut. Literatur kann besser malen, was fehlt. «Fehlt» nicht nur in dem Sinne, dass es einmal da war und jetzt nicht mehr, sondern auch im Sinne von «einem fehlt».

Ein schönes Beispiel für die Kippbilder-Technik ist die bereits zitierte Schwalbenstelle. Ein anderes Beispiel, ebenfalls aus *Vorabend*, ist die Heckenwildnis an einem Steilhang zwischen Lollar und Staufenberg, ein «Schmetterlingsparadies» und «extra für Kinder» (S. 920), und dann wird alles abrasiert und planiert, die Autofahrer freut's: «Schön grün und war doch früher so unordentlich!» (S. 949) Wieder andere Beispiele sind die Wiesen bei Ginnheim, der Schindgraben, natürlich die Igel und die Frösche, und, aber das ist nicht mehr im *Vorabend*, die Frankfurter Hundeknochensteine im Vergleich zu den Gehsteigen in der Provence. Ein Grund, warum Sie so gern in der Provence sind, ist doch, dass vieles in Uzès und in der südfranzösischen Landschaft Sie mehr an das Hessen Ihrer Kindheit erinnert als das Hessen Ihrer Kindheit selbst.

Abb. 7: Peter Kurzeck: *Ohne Titel (Gewerbegebiet Lollar Süd)*

Die Kippbilder-Technik führt zu einer Verstärkung des Verlustgefühls. Durch die allmähliche Veränderung der Natur mit den Jahrzehnten hatten wir uns an den Verlust fast schon gewöhnt. Die scharfe Kontrastierung von Vorher und Nachher reißt dagegen eine Wunde auf. Das kann man sich mithilfe der zeitgenössischen Emotionstheorie leicht verständlich machen. Danach reagiert unser emotionales System vor allem auf Veränderung. Je größer die Veränderung, desto stärker das Gefühl. Das Gefühlskino weiß dies auszunutzen. Der Held wird nicht bei seinem ersten oder zweiten, sondern bei seinem letzten gefährlichen Einsatz tödlich verletzt, denn das geht mehr ans Herz. Der Kontrast zwischen der Erwartung seiner wohlverdienten letzten Heimkehr und der Realität seines Todes fällt so viel krasser aus. Ebenso steigert Ihre kontrastreiche Montage von Vorher- und Nachher-Bildern der Natur unser schmerzhaftes Gefühl für das, was wir bereits verloren haben.

Ihre Prosa ist hochemotional. Sie ist deswegen aber nicht sentimental oder kitschig. Das wäre sie nur, wenn sie es auf ein evasives, schmerzloses Auskosten der eigenen Gefühle abgesehen hätte. Das hat sie nicht. Es geht ihr vielmehr um die Rettung der Vielfalt der Welt. Die Rettung unserer Welt und der Welt der

Abb. 8: Peter Kurzeck: *Schwarze Bäume*

Igel. Ihr literarisches, wie auch Ihr malerisches Werk zelebriert das Wunder des Lebens. «Keiner kann das Leben in seiner Vielfalt, in seiner Kleinheit, in seiner Schönheit so feiern wie Kurzeck», sagte der Literaturkritiker Jörg Magenau in *Deutschlandfunk Kultur*. Mit Ihrer mitunter emphatischen Weltbejahung scheint Ihr Werk so ganz anders als das Gros der eher negativen Gegenwartskunst und -literatur, etwa Arnold Stadlers *Sehnsucht*, W. G. Sebalds *Austerlitz* oder Andreas Maiers *Wäldchestag*. Das gilt auch für Ihre Gemälde, z. B. *Schwarze Bäume, Die Straße über die Brücke und der gefrorene Fluß am Morgen* und *Ohne Titel (Teich bei Staufenberg)*.

Die Rettung des Reichtums der Welt läuft bei Ihnen wesentlich über den Weg des Gefühls, «Gefühl» freilich nicht im Sinne einer blinden Empfindung, sondern verstanden als tiefbewegtes «Begreifen». Was es heute braucht, das meine auch ich, ist nicht unbedingt mehr «Wissen, dass» über den Zustand der Natur. Wir wissen darüber schon mehr als genug: etwa, dass in Deutschland der Vogelbestand seit 1800 um 80 Prozent zurückgegangen ist, dass die Insekten eine solche Bestandsreduktion allein in den letzten 25 Jahren geschafft haben, dass bei den Pflanzen 70 Prozent als gefährdet gelten usw. usf. Was es vielmehr braucht, damit wir endlich anders mit der Natur umgehen, ist ein Wandel des Herzens, «a

Abb. 9: Peter Kurzeck · *Die Straße über die Brücke und der gefrorene Fluß am Morgen*

change of heart». Wie sagt Rilke das so schön beim Anblick eines archaischen Torsos von Apollo: «Du mußt dein Leben ändern.»

Das Stilmittel der Personifikation

Und es scheint, als wollten Sie die Natur vor allem dadurch retten, dass Sie ihr wie einer Person begegnen, so, als wäre sie ein Gegenüber, ein Du, das zu uns spricht und dem wir zuhören und antworten sollten. Ihre Verzauberung der Natur erinnert an Märchen aus unserer Kindheit wie *Der Froschkönig* oder *Der Hase und der Igel*, an Volkslieder wie *Der Mond ist aufgegangen* oder *Weißt du, wie viel Sternlein stehen*, und an Gedichte aus der Romantik wie Eichendorffs *Wünschelrute*. Es gibt auch eine Strömung in der gegenwärtigen Naturphilosophie, welche die Natur personal begreift und vertritt, dass alles in der Natur fühlt oder dass die Natur ein großes Selbst ist und wir nur dessen winzige Bruchteile. Man nennt diese Strömung «öko-» oder «physiozentrisch». Manchmal, wenn man Sie liest, hat man das Gefühl, Sie glauben das auch alles wirklich. Doch es stimmt nicht, oder? Die Tiere, die Pflanzen, der Sommer und der Mond sind

Abb. 10: Peter Kurzeck: *Ohne Titel (Teich bei Staufenberg)*

keine Menschen wie Du und Ich. Wie ernst ist es Ihnen mit der Personifikation der Natur? Können wir die Natur so wirklich retten?

Anmerkungen und Literaturhinweise zur Einleitung

«Ein Gespräch, das nie stattgefunden hat» ist ein Zitat aus Boris Pilnjaks Werk *Maschinen und Wölfe* (S. 163). Peter Kurzeck selbst verweist im *Vorabend* auf diesen russischen Roman von 1925, wenn er notiert, dass es wohl dieser Roman war, der ihn zum Malen des Bildes vom Gewerbegebiet *Lollar Süd* anregte, das informell auch *Massa-Bild* genannt wird (S. 875). Überhaupt war die osteuropäische Literatur für den aus dem Sudentenland stammenden Peter Kurzeck prägend, nicht nur Pilnjak und Vaculík, auch Gogol, Kafka, Tolstoi, Nabokov, Joseph Roth und Bruno Schulz.

Die größte Nähe (stimmungsmäßig, thematisch, formal) besteht im *Vorabend* aber deutlich zu Pilnjaks *Maschinen und Wölfe*. Ein Satz auf S. 144 bringt den Grundton dieses Romans gut zum Ausdruck «wie herrlich die Erde ist – und wie unglücklich ich bin, losgerissen von der Erde». Pilnjak handelt vom Bruch zwischen dem alten, bäuerlichen Russland und dem neuen, industrialisierten, aufgebaut «mit Lineal und Stahl» (S. 14). Bei ihm freilich steht dieser Bruch unter kommunistischen Vorzeichen und nicht wie bei Kurzeck unter kapitalistischen. In der neuen, «unverständlichen» Welt der «Maschinen» würden die Menschen wieder «zu Wölfen» (S. 53), es herrsche «elektrisches Licht statt der Sonne» (S. 32) und «der Geist des großen Gottes» sterbe (S. 70). Es hat bei Pilnjak wie bei Kurzeck eine Chaussee («die Schascha»), ein Eisenwerk («die Kolomna Werke») und einen «Hexenmeister Kosaurov», der sich, wie Kurzecks Schwager, auf Maschinen versteht. Die «Lebensform der Fabrik» «mit ihrer Norm» (S. 154) bestimmt das Leben, wie bei Kurzeck der «Fabrikschritt», und die Formel des Fortschritts lautet «Rrrußland, Gaalopp» (S. 213), wohingegen Kurzeck von der immer schnelleren, «fahrenden Zeit» spricht. Stilistisch arbeitet Pilnjak wie Kurzeck mit Vorher-nachher-Bildern (besonders eindringlich auf S. 139–141: Gott versus «MENSCH», oder S. 172: Hochofen versus Fieberschwestern) und mit Personifikationen, z. B. der «stöbernde» Wind (S. 238), der «kränkliche» Mond (S. 115) oder das «Geschrei der Plakate» (S. 124). Beide Autoren schreiben assoziativ und unchronologisch, mit vielen Wiederholungen und Variationen; lyrisch Zartes steht neben expressionistisch Krassem und dokumentarisch Bissigem; immer wieder «muß» etwas sein, z. B. «Und gegen Abend (unbedingt gegen Abend muß man abfahren!)» (S. 12 bei Pilnjak). Auf die Feinheiten von Kurzecks Stil kommen wir im nächsten Kapitel zurück.

Zum Bildmaterial: Wie im Vorwort bereits erwähnt, stammen die Fotografien von Peter Kurzeck in Uzès von der Basler Fotografin Ute Schendel und die Kurzeck-Gemälde haben wir von seiner Tochter Carina Wächter erhalten. Der Kunsthistoriker und Präsident der *Peter-Kurzeck-Gesellschaft* Marcel Baumgartner hat das bildkünstlerische Werk von Peter Kurzeck digitalisiert, dazu 2016 Ausstellungen in Gießen mitveranstaltet und uns für dieses Buch die entsprechenden vier Bilddateien zur Verfügung gestellt. Das Plakat *ein stück geschichte* von Kurzecks Lesung 1987 im Staufenberger Restaurant *Felseneck* haben wir von Ilona Fuchs aus der *Peter-Kurzeck-Gesellschaft* erhalten. Es existiert eine Filmaufzeichnung der damaligen Lesung und des daran anschließenden Gesprächs von Kurzeck mit den mehrheitlich aus Staufenberg und der Umgebung stammenden Zuhörern. In der zuweilen recht turbulenten Diskussion wurden verschiedene Perspektiven auf die von Kurzeck erzählte gemeinsame Geschichte verhandelt. Gestritten wurde u. a. darum, wer in Staufenberg eigentlich das erste Auto hatte. Als wir mit unseren Basler Studierenden mehr als 30 Jahre später Staufenberg besuchten, bedeutete man uns im *Felseneck*, dass das doch alles eh so nicht stimme, was «in dem seinen Büchern» über Staufenberg steht. Und was wir überhaupt in Staufenberg wollten? Marburg sei viel schöner als Staufenberg. Ausschnitte aus dem von der Film-AG der Jugendpflege der Stadt Staufenberg gedrehten Film sind auf der von Volker Hess und Jörg Döring erstellten und von der Stadt Staufenberg herausgegebenen Kurzeck-App verfügbar (https://peter-kurzecks-wege.de). Die Zeichnung von Staufenberg auf dem von Burkhard Fuchs gestalteten Plakat stammt übrigens von dem oberhessischen Jugendstilmaler Otto Ubbelohde, der *Grimms Märchen* 1906 für den Turm-Verlag in Leipzig illustriert hat.

Zur Sekundärliteratur: Die Sekundärliteratur sieht Kurzeck meist als Solitär bzw. in der Nachfolge des klassischen modernen Romans, also vor allem von Proust, Joyce und Döblin. Christian Riedel betont in seiner Doktorarbeit *Peter Kurzecks Erzählkosmos*, der bisher eingehendsten Analyse von Kurzecks Oeuvre, auch den Einfluss der Idyllik (Theokrit, Vergil und Raabe, z. B. *Pfisters Mühle*), der Romantik, vor allem der Jenaer Frühromantik (Novalis und Schlegel) und des Blues (Big Bill Broonzy, John Lee Hooker und Memphis Slim). Riedels Doktorarbeit gibt in ihrem Eingangskapitel einen guten Überblick über Kurzecks Gesamtwerk und dessen Rezeption (vgl. auch die Lexikonbeiträge zu Kurzeck von Jörg Magenau im *Kritischen Lexikon zur deutschsprachigen Gegenwartsliteratur* und Rainer Moritz in *Kindler Kompakt*). Riedel organisierte zusammen mit Matthias Bauer die erste große Kurzeck-Tagung, an die unsere Basler Tagung zu Peter Kurzeck und Natur im April 2020 anknüpfen wollte. Wir mussten unsere Tagung dann aber wegen der Corona-Krise absagen. Riedel wäre dort auch mit von der Partie gewesen, des Weiteren aus der Literaturwissenschaft/-kritik: Jörg Döring, Wend Kässens, Alexander Honold, Vilma und Günter Kämpf, Erika Schellenberger-Diederich, Christoph Schröder, Nicola Menzel, Rudi Deuble und Alexander Losse; aus der Kunstgeschichte: Marcel Baumgartner, Kirsten Voigt und Brigitte Descoeudres; aus der Philosophie: Gottfried Gabriel, Hans Julius Schneider und Konrad Ott; sowie der Jurist Michael Kling, die Fotografin Ute Schendel, der Filmemacher Frank Wierke und die Kurzeck-Tochter Carina Wächter. Flankiert worden wäre die Tagung von einer Doppelausstellung einiger Kurzeck-Fotos von Ute Schendel und einiger Kurzeck-Gemälde. Erschienen ist die Riedel-Bauer-Tagung als Band 199 der Zeitschrift *TEXT + KRITIK*. Weitere Sekundärliteratur findet sich in dem bereits erwähnten, von Erika Schmied edierten Bild- und Textband *Peter Kurzeck. Der radikale Biograph.* Einen ausgezeichneten Einblick in Kurzecks Schreibwerkstatt, z. B. wie bewusst er Wiederholungen und Variationen «komponiert», bieten die beiden mit viel Zusatzmaterial von Rudi Deuble und Alexander Losse aus dem Nachlass herausgegebenen Bände *Bis er kommt* und *Der vorige Sommer und der Sommer davor*. Das Zeit-Zitat («Wenn Peter Kurzeck zu sprechen beginnt, steht die Welt still») stammt aus Christoph Schröders Beitrag «Peter Kurzeck erinnert sich wie gedruckt».

Zur Häresie der Paraphrase: Auch bei Riedel findet sich das in unserem Text angesprochene Caveat:

> … wenn man aus einem Werk, das sich in Motivfülle und Verweisdichte mittlerweile der Utopie des absoluten Buches annähert, einen Aspekt herausgreift, (ist es) so, als würde man an einem Ende eines Mobiles reißen: man bringt etwas, das im künstlerischen Schaffensprozess fein austariert wurde, ins Ungleichgewicht, neigt zu Verkürzungen und Sche-

matisierungen und ist dabei dem literarischen Text notwendigerweise unterlegen. («*Wie ich mit meinem Vater im Wald bergauf gehe und dann weiter mit Carina*. Generationelle Verflechtungen bei Peter Kurzeck», S. 27)

Sollten wir also in unserem Buch doch lieber einfach nur Kurzeck-Leseempfehlungen zur Natur geben? Sicherlich nicht. Wir haben wie gesagt nicht den Anspruch, die Lektüre des Kurzeck'schen Werks zu ersetzen. Wir gehen jedoch davon aus, dass es möglich ist, mit einem literarischen Werk in einen fruchtbaren Dialog zu treten (auch Riedel hat sich durch seine Bedenken nicht davon abhalten lassen). Kurzecks Werk strotzt zwar tatsächlich von Motiven und Verweisen. Wenn man es jedoch aufmerksam liest, erkennt man deutliche Muster. Man erkennt auch, dass sich viele grundlegende Einsichten in relativ kurzen Textstellen gebündelt finden, die vorsichtig aus dem Kontext herausgelöst und eigenständig, wie ein Gedicht, betrachtet werden können. Solche Textstellen sind die Ausgangspunkte der folgenden fünf Kapitel. Wir werden, wie im Vorwort bereits angekündigt, Kurzeck immer zunächst einmal selbst zu Wort kommen lassen, mit seinem eigenen Klang und seiner eigenen Bildersprache, bevor wir versuchen, seine Einsichten herauszuarbeiten. Wir werden also den von der amerikanischen Philosophin Martha Nussbaum in *Love's Knowledge* vorgeschlagenen «dritten Weg» (zwischen analytisch-philosophischem und literarischem Stil) zu beschreiten versuchen. Unser Text soll zugleich prägnant und präzise sein, «eine Kombination aus literarischer Fülle und erklärendem Kommentar», in einem Stil, «der auf das literarische Werk antwortet und es selbst sowie seine Strategien zu einem gewissen Grad fortführt, aber auch ein aristotelisches Interesse an Erklärungen und expliziter Beschreibung zeigt» (S. 49 bei Nussbaum in unserer Übersetzung, vgl. auch den dritten Teil zu Philosophie und Literatur in Angelika Krebs' *Zwischen Ich und Du*).

Zur Zitierweise: Bei allen längeren Kurzeck-Zitaten sind in unserem Text nur das Werk, aus dem zitiert wird, und die Seite angegeben. Etliche kürzere Kurzeck-Zitate werden nicht eigens nachgewiesen (u. a. da sie sich an verschiedenen Stellen in leichten Abwandlungen in seinem Werk finden) und allenfalls durch Anführungszeichen markiert. Aus Gründen der Lesbarkeit sind die Zitate zudem mitunter leicht angepasst. Im ersten Satz der Transkription aus *Für immer* zur Natur im Süden ist z. B. ein «dort» durch ein «hier» ersetzt worden.

Zu Kurzecks Interviews: Einen erhellenden Einblick in Kurzecks reales, hier ja nur fingiertes Gesprächsverhalten geben David-Christopher Assmann und Nicola Menzel in ihrem Artikel «*es ist eigentlich alles ein Buch*. Peter Kurzecks Interviews» sowie Andreas Maier in «Neulich war der Peter bei mir». Der Vergleich zwischen Südfrankreich und Hessen findet sich auf S. 43 in Kurzecks Gespräch mit Wend Kässens «*Dieser Zwang, mich zu erinnern, den ich von Kindheit an habe, geht sicher auf Flucht, Vertreibung und den Ortswechsel zurück*». Über Uzès führt Kurzeck in diesem Gespräch weiter aus: «Zugleich ist Uzès fast schon eine morgenländische Zauberstadt! Da gibt es diese alten sarazenischen und provenzalischen Türme, die leuchten sogar noch, wenn die Sonne untergegangen ist, weil sie aus Kreidefelsen gebaut sind. Ich habe aus der französischen Ferne einen sehr guten Blick auf Frankfurt und Staufenberg.»

Dass Kurzeck in Uzès keine Seele gekannt hat, ist freilich genauso übertrieben wie die Aussage, dass keiner stirbt (obwohl in seinem Umfeld wohl wirklich kaum jemand damit zu rechnen schien, dass er, Peter Kurzeck, im Krankenhaus in Frankfurt im Herbst 2013 tatsächlich sterben könnte). Mit dem Verleger-Paar Kämpf war Kurzeck in Uzès befreundet. An Weihnachten war er immer bei ihnen zum Essen eingeladen. Auf unsere Nachfrage hin, ob Peter Kurzeck die klassischen französischen Filme von Jacques Tati kannte, z. B. *Mon oncle*, *Trafic* oder *Playtime*, entgegnete Günter Kämpf, dass er das stark vermute. Mit ihrem Blick auf die Moderne seien die beiden jedenfalls Brüder im Geiste. Auch dass man die (ob toten oder lebendigen) Anderen, genau wie die eigene Lebensgeschichte, jeden Tag neu erschaffen muss, ist, obwohl etwas Wahres dran ist, hoffnungslos überzogen. Dazu eine kleine Anekdote von Alexander Losse, dem anderen Kurzeck-Lektor (neben Rudi Deuble) beim Stroemfeld-Verlag: Als Kurzeck Alexander Losse einmal bedeutete, dass auch die Figur der Sibylle in seinen Romanen selbstverständlich von ihm selbst erschaffen wurde, fragte der zurück: «Und wie geht es Ihrer Romanfigur eigentlich inzwischen?»

Zum Naturbegriff: Andreas Maiers eigener «Versuch über die Natur» in seinem zusammen mit Christine Büchner geschriebenen Buch *Bullau* beginnt übrigens ganz im Geiste Bruno Latours damit, dass es die Natur eigentlich gar nicht mehr gebe, um sie dann am Ende in einem «Epilog mit Taube» doch wieder im Flug einer Taube zu entdecken, die sich über ein widerwärtiges Menschen-Spektakel am Kölner Bahnhof erhebt.

Eine ausführliche Analyse des Naturbegriffs findet sich im ersten Kapitel von Angelika Krebs' *Ethics of Nature*. Hier nur noch so viel: Während es früher einmal, auch in unseren Breiten, unberührte Natur gab, kann es aus prinzipiellen Gründen kein reines Artefakt geben. Denn alles, was der Mensch herstellt, stammt letztlich aus der Natur. Um einen Computer zu bauen, braucht man Rohstoffe. Auch das Herstellen selbst, als freies menschliches Handeln, hat eine Naturseite. Denn es beruht auf natürlichen Prozessen im menschlichen Körper. Wessen Kreislauf zusammengebrochen ist, der kann auch nichts mehr herstellen. Trotzdem ist, wenn im Folgenden von «Natur» die Rede ist, meist nicht die Natur im Menschen gemeint (als das im Menschen, was vorwiegend von sich aus entsteht, ist und vergeht), sondern die «Natur da draußen».

Die auf Aristoteles zurückgehende Unterscheidung zwischen dem Artefakt auf der einen Seite als dem, was der Mensch herstellt, was also seinen Ursprung im menschlichen Handeln hat, und der Natur auf der anderen Seite als dem, was seinen Ursprung in sich selbst, also jedenfalls nicht im menschlichen Handeln hat und dem Menschen nur widerfährt, ist von grundsätzlicher Art (vgl. dazu

Wilhelm Kamlahs *Philosophische Anthropologie:* «Widerfahrnis und Handlung», S. 34–40, oder Georg Henrik von Wrights *Erklären und Verstehen*). Mit der Unterscheidung zwischen Natur und Artefakt soll freilich nicht unterstellt werden, dass es in der Natur kein Handeln gäbe. Viele Tiere können handeln und Dinge herstellen. Die von den Tieren hergestellten Artefakte würden allerdings nach der hier getroffenen Unterscheidung mit zur Natur gehören. Denn die Unterscheidung geht vom Menschen aus. Das ist auch sinnvoll angesichts unseres Problems mit der Natur. Unser Problem ist doch, dass wir Menschen die Welt immer mehr verändern und mit Produkten unseres Handelns zustellen und dadurch die Natur immer mehr «wegmachen». Und dass das nicht gut ist, weder für uns noch für die Natur. Kurzecks Schriftstellerkollegin Juli Zeh lässt in ihrem Roman *Unterleuten* eine Hauptfigur ebendies sagen, nämlich dass das Problem

> im fanatischen Streben der Menschen nach Veränderung liege. Die Menschen von heute konnten nichts lassen, wie es war, auch das Gute nicht. Wenn etwas funktionierte, machten sie es mit ihrer Änderungswut kaputt, bis es wieder Probleme gab, mit deren Lösung sie sich profilieren konnten. (S. 19)

Für die im Text nur angedeutete physiozentrische Position in der Naturethik haben Andreas Weber mit *Alles fühlt* und Arne Næss mit seiner «Tiefenökologie» Pate gestanden. Einen Überblick über die wesentlichen naturethischen Positionen und Argumente gibt das folgende Kapitel. Die Prozentzahlen zum Artenschwund stammen aus Thomas Bauers *Die Vereindeutigung der Welt* (S. 7). Neuere Zahlen bietet der UNO-Bericht *Making Peace with Nature* von 2021.

Zu Wahrheit, Literatur und Emotion: Dass man im Fall von Literatur lieber von «Wahrhaftigkeit» als von «Wahrheit» sprechen sollte, sagt Peter Kurzeck in seinem Gespräch mit Mechthild Curtius *«Zwangsvorstellung: Daß ich nichts vergessen darf!»* auf S. 116. Mit Gottfried Gabriels Literaturästhetik setzt sich das nächste Kapitel ausführlicher auseinander. Dort wird es auch weiter um Emotionen und ihre Erkenntniskraft gehen. Das Beispiel des besonders ans Herz gehenden Todes bei der «last mission» ist Aaron Ben-Ze'evs Werk *The Subtlety of Emotions* entnommen (S. 22). Neben dem analytischen Philosophen Ben-Ze'ev betont auch der Gründungsvater der neueren Psychologie der Emotionen Nico Frijda die Rolle der Veränderung in unserem Gefühlsleben (etwa in «The Laws of Emotion»). Einen Überblick über den Stand der Philosophie der Gefühle gibt die von Aaron Ben-Ze'ev und Angelika Krebs herausgegebene vierbändige Edition *Philosophy of Emotion.*

Erstes Kapitel

Daß wir die Tiere verraten haben und warum wir sie und die ganze Natur wieder verzaubern müssen

«Die Igel am Fahrbahnrand»

Die Igel am Fahrbahnrand. Nur eine kleine Gruppe. Rücken naß vom Genieselund der Bauch naß vom nassen Gras. Aber das macht ihnen nichts. Wollen über die Straße. Wissen genau, wie das geht, aber jetzt geht es nicht. Lichter, die Straße dröhnt und dicht vor ihren Augen der Lichtschein fliegt über die nasse Fahrbahn. Sie schnuppern, sie reißen die Augen auf. Bremst keiner? Will die Straße nicht einen Augenblick anhalten? Voller Anspannung die Igel. Hecheln, halten immer wieder die Luft an. Ununterbrochen die Autos und sie spüren den Fahrtwind. Bei jedem Auto ein Ruck. Sie stehen und begreifen es nicht. Angst nicht, aber Herzklopfen. Immer mehr Herzklopfen. Mit roten Augen die Igel und alles an ihnen entzündet. Und die Sorgen, Flöhe und Zecken fressen sie auf. Fünf abgenutzte schäbige Igel im Dunkeln am Straßenrand. Wie Maulwurfshaufen, nur kleiner. Betäubt von den Abgasen. Betäubt und längst süchtig danach. Stehen und warten. Müssen bei jedem Auto zucken. Müssen immer heftiger zucken. Und wissen nicht, wie lang sie schon stehen und warten – und halten das Warten und halten ihre eigene Ungeduld dann nicht länger mehr aus. Also los! Geduckt losgerannt alle fünf und schon im nächsten Augenblick zwei von ihnen für immer platt. Überfahren. Tot. Wieder zwei Igel weniger. Waren zu fünft. Haben sich letzte Nacht schon auf den Weg gemacht. Eine Unrast. Erdlöcher, Baustellen, Parkplätze. Heute tagsüber ein paar Stunden schwitzend und schnaufend bei einer Mauer geschlafen. Neben hohen Mülltonnen. Hinter einem Tapeten-Discount-Center. Und über und über staubig aufgewacht oder waren schon vorher so staubig. Manche schon den ganzen Sommer voller Teerflecken. Hunger und Durst und fressen bei den Mülltonnen ein fremdes Zeug ohne Namen und kriegen noch mehr Durst und müssen an das bittere schwarze Wasser oben am Waldrand denken. So ein Wasser gibt es nur einmal. Dann müd in der Dämmerung weiter. Auf die Chaussee zu, die man von weitem schon hört, die B 3. Das war am Anfang des Abends. Und jetzt sind zwei tot. Einer hat es geschafft und duckt sich auf der anderen Seite vor einem Drahtzaun ins nasse Gras und muß immer weiter zittern. Und die anderen zwei? Kopflos zurückgerannt. Wieder am Grabenrand jetzt und noch immer in Panik. (*Vorabend*, S. 157 f.)

Wer kennt das nicht? Man will über die Straße, aber es kommt ein Auto nach dem anderen. Man steht da im Krach und im Gestank, hilflos wie das Kind, das man einmal war. Regnet es, wird man auch noch nassgespritzt. Ist es Abend und man ist müde, blenden einen die Autos und man reißt die Augen auf, anstatt sie zu schließen wie im Abendlied *Müde bin ich, geh zur Ruh*. Ist man krank oder hat Sorgen, ficht einen das alles noch mehr an.

Nur für die Igel ist es noch schlimmer. Sie sind viel kleiner und dichter dran an den Autos. Sie hören und riechen besser als wir. Sie müssen unbedingt über diese Straße, die B 3 bei Lollar (das ist die Straße, die auf dem in der Einleitung abgedruckten *Massa-Bild* abgebildet ist). Denn die Igel sind wie jeden Herbst auf dem Weg zum Winterschlaf oben im Wald, wo das Wasser schwarz und bitter ist. Also rennen sie los in ihrer Not.

Die Igel wissen auch nicht, was das soll, die vielen Autos, die Discounter, der Müll. Wir dagegen schon. Oft sitzen wir selbst im Auto und fahren noch einmal schnell in den Supermarkt, eine Pizza und ein Bier holen, und denken nicht an die Igel. Man sieht sie ja nicht einmal vom Auto aus, schon gar nicht im Dunkeln. Man spürt es auch kaum, wenn man einen überfährt.

Es kann sein, dass wir Bescheid wissen über den «road kill», aus dem Biologieunterricht oder dem Internet. Vielleicht haben wir sogar Zahlen im Kopf. Doch «Bescheid-Wissen» ist nicht unbedingt gleich «Begreifen», also Sich-Vorstellen und Selbst-Mitfühlen, wie es ist, so verzweifelt an der Straße zu stehen und dann unter die Räder zu kommen – oder ein Kind kommt unter die Räder. Es sind ja fünf Igel, eine Familie oder fünf Freunde, oder sind wir mittendrin im schaurigen Kinderlied *Zehn kleine Negerlein*?

Wüssten wir wirklich, wie das ist, «begriffen» wir es, dann führen wir kaum so leichthin herum mit unseren Autos. Unser Mitleid hielte uns davon ab. Etwas begreifen heißt doch auch danach handeln. Zu Fuß gehen, mit dem Fahrrad fahren (denn das wäre wahrhaft «automobil» = selbstbewegend) oder die Bahn nehmen, überhaupt nicht mehr so oft ohne guten Grund in der Gegend «herumpesen». Das ginge doch auch und fühlte sich besser an. Nicht nur, weil wir damit wie von allein zu gesunder Bewegung kämen und unser Gewicht in Schach hielten oder weil wir auf dem Weg mehr sähen von der Welt, vielleicht nette Leute träfen und uns gut mit ihnen unterhielten. Vielmehr schiene es auch moralisch stimmiger. Wegen der Igel. Natürlich auch wegen des Klimas, also um unser aller Zukunft willen.

Mitleid und Moral

Es ist seltsam, aber das Mitleid hat in der philosophischen Ethik, etwa bei Immanuel Kant, keine allzu gute Presse. Es ist nur ein Gefühl, eine «Neigung», lehrt Kant, und entstammt nicht der Vernunft, dem «was die Pflicht gebeut». Das hat schon dem Dichter Friedrich Schiller, einem Zeitgenossen und Bewunderer Kants, nicht eingeleuchtet. Schiller macht sich lustig über Kant, wenn er schreibt: «Gerne dien ich den Freunden, doch tu ich es leider aus Neigung. Und so wurmt es mir oft, daß ich nicht tugendhaft bin.»

Da ist etwas dran, wenn es Kant wohl auch nicht ganz gerecht wird, plädiert der doch immerhin für eine Erziehung unserer Gefühle, auf dass uns das Moralisch-Sein leichter falle. Wer aus einem moralisch kultivierten Gefühl heraus agiert, wie vermutlich Schiller gegenüber seinen Freunden, handelt auch nach Kant moralisch, jedenfalls wenn wir Kant nachsichtig interpretieren.

Weil Grausamkeit und Undankbarkeit gegenüber Tieren unser Gefühlsleben verrohen, verurteilt Kant auch explizit jede Tierquälerei. Er ist aus pädagogischen Gründen sogar dagegen, dass man ein altes Pferd, das einem gute Dienste geleistet hat, erschießt.

Kants pädagogisch motivierter Tierschutz ist allerdings auch nicht unwidersprochen geblieben. Der Mitleidsethiker Arthur Schopenhauer kommentierte ihn mit der ironischen Rückfrage, ob wir also nur zur Übung mit den Tieren Mitleid haben sollen. Das trifft nun wirklich ins Schwarze. Für Kant sind Tiere, moralisch gesehen, Sachen und keine Personen wie wir. Kant glaubt, Tiere seien unfähig zu vernünftigem Nachdenken und Handeln. Darum gesteht er ihnen auch keine Würde zu, sondern nur einen Preis. Was für Kant moralisch zählt und wovon sein kategorischer Imperativ handelt, ist allein der vernunftbegabte Mensch. Da gibt es nichts mehr zu interpretieren.

Nun könnte man denken, Kants anthropozentrische, also auf den Menschen konzentrierte Position sei ein alter Hut. Heute seien wir alle Öko- oder Physiozentriker und auf die Natur (= «physis») konzentriert oder, wenn nicht auf die ganze Natur, so zumindest auf alle leidensfähigen Tiere, also Pathozentriker («pathos» = Leiden). Das ist leider nicht so. Man muss sich nur wie Peter Kurzeck auf den Straßen der Welt umsehen oder in Massentierhaltungsbetrieben und medizinischen Tierversuchseinrichtungen. Es ist auch nicht so in der Philosophie, die von Berufs wegen eigentlich kritisch über unser Verhalten nachdenken sollte. Es ist vor allem nicht so in der deutschsprachigen Philosophie, wo auch heute noch viele an den Übervater Kant anschließen, etwa die Frankfurter Diskursethik.

Im angelsächsischen Raum ist das durchaus anders. Dort dominiert seit alters der sogenannte Utilitarismus («utilitas» = Nutzen). Der Utilitarismus will die Bilanz von Lust über Unlust in der Welt erhöhen und hat dabei von Anfang an die empfindungsfähigen Tiere mit im Visier. Berühmt ist ein Zitat von Jeremy Bentham, einem englischen Zeitgenossen Kants:

> Der Tag mag kommen, an dem die übrigen Geschöpfe jene Rechte erlangen werden, die man ihnen nur mit tyrannischer Hand vorenthalten konnte. Die Franzosen haben bereits entdeckt, dass die Schwärze der Haut kein Grund dafür ist, jemanden schutzlos der Laune

eines Peinigers auszuliefern. Es mag der Tag kommen, da man erkennt, dass die Zahl der Beine, der Haarwuchs oder das Ende des «os sacrum» gleichermaßen unzureichende Gründe sind, ein fühlendes Wesen demselben Schicksal zu überlassen. Was sonst ist es, das hier die unüberwindliche Trennlinie ziehen sollte? Ist es die Fähigkeit zu denken, oder vielleicht die Fähigkeit zu sprechen? Aber ein ausgewachsenes Pferd oder ein Hund sind unvergleichlich vernünftigere und mitteilsamere Lebewesen als ein Kind, das erst einen Tag, eine Woche oder selbst einen Monat alt ist. Doch selbst vorausgesetzt, das wäre anders, was würde es ausmachen? Die Frage ist nicht: können sie denken? oder können sie sprechen?, sondern können sie leiden?

So alt ist der heute gängige Vorwurf des Gattungsegoismus, Humanchauvinismus oder Speziesismus also! Allerdings gibt es mit der Vertragstheorie auch im angelsächsischen Raum einen starken Konkurrenten zum Utilitarismus. In der kontraktualistischen Theorie der Gerechtigkeit kommen Tiere nicht vor. Wieso auch, sie können ja keine Verträge schließen. Wenn man nur dem moralisch etwas schuldet, dem man vorher etwas vertraglich zugesagt hat, kann es in der Tat keine moralischen Pflichten gegenüber Tieren geben.

Der Pluralismus von Moral und Vernunft

Tiere haben nach wie vor einen schweren Stand nicht nur im wirklichen Leben, sondern auch in der Philosophie. Wobei das wirkliche Leben vielfältiger ist, als die Moraltheorien es wahrhaben wollen. Dass Leiden etwas Schlimmes ist, egal, ob es meins ist oder deins, ihrs oder seins, ist Teil unserer pluralistischen moralischen Kultur. Wer das im wirklichen Leben bestreitet, wirkt abstoßend. Man will so jemanden nicht zum Freund oder zur Freundin haben. Schon gar nicht will man, dass die eigenen Kinder so einen Umgang haben. In Michael Hanekes Film *Bennys Video* zeigt ein videosüchtiger Junge einem Mädchen, das er gerade kennengelernt hat, ein selbstgedrehtes Video, auf dem sein Vater ein Schwein auf einem winterlichen Hof erschießt. Das genauso videosüchtige Mädchen schaut das Video ungerührt an und sagt nur: «Es schneit ja.» Da kann es einem als Zuschauer kalt den Rücken herunterlaufen. Soll es wohl auch, es ist immerhin ein Film von Michael Haneke, dem Macher von *Funny Games* und Warner vor einer «Vergletscherung» unseres Gefühlslebens.

Das philosophische Nachdenken über Moral sollte hinter die Komplexität unserer moralischen Einstellungen im Alltag nicht zurückfallen und Moral auf nur einen Aspekt reduzieren, sei es die Vernunft, sei es das Leiden, sei es vertragliche Kooperation. Tierethische Debatten zwischen den Anhängern verschiedener Moraltheorien haben oft einen schlechten Beigeschmack. Als normaler Mensch wird man den Eindruck nicht los, dass Kantianer und Kontraktualisten unser natürliches Mitleid wegrationalisieren wollen, während Utilitaristen ganz verschiedene Dinge über denselben Kamm eines Lustkalküls scheren.

Dass Tiere einen so schweren Stand haben in der Philosophie, könnte auch etwas damit zu tun haben, dass Gefühle dort einen schweren Stand haben, was wiederum etwas damit zu tun haben könnte, dass Frauen dort einen schweren Stand haben. Oder fällt Ihnen auf Anhieb eine große Philosophin ein? Der Frauenanteil an Professuren in Philosophie in Deutschland ist so klein wie der in den Naturwissenschaften und der Mathematik. Sehr klein also.

«Philosophie» ist wörtlich Liebe zur Weisheit. Von Weisheit ist man schnell bei Vernunft oder gar bei Verstand und damit dem Gegenteil von Gefühl. Der Verstand oder die Rationalität ist ein wesentlich diskursives (propositionales, sich also in satzförmig ausdrückbaren Gedanken verwirklichendes) Vermögen, wohingegen das Gefühl vor allem ein sinnliches (nicht-propositionales, also direkt auffassendes) Vermögen ist. Vernünftig ist, wer beide Vermögen in sich vereint und auf dieser doppelten Basis zu einer ganzheitlichen, ausgewogenen Haltung gelangt. So gibt es Menschen, von denen man durchaus sagen kann, dass sie hochrational, aber herzlos sind, und solche, die man empfindsam, aber irrational findet. Vernünftig würde man beide Arten von Menschen jedoch nicht nennen.

Vernunft ist – genau wie Moral, die nur ein Teilbereich ihres Wirkungsfeldes ist – pluralistisch zu verstehen und nicht auf den Verstand zu reduzieren. Philosophie sollte als «Liebe zur Wahrheit» oder «Vernunft» («Weisheit» klingt etwas zu emphatisch) den Verstand nicht gegen das Gefühl in Stellung bringen, sondern beide als Erkenntniskräfte stark machen und ihr Zusammenspiel in der Vernunft herausstreichen. Ja, Sie haben richtig gelesen. Wir wollen Gefühle als Quellen von Einsicht, als Teil unseres Vernunftvermögens verstehen und nicht nur als pädagogische Steigbügel, wie Kant das tut. Es stimmt zwar, dass unsere Gefühle und auch die Literatur, die unsere Gefühle anspricht, uns mitunter verführen und in die Irre leiten können. Doch das gilt auch für den bloßen Verstand und die Wissenschaft. Argumente und Theorien können uns mit ihrer kalten, eindimensionalen Logik für sich einnehmen und vom rechten Weg abbringen. Gegen falsche Rationalisierung begehrt das Gefühl auf. Gegen irrationale Gefühle wehrt sich der Verstand. Idealiter korrigieren und ergänzen sich beide Vermögen gegenseitig. Vernunft besteht im Hin und Her der zwei Vermögen und in der Überwindung der Schwächen beider Seiten. Je nach Thema ist die eine oder die andere Seite stärker gefragt. In der Moral dürfte das feinsinnige, situative Gefühl hellsichtiger sein als der zum Abstrakten neigende, grobkörnige Verstand. Unser Mitleid sieht, was Tiere angeht, mehr als Kant mit seinem kategorischen Imperativ.

Wir könnten, um hier noch deutlicher zu werden, zwei Formen des Pluralismus unterscheiden, einen in der Methode der Erkenntnis, den anderen im Inhalt der Erkenntnis. Methodisch pluralistisch ist die Vernunft bzw. die Moral, wenn sie alle unsere Erkenntnisvermögen, also neben dem Verstand auch das Gefühl, um nur die beiden wichtigsten zu nennen, anerkennt.

Inhaltlich pluralistisch ist die Vernunft (zur inhaltlich pluralistischen Moral kommen wir im nächsten Absatz), wenn sie jede Einseitigkeit in der Sache überwindet, d. h. alle relevanten Aspekte oder Hinsichten eines Problems in den Blick nimmt und abwägt und nicht nur auf einen Aspekt abhebt, sei es der Eigennutz, die Effizienz, die Schönheit, die Logik, die empirische Faktenlage oder die Moral. Eine Vernunftkonzeption, welche die Moral über alles stellt, wie dies Kant in seinem berühmten «Darf man aus Menschenliebe lügen?»-Beispiel tut, indem er die gestellte Frage resolut mit «Nein» beantwortet, selbst wenn es Verbrecher sind, die an der Tür stehen und fragen, ob man seinen Freund bei sich im Haus versteckt hat, eine solche Vernunftkonzeption könnte man «moralistisch» oder «rigoristisch» nennen oder eben «unvernünftig», wenn man bedenkt, dass es die Aufgabe der Vernunft ist, alle Einseitigkeit oder Partikularität zu überwinden, also pluralistisch zu sein, im Unterschied zu den vielen Formen von «rationalem» Sachverstand, die nur einen Aspekt herausgreifen und diesen dann optimieren. Um die Verwirrung komplett zu machen, aber so vielfältig ist unsere Unterscheidungskultur nun einmal, könnte man Kants Position im Lügenbeispiel (moralisch) rational, aber unvernünftig nennen. Denn die Vernunft sieht das Ganze. (Man könnte Kants Position freilich auch schon rein moralisch gesehen irrational finden.)

Moral ist inhaltlich pluralistisch, wenn sie neben der Autonomie zumindest auch das leiblich-seelische Wohl all derer beachtet, die ein solches Wohl haben können. «Autonomie» meint einerseits die Fähigkeit, sein Leben auf Einsicht zu stellen (Vernunft), andererseits die Freiheit, mit wem man will zu kooperieren und auch ansonsten zu tun und zu lassen, was man will (Willkürfreiheit). In Kants Moralkonzeption gehen methodischer und inhaltlicher Monismus miteinander einher. Nimmt man wie er das Mitleid methodisch, also als moralische Erkenntnisquelle, nicht ernst, fällt es einem vermutlich auch leichter, inhaltlich über reales Leid moralisch hinwegzusehen oder ihm nur eine moralpädagogische Rolle zuzugestehen. Moral sollte aber genauso wie Vernunft inhaltlich und methodisch pluralistisch ausgerichtet sein. Nur haben wir im Fall der Moral lediglich ein Wort, egal ob man «Moral» pluralistisch versteht oder eben nicht. Im Fall der Vernunft haben wir «Vernunft» einerseits und «Rationalität» oder «Verstand» andererseits.

Doch zurück zu den Igeln. Spannenderweise stehen die Igel in vielen Märchen und Fabeln für Weisheit, Umsicht oder Klugheit, was sich die Philosophie, wenn sie gegen die Reduktion von Vernunft auf Verstand argumentiert, gern zu Nutze macht. Denken Sie an Titel wie Isaiah Berlins *Der Igel und der Fuchs*, Ronald Dworkins *Gerechtigkeit für Igel*, Muriel Barberys *Die Eleganz des Igels* oder eben unser *Das Weltbild der Igel – Naturethik einmal anders*. Der erste Titel spielt auf ein Fragment des altgriechischen Dichters Archilochos an: «Der Fuchs weiß viele Dinge, aber der Igel weiß eine große Sache.» Das Fragment betont die Fähigkeit der Igel zur Gesamtsicht im Gegensatz zur spezialisierten Schlauheit oder Rationalität der Füchse. Peter Kurzeck hebt in seinen Igel-Kapiteln auf eine andere Vorläufer-Geschichte ab, auf das Märchen der Brüder Grimm vom hochmütigen Hasen und klugen Igel und deren Wettlauf, wobei der Igel durch einen Trick gewinnt: Er stellt seine Frau, die genauso aussieht wie er, beim Ziel auf, und immer, wenn der Hase angelaufen kommt – der ungläubige Hase besteht nämlich auf mehreren Wiederholungen des Rennens –, ruft sie: «Ich bin schon hier!» Am Ende ist der erschöpfte Hase tot.

Auch in der eingangs zitierten Kurzeck-Passage zu den Igeln am Fahrbahnrand wird die Klugheit der Igel unterstrichen: «Wissen genau, wie das geht». Es wird aber ebenfalls gesagt, dass die Igel inzwischen mit ihrem Latein am Ende sind: «Sie stehen und begreifen es nicht.» Das dürfte freilich weniger an den Igeln selbst liegen denn an der neuen Welt, die zumindest für Tiere wie Igel im Ganzen einfach nicht mehr zu begreifen ist.

Der Rest der zwei Igel-Kapitel stößt in dasselbe Horn: Die Igel sind überaus lernbegierig, sie staunen gern und wundern sich viel, sie merken sich alles, sind erfahren, zäh und kennen sich aus. Andere Tiere kommen gegen sie nicht an: «Wie leicht doch ihr Leben noch war, als es genügte, sich blitzschnell zu einer Kugel zusammenzurollen. Und das hat jeden Feind sofort aus der Fassung gebracht (eine ruhige Kugel, die innerlich lacht).» (S. 164) Kurzecks Igel sind aber auch eigensinnig und nachdenklich, sie lassen sich Zeit und schlafen viel. Sie sind vertrauensvoll und zuversichtlich, konziliant und bescheiden. Insgesamt ziemlich sympathisch also.

Doch kann man die Art und Weise, wie die Igel bei Kurzeck sind und wie sie ihre Welt und uns Menschen darin sehen, nicht ohne Verluste zusammenfassen oder nacherzählen. Von daher wäre es am besten, wenn Sie die zwei Igel-Kapitel selbst lesen und sich ein eigenes Bild machen würden. Die zwei Kapitel sind zusammen nur 36 Seiten lang (S. 133–169). Die von uns ausgewählte Passage zu den Igeln am Fahrbahnrand findet sich recht weit hinten. Im Roman stehen die Igel-Kapitel fast für sich, sie sind in einer kürzeren Vorfassung auch separat als Sonderdruck erschienen. Peter Kurzeck hat die beiden Kapitel auch einmal im Radio vorgelesen. Wenn man Kurzecks Stimme hört, ist man noch einmal ganz anders drin und dabei. Sie finden einen Link zur Lesung in den Anmerkungen zu diesem Kapitel.

Kurzecks Igel reagieren auch anders als die übrigen von ihm porträtierten Tiere darauf, dass um sie herum ihre eigene Welt «wegverschwindet»: nicht so empfindlich wie die Nachtigallen und Lerchen, nicht so anpasslerisch wie die Krähen und Elstern und nicht so eigenbrötlerisch wie die Aussteiger-Maulwürfe. Die Igel «bringen immer weiter Verständnis auf, auch noch als die Maulwürfe mit den Menschen längst schon nichts mehr zu tun haben wollten. Muß man doch nicht gleich beleidigt, sagen die Igel. Es ist ja nicht bös gemeint. Sind Sachzwänge» (S. 154). Jedenfalls bleiben die Igel verständnisvoll fast bis zuletzt, als dann selbst für sie nichts mehr geht und sie elend auf den Straßen und im Müll verrecken.

Natürlich ist es Kurzeck nicht nur um die realen Igel zu tun. Die Igel stehen wie seine anderen Tierarten auch symbolisch für Typen von Menschen und wie diese sich zur Zerstörung der sie umgebenden Natur verhalten. Dass beispielsweise die Igel «als Igel» («sind Igel», «immer Igel gewesen», «können nichts anderes werden») über eine bestimmte Grenze der Anpassung nicht hinausgelangen, wirft die Frage auf, wie das ist mit uns «als Menschen». Wir sind schließlich, Transhumanismus hin, Transhumanismus her, auch eine Tierart. Dass nicht nur die anderen Tiere, sondern auch wir mitunter in Verhaltensmustern gefangen sind, macht Kurzeck anhand unseres Fahrverhaltens an Ampeln deutlich (oder fühlt sich da jemand nicht getroffen?):

> Die ganze B 3 entlang neuerdings Ampeln und Zufahrten. Und die Fahrer entweder noch eben bei Grün durch, bei Gelb (aber eigentlich war schon Rot!) und mit Höchstgeschwindigkeit weiter, weil in der Ferne die nächste Ampel auch eben noch Grün ist. Oder mußten vor einer roten Ampel warten und müssen das jetzt wieder aufholen. (S. 157)

Kurzecks kluge Igel sind trotz ihrer Überlegenheit über die anderen Tiere am Aussterben. Das macht die ganze Geschichte noch furchtbarer und mag mit erklären, warum er die Tierart der Igel für seine Story ausgewählt hat. Kurzecks Igel sind das, was man heutzutage «Fortschrittsverlierer» nennt: «Igel sind altmodisch. Nicht mehr zeitgemäß. Braucht man nicht.» (S. 167) Sie erscheinen so nutzlos wie ein fünftes Rad am Wagen (vielleicht sind es auch deshalb fünf Igel?). Gibt es eigentlich, will man fragen, auch Fortschrittsgewinner unter den Tieren bei Kurzeck? Vielleicht die Ameisen, die zusammen mit den Fliegen und Maden für die toten Igel zuständig sind: «Von Rechts wegen, sagte ich, müßten die Ameisen sich wundern über die vielen toten Igel, aber Ameisen wundern sich nicht.» (S. 167) Und wer sind wohl die Fortschrittsgewinner unter uns Menschen?

Dass Literatur mit ihrer Symbolik Bedeutung auf verschiedenen Ebenen aufmacht, welche auch noch offen miteinander interagieren, wie in vielstimmiger Musik, ist ein Grund, warum man sie nicht zusammenfassen kann.

Literatur und Gefühl

Die Passage zu den Igeln am Fahrbahnrand greift einem ans Herz. Die Igel erregen unser Mitleid. Wie macht Literatur das, dass sie unsere Gefühle aktiviert, und warum ist das so wichtig?

Von Kurzecks Kippbilder-Technik, die unsere Emotionen anregt, war bereits in der Einleitung die Rede. Die Kippbilder-Technik prägt Kurzecks ganzes Igel-Märchen. Es springt nämlich immer wieder zwischen der guten Zeit der Igel vor und dann mit den Menschen und ihrer schlechten Zeit jetzt hin und her. Einen Touch von einem Vorher-nachher-Bild findet man auch in unserer Passage: «Das war am Anfang des Abends. Und jetzt sind zwei tot.» Gefühle reagieren besonders heftig auf Kontraste, hatten wir gesagt. Deshalb sind Kippbilder, die Anfang und Ende direkt aneinander montieren, so eindrücklich und wirkungsvoll. Sie verwandeln kontinuierliche Veränderungen in harte Brüche.

Entscheidender für unsere Passage ist es, dass Kurzecks Text – anders als eine Dokumentation oder eine wissenschaftliche Studie – nicht quantifiziert, z. B. keine Prozentzahlen vorlegt à la «Soundso viele Igel, Rehe, Frösche kommen jährlich auf bundesdeutschen Straßen ums Leben». Das Schicksal der Igel wird vielmehr am Beispiel von fünf besonderen Igeln vorgeführt. Wir kennen solche exemplarischen Vergegenwärtigungen auch aus Spendenaufrufen. Die Organisation *Brot für die Welt* etwa wirbt mit bestimmten Gesichtern und Geschichten. Der Grund dafür, dass diese Aufrufe ganz anders «ziehen» als abstrakte Zahlen, ist, dass Gefühle von Haus aus einen engen Fokus haben. Etwas negativer ausgedrückt, haben sie einen Tunnelblick. Mit dieser Engstellung sehen sie auf die Nähe viel besser als der auf allgemeine Zusammenhänge ferngestellte Verstand. Gefühle verfügen somit über eine größere Tiefenschärfe, umso mehr, wenn sie angeleitet sind durch feinsinnige künstlerische Darstellungen, die ihrerseits so feinsinnig sein mögen, weil sie aus dem Gefühl stammen, umso mehr wenn dieses angeleitet ist usw. usf. Das ist «éducation sentimentale», Herzensbildung, und «ästhetische Erziehung». Wenn wir als Leserinnen und Leser auf dieser Grundlage allgemeiner über die Igel oder andere Tiere nachsinnen und darüber, was wir ihnen, so ganz nebenbei, alles antun, dann sind wir moralisch anders und besser unterwegs als z. B. ein Kantianer, der im kategorischen Imperativ Handlungsregeln auf ihre Universalisierbarkeit prüft. Dass Literatur unsere Gefühle aktiviert, ist also u. a. deshalb so wichtig, weil dadurch unsere Gefühle moralisch kultiviert werden und ein Mehr an Erkenntniskraft gewinnen, tiefer, sicherer und energischer werden.

Was zeigt die Textpassage nun in ihrer Tiefenschärfe? Vor allem das Gefühlsleben der Igel. Müsste man die Passage einordnen als entweder narrativ, lyrisch oder dramatisch, würde man sie wohl eher, obwohl sie einem Roman entstammt und zweifellos auch dramatische Elemente hat, der Poesie zuschlagen. Der adäquate Ausdruck von Gefühlen erfordert einen poetischen Stil. Mit Erzählen oder Dialog allein ist es da nicht getan.

Der poetische Stil kennzeichnet übrigens Kurzecks ganzes Werk. Kurzeck schreibt lyrische Prosa. Die Sekundärliteratur spricht von einem eigenen «Kurzeck-Sound». In einer *Vorabend*-Rezension von Jörg Magenau in der *Süddeutschen Zeitung* heißt es: «Man erkennt Peter Kurzeck an jedem einzelnen seiner Sätze. Seine Sprache ist nichts als Musik und entfaltet dieselben Tiefenwirkungen. Sie berührt unmittelbar.»

Kurzeck betont auch selbst seine Nähe zu Lyrik und Musik, so in einem Gespräch mit Barbara Schäfer:

> Ich schreibe vieles so, als sei es Lyrik. Also lerne ich eine Zeile auswendig, merke, da fehlen noch zwei Silben, weiß aber nicht welches Wort es sein soll. Ein Musiker weiß, da gehören noch ein paar Töne hin, weiß aber auch noch nicht gleich welche, und die muss man dann irgendwie mitdenken und fügt sie später noch dazu.

In Uzès erzählt man sich, dass man den «Pasternak» dort bald jeden Tag in sich selbst versunken und vor sich hinredend herumlaufen sehen konnte, offenbar seine Sätze auf ihren Klang hin im Gehen prüfend. Die ungeheure Bedeutung des Klanglichen bei Kurzeck ist ein anderer Grund dafür, dass man sein Werk nicht wirklich zusammenfassen kann.

Schauen wir uns die Vielfalt der in der Passage ausgedrückten Igel-Empfindungen an: der nasse Bauch, die entzündeten Augen, die dröhnende Straße, das Herzklopfen, das Hecheln, das erinnerte bittere Wasser, der Hunger und der Durst – das sind alles leibliche Empfindungen, die man an bestimmten Stellen des Körpers spürt. Es gibt in der Passage zudem Gesamtleibesempfindungen, wie das Schwitzen, das Zittern, das Rucken, die Müdigkeit, die Betäubung, die Süchtigkeit und die Anspannung. Mit der Ungeduld, der Unrast, der Kopflosigkeit und der Panik sind wir schon auf der Schwelle vom rein leiblichen zum auch seelischen Bereich, will sagen zu Stimmungen einerseits und Gefühlen im engeren Sinne andererseits. Das Wort «Gefühl» wird oft weit verwendet und umfasst dann alle leiblichen und seelischen Empfindungen. Im engeren Sinne bezieht sich «Gefühl» auf eine Unterform von seelischen Empfindungen und wird als «Emotion» von «Stimmung», einer anderen Unterform von seelischen Empfindungen, abgegrenzt. Stimmungen und Emotionen haben von sich aus einen inhaltlichen Bezug auf die Welt, entweder auf etwas Bestimmtes in der Welt, wie bei den sorgenvollen Gedanken und Entschlüssen der Igel, oder der Bezug ist wieder unspezifisch, ganzheitlich, wie bei den aufgezählten Stimmungen der Panik und Ungeduld. Es fällt auf – das jedoch nur am Rande –, dass die Igel zwar Sorgen kennen, aber explizit keine Angst («Angst nicht»). Zumindest wenn man Martin Heidegger gelesen hat, wirkt dies wie eine Anspielung auf die Gattungsgrenze zwischen Mensch und Tier und zeigt Kurzecks philosophisch-anthropologischen Tiefgang. Nach Heidegger ist der Mensch als «Man» getrieben von der Sorge um sein Leben, wohingegen er erst in der Konfrontation mit der Angst zum freien und eigentlichen Menschen wird. Kurzeck spielt auch an anderen Stellen im *Vorabend* mit der Gattungsgrenze. Markant ist ein Traum, in dem der Ich-Erzähler die Aufgabe hat, die Tiere zum Lachen zu bringen. Dass nur der Mensch und nicht das Tier lachen kann, gilt als eine der anthropologischen Konstanten.

Im Gegenzug zu der durchweg negativen Empfindungsqualität in der zitierten Passage sei auch eine positive Igel-Stelle wiedergegeben. Sonst kommen

Kurzecks Igel hier zu sehr als leidende Kreaturen herüber, wo sie doch auch Genießer sind:

> ... satt und gierig, müssen sie jetzt umso tiefer die Luft atmen und vergorene Beeren fressen unter den Hecken auf ihrem Pfad. Soviel Mäuse sie als Igel auch fressen in so einer Nacht, die Mäuse werden nicht weniger. Jetzt ist das Gras feucht und der Mond steht hoch und die Schnecken fangen zu kriechen an. Bei den Igeln sind Schnecken keine Vorspeise, eher ein Dessert. Zwischen den Mäusen und Schnecken und Kräutern haben die Igel immer wieder vergorene Beeren gefressen und jetzt sind sie satt und ein bißchen angetrunken. Das ist ihnen eine heilige Stimmung. Lang die Nacht und der Mond so hoch. Ein Halb-, ein Dreiviertelmond. (S. 137)

Die Igel haben eine besondere Beziehung zum Mond. Er taucht in Kurzecks Igel-Märchen 14-mal auf. Insgesamt wird er im Roman fast 70-mal erwähnt, auch ganz am Schluss: «Mein Mond hat Carina einmal gesagt. Mein Mond. Mit Fragezeichen.» (S. 1015) Auf die Bedeutung des Mondes bei Kurzeck und des zyklischen Verständnisses von Zeit für die Beheimatung des Menschen in der Welt kommen wir in den nächsten Kapiteln noch zu sprechen. Und auch der Gefühlsentwicklung der Igel werden wir uns weiter unten noch zuwenden.

Kurzeck erzählt in seiner lyrischen Prosa nicht einfach nur von den Gefühlen der Igel, indem er sie in ihrer Abfolge benennt. Er drückt sie auch aus, führt sie klanglich und rhythmisch vor, «performt» sie. Und zwar durch Assonanzen, Alliterationen, Wiederholungen (oftmals verbunden mit Steigerungen oder anderen Variationen), eigenartige, etwa inkongruente Aufzählungen, Ellipsen und vieles mehr.

So wird in unserer Eingangspassage das abendlich ruhige und dunkle «A» in «nasses Gras», «schwarzes Wasser am Waldrand» und «Das war am Anfang des Abends» durchstochen von einem spitzen «I» in «Lichter», «dicht» und «der Lichtschein fliegt». Oder das lange «A» wird, wie am Ende der gerade zitierten Textstelle, zur heiligen Igel-Stimmung, noch hochgehoben und abgerundet durch ein wiederholtes «O»: «Lang die Nacht und der Mond so hoch.» So viel zu Assonanzen.

«Schwitzend und schnaufend» ist eine Alliteration, welche das benannte unangenehm bedrängende Körpergefühl noch verstärkt. Durch den Stabreim werden wir auf das vorhergehende «Schnuppern» zurückverwiesen, das sich noch mehr Weltoffenheit leisten konnte als das Schwitzen und Schnaufen.

Wortwiederholungen hat es allein in unserer kurzen Passage so viele, dass man sie nicht alle aufführen mag (x-mal «nass», «halten», «müssen» etc.). Etliche Wiederholungen gehen mit Steigerungen einher: «Herzklopfen. Immer mehr Herzklopfen», «Betäubt von den Abgasen. Betäubt und längst süchtig danach», «zucken. Müssen immer heftiger zucken» sowie «Halten das Warten und halten ihre eigene Ungeduld dann nicht länger mehr aus». Die vielen Wiederholungen, insbesondere die sich steigernden, spiegeln die emotionale Dynamik. Beim Vorlesen im Radio beschleunigt Kurzeck an diesen Stellen merklich das Lesetempo. Die sich aufschaukelnden Wiederholungen bilden nach, wie sich die Igel immer weiter in ihre negative Befindlichkeit hineindrehen. Gefühle sind ja normalerweise nicht auf einen Schlag da und dann wieder weg. Sie haben vielmehr eine zeitliche Struktur, mit einem Anfang, einem Höhepunkt (oder mehreren) und einem Ende. Anders als die meisten propositionalen Gedanken. Die propositionale Einsicht z. B., dass man die Zeit nicht nur linear, als fortschreitende Zahlenreihe verstehen kann, sondern auch zyklisch, als Wiederkehr von Sommer und Winter, Tag und Nacht, Morgen und Abend, ist, wenn man sie denn hat, schlagartig da und bleibt einem dann auch.

Wegen der für Gefühle charakteristischen zeitlichen und thematischen Entwicklung hat auch die sogenannte narrative Theorie der Emotionen etwas für sich. Danach sind Emotionen nicht einfach irgendwelche Komplexe aus verschiedenen (etwa körperlichen, leiblich empfundenen, verhaltensmäßigen und inhaltlichen) Komponenten, wie dies die sogenannte Mehrkomponententheorie behauptet. Letztere wird immerhin der Komplexität unseres Gefühlslebens deutlich besser gerecht als monistische Emotionstheorien, welche Emotionen entweder erstens auf körperliche Erregungszustände im Kopf oder den Eingeweiden reduzieren (Körpertheorie) oder zweitens auf empfundene, also bewertete Wahrnehmungen solcher Erregungszustände (Empfindungstheorie) oder drittens auf unwillkürliches Ausdrucksverhalten wie Zittern oder willkürliches Verhalten wie Losrennen (Verhaltenstheorie) oder viertens auf inhaltliche Stellungnahmen, welche körperliche Erregung, leibliche Empfindungen und Verhalten verursachen oder davon begleitet werden, ohne dass diese aber notwendige Bestandteile der Emotionen sind (kognitive Theorie). Das, was Emotionen von rein leiblichen Empfindungen vor allem unterscheidet, darin hat die kognitive Theorie recht, ist ihre inhaltliche Stellungnahme zur Welt. Emotionen zeigen an, was uns wichtig ist und wie es darum unserer Meinung nach gerade steht. Sie offenbaren unsere Werte, das, woran uns im Leben liegt, und wer wir im Kern sind. Sie tun dies uns selbst gegenüber («Höre auf deine Gefühle!») wie auch gegenüber Anderen. Wenn man wissen will, wie jemand «tickt», muss man auf ihre oder seine Gefühle schauen. Gefühle sind aber nicht nur Wichtigkeits-Marker, Wert-Tracker, Persönlichkeits-Revealer. Sie fungieren auch als Alarmanlagen. Sie bringen uns dazu, dass wir uns einer bestimmten Sache sofort und ganz annehmen, und schotten alles andere ab. Das ist ihr schon erwähnter Tunnelblick.

Nach der narrativen Theorie der Emotionen – so waren wir in dieses Thema hineingeraten – sind die verschiedenen Komponenten von Gefühlen zeitlich-thematisch miteinander verbunden. Sie folgen aufeinander wie in einer Geschichte, einem Narrativ. Um Gefühle in ihrer Dynamik angemessen zu erfassen, braucht es somit auch erzählerische Elemente, nicht nur lyrische. So ein Sorge-Panik-Narrativ findet sich ja auch in unserer Igel-Szene, sogar chronologisch geordnet, was untypisch ist für Kurzeck. Seine Erzählungen mäandern sonst eher durch die Zeit, wie dies auch unsere Erinnerungen zu tun pflegen. Meist webt Kurzeck assoziativ einen Teppich, er entwickelt ein thematisches Muster, er überlagert, überblendet, schichtet, sodass ein Patchwork aus Stimmungsbildern und Handlungsszenen quer durch die Zeit entsteht.

Auch Kurzecks Aufzählungen spiegeln das Gefühlsleben der Igel, mal eher langsam und mühsam: «Erdlöcher, Baustellen, Parkplätze», dann blitzartig, brutal und final: «platt. Überfahren. Tot», dann inkongruent, Kategorien vermengend: «Die Sorgen, die Flöhe und die Zecken fressen sie auf», später im Kapitel variierend wieder aufgenommen mit «Flöhe, Zecken und Aberglauben» (S. 166).

Am stilistisch auffälligsten dürften aber wohl die Ellipsen sein. Es hat in der Passage ja kaum einen richtigen, vollständigen Satz mit Subjekt, Prädikat und Objekt. Mal fehlt das Prädikat: «Die Igel am Fahrbahnrand.», mal das Subjekt: «Wollen über die Straße.» usw. Der elliptische Stil kennzeichnet Kurzecks gesamtes schriftliches und mündliches Werk. In der Sekundärliteratur heißt es oft, dieser Stil drücke Kurzecks gehetztes Lebensgefühl aus, dass ihm die Zeit fehle, sein Jahrhundert, wie er es sich nun einmal vorgenommen hat, ganz aufzuschreiben. Das verträgt sich freilich nicht mit den vielen genauso elliptischen Passagen, welche die Ruhe der Betrachtung bis hin zu einem Gefühl von Seligkeit oder gar Ewigkeit ausstrahlen, etwa «Lang die Nacht und der Mond so hoch.» Auch da fehlen die Verben. Vielleicht rührt Kurzecks elliptischer Stil eher daher, dass wir es auch in seinem schriftlichen Werk mit (inszenierten) inneren Monologen zu tun haben (Stichwort: «sekundäre Oralität»), kommt also von der Art und Weise, wie diese oft gefühlsbestimmten Selbstgespräche verlaufen (nicht nur bei Kurzeck), nämlich nicht ausformuliert in ganzen Sätzen, sondern spontan-improvisierend in vielen Anläufen, mit Nachfragen («Und die anderen zwei?»), Nachbesserungen, Steigerungen, Verlangsamungen und Beschleunigungen. Bemerkenswert ist in diesem Zusammenhang auch, dass man jemandem, der sich so rückhaltlos offenbart, seine starken moralischen Wertungen nicht übelnimmt. Man hat nicht den Eindruck, dass da jemand den moralischen Zeigefinger gegen einen erhebt. Man rechnet es eher der Unmittelbarkeit des Selbstausdrucks zu.

Überhaupt die Erzählhaltung: Wer spricht eigentlich in unserer Passage? Es wird über die Igel in der dritten «Person» gesprochen. Dahinter steht ein (in der Passage nicht explizit genannter) Ich-Erzähler, der mehr oder weniger identisch ist sowohl mit dem sogenannten impliziten Autor (dem Träger der Botschaft des Textes) als auch mit dem biografischen Autor. In der Literaturwissenschaft ist es allerdings verpönt, den Erzähler einfach mit dem realen Autor zu identifizieren. Kurzeck selbst hat sich darum freilich nicht geschert. Als er einmal in einem Interview darauf angesprochen wird, reagiert er fast ungehalten:

> Achim Stanislawski: Wie ist aus Ihrer Sicht die Beziehung zwischen Ihnen, dem Autor, und dem Erzähler aus *Vorabend*?

Peter Kurzeck (sich mehrmals unterbrechend, unwillig den Kopf schüttelnd): GANZ UND GAR, die ist ganz und gar so ... das ist halt so. Ich brauche zu dem kein Verhältnis.

Auch wir werden uns im Folgenden meist schlicht auf Kurzeck beziehen und nicht auf «den Erzähler». Eine kleine Anekdote mag seine Ferne zu den Lieblingsspielen der akademischen Welt veranschaulichen. Als ihm auf einem literaturwissenschaftlichen Workshop in Marburg die Fachsimpelei und Meta-Diskurse zu viel wurden, soll er aufgestanden sein und gerufen haben: «Ich geh' mir jetzt mal lieber eine Schallplatte kaufen.»

Trotzdem ist an Kurzecks Erzählhaltung einiges bemerkenswert. Im Roman *Vorabend* erzählt Kurzeck, wie er seiner kleinen, gerade erst drei Jahre alten Tochter Carina (ihr ist der Roman auch gewidmet) so einiges aus seinem Leben mündlich erzählt. Und zwar an einem Wochenende im Herbst 1982 im Frankfurter Vorort Eschersheim. Märchenton und Kindersprache mögen auch dieser narrativen Konstruktion mitgeschuldet sein. Die Konstruktion erinnert an Uwe Johnsons *Jahrestage*. Dort erzählt Gesine Cresspahl ihrer Tochter Marie ihr Leben «für wenn ich tot bin». Aber auch Kurzecks Partnerin Sibylle und ein befreundetes Paar, Jürgen und Pascale, gehören mit zu Kurzecks Publikum. In seiner Erzählung geht es um die Wanderung der Lollarer Igel und der Staufenberger Frösche, um den Supermarkt *Massa* und die alten Kaufläden, um das Eisenwerk und das Fernsehen, um die neue Stadtautobahn, den *Gießener Ring*, und die alte Hauptstraße, also um den großen Wandel in den 1950er bis 1970er Jahren in seiner Heimat. Dass es schier unmöglich ist, an einem einzigen Wochenende von so viel in solcher Ausführlichkeit zu berichten, wird uns in der Folge so wenig kümmern wie der Umstand, dass die Figur des Erzählers doch nicht ganz mit der Person Peter Kurzeck zusammenfällt. Eingerahmt ist diese lange innere Erzählung (Kapitel 7–63) der «verlorenen Zeit» im Märchenton (dieser sacht-verwunderte Ton fällt einem gleich auf beim Zuhören) von den ersten beiden und dem letzten Kapitel, die ein Jahr später, also im Oktober 1983, in Frankfurt angesiedelt sind und Kurzeck beim Schreiben des Romans zeigen. Dazwischen hat es noch drei Kapitel (3–6) bzw. am Ende ein Kapitel (64) für den Hin- und Rückweg zwischen Frankfurt und Eschersheim. Die innere Erzählung ist somit doppelt gerahmt. Mit den Igel-Kapiteln (10/11) befinden wir uns ziemlich am Anfang der inneren Erzählung.

Kurzeck weiß unheimlich viel über die Igel, wenn auch nicht alles, was Leerstellen wie «Was sie denken, wissen wir nicht!» (S. 145, auch wieder S. 150) andeuten. Er kennt ihre Sorgen und Schmerzen. Diese drittpersonale Erzählhaltung wird jedoch nicht konsequent durchgehalten. Sie wechselt allein schon in unserer Passage an ein paar Stellen in die direkte (innere?) «Rede» der Igel selbst: «Bremst keiner? Will die Straße nicht einen Moment anhalten?», «Also los!» und «So ein Wasser gibt es nur einmal». Auffällig ist auch das «Fressen bei den Mülltonnen ein Zeug ohne Namen». Wessen Perspektive ist das denn? Haben die Igel

Namen für alles, was sie gern essen, und nur nicht für das fremde Zeug im Menschenmüll? Namen sind aber doch sprachliche Ausdrücke, die, im Unterschied zu sogenannten Prädikatoren, direkt hinweisend und ohne dafür Erkennungskriterien in Anschlag zu bringen auf etwas in der Welt Bezug nehmen. Tun reale Igel so etwas? Können sie denn sprechen? Oder vermengt sich hier die Perspektive des Ich-Erzählers als einer Person, die das natürlich kann (und wie!), mit der Perspektive eines Tiers, das sein Futter zwar verlässlich wiedererkennt, aber doch keinen Namen dafür hat? Mitunter ist diese Perspektivenvermischung nachgerade lustig, etwa wenn von der «Igelgänsehaut» die Rede ist oder den Igeln im «Gänsemarsch». Oder wenn Kurzeck lakonisch anmerkt: «Den Igeln, sagte ich, ist das Schwimmbad egal. Sowieso im Herbst, wenn sie hinkommen, ist es meistens schon zu.» (S. 141)

Empathie oder Sympathie?

Empathie, die Fähigkeit, das Innenleben Anderer nachzufühlen und mit ihren Augen in die Welt zu blicken, gilt als die große Stärke der Literatur. Es fragt sich allerdings, ob Literatur, wenn sie gut ist, nicht noch mehr vermag und uns nicht nur zum Nachfühlen, zur Empathie bringen kann, sondern auch zum Mitfühlen, zur Sympathie. Worin liegt der Unterschied zwischen Empathie und Sympathie?

Die Phänomenologie hat am Anfang des letzten Jahrhunderts, vor allem bei Edith Stein und Max Scheler, die verschiedenen Formen der sogenannten Fremdwahrnehmung deutlich voneinander abgegrenzt, neben dem Nachfühlen (Empathie) und dem Mitfühlen (Sympathie) auch das bloße «Wahrnehmen, dass», die Ansteckung und das Einsfühlen (mit einem «s» in der Mitte – das ist Schelers Terminologie, wie auch das gewöhnungsbedürftige «Sympathie» für Mitgefühl). Heutzutage ist Empathie «in» und man geht über derlei Feinheiten flott hinweg. Da ist alles Empathie und Empathie ist immer gut.

Im Unterschied zur bloßen Wahrnehmung, dass ein Anderer in einem bestimmten Gefühlszustand ist, stellt sich Empathie anschaulich vor, wie es dem Anderen dabei geht. Empathie ist dreistufig. Sie beginnt auf einer ersten Stufe mit der Identifikation des Gefühls des Anderen (wie in der bloßen Wahrnehmung). Auf einer zweiten Stufe malt sie dieses Gefühl dann aber sinnlich und nicht-propositional aus, um sich schließlich auf einer dritten Stufe wieder ein Stück weit davon zu distanzieren. Das Unterschiedsbewusstsein von Ich und Du: dass es eben dein Gefühl ist und nicht meins, hebt Empathie von Ansteckung und ihrem Extremfall der Einsfühlung ab. Ein Beispiel für Letzteres ist das Aufgehen in einer wogenden Menschenmenge beim Fußball oder in einem Rock-Konzert.

Es gibt verschiedene Anlässe, warum Menschen sich das Gefühlsleben Anderer plastisch vorstellen. Ein nicht so erfreulicher Anlass ist es, wenn ein Sadist, um sich noch besser am Leiden seines Opfers weiden zu können, dessen Leiden nachfühlt. Empathie *per se* ist somit noch nichts moralisch Gutes. Nicht nur Sympathie, sondern auch Antipathie, etwa Sadismus, benötigt nämlich oft Empathie als Vorstufe. Anders als Antipathie ist Sympathie ein gleichgerichtetes Gefühl, will sagen, man empfindet Leiden leidend mit und Freude freudig. In jedem Leiden steckt eine negative Stellungnahme: dass es besser wäre, wenn das Leiden aufhörte. Der Mitleidende vollzieht diese negative Stellungnahme mit, genauer, er vollzieht sie auch selbst. Das tut der nur Nachleidende nicht. Der Mitfühlende ist selbst wertend unterwegs. Sein Gefühl hat eine moralische Qualität, wenn auch Moral mehr ist als Mitleid.

In Kurzecks Igel-Kapiteln ist der plastisch vergegenwärtigende Nachvollzug des Leidens der Igel fast mit Händen zu greifen. Das Hinüberwechseln in die Igel-Perspektive («Bremst keiner?») entspricht der zweiten, engagierten Stufe der Empathie. Der Ich-Erzähler sieht die Welt der Igel regelrecht vor sich. Vor allem hört er sie auch (Igel können besser hören als sehen). Das merkt man an den vielen akustischen Leitmotiven, wie dem Rascheln von Laub, dem Rauschen des Berges, dem Bellen eines Hundes, dem Fahren eines Zuges, dem Gehen einer Tür und den Kinderstimmen. Der Erzähler verhält sich auch selbst wie ein Igel: Er geht beim Sprechen unruhig hin und her, barfuß, hat Hunger und Durst, trinkt «Wasser aus einer Plastikflasche. Viel Wasser» (S. 149), er ist müde, will eigentlich schlafen, schaut nach den Vögeln, hört auf den Regen («Und mir ist, ich hätte noch eben genau wie die Igel den kleinen Abendregen gehört», S. 168) und würde die ganze Geschichte lieber noch einmal in aller Ruhe erzählen. Er verwandelt sich fast selbst in einen Igel, eine Metamorphose wie bei Kafkas Käfer Gregor Samsa. Das gilt auch für sein Publikum in Eschersheim, das er dazu regelrecht auffordert: «Ihr müßt es euch richtig vorstellen, sagte ich. Und kann ihnen ansehen, wie sie die Igel vor sich sehen. Aus der Sicht der Igel, sagte ich. Und jetzt müßten sie eigentlich Igelgesichter kriegen. Wenigstens Igelaugen.» (S. 165) Und wir als Leserinnen und Leser wohl auch!

Trotzdem versinkt der Erzähler nicht in der Igel-Welt. Mehr als einmal schaut er um sich und versichert sich dessen, wer und wo er ist: «Muß aufblicken, damit ich weiß, wer ich bin.» (S. 149, vgl. auch S. 168) Das entspricht der distanzierenden Stufe drei der Empathie. Es hat nichts damit zu tun – das wiederum als kleine Anekdote am Rande –, dass Kurzeck «differently abled» wäre und Probleme hätte, sich zu sortieren, wie eine unserer Basler Studentinnen in einem Lektüreeindruck zu Kurzeck mutmaßte. Am Schluss der Igel-Kapitel läuft eine Schallplatte mit dem Beatles-Song *Sgt. Pepper's Lonely Hearts Club Band*. In dem Song ist vom Ende einer Aufführung die Rede: «We're Sergeant Pepper's Lonely Hearts Club Band / We hope you have enjoyed the show / Sergeant Pepper's Lonely Hearts Club Band / We're sorry but it's time to go.» Auch der Hinweis auf die Show, die das Erzählen des Igel-Märchens in Eschersheim offenbar auch war, macht die Kurzeck'sche Außenperspektive auf die Innenperspektive der Igel als solche wieder präsent. Die vielen, oft schnellen Wechsel von der Erzählsituation in Eschersheim hin zur erzählten Situation der Igel in Lollar (oft nur über ein eingefügtes «sagte ich») haben ebenfalls den Effekt, der bloßen Ansteckung und Einfühlung entgegenzuwirken (bei Kurzeck selbst wie bei seinen Zuhörern und Lesern). Kurzecks Igel-Kapitel sind damit ein Paradebeispiel von Empathie. Doch es handelt sich nicht nur um Empathie, sondern auch um Sympathie. Um dies richtig herauszuarbeiten, müssen wir uns freilich noch tiefer in die Igel-Geschichte hineinknien.

Aus der Sicht der Igel

In Kurzecks Igel-Märchen geschieht zweierlei von naturethischem Interesse: Zum einen, und davon war bisher schon die Rede, wird unser Blick geschärft und unser Mitleid kultiviert für uns nahestehende und nahverwandte Tiere, deren durch uns verschuldetes Elend wir bislang lieber übersehen haben. Das passiert vor allem im ersten Igel-Kapitel (10), welches von August bis November reicht und erzählt, wie sich die Lollarer Igel jeden Herbst wieder aufmachen von der Lollarer Pfingstweide an der Lahn hoch zu ihrem Winterschlaf am Lollarer Kopf, der Basaltkuppe im nördlichen Vogelbergausläufer, und wie das für sie zunehmend schwieriger wird.

Zum anderen geschieht aber noch Folgendes: Diese Tiere blicken auf uns selbst zurück. Im zweiten Igel-Kapitel (11) findet sich nämlich ein Stück Erdgeschichte aus der Sicht der Igel. Danach waren die Igel lange vor den Menschen da und haben deren vereinzeltes Auftauchen und Verschwinden und Wiederauftauchen und dann immer schamloseres Sich-Ausbreiten zunehmend kritisch beobachtet. Naturethisch einschlägig ist dieses erdgeschichtliche Narrativ, da es unser eigenes Weltbild dezentriert und verfremdet. Wir sind es «uns gewohnt», alles aus unserer eigenen Perspektive zu sehen und zu bewerten. Plötzlich werden wir gezwungen, uns mit den Augen der Tiere zu sehen. Und was wir da zu sehen bekommen, ist nicht allzu einnehmend.

Gehen wir die Lollarer Igel-Chronik kurz durch. Sie beginnt vor der Steinzeit im Igel-Paradies der Auwälder an der Lahn. Viele Igel waren es damals und sie waren anscheinend schon immer da: «Immer hier, immer Igel gewesen» (S. 149 – im Lexikon steht, das schreiben jetzt wir, dass die Igel zu den ältesten Säugetieren auf der Erde gehören und um die 60 Millionen Jahre alt sind, wohingegen es die Menschen erst seit zwei Millionen Jahren gibt). In der Steinzeit tauchten ein paar Jahrhunderte lang ab und an Menschen auf mit ihren Lagerfeuern und Liedern: «Und dachten jedesmal, sie sind die ersten, sagte ich. Ein paarmal war ich mit dabei.» (S. 149) Die Menschen legten einen Pfad an, der «in schlechten Zeiten» rasch wieder zuwuchs: «Vielleicht, sagte ich, sind die schlechten Zeiten am Ende ja doch die bessern Zeiten gewesen.» (S. 150) Vor 5'000 bis 6'000 Jahren gab es ein Hochwasser, seit damals ziehen die Igel zum Winterschlaf nach oben in die Berge. Eine Dürre hatte es auch, die ließ nur einen kleinen Saum Leben übrig am Ufer der Lahn. (Wenn Sie das alles an die Schöpfungsgeschichte aus der Bibel erinnert mit jedem Tier nach seiner Art, dem Paradies, der Sintflut, der Arche Noah, uns geht es genauso.) Aus dem Pfad wurde irgendwann ein Fahrweg, dann eine Straße, die Chaussee, als wichtige Nord-Süd-Verbindung, die spätere B 3. Es kam die Eisenbahn: «Und die Igel nehmen auch das hin, obwohl sie nicht gefragt wurden und diese Eisenbahn auch nicht gebraucht hätten. Sogar die Lollarer Einwohner (Menschen) sind zwanzig Jahre danach noch gegen die Eisenbahn gewesen.» (S. 152) Dann wurde noch mehr gebaut: das Eisenwerk, das Schwimmbad, das Dorf wuchs zu. Die Bauern setzten immer größere Maschinen auf dem Feld ein: «Schon die Motormähmaschinen hätte es von Rechts wegen gar nicht geben dürfen. Erst recht nicht die haushohen Mähdrescher, die ihnen keiner erklärt hat.» (S. 164) Die Igel bekommen im Dorf ihre Milch nicht mehr hingestellt und die Menschen, die ihnen als Kinder Namen gaben, kennen sie als Erwachsene nicht mehr, sie bewundern lieber das neue Auto. Es kommen die Starfighter mit Überschallgeschwindigkeit, der *Massa*-Supermarkt und die Autobahn. Womit für die Igel definitiv das Ende ihrer guten Zeit mit den Menschen erreicht ist und ihre Gefühlslage sich drastisch ändert: An die Stelle von Staunen, Hinnehmen und Sich-Anstrengen treten zunächst Schmerz und Sorgen, die kennen wir aus unserer Passage. Hinzu kommen Kränkung und das Gefühl, dass sie nicht erhalten, was ihnen zusteht, also verraten werden. Dann Aberglaube («Werden seit es ihnen schlecht geht, immer abergläubischer. Hören Stimmen. Wachen zur falschen Zeit auf. Verfallen auf vielerlei Igelwahn. Gründen Sekten», S. 164). Dann eine abgrundtiefe Trauer und mit der Trauer eine Reevaluation ihrer ganzen Geschichte:

> Dachten lang, daß sie den Verlust der Auwälder in den letzten dreitausend Jahren verschmerzt oder wenigstens einigermaßen also halbwegs verschmerzt hätten, aber haben ihn nicht verschmerzt. Haben nix je verschmerzt. Das merkt man dann. Nur aufbewahrt die Verluste. Zusammengetragen und aufbewahrt und zusammengerechnet. Und versucht, mit der Summe des Schmerzes zu leben. Sich damit abgeschleppt und die Tage gezählt – aber können nicht zählen, sagte ich, verzählen sich immer wieder. (S. 166)

Am Ende steht schließlich ein hilfloses, diffuses Gefühl von Schuld: «Und wissen nicht, was sie falsch gemacht haben. Schwer auszuhalten, sagte ich, wenn man stirbt und dann tot ist und hat etwas nicht kapiert. Nicht nur bei den Igeln, sagte ich. Weiß man ja selbst. Das geht allen so, sagte ich.» (S. 168)

Auf diesem «Weg durch die Zeit» (S. 151) ist erst gegen Schluss vom Leid der Igel und dem fehlenden Mitleid der Menschen die Rede. Am Anfang geht es zunächst einmal darum, dass es die Menschen noch lange gar nicht gab, auch wenn sie, als sie dann kamen, dachten, sie sind die Ersten. Dann geht es um das Aufdämmern des Bewusstseins in der Natur (der Erinnerung, der Selbsterkenntnis, der Sprache, des Glaubens), was auch bei den Menschen lang gebraucht hat:

«Erst noch als ob man träumt und hat keine Wörter dafür. Lang. Und dann ein paar Jahrhunderte, als sei man beim Aufwachen. Ein mühsames schweres Aufwachen. Vorerst noch ohne Erinnerung.» (S. 149) Und dann geht es um das Zusammenleben, um die gute Zeit der Igel *mit* den Menschen, um ihren Pakt mit ihnen:

> Wissen als oberhessische Igel in Oberhessen, daß ihnen hier niemand etwas tut. Sind bekannt mit den Menschen. Sind eh und je mit ihnen verbündet. Kriegen abends Milch vor die Haustür gestellt. Oder ans Gartentürchen oder unters Scheunenvordach. Ein kleines Emailleschüsselchen. Hundert Jahre alt. Ein Schälchen aus Ton oder Weißblech. Gelten als nützlich, weil sie Schädlinge fressen, sagte ich. Steht im Lexikon und das wissen die Igel auch. (S. 154f.)

Diesen altehrwürdigen Pakt achtet der Newcomer Mensch nicht mehr, der selbst so lange gebraucht hat und in jedem Kind wieder so lange braucht, bis er seine vor allem technische Rationalität entwickelt, und nun in hoffnungsloser Selbstüberschätzung meint, er benötige die Igel und den Rest der Natur nicht. Das ist nicht nur pietätlos, es ist auch dumm: «Der Fortschritt. Jetzt leben die Igel auf dem vergifteten Land und müssen die giftigen Insekten fressen, von denen es noch dazu immer weniger gibt.» (S. 164) Dumm, denn auch die Menschen müssen das giftige Zeug vom vergifteten Land essen, wenn auch Insekten, zumindest in Europa, noch nicht prominent sind auf ihrem Speiseplan.

Wir Menschen begehen in unserer Hybris einen «Verrat» an den Tieren und der Natur. Von «Enteignung» ist bei Kurzeck die Rede, von einem «Krieg. ... Einseitig. ... Ein Ausrottungs-, ein Vernichtungskrieg» und davon, dass «Gott schläft». Das moralische Vergehen der Menschen ist damit nicht in erster Linie Grausamkeit oder Rohheit angesichts des Leids der Tiere, wie es in unserer Textstelle, nimmt man sie isoliert, erscheinen mag. Vielmehr geht es auch um Respekt für das aufdämmernde Bewusstsein in der Natur (oder gar die Vernunft der Igel?) und um den Mangel an Vernunft im Menschen («Vernunft», nicht propositionale Rationalität!). Und es geht um Gemeinschaft, um die Pflichten der Kooperation (in einem weiten Sinne, nicht reduziert auf explizite Verträge, sondern inklusive gefühlter Dankbarkeit und Pietät gegenüber den Vorfahren) – d. h. um die anderen beiden moralischen Aspekte, Autonomie und Kontrakt, von denen oben unter dem Titel «Pluralismus der Moral» die Rede war.

Doch personifiziert Kurzeck die Igel nicht über alle Maßen und jubelt uns damit einfach nur seine höchstpersönliche Meinung unter? Immerhin ist inzwischen klar, dass er als Erzähler die Gefühle und damit auch die Werturteile der Igel selbst mitvollzieht, wir es also nicht nur mit einer empathischen Haltung zu den Igeln zu tun haben. Teilweise scheint der Erzähler sogar über die Wert-Perspektive der Igel hinauszugehen. Denn wer ist es, der überlegt, dass die schlechteren Zeiten vielleicht doch die besseren waren? Für wen besser oder, um eine zu enge Interpretation zu vermeiden, aus wessen Sicht besser? Aus der Sicht der

Igel, aus der Sicht Kurzecks, aus der Sicht des lieben Gottes oder aus der Sicht des Universums? (Hat das Universum eine Sicht?) Fraglich ist auch, ob eine Gruppe, die wie die Igel dem Aberglauben verfällt, so deutlich sieht, dass sie das tut und dies nur daran liegt, dass es ihr jetzt so schlecht geht.

Und wie steht es eigentlich mit der Begründung all dieser Werturteile? Der kann uns ja viel erzählen! Sind hohes Alter und tradierte Hergebrachtheit moralisch wirklich relevant? Die Sklaverei ist auch älter als die Demokratie und darum doch nicht besser. Mit der Vernunft der Igel ist es vielleicht nur im Märchen weit her. Waren es nicht erst die Menschen, welche Recht und Gesetz erfunden haben? Und Pietät und Religion, wer glaubt denn noch an so etwas?

Schauen wir uns zunächst einmal die Personifikation der Igel im Detail an. Da müssen wir weit genug ausholen. Die Begründungsfrage werden wir erst im Anschluss daran angehen können. Sie wird uns, das war zu erwarten, das ganze Buch über beschäftigen.

Spielarten der Personifikation

In unserer Eingangspassage ist von einer Personifikation der Igel nicht allzu viel zu merken. Auf das «Zeug ohne Namen» und die (innere?) direkte Rede «Also los!» hatten wir schon hingewiesen. Im Rest von Kurzecks Genealogie des hessischen Igels ist die Personifikation jedoch viel ausgeprägter.

Die Igel wissen und erinnern irre viel, z. B. was im Lexikon über sie steht und wie das Hochwasser vor 5'000 bis 6'000 Jahren war. Sie reden nicht nur munter drauf los, sie stellen auch Behauptungen auf und hantieren mit Zahlen, allerdings können sie nicht einmal bis fünf zählen, weil sie sich vorher immer wieder verzählen. Sie grübeln viel. Dabei ist ihre Gedankenwelt hochkomplex, sie enthält Gedanken dritter Stufe: «Bleibt ihnen vorm Einschlafen gerade noch genug Zeit, zu denken, daß sie daran denken wollen, in Zukunft daran zu denken, daß alles schon war und immer wieder kommt.» (S. 138) Sehnsüchtig stellen sich die Igel das Meer vor, obwohl sie das Meer noch nie gesehen haben. Manchmal erscheint ihnen ein Sommertag so lang wie ein ganzes Jahr, oder es bleibt ihnen die Zeit sogar ganz stehen.

Am wildesten treibt Kurzeck es mit der Personifikation der Igel freilich immer dort, wo es um ihre Religion bzw. ihren Abfall in den Aberglauben geht. Die Igel glauben, vor allem kurz vor dem Winterschlaf, an die Unsterblichkeit oder wenigstens an die ewige Wiederkehr. Sie wissen, dass der Tau vom Himmel kommt. Die Gänse erscheinen ihnen mit ihren weißen Flügeln wie «Erzengel»:

> Schon eh und je, sagte ich, bewundern die Igel Enten und Gänse. Können sich nicht sattsehen an ihnen. Solche Himmelsgeschöpfe. Vor einem Schwan mit Schwanenhals und geöffneten Flügeln müßten die Igel geradezu vergehen. Vielleicht, sagte ich, wäre der Tod,

ihr nächster Tod ihnen leichter, wenn ihnen vorher noch schnell eine Gans oder ein Schwan erscheint. (S. 168)

Wenn man bisher noch erwägen konnte, ob Kurzeck den Igeln nicht nur – und vielleicht mit gutem Recht – mehr als üblich zutraut und die Gattungsgrenze zwischen uns und den Tieren verflüssigen will à la «Wenn du denkst du denkst, dann denkst du nur du denkst, ein Igel kann das nicht», wird spätestens bei der Religiosität der Igel klar, dass das alles nicht mehr wörtlich gemeint sein kann. Dazu passt auch, dass in den Igel-Kapiteln nicht nur die Igel und andere Tiere personifiziert werden, sondern auch der Weg, die Straße, der Berg, der Wald, der Wind, der Mond und sogar die Häckselmaschine, das Eisenwerk, die Baumaschinen und der Sprungturm im Schwimmbad: «Der Sprungturm steht da, als ob er friert und gleich weggehen will, aber kann sich noch nicht entscheiden.» (S. 141) Dass ein Sprungturm über Entscheidungsfreiheit verfügt, wird Kurzeck bei aller Kritik an menschlicher Hybris nicht allen Ernstes glauben.

Kurzeck ist einmal auf seine Personifikation der Igel und des Restes der Natur angesprochen worden. Das war anlässlich einer Lesung in Rostock, wo er das in der Einleitung erwähnte *Vorabend*-Kapitel 42 vortrug, welches eine Art naturethische Coda des ganzen Romans darstellt. Auf die Frage des Moderators Joachim Dicks hin, ob seine Personifikation der Natur etwas mit der Geisterhaftigkeit der Welt in der Kindheit zu tun habe, antwortet er:

> Ja, natürlich, und dass man als Kind ja auch die Welt kennenlernt und besser versteht, indem man versucht, sich vorzustellen, wie es jetzt ist, wie es jetzt für diesen anderen Menschen, dieses Tier oder sogar diese Pflanze ist. Dass er dieser Mensch und es dieses Tier oder diese Pflanze ist eigentlich. Also indem man sich versenkt in den Anblick und dann merkt, man wird selbst zu diesem Menschen oder dem Tier oder sogar zu einem Stein, wie es ist, ein Stein zu sein, der da am Weg steht und steht schon – also wenigstens vierhundert Jahre da. Vorher war noch Erde drüber, aber jetzt seit vierhundert Jahren steht er da und man muss sich natürlich vorstellen, wie das ist, vierhundert Jahre lang als Stein an derselben Stelle und dann weiß man wieder etwas, was man vorher nicht wusste.

Auch bei dieser Antwort ist klar, dass Kurzeck nicht glauben kann, dass ein Stein ein Innenleben hat, und dass er also etwas anderes meinen muss als klassische Einfühlung in die Gefühlswelt Anderer. Was aber? Was soll diese Personifikation der Natur? Sie ist uns selbst ja auch aus dem Alltag vertraut, vor allem natürlich bei Kindern. Welche Motive oder Gründe stehen hinter ihr? Und welche davon sind so bedeutsam, dass die Natur in ihrem Namen einen Schutz vor wissenschaftlicher Entzauberung verdient?

Unter «Personifikation» («Vermenschlichung» oder «Anthropomorphisierung») versteht man die Übertragung von menschlichen Eigenschaften, also von bestimmten Gedanken, Gefühlen oder Tätigkeiten, auf nicht-menschliche Wesen oder Dinge, welche diese Eigenschaften, zumindest im wörtlichen Sinne, nicht haben. Es handelt sich damit strenggenommen um eine Fehlzuschreibung. Die nicht-menschlichen Wesen oder Dinge, auf die menschliche Eigenschaften übertragen werden, umfassen Tiere, Pflanzen, die unbelebte Natur, aber auch Artefakte oder die Welt im Ganzen. Die Übertragung vom sogenannten «Bildspender» Mensch auf die diversen «Bildempfänger» kann im engeren Sinne metaphorisch erfolgen oder ausbuchstabiert mit dem «Als-ob» des Vergleiches (wie in dem gerade zitierten Sprungturm-Beispiel). Der Personifikation verwandt sind die Animalisierung mit Tieren und die Animation (Beseelung, Verlebendigung) mit Lebewesen im Allgemeinen als Bildspender. Wenn Artefakte, Maschinen z. B., als Bildquelle auftreten, kehrt sich die Richtung endgültig um und man spricht anstatt von «Vermenschlichung» von «Verdinglichung».

Wir wollen nun, wie angekündigt, in diesem zweiten Teil des Kapitels etwas weiter ausholen, und zwar in Richtung Theorie. Das bedeutet, dass sich der Ton des Kapitels verändert und weiter weg geht vom Literarischen (Dialogischen, Narrativen, Poetischen) hin zum Wissenschaftlichen. Wir werden zunächst zehn lebensweltlich vertraute Mechanismen oder Logiken der Personifikation der Natur erkunden und mit weiteren Beispielen aus Kurzecks Werk illustrieren. Daraufhin entwickeln wir die Unterscheidung zwischen wörtlicher und übertragener, also u. a. personifizierender Rede genauer, um für die gleichwertige Komplementarität der beiden Redeformen und schließlich die Wichtigkeit der Personifikation der Natur zu argumentieren. Dies wird uns zur methodisch zentralen These unseres Buches führen: dass sich in der Personifikation der Natur ihr Reichtum und ihre tragende Kraft für unser Leben ausdrückt. Am Ende des Kapitels steht dann ein Überblick über die zeitgenössische naturethische Debatte und eine erste, noch tentative Einordnung unserer inhaltlichen Position in diese Debatte. Die Verständigung darüber, was Personifikation ist und was sie leistet, wird sich dabei als Schlüssel erweisen nicht nur zur Einsortierung unserer Position, sondern auch zur Einschätzung der ganzen naturethischen Debatte.

In Kurzecks *Vorabend* stechen vor allem zwei Richtungen der Personifikation hervor, erstens die Übertragung menschlicher Eigenschaften auf Tiere, wie eben die Igel, zweitens die Anthropomorphisierung von Artefakten. Neben Igeln werden im *Vorabend* insbesondere Vögel personifiziert, etwa das rufende Käuzchen, das klingt, als ob es stundenlang Flöte übt, aber mit nur einem einzigen Ton; dann auch Frösche, Kröten, Mäuse, Marder, Hühner, Hunde, Katzen und Pferde.

Die zweite Übertragungsvariante geht von Menschen auf Artefakte, wie Straßen, Autos, Gebäude(-teile), Gebrauchsgegenstände und Maschinen. Wir hatten eben schon den frierenden Sprungturm. Ein anderes Beispiel ist die im Keller vor Einsamkeit summende Tiefkühltruhe.

Man findet daneben bei Kurzeck aber so gut wie alle möglichen Transfers zwischen den Kategorien Mensch, Tier, Pflanze, unbelebte Natur, Artefakt und Welt im Ganzen. Etwa von Personen auf Pflanzen: die scheue Birke; von Personen auf die unbelebte Natur: der Fluss, der nicht versteht, dass keiner mehr Freude an ihm hat, seitdem es überall Schwimmbäder gibt; von Tieren auf die unbelebte Natur: der Wind als eifriger Hund, der kommt und geht und überall kosten und lecken und schnuppern will; von Tieren auf Artefakte: die Baumaschinen auf der Autobahn wie eine Herde urzeitlicher Tiere; oder von Artefakten auf Personen, also verdinglichend: die Freundin Sibylle, die zeitweise im Supermarkt *Massa* arbeitet, als Kassenautomat.

Die ohne Anspruch auf Vollständigkeit nun zu sichtenden und fast alle mit Kurzeck-Zitaten zu illustrierenden Logiken der Personifikation der Natur sind: 1. der Transfer subjektiver Befindlichkeit, 2. die Vertauschung von Ursache und Wirkung, 3. der kindliche Animismus, 4. die Bambifikation, 5. die Projektion im psychoanalytischen Sinne, 6. die klassische Symbolisierung, 7. die Feststellung einer Affordanz, 8. die Einfühlung, 9. das moralische Mitgefühl und 10. das Erfassen einer Anmutung. Das Hauptaugenmerk wird auf den letzten drei Spielarten liegen, die ersten sieben dienen eher zur Vorbereitung und Abgrenzung, als Übung zur Schulung des philosophischen Blicks. Die begriffliche Unterscheidung der verschiedenen Logiken der Personifikation ist, wie die meisten Unterscheidungen in der praktischen Philosophie, idealtypisch, d. h., im wirklichen Leben gehen die einzelnen Typen ineinander über und kommen vielfach vermischt vor. Das ist trotzdem kein Grund, das Unterscheiden sein zu lassen. Nur wer unterscheidet, erkennt, was da in was übergeht oder sich vermischt. Nur wer das erkennt, kann über die Bedeutung und Schutzwürdigkeit der jeweiligen Phänomene nachdenken.

1. Transfer subjektiver Befindlichkeit

Mitunter steht hinter einer Personifikation schlicht die Übertragung der eigenen Befindlichkeit auf etwas anderes. Ein Beispiel ist die Turmuhr in der Nacht, die immer gerade so klingt, wie man sich fühlt, mal eilig-gehetzt, mal ruhig-gesetzt. Es gibt auch intersubjektive Befindlichkeitstransfers, etwa wenn die Heimwege oder die Treppen am Abend uns allen mühsamer, widerspenstiger erscheinen als die Hinwege oder die Treppen am Morgen, oder wenn uns das Wetter am Sonntag oft trüber vorkommt als an den Werktagen, an denen wir «schaffen gehen» müssen.

2. Vertauschung von Ursache und Wirkung

Eine zweite Logik der Personifikation beruht auf kausalen Effekten, z. B. wenn der Wind verrückt ist, weil er uns verrückt macht. Der nicht-menschlichen Ursache Wind wird die menschliche Eigenschaft der Nervosität zugeschrieben, weil der Wind bei uns Nervosität bewirkt.

Hierhin gehören wohl auch die in der neueren Phänomenologie so genannten Bewegungssuggestionen (z. B. wenn der Fluss an einem zieht) und synästhetischen Charaktere (z. B. wenn das multimodale – visuelle, akustische, haptische etc. – Weiche und Sanfte einen umhüllt). In der oben mit Scheler und Stein eingeführten Terminologie handelt es sich dabei um Ansteckungsphänomene.

3. Kindlicher Animismus

Eine dritte Logik folgt dem kindlichen Animismus, wenn etwa die kleine Tochter des Ich-Erzählers, Carina, eine Wespe anbrüllt oder dem Wind «tschüss» sagt. Psychologischen Studien zufolge glauben kleine Kinder zunächst, dass alles in ihrer natürlichen und artifiziellen Umwelt so ist wie sie. Im Alter von sechs bis sieben Jahren glauben sie dies dann höchstens noch von beweglichen Dingen, mit acht noch von Dingen, die sich von selbst bewegen, und mit zwölf höchstens noch von Tieren.

4. Bambifikation

Dies ist die treffende Bezeichnung für eine in der Werbung und der Unterhaltungsindustrie verbreitete, oft mit dem Kindchen-Schema arbeitende, kitschige Fehldarstellung vor allem von Tieren, als hätten sie keine hässlichen Seiten. In seriöser Literatur wie Peter Kurzecks Romanen findet sich keine Bambifikation. Die Bambifikation erinnert übrigens an die ebenfalls anstößige, dem männlichen Machttrieb schmeichelnde Verweiblichung von Robotern oder digitalen Assistenzen wie Siri, Alexa und Cortana.

5. Projektion im psychoanalytischen Sinne

Ein Beispiel für psychoanalytisch verstandene Projektion im *Vorabend* ist, wenn Leute, die reihenweise Frösche überfahren und damit nebenbei ausgerottet haben, von den ständig kopulierenden «Faulenzerfröschen» reden, um ihr Schuldgefühl zu erleichtern, es gar ganz auszulagern, damit sie es selbst nicht fühlen müssen.

6. Klassische Symbolisierung

Mit der uns aus Märchen und Fabeln bestens bekannten klassischen Symbolisierung haben wir uns oben schon befasst, als wir überlegten, für welche Menschentypen wohl Kurzecks empfindliche Nachtigallen und Lerchen, seine anpasslerischen Krähen und Elstern, die eigenbrötlerischen Maulwürfe, die verständnisvollen Igel und die sich nicht wundernden Ameisen stehen. Das Verhalten der Tiere dient hier als vielsagender Spiegel für das Verhalten der Menschen.

7. Affordanz

Wenn wir bei etwas eine «Affordanz», einen Aufforderungscharakter ausmachen (der Affordanz-Begriff stammt vom Umweltpsychologen James Gibson), erachten wir es als besonders geeignet für eine bestimmte Tätigkeit. Wir werden weiter unten ein Beispiel von Goethe ansehen, der von der lockenden Kühle eines Flusses spricht. Der Fluss lädt uns zum Baden ein. Bei Kurzeck treten vor allem ästhetische Affordanzen auf, z. B. «Alles ruft», und zwar immer dann, wenn uns etwas zu eingehender Betrachtung um seiner selbst willen einlädt. Ästhetische Affordanzen sind untypisch, insofern es bei ihnen um die Erfahrung der Dinge an sich geht und nicht so sehr um das, was die Dinge uns zu bieten haben. Daher liegen ästhetische Affordanzen zwischen Affordanzen im eigentlichen Sinne und den noch zu erörternden Anmutungen.

8. Einfühlung

In Kurzecks Werk hat es aber auch die drei letzten und naturethisch brisanteren Übertragungslogiken, bei denen bildlich eingefangen wird, wie etwas von sich aus ist. Diese Logiken könnte man als «altrofokussiert» bezeichnen, da sie auf die Anderen ausgerichtet sind und nicht aufs Ego wie mehr oder weniger alle vorigen Logiken. Die oben zuerst aufgeführte Logik des Befindlichkeitstransfers z. B. nimmt die Umwelt in Abhängigkeit von den wechselnden eigenen Empfindungen wie Müdigkeit oder Frische unterschiedlich wahr. Man kann zwar sagen, dass für den Müden die Wege oder Treppen tatsächlich widerspenstiger sind, dass Müdigkeit nachgerade in einer solchen Wahrnehmung der Umwelt besteht. Trotzdem weiß jeder Müde, dass er morgen wahrscheinlich wieder frischer ist und sich ihm die Welt dann wieder anders darstellt. Die Treppen kommen ihm eben nur widriger vor, wenn er müde ist. Die Befindlichkeit färbt eben nur ab, schwappt über, wird auf die Umwelt projiziert. In den altrofokussierten Logiken ist dies genau umgekehrt. Da kommt uns tatsächlich etwas von der Umwelt, vom Anderen, entgegen, unabhängig von subjektiven oder intersubjektiven Schwankungen der eigenen Befindlichkeit.

Bei altrofokussierter Übertragung sind noch einmal verschiedene Fälle zu unterscheiden. In einem Fall (Einfühlung) geht es darum, das Innenleben eines Wesens, das selbst ein eigenes Innenleben hat, wie die Igel, bildlich noch besser verstehbar zu machen. Das hatten wir oben unter «Empathie» bereits verhandelt.

Ergänzend dazu können wir bei Empathie noch einmal zwei Formen unterscheiden: zum einen «in his shoes imagining», wie es die angelsächsische Emotionstheorie nennt, zum anderen wahre Empathie. Im ersten Fall versetzt man sich, ausgehend von der eigenen Persönlichkeit, in die Situation eines Anderen und überlegt, was man selbst in der Situation des Anderen empfinden oder tun würde. «In his shoes imagining» ist also eine Art von «imagine self». Wahre Empathie versucht dagegen die Situation des Anderen aus dessen Sicht zu imaginieren. Es handelt sich um ein «imagine other». Wenn sich Menschen auf der Basis ihrer eigenen Persönlichkeit, ihrer eigenen Schwächen und Stärken, in die Situation von Tieren versetzen, werden die Tiere dabei offensichtlich personifiziert. Doch auch wahre Empathie, insofern sie als plastisches «Wissen, wie» mehr ist als diskursives «Wissen, dass», kommt nicht ohne Personifikation aus. Der Mensch kennt nun einmal sich selbst und seine Mitmenschen am besten und muss von dort aus die Bewegung hin zum Anderen vollziehen. Das Nicht-mehr-aushalten-Können der eigenen Ungeduld etwa kennen wir von uns selbst. Kurzeck nutzt diese Kenntnis sozusagen als Krücke zur (wahren) empathischen Annäherung daran, wie es ist, ein kopfloser Igel am Straßenrand zu sein.

Man könnte in diesem Zusammenhang von einer unhintergehbaren «erkenntnistheoretischen» Anthropozentrik oder gar von Anthropomorphismus sprechen, wonach die Menschen nicht anders können, als sich die Welt mithilfe ihrer eigenen Vorstellungen und Begriffe zu erschließen. So eine epistemische Anthropozentrik impliziert jedoch mitnichten eine «moralische» Anthropozentrik. Letztere ist nicht nur hintergehbar, sie sollte vielmehr überwunden werden. Dafür hatten wir uns im ersten Teil dieses Kapitels auch starkgemacht. Und auch für diesen moralischen Schritt von der Einfühlung zum Mitgefühl ist die Personifikation eine hilfreiche Krücke, wie wir im nächsten Punkt sehen werden.

9. Moralisches Mitgefühl

Wenn Tiere, denen wir Leid zufügen oder deren Autonomie und Vertrauen wir mit Füßen treten, personifiziert werden als Maulwürfe, die mit den Menschen nichts mehr zu tun haben wollen, oder als Igel, die sich von uns verraten fühlen, dann wird uns das Unrecht, das wir an ihnen verüben, stärker bewusst. Wir begreifen besser, dass wir nicht allein sind in der moralischen Welt, und sehen uns auch moralisch von außen mit den enttäuschten oder anklagenden Augen der Tiere. Wir sehen dann nicht nur ihr Elend, sondern auch unsere Hybris und Rücksichtslosigkeit. Das funktioniert sogar, wenn wir wissen oder zu wissen meinen, dass diese Tiere selbst kaum über eine moralische Kultur und Urteilskraft im wörtlichen Sinne verfügen. Dass sie, in anderen Worten, eher moralische Objekte denn moralische Subjekte sind.

10. Anmutung

Im letzten Fall der altrofokussierten Logik (und damit zugleich in der zehnten Logik der Personifikation) geht es darum, die Anmutung (den Ausdruck, den Charakter, die Stimmung oder Atmosphäre) von Wesen oder Dingen, die selbst kein Innenleben haben, plastisch einzufangen. Denken Sie noch einmal an die scheue Birke, den traurigen Fluss oder den Stein, der schon seit 400 Jahren dasteht. Im nächsten Kapitel werden wir uns mit der bei Kurzeck länger ausgebauten Personifikation eines Morgens als Maler befassen.

Man könnte Anmutung als «tertiäre Qualität» bezeichnen. Anders als die von John Locke her bekannten «sekundären Qualitäten» wie Farben, die sogenannten Qualia, sind tertiäre Qualitäten nicht nur von unseren Sinnen, etwa den Augen, abhängig, sondern zusätzlich von der Fähigkeit, aus sich herauszutreten, den instrumentellen Zugriff auf die eigene Umwelt abzustreifen und sich in freier Imagination auf etwas anderes einzulassen. «Primäre Qualitäten» wie Größe und Masse hängen dagegen nicht einmal von unseren Sinnen ab.

Viele der zehn Übertragungslogiken haben ihre begrenzte Berechtigung. Die Logiken der Einfühlung und des moralischen Mitgefühls sind, wie wir in diesem Kapitel gesehen haben, vor allem tierethisch relevant. Über die Tiere hinaus ist, wie wir in den folgenden Kapiteln ausführen werden, die letzte Logik der Anmutung naturethisch entscheidend. Die zentrale methodische These unseres Buches lautet denn auch, dass die für die Fülle und die beheimatende Kraft unserer Lebenswelt so zentrale Anmutung der Natur nur in nicht-propositionaler, evozierender oder sinnlicher Rede, insbesondere durch Personifikation, ausdrückbar ist. Anders gesagt: Die Personifikation der Natur ist notwendig, um unsere spezielle Erfahrung ästhetischer, spiritueller und biografischer Resonanz mit der Natur aufzurufen. Da Literatur und Kunst die lebensweltlich verankerte Personifikation der Natur weiter verfeinern, vertiefen und verlängern, stellen sie ein wesentliches Organon eines gelungenen existenziellen Verhältnisses zur Natur dar. Es ist von daher nur folgerichtig, der ethischen Bedeutung der Schönheit, Heiligkeit und Heimatlichkeit der Natur auch mithilfe von Literatur wie der von Peter Kurzeck nachzugehen und dabei nicht in der spröden, zwar exakteren, aber nicht so prägnanten Sprache rein diskursiver Philosophie zu verbleiben. Bevor wir zur Erläuterung dieser methodischen These übergehen und die Unterscheidung zwischen evozierender und diskursiver Rede begrifflich entfalten, soll noch einmal Peter Kurzeck selbst zu Wort kommen, der sein eigenes Erzählen durchaus im Lichte einer immer volleren Erkenntnis der Welt verstanden hat und auch hoffte, wie er es in einem Gespräch mit Carsten Gansel (S. 461) formulierte, damit die «Lebenserfahrung» seiner Leser zu «ergänzen»:

> Und man erzählt sich die Welt ja vor allem auch deswegen, weil man es erstens sonst auf der Welt nicht aushalten würde, glaube ich, also man würde umkommen vor Heimatlosigkeit natürlich, vor Fremdheit, deshalb muss man sich die Welt erzählen, und zweitens auch, um sie besser verstehen zu können, um sich mit ihr vertraut zu machen. (Transkription aus dem Hörbuch *Für Immer*, Track 8, Minute 2:40–2:60)

> Und wenn ich dann so richtig arbeite, habe ich den Eindruck, die ganze Welt spricht mit mir. Jeder Stein und dass jetzt die Sonne da durchkommt und dass man sieht, wie sich die Wolken da spiegeln. Und die Menschen auch, die Menschen, die mir nur auf der Straße begegnen oder die im Zug oder an einem Nebentisch im Restaurant sitzen, die sind mir

dann nah und vertraut. Während, wenn ich nicht arbeite, habe ich den Eindruck: Ich selbst bin ärmer, und mein Leben ist auch ärmer. Und es ist alles wie hinter einer Scheibe, wo man es nicht so deutlich sieht, und wo es einen auch nicht so sehr interessiert. (*Peter Kurzeck erzählt*, herausgegeben von Werner Winderl, S. 85 f.)

Evokation und Diskurs

Personifikation ist nur eine von vielen möglichen Formen metaphorischer (nicht-wörtlicher, uneigentlicher, übertragener, bildlicher, figurativer oder analoger) Rede. Der Klassiker *Leben in Metaphern* von George Lakoff und Mark Johnson unterscheidet etwa ontologische Metaphern – wozu die Personifikation gehört – von räumlich orientierenden Metaphern, wie der einer «gehobenen» Stimmung, und von strukturellen Metaphern, etwa wenn das Gehen eines Weges die geistige Tätigkeit der Begründung «in Schritten» strukturiert. Und metaphorische Rede stellt auch nur einen Teilbereich des größeren Bereichs sinnlichen, evozierenden oder nicht-diskursiven Sprechens dar. Die klanglichen Phänomene, die wir anlässlich der Igel-Passage betrachtet haben, gehören z. B. auch zu Evokation. Um hier einen ersten Überblick zu gewinnen, bietet sich die Kartierung der Formen des Wissens und der Rede in Gottfried Gabriels Buch *Erkenntnis* von 2015 an. Der Jenaer und inzwischen wieder Konstanzer Erkenntnistheoretiker Gottfried Gabriel baut darin wesentlich auf seinen Namensvetter Gottfried Wilhelm Leibniz auf.

Gabriels Hauptunterscheidung ist, wie das folgende Schaubild zeigt, diejenige zwischen zwei Arten der Erkenntnis und zwei dazugehörigen Arten der Rede. Die erste Art ist *propositionale* Erkenntnis, d. h. Erkenntnis typischerweise in Form von Aussagesätzen bzw. «Wissen, dass». Die zweite Art ist *nicht-propositionale* Erkenntnis, d. h. nicht-aussageförmiges Zeigen bzw. «Wissen, wie». In unserer Lebenswelt finden sich beide Erkenntnisarten nebeneinander und bunt miteinander durchmischt. Als polare und nicht-dichotomische Gegensätze gehen sie ohnehin ineinander über. In relativer Reinform liegt propositionale Erkenntnis in den Wissenschaften, insbesondere der Mathematik und den Naturwissenschaften vor. Nicht-propositionale Erkenntnis findet sich dagegen vor allem in der Kunst und der Literatur.

Wenn die philosophische Erkenntnistheorie den Begriff des Wissens oder der Erkenntnis analysiert, hat sie meistens *propositionales Wissen* vor Augen. Die gängige Analyse lautet: Wissen ist begründeter, wahrer Glaube (im Englischen: «justified, true belief», wobei «belief» oft auch mit «Überzeugung» übersetzt wird). Wenn eine Person etwas weiß, muss sie also erstens wirklich *glauben*, was sie da denkt oder behauptet; zweitens muss es zutreffen, also *wahr* sein; und drittens muss sie fähig sein darzulegen, warum es stimmt, sie muss es also *begründen* können.

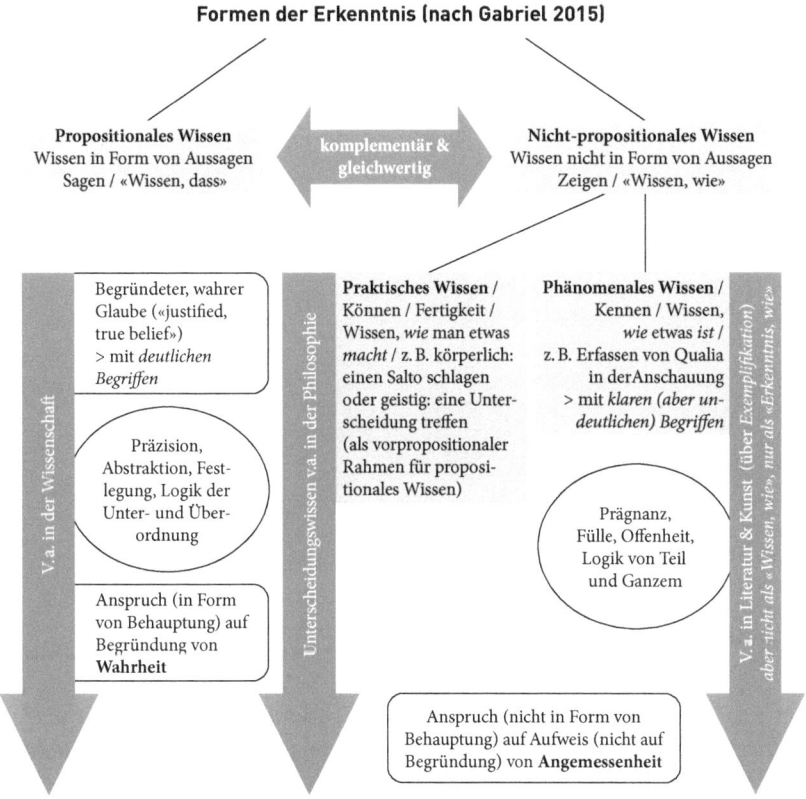

Abb. 11: Schaubild Formen der Erkenntnis (nach Gabriel 2015)

Propositionales Wissen operiert mit klaren und deutlichen Begriffen. Es ist philosophenlateinisch «clare et distincte», was ursprünglich keine pleonastische Formulierung ist. Vielmehr fungiert «distincte», wie man aus einer kurzen und bündigen Abhandlung von Leibniz lernen kann, als wichtiger Zusatz zu «clare».

Leibniz unterscheidet in seinen «Betrachtungen über die Erkenntnis, die Wahrheit und die Ideen» zunächst *dunkle* von *klaren* Begriffen. Dunkle Begriffe erlauben es einem, sich an etwas zu erinnern, aber nicht, es verlässlich wiederzuerkennen und von Ähnlichem zu unterscheiden, wenn es vor einem steht. Erst klare Begriffe ermöglichen das eindeutige Identifizieren. Klare Begriffe können dann ihrerseits entweder *verworren* oder *deutlich* sein. Sind sie deutlich, verfügt man, anders als bei verworrenen Begriffen, über Kriterien ihrer Anwendung, d. h. über eine Definition. Als Beispiele für verworrene oder undeutliche Begriffe führt Leibniz Farbprädikate, Gerüche und ästhetische Ausdrücke an. Niemand

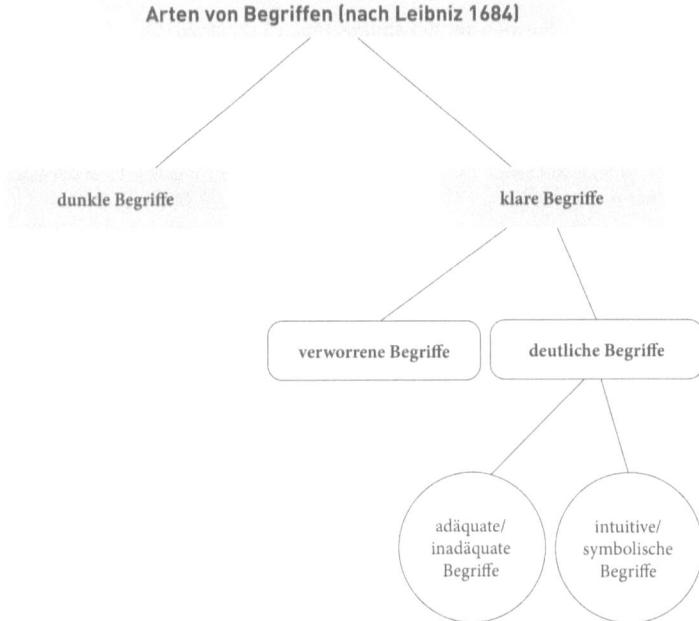

Abb. 12: Schaubild Arten von Begriffen (nach Leibniz 1684)

könne definieren, wie rot aussieht oder was künstlerisch gelungen ist. Leibniz unterscheidet weiter, aber das muss uns nicht mehr groß interessieren, *inadäquate* von *adäquaten* deutlichen Begriffen (bei adäquaten Begriffen hat man auch noch eine Definition der Kriterien) und *symbolische* von *intuitiven* deutlichen Begriffen (bei intuitiven Begriffen steht einem alles auf einmal vor Augen und man bedarf keiner abkürzenden Zeichen oder Symbole, um es zusammenzudenken).

Die für Gottfried Gabriel und unsere Zwecke entscheidende Leibniz'sche Unterscheidung ist die zwischen (nur) klaren und (nicht nur klaren, sondern auch) deutlichen Begriffen. Propositionales Wissen operiert mit deutlichen Begriffen, nicht-propositionales mit (nur) klaren.

Die Stärke propositionalen Wissens besteht in seiner *Präzision*. Der Gegenstand des Wissens ist deutlich bestimmt, wenn auch oft recht abstrakt, also absehend von unzähligen Aspekten, die auch zu ihm gehören und ihn ausmachen. Es herrscht eine Logik der Unter- und Überordnung. Denken Sie an Begriffsbäume, welche Lebewesen in Fische und Säugetiere etc. unterteilen und dann Wale unter den Säugetieren einordnen.

Mit propositionalem Wissen geht ferner ein in Behauptungsform erhobener starker Anspruch auf *Wahrheit* und ihre zwingende Begründbarkeit einher. Im Fall der Naturwissenschaften und der Mathematik haben wir es – aber auch das muss uns hier nicht weiter interessieren – vor allem mit der sogenannten deduktiv-apriorischen Beweisbarkeit zu tun und im Fall der Erfahrungswissenschaften mit der sogenannten induktiv-aposteriorischen Nachweisbarkeit.

Dem propositionalen Wissen *komplementär* und *gleichwertig* (mehr dazu im nächsten Abschnitt) ist das *nicht-propositionale Wissen*. Auch dieses geht mit einem intersubjektiven Anspruch einher. Es beansprucht, dass man es Anderen mitteilen kann und diese es auch einsehen und somit teilen können. Doch ist dieser Anspruch weicher oder sensibler. Gemäß Gabriel tritt er nicht in Behauptungsform auf, zielt nicht auf Wahrheit und ihre Begründung, sondern auf *Angemessenheit* und ihre Aufweisbarkeit. Denken Sie an Kant, der in seiner Ästhetik von einem «Ansinnen», einem Appell an unseren «Gemeinsinn» spricht. Die Stärke des nicht-propositionalen Wissens liegt in seiner *Prägnanz*, was, wenn man an die lateinische oder englische Bedeutung von «pr(a)egnant», nämlich schwanger, denkt, neben Treffsicherheit auch Fülle, Plastizität und Offenheit beinhaltet. Noch einmal mit Kant gesprochen, ist man veranlasst, viel zu denken.

Gabriel unterscheidet zwei Grundformen des nicht-propositionalen Wissens, zum einen *praktisches* Wissen, das Wissen, wie man etwas *macht*, etwa körperliche oder geistige Skills, zum anderen das *phänomenale* Wissen, wie etwas *ist*, wie es aussieht oder sich anfühlt. In beiden Bedeutungen ist das nicht-propositionale Wissen eine Fähigkeit: Man kann etwas tun und man kann etwas auf eine bestimmte Weise spüren und auffassen.

Einfühlung und Mitgefühl mit Tieren sowie das Erfassen der Anmutung der Natur in personifizierender metaphorischer Rede gehören, wenn wir nun Gabriels Erkenntnistheorie und unsere Typologie der Logiken der Personifikation zusammenführen, zur nicht-propositionalen Erkenntnis. Einmal phänomenaler Art («What Is It Like to Be a Hedgehog?», um einen berühmten Aufsatztitel von Thomas Nagel zu variieren, in dem es darum geht, wie es ist, eine Fledermaus – und nicht ein Igel – zu sein), dann aber auch praktischer Art, wie in moralischem Mitleid mit den Igeln. Metaphern sind klare, aber keine deutlichen Begriffe. Allein schon diese Einordnung der altrofokussierten Personifikation der Natur in die epistemische Großlage tut das Ihre, um das Paradox aufzulösen, wie denn wörtlich falsche Zuschreibungen wertvoll sein können. Es ist eben nicht so, dass all unsere Erkenntnis von der Welt in wörtlichen Feststellungen mit deutlichen Begriffen erfolgt.

Trotzdem ist die Gabriel'sche Kartografie der Erkenntnisformen noch nicht ganz befriedigend. Vier Kritikpunkte seien angebracht. Zum Ersten sollte der Wahrheitsbegriff, und mit ihm die Begriffe der Behauptung und der Begründung, nicht für propositionales Wissen reserviert bleiben. Die Rede von «Angemessenheit» und «Anspruch auf Aufweis» ist zu blass, um die tiefen Einsichten oder eben Wahrheiten etwa der Dichtung oder der Religion zu bezeichnen. Diesen Punkt hatten wir schon in der Einleitung. Besser wäre es, zwischen «Aussagenwahrheit» und einfach nur «Wahrheit» und zwischen «zwingender Begründung» (als Argumentation oder Beweis und Nachweis) und einfach nur «Begründung» zu unterscheiden. Das ginge doch auch. Zum Zweiten und wiederum terminologisch ist nicht-propositionales Wissen bei Gabriel zu negativ, zu sehr als Abweichung von der eigentlichen Norm des propositionalen Wissens gedacht und benannt. Die Bezeichnung «nicht-propositionales Wissen» erinnert an das von Simone de Beauvoir kritisierte Verständnis der Frau als «anderes Geschlecht». Ein positiver Begriff ist vonnöten. Die von Gabriel mitunter verwendete Formulierung der «prägnanten» Erkenntnis ist zu erläuterungsbedürftig und trifft auch nur einen Teilbereich. Drittens scheinen mit praktischem und phänomenalem Wissen und den von Gabriel dafür angeführten Beispielen noch nicht alle Formen des nicht-propositionalen Wissens erfasst. Bei praktischem Wissen sollte neben den instrumentellen Skills das Wissen um Ziele unseres Handelns stärker in den Blick genommen werden, das insbesondere in der Ethik unter verschiedensten Bezeichnungen kursiert: als «phronesis», «Urteilskraft», «Billigkeit», «equity», «Takt», «discretion», «bodily sense», «Bauchgefühl», «Sensibilität» oder «Intuition». Auch beim phänomenalen Wissen bietet sich eine weitere Auffächerung an, und zwar neben dem Wahrnehmungs- und leiblichen Empfindungswissen, wie etwas klingt oder schmeckt, das empathische Wissen, wie es ist, eine andere Person oder ein Igel zu sein, sowie das Wertwissen, die Vertrautheit mit Werten wie Mitleid, Güte oder Ehrlichkeit. Dieses empathische und evaluative phänomenale Wissen wird uns im Wesentlichen von Emotionen und Stimmungen vermittelt. Was zum vierten Kritikpunkt überleitet: Das Gefühl spielt bei Gabriel als Erkenntnisform keinerlei Rolle, obwohl er nicht bestreitet, dass Literatur und Kunst mitunter unsere Gefühle ansprechen. Die Fähigkeit, die seiner Meinung nach phänomenaler Erkenntnis zugrunde liegt und etwa beim Lesen guter Literatur aktiv ist, sei kognitive Empathie, nicht emotionale Sympathie. Damit wird aber eine der Hauptquellen nicht-propositionaler Erkenntnis außen vor gelassen. Wäre es nur so, wie Gabriel vorschlägt, dann müsste es uns ganz rätselhaft sein, was uns an Kurzecks Schilderung der Igel und ihrer Lage so «anfasst».

Einige dieser Schwächen lassen sich überwinden, wenn wir auf einen älteren Text des Dilthey-Schülers, -Herausgebers und -Schwiegersohns Georg Misch zurückgreifen und auf dieser Basis Gabriels Ansatz sozusagen «aufmischen». Es handelt sich bei Mischs Text um das achte und letzte Kapitel seiner 1927 bis 1934, vor seiner Flucht vor den Nationalsozialisten, viermal gehaltenen Göttinger Vorlesung *Der Aufbau der Logik auf dem Boden der Philosophie des Lebens*. Erschienen ist die Vorlesung erst posthum 1994.

Misch gibt den Wahrheitsanspruch für diejenige Form der Erkenntnis, die wir bisher mit Gabriel «nicht-propositional» genannt haben, nicht auf. Ferner macht er in guter phänomenologischer Tradition das Gefühl, den Mitvollzug, das Miterleben stark, welches er dem Verstand als propositionalem Erkenntnisorgan wiederum nur polar gegenüberstellt. Für nicht-propositionale Rede hat Misch einen schönen, positiven Begriff. Er nennt sie «evozierende Aussage» und das Gegenteil, die propositionale Rede, «rein diskursive Feststellung». Eine aufschlussreiche Illustration des Gegensatzes hat er auch parat: Wenn die Chemiker Aussagen über Wasser, seine Zusammensetzung als H_2O und wie es sich verhält, wenn man es erhitzt oder mit anderen Substanzen mischt, machen, sei das eben etwas ganz anderes, als wenn Goethe in seiner Ballade *Der Fischer* «das Gefühl des Wassers» ausdrückt, «das Anmutige», dessen Anblick uns im Sommer labt und lockt zu baden: «Das Wasser rauscht, das Wasser schwoll, / Netzt' ihm den nackten Fuß; / Sein Herz wuchs ihm so sehnsuchtsvoll, / Wie bei der Liebsten Gruß.» Wobei Goethe nur ästhetisch «verdichte», was uns allen als lebensweltliche Bedeutsamkeit des Wassers, als seine Anmutung und Affordanz, bekannt ist.

Misch artikuliert den Gegensatz zwischen rein diskursiver und evozierender Rede auch noch als «urteilend» versus «schauend» und als «cognitio circa rem» versus «cognitio rei». Rein diskursive Rede treffe mit abstrakt-allgemeinen Begriffen Aussagen über eine Sache («circa rem»), evozierende Rede hingegen operiere mit Wesensbegriffen von der Sache selbst («rei»). Die Logik rein diskursiver Rede sei eine «lineare Subsumtionslogik», was Gabriel «Logik von Unter- und Überordnung» nennt, im Gegensatz zur «zirkulären hermeneutischen Logik» evozierender Rede, bei Gabriel «Logik von Teil und Ganzem». «Zirkulär» ist hier offensichtlich nicht abwertend gemeint, sondern beschreibt die Vertiefung des Verständnisses in sogenannten hermeneutischen Zirkeln.

Allerdings ist Mischs schöner terminologischer Vorschlag «evozierende Rede» leider zu eng. Denn «Evozieren» passt gut nur auf Rede (und nicht auf Wissen), zudem nur auf phänomenale (und nicht auf praktische) Rede. Das hat es mit Gabriels «Prägnanz» gemein. Außerdem legt «Evozieren» ein zu kausales oder, wie es in der Sprechakttheorie heißt, «perlokutionäres» Modell der Auslösung bestimmter mentaler Zustände nahe. Wir werden im Folgenden daher lieber von «sinnlich» sprechen statt von «evozierend», «nicht-propositional» oder «prägnant». Auf der gegenüberliegenden Seite werden wir wie gehabt «diskursiv», «propositional» oder «präzise» verwenden. Zwar passt «sinnlich» ebenfalls besser auf phänomenale Rede und Erkenntnis, doch lässt es sich auch auf praktische Rede und Erkenntnis anwenden, und zwar nicht nur auf körperliche Skills, bei denen die Sinne stark involviert sind, sondern auch auf geistige Skills und den «Blick» für das, worauf es ankommt.

Es braucht beides

Gabriel und Misch betonen unisono die Komplementarität oder Irreduzibilität der beiden Rede- und Erkenntnisformen sowie ihre Gleichwertigkeit. Dies erhellt eigentlich schon aus dem reichen Beispielmaterial, das sie für beide Seiten anführen. Wieso soll derjenige, der sich auf eine Formel versteht, wissender oder vernünftiger sein als derjenige, der sich auf ein Gedicht versteht? Oder umgekehrt? Der Szientismus überschätzt den Erkenntniswert der Wissenschaft, die Postmoderne und so manche Künstlernatur den von Kunst und Literatur. Problematisch wird es immer dann, wenn sich die eine Seite zur Alleinherrschaft aufschwingt und die andere Seite verdrängt, entweder ideell über Abwertung oder sogar auch reell und nicht nur als Glasperlenspiel, indem sie den Gegenstand, in unserem Fall eine Natur, die uns anmutet, materiell zerstört. Denken Sie noch einmal an Kurzecks Schwalben, die nicht mehr ins Dorf kommen, und wie sein Dorf inzwischen aussieht («Beton, Kacheln, Glastüren ...»). Und nicht nur Kurzecks Dorf, fast alle deutschen Städte sind nach dem Krieg in einer «zweiten Mobilmachung» (Jörg Magenau) so zugerichtet worden.

Was aber, wenn sich die Wissenschaft auf der einen Seite und die Literatur auf der anderen widersprechen? Und ist nicht genau das unser Problem heute mit der Natur? Steht das aufgeklärte naturwissenschaftliche Weltbild nicht im Konflikt mit dem magischen oder mythischen literarischen Weltbild? Wie soll das gehen, dass man diesen zwei Herren gleichzeitig dient? Nach dem naturwissenschaftlichen Weltbild ist die Natur uns gegenüber «gleichgültig», sie bringt uns z. B. Leid und Tod und schert sich nicht darum. Die Literatur dagegen findet Sinn und Geborgenheit in der Natur. Ist Gott nun tot, oder «schläft» er nur, wie es in Kurzecks «Weltbild der Igel» heißt? Ist die Schönheit der Natur nun ein Wink Gottes, dass wir in der Welt willkommen sind, oder ist die Natur einfach nur schön anzuschauen und gibt uns viel zu denken? Das sind arg große Fragen, doch wir kommen um sie anscheinend nicht herum. Denn die Personifikation der Natur steht unter dem Verdacht, schlechte Metaphysik oder Esoterik zu sein und in ein voraufgeklärtes, vorwissenschaftliches, irrationales Weltbild zurückzufallen. Diesen Verdacht gilt es auszuräumen.

Die Personifikation der Natur als notwendige Metapher

Man kann dem Esoterikverdacht begegnen, indem man sich fragt, welchen Status Metaphern im Reden über Natur haben. Sind sie bloße zusätzliche Ausschmückungen, sozusagen unnötiger Zierrat? Oder sind sie mehr als das, sogar notwendig? Eine Metapher ist notwendig, wenn sie erstens unersetzbar eine Erkenntnis ausdrückt, ohne die wir zweitens nicht gut leben können. Die altrofokussierte Personifikation der Natur zur Erfassung ihrer Anmutung ist, wie wir in diesem Buch entwickeln wollen, genau eine solche Metapher. Wir können erstens das, was sie ausdrückt, zwar vielleicht in andere Metaphern, aber jedenfalls nicht in nicht-metaphorische, wörtliche Rede übersetzen. Zweitens sind wir auf diese (oder eine vergleichbare) Metaphorik für das Gelingen unseres Lebens angewiesen. Unsere methodische Hauptthese lautet also, dass die Personifikation der Natur der stimmige Ausdruck ist für einen – für unser Gedeihen entscheidenden –

Umgang mit der Natur, in dem die Natur unverfügbar und unerschöpflich wie eine Person zu uns spricht. In diesem anderen Umgang erscheint es uns als ein Vergehen an der Natur selbst, wollten wir sie auf ein bloßes Objekt, Instrument oder eine Ressource zu unserem Gebrauch reduzieren. Es gibt drei Dimensionen dieser anderen, lebensweltlich vertrauten Erfahrung der Natur als persönliches Gegenüber, dem wir etwas schulden. Dass es diese drei Dimensionen gibt, ist die inhaltliche Hauptthese, die wir in diesem Buch mit Kurzeck ausführen wollen.

Eine Dimension ist die der *heimatlichen* Natur, etwa des Baumes vor dem Fenster, zu dem wir als Kind unsere Sorgen trugen und unter dessen Blätterdach wir unseren ersten Kuss bekamen. Heimatlich in diesem Sinne können selbstverständlich auch Artefakte sein, z. B. eine alte Lampe. Diese ob artifiziellen oder natürlichen Stützen unserer Erinnerung und Identität machen uns die Welt bewohnbar. Wenn die Dinge uns «kennen» und uns von damals oder von unseren Hoffnungen für morgen erzählen, fühlen wir uns zuhause in der Welt.

Heimatliches muss nicht schön sein. Das *Schöne* aber – das ist eine zweite Dimension – lockt uns, auch wenn es uns fremd ist, zu einer eingehenden, selbstzweckhaften Betrachtung. Wir verweilen gern beim Schönen, sehen etwa dem Morgen als Maler zu. Das gibt uns zudem die Kraft, den zweckrationalen und eng getakteten Alltag besser auszuhalten. All dies gilt wiederum nicht nur für das natürliche, sondern auch für das künstliche Schöne.

Das natürliche Schöne muss nicht, aber es kann uns für die Erfahrung der *«Heiligkeit»* der Natur öffnen – das ist eine dritte Dimension. Die ungeheure Größe und Macht der Natur, im Guten wie im Schlechten, müssen wir ohnehin anerkennen, wollen wir nicht in menschliche Hybris und einen verzweifelten Machbarkeits- und Kontrollwahn verfallen. Wenn wir uns aber von unseren vielen kleinen und großen Wünschen freimachen und, mit Meister Eckhart gesprochen, «loslassen», kann es uns passieren (garantiert ist das aber nicht), dass wir uns von der Welt, und in ihr auch von der Natur, gehalten oder getragen fühlen und nicht ins Leere abstürzen. Diese spirituelle Erfahrung wird in den Weisheitslehren, den Weltreligionen und der Literatur, wie der von Peter Kurzeck, auch so formuliert, dass es einen Gott gibt, in dem wir geborgen sind. Dabei referiert «Gott» nicht unbedingt wörtlich auf eine Person wie wir, nur unendlich größer und mächtiger, sondern artikuliert metaphorisch-personifizierend diese unsere Erfahrung des Getragenseins.

Dass wir auch «Unorte» in der Natur, d. h. Naturräume ohne spirituelle, ästhetische oder heimatliche Ausstrahlung, personifizieren, etwa als Natur, die aufgehört hat, mit uns zu sprechen (wie es in der in der Einleitung zitierten Kurzeck-Passage zum schütteren, kleinen Waldstück heißt), ist kein Einwand gegen die hier vertretene Ansicht. Vielmehr zeigt dies nur, wie umfassend unsere Erwartung, Bereitschaft, unser Bedürfnis nach Resonanz mit der Natur ist. Wird diese Erwartung enttäuscht, dann verleihen wir auch dieser Enttäuschung durch personifizierende Rede Ausdruck – als Verstummen der Natur.

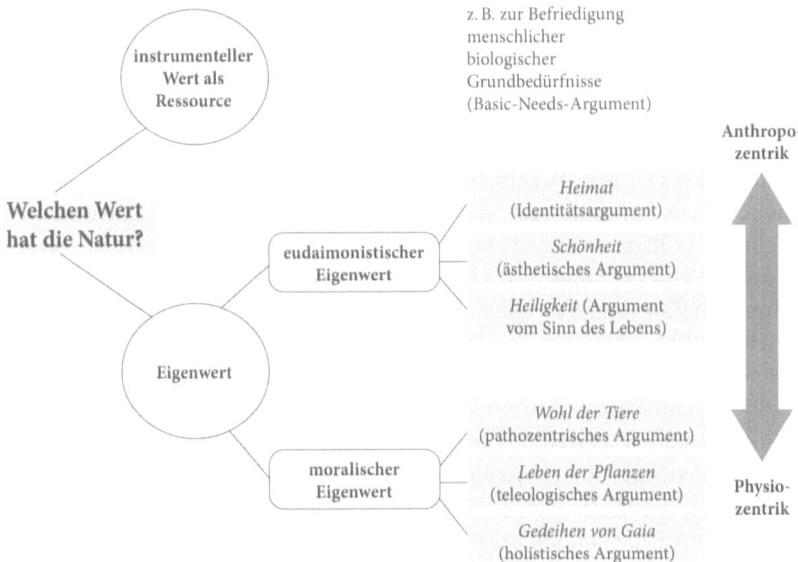

Abb. 13: Schaubild Landkarte der Naturethik (nach Krebs 1997)

Eine Landkarte der Naturethik

Zum Abschluss wollen wir, wie angekündigt, das, wofür unser Buch eintritt, in den größeren Kontext der gegenwärtigen naturethischen Debatte stellen. In dieser Debatte stehen sich anthropozentrische und öko- oder physiozentrische Positionen gegenüber.

In der Physiozentrik hat die Natur einen *moralischen Eigenwert* (man sagt dafür auch «moralisch intrinsischen» oder nur «intrinsischen» Wert). Sie ist also um ihrer selbst willen zu schützen, d. h. unabhängig von ihrem Beitrag zum guten menschlichen Leben. In der Anthropozentrik dagegen kommt nur den Menschen und ihrem guten Leben ein solcher moralischer Eigenwert zu.

Man unterscheidet verschieden starke Versionen der Physiozentrik, je nachdem welchem Teil der Natur sie einen moralischen Eigenwert beimessen. Die Tier- oder Pathozentrik gesteht nur empfindungsfähigen Tieren einen solchen Eigenwert zu. Für diese Position haben wir uns in diesem Kapitel starkgemacht. Weitergehende Fassungen der Physiozentrik erachten auch nicht-empfindungsfähige Pflanzen oder die Erde im Ganzen als intrinsisch wertvoll. Gegenüber diesen stärkeren physiozentrischen Varianten sind wir skeptisch. Dazu gleich mehr.

Wir verfolgen in diesem Buch eine andere Strategie, um der Natur über die Tiere hinaus einen eigenen Wert zuzuerkennen. Diese andere Strategie besteht in der Kritik an einer zu engen Anthropozentrik, welcher der Natur nur einen *instrumentellen Wert als Ressource* für das gute menschliche Leben zuweist. Diese enge anthropozentrische Sicht bestimmt den Nachhaltigkeitsdiskurs und als «Vitamin N» oder grünes Antidepressivum den Gesundheitsdiskurs.

Dagegen wollen wir hier für eine Position eintreten, welche der Natur durchaus einen Eigenwert zugesteht. Doch diesen Eigenwert hat die Natur nur innerhalb des guten menschlichen Lebens. Es handelt sich also weder um einen moralischen Eigenwert noch um einen bloß instrumentellen Wert. Wir nennen ihn «*eudaimonistischen*» Eigenwert (von «eudaimonia» = gutes, glückliches Leben) oder «*ästhetischen*», aber in einem weiten Sinne, der neben dem Wert der Schönheit auch den der Heiligkeit und der Heimatlichkeit der Natur umgreift. Danach tut es zunächst einmal uns gut, wenn wir die Natur lieben und mit ihr auch anders denn als Ressource umgehen. Dann allerdings schulden wir ihr auch etwas.

Die Idee des eudaimonistischen Eigenwertes (man spricht auch von «relationalem» oder «inhärentem» Wert) lässt sich vielleicht am besten anhand des Beispiels der romantischen Liebe und Freundschaft unter Menschen plausibel machen. Wenn wir eine andere Person lieben, benutzen wir sie nicht einfach, sondern messen ihr und dem Zusammensein mit ihr einen eigenen Wert bei. Wir sind ihr gegenüber verpflichtet. Sie kann uns gegenüber Ansprüche erheben, etwa wenn wir nicht genug auf ihre Individualität eingehen. Liebe und Egoismus fallen nicht zusammen. Liebe beinhaltet auch Opfer. Dieser Eigenwert der geliebten Person ist etwas anderes als die Würde oder der moralische Eigenwert, den jeder Mensch hat. Der Eigenwert des Geliebten besteht nur für uns selbst und nicht für alle: Dass es den Anderen gibt und es ihm gut geht, macht unser eigenes Leben glücklicher. Ist die Liebe dann aber aus, hat der Andere auch keinen besonderen Eigenwert mehr. Den hat er auch nicht, bevor wir uns in ihn verlieben. Ansprüche hat er nur innerhalb der Liebesbeziehung. Um diese liebesinterne oder bedingte moralische Verpflichtungsstruktur abzugrenzen von unbedingten moralischen Ansprüchen, könnten wir von einer «Binnenmoral» der Liebe sprechen.

Der eudaimonistische Eigenwert der Natur ist wie gesagt ein dreifacher. Er besteht in der Heimatlichkeit, der Schönheit und der Heiligkeit der Natur. In der oben gezeichneten Landkarte der Naturethik belegt er das Mittelfeld. Und just an dieser Stelle kommt die Personifikation ins Spiel. Denn wir meinen, dass man diesen dreifachen Eigenwert der Natur nicht ohne Personifikation erfassen und leben kann. Die Personifikation der Natur ist eine notwendige Metapher, um der Phänomenologie der Erfahrung der Heimatlichkeit, Schönheit und Heiligkeit der

Natur gerecht zu werden. Sie ist keine bloße Projektion, die es uns zwar wohler sein lässt in der Welt, aber bar aller Erkenntniskraft ist, um nicht zu sagen reine Selbsttäuschung und regelrecht falsch. Aus dieser Frontstellung: hier bloße Projektion, dort esoterische Metaphysik, müssen wir heraus. Denn es gibt etwas dazwischen. Wenn wir diese goldene Mitte gefunden haben, dann erschließt sich, dass die Personifikation der Natur ein, ja vielleicht das Gegengift der Stunde ist gegen den Geist unseres Zeitalters, den immer vermesseneren Imperialismus von Naturwissenschaft und Technik.

Es ist nicht leicht, eine treffende, unmissverständliche Bezeichnung für diese Mittelposition zu finden. Spricht man von einer nicht-instrumentell verkürzten, eudaimonistischen, ästhetischen oder reichen «Anthropozentrik», dann bleibt unterbelichtet, dass sehr wohl Pflichten, wenn auch nur binnenmoralische, und auch das nur in einem metaphorischen Sinne, gegenüber der Natur bestehen. Im nicht-metaphorischen Sinne kann es nur «Pflichten gegenüber» wirklichen Subjekten geben. Trotzdem dürfen wir uns an der schönen Natur nicht vergehen. Um es mithilfe eines in der akademischen Philosophie beliebten, künstlichen Gedankenexperimentes zu sagen: Der letzte Mensch, den wir uns als einen ästhetischen Menschen vorstellen, dürfte, bevor er selbst aus dem Leben scheidet, nicht den Knopf drücken, mit dem auch alle schöne Natur zerstört würde, nur weil dann ja keiner mehr da wäre, der sie noch genießen könnte. Die der schönen Natur gegenüber angemessene Haltung ist nicht humanegoistisch reduzierbar. Dass die Pflichten gegenüber der Natur nur metaphorische sind, bedeutet eben nicht, dass da im wörtlichen Sinne gar nichts ist. Es bedeutet nur, dass man es wörtlich schwer, eigentlich gar nicht richtig ausdrücken kann, obwohl man es irgendwie wörtlich ausdrücken muss, damit es nicht ungehört verhallt und als bloß metaphorisch abgetan wird. Damit dies nicht geschieht, wollen wir von einer «ästhetischen Öko-» oder «Physiozentrik» sprechen und von einem «Gebot der Sorgsamkeit gegenüber der Natur» – «ästhetisch» wiederum im weiten Sinne und im Gegensatz zu einer im unbedingten und wörtlichen Sinne «moralischen» Physiozentrik. Wir könnten auch «eudaimonistische» Physiozentrik sagen, doch klingt das immer noch nach humanegoistischer Reduktion. Mit dem Attribut «ästhetisch» ist unsere Physiozentrik dennoch deutlich rückgebunden an eine bestimmte Beziehung oder Praxis, welche, soweit wir das heute wissen, nur Menschen im Rahmen ihres guten Lebens pflegen. Der Natur kommt nur innerhalb dieser Praxis ein Eigenwert zu. Die Natur hat kein Recht darauf, dass wir eine solche Praxis allererst etablieren.

Und nun zurück zu unserer Skepsis gegenüber stärkeren (über die Tiere hinausgehenden) Varianten der (unbedingten) moralischen Physiozentrik. Diese Skepsis hat damit zu tun, dass diese Varianten der Natur personale Eigenschaften im wörtlichen Sinne zuschreiben, welche sie nur im metaphorischen Sinne hat. Dass sie also nicht scharf genug trennen zwischen wörtlicher Rede und metaphorischer Personifikation. Dadurch fallen diese Positionen in schlechte Metaphysik zurück, rutschen sie ab in Esoterik. Wenn diese Diagnose zutrifft, dann rechtfertigt sich, dass wir in diesem Kapitel so auf der Personifikation «herumgeritten» sind. Es bedarf eines tieferen Verständnisses der Leistung von Personifikation und metaphorischer, sinnlicher Rede im Allgemeinen, um sich im Dschungel der Naturethik zurechtzufinden.

Eines der gängigen Argumente für eine starke (unbedingte) moralische Physiozentrik ist das sogenannte teleologische Argument (von «telos» = Zweck). Vielleicht noch beliebter ist das sogenannte holistische Argument (von «holos» = das Ganze). Gehen wir diese beiden Argumente zum Abschluss kritisch durch.

Das *teleologische Argument* schreibt der Natur im Ganzen oder zumindest der belebten Natur Zwecktätigkeit oder Teleologie zu und mahnt die Ausdehnung des moralischen Respektes für die Zwecke der Menschen auf die Zwecke der Natur an. Nach dieser Argumentation ist nicht nur das Töten von Tieren, sondern auch das Pflücken von Blumen moralisch nicht unbedenklich.

Das Problem bei diesem Argument ist der Zweckbegriff. Man muss nämlich zwischen Zwecken im eigentlichen und im übertragenen Sinne unterscheiden. Zwecke im wörtlichen Sinne sind die praktischen Zwecke unseres Handelns. Zwecke im übertragenen Sinne sind die funktionalen «Zwecke» oder Funktionen z. B. von Maschinen. Einen funktionalen «Zweck» «verfolgt» ein Thermostat, wenn er eine bestimmte Raumtemperatur «anstrebt», oder ein «lernender» Schachcomputer, wenn er «versucht», eine Partie Schach zu «gewinnen». Einen praktischen Zweck verfolgt dagegen die Autorin dieses Kapitels, wenn sie diese Unterscheidung formuliert und hofft, ihre Leserinnen und Leser damit zu überzeugen. Während ihr daran liegt, ihren Zweck zu erreichen, ist es dem Thermostat oder dem Schachcomputer «egal», ob er seinen «Zweck erreicht». Ist die sogenannte Zwecktätigkeit der Natur im Wesentlichen funktionaler Art – Krankheitserregern wie dem Aids- oder dem Corona-Virus liegt ja nicht daran, dass sie Menschen und Tiere krankmachen –, dann fällt sie nicht in den Bereich guten Lebens, den Moral schützen will. Wer dies dogmatisch findet und moralischen Schutz von subjektiv gutem Leben auch auf objektiv oder funktional gutes Leben ausgedehnt wissen will, der muss sich klarmachen, dass er damit auch die Funktionalität von Thermostaten, Schachcomputern, Autos, Kernkraftwerken und eben Krankheitserregern unter moralischen Schutz stellt. Die dieser Tage verbreitete Vorstellung, dass die Natur als Ganzes mit dem neuen Corona-Virus den «Zweck verfolgt, an der Menschheit Rache zu üben» oder uns zur Umkehr zu zwingen, und wir moralisch verpflichtet wären, diesen «Zweck» der Natur zu respektieren, ist abwegig. Und das nicht nur, weil die Vorstellung menschenfeindlich wäre und die Kranken im Stich ließe, sondern auch, weil es sich dabei um schlechte Metaphysik handelte.

Das *holistische Argument* besteht in dem Verweis darauf, dass der Mensch doch Teil der Natur ist, dass sein Gedeihen mit dem Gedeihen des Naturganzen zusammengeht. Nur Dualisten, die den Menschen der Natur gegenüberstellen, könnten das eine gegen das andere ausspielen. Dieses falsche westliche, individualistische, christliche, männliche Denken gelte es zu überwinden. Dann würde deutlich, dass der moralische Eigenwert des Menschen im moralischen Eigenwert der Natur besteht und umgekehrt.

Das Problem mit dem holistischen Argument ist, dass der Satz, der Mensch sei Teil der Natur, notorisch vieldeutig ist. Unterscheiden wir drei Lesarten. Wenn der Satz erstens nur bedeuten soll, dass der Mensch für sein Überleben und sein gutes Leben von der Natur abhängt, ist er sicher richtig, aber er begründet dann keinen moralischen Eigenwert der Natur, sondern nur einen instrumentell oder eudaimonistisch motivierten Naturschutz. Mit Blick auf den instrumentellen Wert der Natur als Ressource für den Menschen weist der Satz darauf hin, dass der Mensch mit seinem Körper zum System der Natur gehört, in dem alles mit allem verbunden ist. Das Gift, welches der Mensch in die Natur spritzt, kehrt zu ihm selbst zurück, wenn er ihre Früchte verzehrt. So ein Gedanke schreibt der Natur nur einen instrumentellen Wert zu. Denn es ist die Gesundheit des Menschen, auf die es dabei ankommt. Mit Blick auf den nicht-instrumentellen, eudaimonistischen Wert der schönen, heiligen und heimatlichen Natur in einem guten menschlichen Leben hebt der Satz auf das freilich nur metaphorische Wir, Miteinander oder Ganze ab, welches sich in der Interaktion des Menschen mit der personifizierten Natur bilden und in dem sich der Menschen geborgen fühlen kann.

Wenn der Satz hingegen zweitens bedeuten soll, dass, wie in einem Sinfonieorchester, das Florieren der Teile im Florieren des Ganzen besteht (und zwar wortwörtlich, nicht metaphorisch), dann drückt er angesichts von Corona-Virus, Sturmfluten und Eiszeiten einen falschen moralischen Harmonismus aus und ist daher abzulehnen.

Will der Satz schließlich drittens den ontologischen Unterschied zwischen Mensch und Natur bestreiten, weil alles, was ist, nichts ist als ein Knoten im biotischen System, ein Energiebündel im kosmischen Tanz der Energie oder eine geistige Essenz, dann ist an die lebensweltlich doch sinnvollen Unterscheidungen zwischen Wesen, die fühlen können, handeln können, Verantwortung tragen können, und solchen, die dies nicht können, zu erinnern. Wie würde unser Leben aussehen, wenn wir ohne solche Unterscheidungen auskommen müssten? Sollte z. B. keiner mehr verurteilt werden, der etwas Verbrecherisches tut, auch kein Mörder oder Randalierer, oder sollten alle, die so etwas tun, verurteilt werden, auch eine Giftschlange, die einen Menschen tötet, oder ein Wildschwein, das einen Garten verwüstet? Im Mittelalter hat es bekanntlich Strafprozesse gegen Tiere gegeben. Nachdem etwa Heuschreckenschwärme ganze Felder leergefressen hatten, wurden sie vor Gericht geladen. Die Heuschrecken erschienen dann allerdings nicht zum vereinbarten Gerichtstermin. Das moderne Strafrecht ist denn auch von so etwas abgekommen. Denn Heuschrecken sind nun einmal keine Personen im eigentlichen Sinne.

Anmerkungen und Literaturhinweise zum ersten Kapitel

Wir danken Michael Kling und Karoline Sinur vom *Hessischen Rundfunk* dafür, dass sie den Mitschnitt der Igel-Kapitel-Lesung Kurzecks im Radio für uns aufgetrieben haben. Die Aufnahme wurde am 28. März 2011 gemacht, also ein paar Tage vor der offiziellen Vorstellung des ganzen Romans im Frankfurter Literaturhaus am 4. April. Die Sendung des ersten Teils der Igel-Lesung erfolgte am 6. April 2011, die des zweiten Teils eine Woche später, und zwar im *Deutschlandfunk* unter Redaktion von Hajo Steinert[1]. Die Lesungen dauerten zusammen ca. eine Stunde. Kurzeck führte bei beiden Sendungen jeweils selbst in den *Vorabend* ein. Die im Radio gelesene Fassung vom «Weltbild der Igel» ist noch kürzer als der Sonderdruck (bei dem schon die letzten sechs Seiten aus dem Buch fehlen). Sie hört mit unserer Passage zu den Igeln am Fahrbahnrand auf. Es fehlen auch zwischendrin, am Ende des ersten Kapitels, etliche Seiten, sodass das Seitenverhältnis ungefähr 20 Seiten (Lesung im Radio) zu 30 Seiten (Sonderdruck) zu 36 Seiten (Roman-Kapitel) ist. Inzwischen gibt es eine weitere, auf Youtube frei zugängliche Hörfassung des «Weltbildes der Igel» vom *Theater am Tisch* in St. Gallen, aber natürlich ohne die Stimme Peter Kurzecks.

Was wir auch noch auftreiben konnten (wiederum sei Michael Kling gedankt und für die Genehmigung zum Abdruck Carina Wächter), ist ein mit Schreibmaschine geschriebenes und handschriftlich korrigiertes Typoskript der Igel-Kapitel. Die vielen handschriftlichen Korrekturen machen den Text vor allem detailreicher und rhythmisch eingängiger. Zudem integrieren sie die Igel-Kapitel weiter mit dem Rest des Romans. Besonders interessant ist in unserem Kontext, dass Kurzeck auf der unten abgedruckten siebten Seite des Typoskripts «Gott schläft» und «aber Ameisen wundern sich nicht» nachträglich mit Hand eingetragen hat (S. 167 im *Vorabend*). Damit schlägt er eine Brücke zu den *Vorabend*-Kapiteln 46 und 47 über die Vernichtung der Frösche, in denen der spirituelle oder religiöse Oberton stärker anklingt als in den Igel-Kapiteln selbst. Schaut man sich die schwer entzifferbaren Korrekturen an, erstaunt es einen nicht, dass Kurzeck es nicht mehr schaffte, das endgültige Manuskript des Romans selbst herzustellen. Er diktierte es vielmehr freiwilligen Helferinnen und Helfern im Sommer 2010 im Frankfurter Literaturhaus. Diese besondere Entstehungsgeschichte fügt dem ohnehin mündlichen Stil von Kurzecks Roman eine weitere mündliche Komponente hinzu.

---

1 Die Aufnahmen des Deutschlandfunks (℗ 2011, Deutschlandradio; © 2021, Angelika Krebs) sind hier abrufbar: http://www.schwabe.ch/das-weltbild-der-igel.

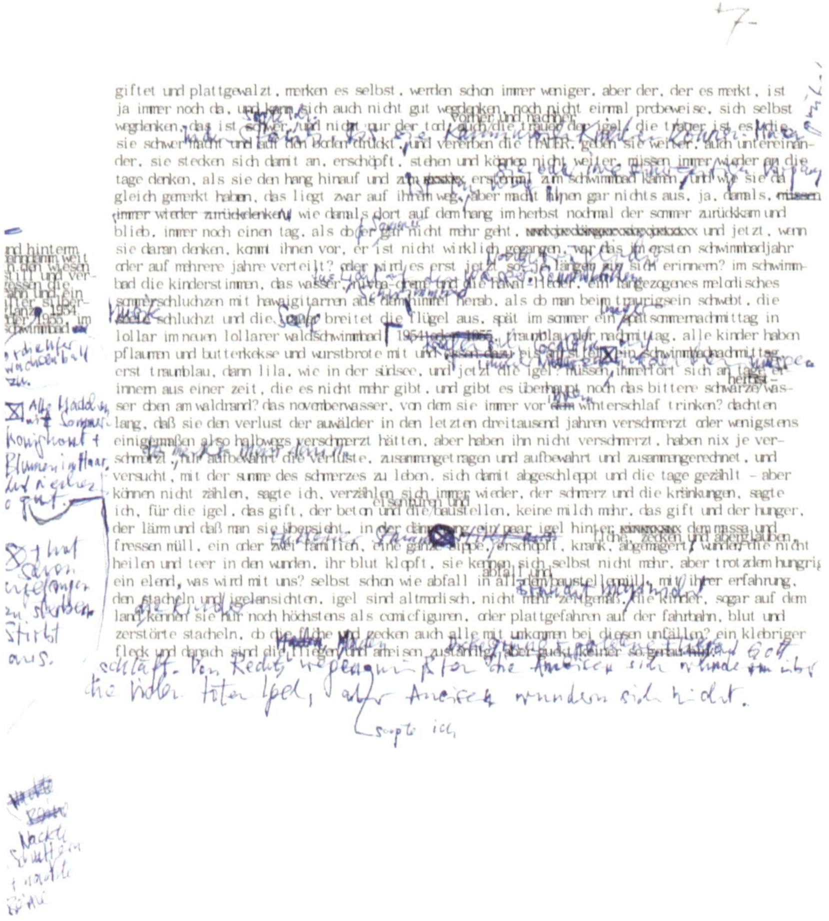
giftet und plattgewalzt, merken es selbst, werden schon immer weniger. aber der, der es merkt, ist
ja immer noch da, und kann sich auch nicht gut wegdenken, noch nicht einmal probeweise, sich selbst
wegdenken, das ist schwer, und nicht nur der tod, auch die trauer der igel. die trauer ist es, die
sie schwer macht und auf den boden drückt, und vererben die trauer, geben sie weiter, auch untereinander. sie stecken sich damit an. erschöpft. stehen und können nicht weiter. müssen immer wieder an die
tage denken, als sie den hang hinauf und zum erstenmal zum schwimmbad kamen, und wie sie da
gleich gemerkt haben, das liegt zwar auf ihrem weg, aber macht ihnen gar nichts aus. ja, damals.
wie damals dort auf dem hang im herbst nochmal der sommer zurückkam und
blieb, immer noch einen tag, als ob er gar nicht mehr geht. und jetzt, wenn
sie daran denken, kommt ihnen vor, er ist nicht wirklich gegangen. war das im ersten schwimmbadjahr
oder auf mehrere jahre verteilt? oder wird es erst jetzt so, je länger sie sich erinnern? im schwimmbad die kinderstimmen, das wasser, nivea-creme und die hawai-lieder, ein langgezogenes melodisches
sommerschluchzen mit hawaiigitarren aus dem himmel herab, als ob man beim traurigsein schwebt. die
seele schluchzt und die seele breitet die flügel aus. spät im sommer ein spätsommernachmittag in
lollar im neuen lollarer waldschwimmbad 1954 oder 1955, traumblau der nachmittag. alle kinder haben
pflaumen und butterkekse und wurstbrote mit und eis am stiel. ein schwimmbadnachmittag,
erst traumblau, dann lila, wie in der südsee. und jetzt die igel? müssen immerfort sich an tage erinnern aus einer zeit, die es nicht mehr gibt, und gibt es überhaupt noch das bittere schwarze wasser oben am waldrand? das novemberwasser, von dem sie immer vor dem winterschlaf trinken? dachten
lang, daß sie den verlust der auwälder in den letzten dreitausend jahren verschmerzt oder wenigstens
einigermaßen also halbwegs verschmerzt hätten, aber haben ihn nicht verschmerzt, haben nix je verschmerzt, nur aufbewahrt die verluste, zusammengetragen und aufbewahrt und zusammengerechnet, und
versucht, mit der summe des schmerzes zu leben. sich damit abgeschleppt und die tage gezählt – aber
können nicht zählen, sagte ich, verzählen sich immer wieder, der schmerz und die kränkungen, sagte
ich, für die igel, das gift, der beton und die baustellen, keine milch mehr, das gift und der hunger,
der lärm und daß man sie übersieht. in der dämmerung ein paar igel hinter dem massa und
fressen müll, ein oder zwei familien, eine ganze sippe, erschöpft, krank, abgemagert, wunden, die nicht
heilen und teer in den wunden, ihr blut klopft, sie kennen sich selbst nicht mehr, aber trotzdem hungrig
ein elend, was wird mit uns? selbst schon wie abfall in all dem baustellenmüll, mit ihrer erfahrung,
den stacheln und igelansichten. igel sind altmodisch, nicht mehr zeitgemäß, die kinder, sogar auf dem
land kennen sie nur noch höchstens als comicfiguren, oder plattgefahren auf der fahrbahn, blut und
zerstörte stacheln, ob die flöhe und zecken auch alle mit umkommen bei diesen unfällen? ein klebriger
fleck und danach sind die fliegen und ameisen zuständig, aber guckt keiner so genau hin.

Abb. 14: Peter Kurzeck: Typoskriptseite aus den Igelkapiteln des Romans *Vorabend*

Pendants zum «Weltbild der Igel» in Kurzecks Gesamtwerk: Ein solches Pendant stellt die «Wanderung der Frösche» dar, worauf wir in unserem Spiritualitäts-Kapitel noch ausführlich zu sprechen kommen. Ein anderes, kleineres Pendant sind die eilenden Menschenmassen in einer städtischen Fußgängerzone, der Frankfurter *Zeil*, im 21. Kapitel von *Als Gast*, welche aus der Sicht von zum Betteln angestellten Zirkustieren, also von Eseln, Ponys, Schafen und Ziegen, beschrieben werden: «So viele Taschen und Tüten! So bunte Jacken und Mäntel! Und in solchen Scharen jeden Tag wieder den ganzen Tag an ihnen vorbei das Menschenvolk, Menschenherden. Und immer auf den Hinterbeinen, alle den ganzen Tag auf den Hinterbeinen.» (S. 381) Auch dieses Kapitel kann man hören. Es findet sich im Archiv des *Hessischen Rundfunks* unter dem Titel *Freitagnachmittag* und wurde am 14. Januar 2002 gesendet.

Ein weiteres Pendant ist «Was die Möwen wissen» in *Der vorige Sommer und der Sommer davor*, wo aus Möwen-Perspektive der Wind, der Sand und das Meer, die Orte der Menschen und die Menschen selbst betrachtet werden:

> Wie man weiß auf dem weißen Kirchturm sitzt. Kirchenglocken. Von oben der Ort. Die Menschen von oben. ... Sehen uns gehen und wissen, das war schon einmal und da sind sie auch wie jetzt Möwen gewesen. Am Himmel. Also den Himmel und uns und die Zeit. Sie rufen und was sie rufen, schaukelt so durch die Luft. Einmal ein Lachen und einmal ein Weinen. (S. 151–153)

Zum moralischen Status von Tieren: Einen prima Überblick über die verschiedenen moraltheoretischen Ansätze zum Status von Tieren bietet Tom Regans Aufsatz «Wie man Rechte für Tiere begründet». Jonathan Safran Foer liefert in *Tiere essen* eine packende Zusammenstellung wesentlicher Fakten zu unserem Umgang mit Tieren. Über die noch junge Disziplin der *Literary Animal Studies* orientiert Gabriela Kompatscher in «Die Befreiung ästhetischer Tiere». Das Verhältnis von Kindern zu Tieren und der Natur untersucht der Psychoanalytiker Ulrich Gebhard in *Kind und Natur.*

Die tierethische Position von Tom Regan könnte man als erweiterten Kantianismus verstehen (vgl. auch den von ihn mitherausgegebenen Sammelband mit literarischen tierethischen Texten). Kants eigene Position ist nachzulesen in seiner *Grundlegung zur Metaphysik der Sitten.* Besonders relevant ist die Unterscheidung in BA 76 f. von «Würde» und «Preis». Kants sogenanntes pädagogisches Argument findet sich in Paragraf 17 der Tugendlehre in seiner *Metaphysik der Sitten.* Eine kritische Auseinandersetzung mit Kants Position bietet Angelika Krebs' *Ethics of Nature*, S. 57–60 und S. 89–92. Der prominenteste zeitgenössische Vertreter der utilitaristischen Tierethik ist Peter Singer. In John Rawls' kontraktualistischer *Theorie der Gerechtigkeit* kommen Tiere nicht vor. Eine Moraltheorie, welche die Tiere miteinbezieht und komplexer ist als die drei im Text behandelten (und auch als Ursula Wolfs Mitleidsethik in *Das Tier in der Moral*), ist Martha Nussbaums Neoaristotelismus in *Grenzen der Gerechtigkeit.* Auf ihre Zehner-Liste von menschlichen Funktionsfähigkeiten u. a. mit Lust, Vernunft und Gemeinschaft in «Menschliches Tun und soziale Gerechtigkeit» werden wir im fünften Kapitel noch zu sprechen kommen.

Für einen ethischen Pluralismus, wie wir ihn im Text vertreten, machen sich u. a. auch Michael Walzer, Friedrich Kambartel und Hans Julius Schneider stark. In «Vernunft: Kriterium oder Kultur?» plädiert Kambartel dafür, die verschiedenen Moral- und Vernunfttheorien und deren Prinzipien («Kriterien») nur als Aspekte oder Facetten des grammatischen Netzwerkes unserer moralischen/vernünftigen Praxis (also «Kultur») anzusehen. Dabei unterscheidet er zwischen der «Pluralität» (Vielfalt, Komplexität) unserer Kultur und einem «Pluralismus» im

Sinne von Relativismus. Wenn wir im Kapitel von «Pluralismus» sprechen, beziehen wir uns auf das, was bei Kambartel «Pluralität» heißt. Auch wir wollen keiner relativistischen Beliebigkeit das Wort reden. Unser Sprachgebrauch ist damit näher an dem, was Walzer in seinen *Sphären der Gerechtigkeit* «Pluralismus» nennt. In Kambartels Ansatz spielt die Urteilskraft der Kulturträger eine zentrale Rolle. Die Literatur und die Gefühle tauchen dagegen bei Kambartel nicht auf. Das ist etwas anders bei Hans Julius Schneider in seinem Aufsatz «Ethisches Argumentieren». Schneider spricht zwar wie Kambartel auch von «phronesis» (= Urteilskraft) als einem «Wissen, wie», welches im Vergleich zum «Wissen, dass» sträflich unterschätzt werde. Außerdem glaubt er wie Kambartel auch, dass die in den verschiedenen Moral- und Vernunfttheorien propagierten Prinzipien nur unvollständige Artikulationen von Verständnissen unserer Praxis sind und nicht zur selbständigen Prüfung, Begründung oder Ableitung taugen. Doch betont Schneider anders als Kambartel die moralische/vernünftige Kompetenz von Gefühlen und von Literatur, etwa von Anekdoten, Analogien, treffenden Metaphern oder Sentenzen. Derlei sei viel wichtiger als Argumentation im engen Sinne von Definition und Deduktion.

Mit explizitem Bezug auf Tiere tritt Roger Scruton in *On Hunting* für einen ethischen Pluralismus ein, vgl. auch seinen Beitrag zum *Tierethik*-Sammelband von Ursula Wolf. Einen anderen einschlägigen Sammelband zum moralischen Status von Tieren hat Friederike Schmitz herausgegeben. Auch der von Angelika Krebs edierte Sammelband *Naturethik* hat eine Sektion zur Tierethik.

Das Schiller-Zitat («Gerne dien ich den Freunden ...») ist seinen *Xenien* entnommen (S. 299). Das Bentham-Zitat stammt aus dessen *Einführung in die Prinzipien der Moral und Gesetzgebung* und ist zitiert nach Peter Singers *Praktischer Ethik*, S. 84.

Eine propositionalere Version der im Text formulierten Begründung für Rücksicht auf Tiere um ihrer selbst willen findet sich in diversen Vorarbeiten von Angelika Krebs, etwa in *Ethics of Nature* und «Naturethik im Überblick». Das pathozentrische Argument läuft dort ungefähr so:

1. Die intersubjektiven Kriterien für die Zuschreibung von Empfindungen an andere Menschen lassen sich auf (bestimmte) Tiere (oder gar Pflanzen) ausdehnen. Tiere zeigen in ihrem Ausdrucksverhalten, z. B. durch Zittern, Stöhnen und Fluchtbestreben, dass sie Empfindungen haben, z. B. dass sie Schmerz empfinden.
2. In Empfindungen ist im Unterschied zu Wahrnehmungen ein Moment der positiven oder negativen Bewertung eingelassen. Man denke an die Empfindung wohliger Wärme oder an ziehende Kopfschmerzen. Die Bewertung geht in vielen Fällen nicht auf einen Entschluss in der Vergangenheit zurück; sie gehört, wo sie nicht anerzogen ist, also zur Natur des Menschen (oder des Tieres) und ist weitgehend unverfügbar. Es gelingt

einem in der Regel nicht, schrille Geräusche, den Gestank von faulen Eiern oder drückende Schwüle als angenehm zu erleben. Bei empfundenem Leben kann man von einer (subjektiven) Qualität des Lebens sprechen. Positive Empfindungen befördern das (subjektiv) gute Leben, negative behindern es. In einem weiten Sinne von «Interesse» haben empfindende Wesen Interesse an x genau dann, wenn x das gute Leben dieser Wesen befördert. Dass ein schmerzleidendes Tier Interesse am Aufhören des Schmerzes hat, ist damit ein begrifflich wahrer Satz.
3. Moralisch handelt, nach dem traditionellen anthropozentrischen Moralverständnis, wer auf das gute Leben, auf die Interessen aller Menschen um ihrer selbst willen Rücksicht nimmt.
4. Nun haben aber nicht nur Menschen, sondern auch empfindungsfähige Tiere ein gutes Leben, auf das Rücksicht genommen werden könnte. Der Ausschluss von diesen Tieren aus dem moralischen Universum aufgrund ihrer Nichtzugehörigkeit zur menschlichen Spezies ist so willkürlich wie der Ausschluss von Juden aufgrund ihrer «Rasse» oder von Frauen aufgrund ihres Geschlechts. *Speziesismus* ist moralisch so wenig rechtfertigbar wie Rassismus oder Sexismus.
5. Moralisch handelt daher nur, wer auch auf das gute Leben empfindungsfähiger Tiere um ihrer selbst willen Rücksicht nimmt. Konkreter erfordert dies z. B. den Verzicht auf Tierhaltung und Tierversuche, sofern sie schwere und/oder dauerhafte Schmerzen, große Angst, ständige Isolation und Bewegungsunfreiheit mit sich bringen.

Diese tierethische Argumentation mag präziser sein als die im Kapitel vorgetragene Fassung. Doch sie ist nicht so prägnant.

Zu Gefühlen: Das Zusammenspiel von Gefühl und Verstand verhandelt Aaron Ben-Ze'ev als «emotionale Intelligenz» in seinem Buch *Die Intelligenz der Gefühle*, welches eine Übersetzung von Teilen seines Hauptwerkes *The Subtlety of Emotions* darstellt. Zur Rolle der Gefühle in der Moral sind in (der ersten Hälfte des dritten Bandes der von Angelika Krebs und Aaron Ben-Ze'ev herausgegebenen Routledge-Edition) *Philosophy of Emotion* moderne Klassiker versammelt, u. a. Peter Strawson, Bernard Williams und Jonathan Bennett. Eine Übersicht über den Stand der Theorie der Emotionen bietet der erste Band der Routledge-Edition. Dort hat es auch einen Text zu Emotionen und klaren Begriffen bei Tieren von Robert Roberts (das, was Roberts «concepts» nennt, entspricht klaren Begriffen, im Unterschied zu dem, was Roberts «thoughts» nennt, was deutlichen Begriffen entspricht). Als Vertreter der narrativen Emotionstheorie gelten Peter Goldie und Christiane Voss. Die Mehrkomponententheorie findet sich im Werk von Aaron Ben-Ze'ev, die kognitive Theorie bei Martha Nussbaum. Mit Gilbert Ryle assoziiert man die Verhaltenstheorie, die Empfindungstheorie mit William James. Jesse Prinz mag ein aktueller Vertreter der Körpertheorie sein, jedenfalls klingt er immer wieder so. Zusammengefasst sind die wichtigsten zeitgenössischen Emotionstheorien in *Zwischen Ich und Du* von Angelika Krebs auf S. 175–214. Ab S. 207 geht es um die narrative Theorie, wobei man unter «Narrativ» eine «Synthetisierung von Heterogenem» versteht, eine Struktur, «deren heterogene Elemente durch Assoziation und zeitliche Verknüpfung in ein chronologisches Sinnganzes gebracht werden», so Christiane Voss im Anschluss an Paul Ricoeur und Christopher Nash in ihrem Buch *Narrative Emotionen* (S. 185 f.). Eine aktuelle Sammlung von Texten zur Phänomenologie von Emotionen bietet das von Hilge Landweer und Thomas Szanto herausgegebene *Routledge Handbook of Phenomenology of Emotion*.

Wie moralische Gefühlskultivierung u. a. durch gute Literatur oder gutes Kino funktioniert, erarbeitet Adrian Wettstein in *Fiktive Geschichten – echte Gefühle*.

Der Filmemacher Michael Haneke bezeichnet seine ersten drei Kinofilme (1989–1994), zu denen auch *Bennys Video* gehört, als «Trilogie der emotionalen Vergletscherung». Mehr darüber erfährt man in seinen durchaus auch philosophischen Gesprächen mit Thomas Assheuer (von der *Zeit*), in seinem Vortrag «Gewalt und Medien» in *Nahaufnahme Michael Haneke* oder in seinen Gesprächen mit Michel Cieutat und Philippe Rouyer in *Haneke über Haneke*. Haneke hat übrigens Philosophie in Wien studiert.

Zu Einfühlung versus Mitgefühl: Grundlegend für die Unterscheidung zwischen Empathie (Nachfühlen, Einfühlung) und Sympathie (Mitgefühl, Mitleid und Mitfreude) sind die ersten 40 Seiten aus Max Schelers *Wesen und Formen der Sympathie*. Scheler stützt sich auf Edith Steins *Zum Problem der Einfühlung*. Die Analyse von drei Phasen der Empathie steht am Anfang von Steins Buch. Zur Rekonstruktion von Scheler vgl. Peter Goldie «How We Think of Others' Emotions» und Angelika Krebs «Nobody Does It Better. Max Scheler über kollektive Empathie».

Mitleid ließe sich weiter ausdifferenzieren in eine eher negative Form, im Englischen «pity», und eine eher positive Form, «compassion». Bei «pity» steht das Gefühl des Anderen als Gefühl eines von einem selbst verschiedenen Anderen im Vordergrund. Es besteht eine Asymmetrie zwischen einem selbst und dem Anderen. Man fühlt sich ihm oder ihr vielleicht sogar ein bisschen überlegen und schickt sich nicht wirklich an zu helfen. «Compassion» hingegen bezeichnet die Art des Mitleids, bei dem man wirklich betroffen und bewegt ist – und deshalb auch helfen will – und bei dem die Ähnlichkeit zwischen einem selbst und dem Anderen im Vordergrund steht. «Compassion» beinhaltet, dass wir alle Menschen sind, denen so ein Leid genau so auch zustoßen kann. Es besteht keine Asymmetrie und keine herablassende Haltung.

Zu Personifikation und der Verzauberung der Natur: In Frans de Waals Buch *Der Affe und der Sushimeister* findet sich eine unserer Begriffsbestimmung von «Personifikation» ähnliche Bestimmung: «wenn Nichtmenschen fälschlich menschliche Eigenschaften zugeschrieben oder wenn zumindest Ähnlichkeiten zwischen Menschen und Nichtmenschen übertrieben wurden» (S. 68), vgl. auch S. 72–74 zu Bambifikation. Hans Julius Schneider verteidigt wie de Waal eine bestimmte Spielart der Personifikation gegenüber dem vorherrschenden technomorphen Denken in seinem Aufsatz «Anthropomorphes versus anthropozentrisches Denken». Das Kurzeck-Zitat aus der von Joachim Dicks moderierten Rostocker Lesung ist eine Transkription von Sendeminute 1:09:49–1:10:41. Johannes Ullmaier widmet sich in *«Die Ewigkeiten macht man sich selbst. Zur Verlebendigung und Überzeitlichkeit bei Peter Kurzeck»* ganz der Personifikation im Werk von Kurzeck. Ullmaier glaubt wie wir, dass Kurzeck weder ein «Omni-Animist» war noch dass es sich bei seinem Hang zur Personifikation um einen bloßen «Spleen» handelt (S. 61). Auch Christian Riedels bereits erwähnte Doktorarbeit hat ein langes Kapitel (das dritte) zu romantischen Motiven bei Kurzeck. Und wieder geht es in eine ähnliche Richtung: Die Personifikation bei Kurzeck sei eine «künstliche Lebensüberformung», eine «ästhetische Stilisierung des gelebten Lebens», ein «In-Eins-Fallen mit der Kunst» (S. 219). Rüdiger Safranskis Romantik-Buch bietet einen sehr lesbaren Überblick, was die Verzauberung der Natur in der Epoche der Romantik angeht. Ein anderer Dichter der Gegenwart, der die Natur ausgiebig personifiziert und dies auch theoretisch reflektiert, ist Philippe Jaccottet, etwa in *Landschaft mit abwesenden Figuren*. Lesenswert ist auch, insbesondere zur Frage, wie Mythos und Wissenschaft zusammenpassen oder eben nicht, Leszek Kolakowskis *Die Gegenwärtigkeit des Mythos* (vor allem S. 89–104) und, im Anschluss an ihn, Brigitte Kronauers *Natur und Poesie* (z. B. «Vom Umgang mit der Natur und wie sie mit uns umspringt», S. 85–102).

Zu Anmutung, tertiären Qualitäten und notwendigen Metaphern: Die sogenannte Neuere Phänomenologie (Hermann Schmitz, z. B. *Der Leib, der Raum und die Gefühle*, und in seinem Gefolge Gernot Böhme, z. B. *Atmosphäre*, und Thomas Fuchs, z. B. *Leib, Raum, Person*) fasst, anders als wir, unter «Anmutung» so verschiedene Phänomene wie Ansteckung (durch Bewegungssuggestionen und synästhetische Charaktere), Affordanz und Ausdruck (der bei uns «Anmutung» heißt). Die Formulierung «tertiäre Qualität» haben wir aus Roger Scrutons Musikästhetik übernommen (vgl. S. 160–165 in *The Aesthetics of Music*). Richard Wollheim dagegen vermutet in der psychoanalytisch modellierten Projektion die Wurzel aller ästhetischen Expressivität. Die Texte von Scruton und Wollheim finden sich auch in der zweiten Hälfte des dritten Bandes der bereits mehrfach genannten Routledge-Edition *Philosophy of Emotion*, wo es um Kunst und Gefühl geht. Von «notwendigen Metaphern» sprechen u. a. Bruno Snell in *Die Entdeckung des Geistes* (z. B. S. 8), vgl. insbesondere auch sein Kapitel «Gleichnis, Vergleich, Metapher, Analogie. Der Weg vom mythischen zum logischen Denken» (S. 178–204), und Josef König in «Die Natur der ästhetischen Wirkung».

Zur Erkenntnistheorie: Eine treffliche Zusammenfassung von Gottfried Gabriels Buch *Erkenntnis* bietet das erste Kapitel seines Folgebuches *Präzision und Prägnanz*. In diesem Buch misst Gabriel der reflektierenden Urteilskraft in Ethik und Recht mehr Bedeutung zu. So deutlich wie Roger Scruton in «Knowledge and Feeling» wird er allerdings nicht, was das praktische Wissen um die Ziele unseres Handelns angeht. Scruton fasst dieses Zielwissen als «knowing what» im Unterschied zu «knowing that» und «knowing how». Scruton hat wie seine Kollegin Iris Murdoch, die ebenfalls sowohl Schriftstellerin als auch Philosophin ist, kein Problem, von «Wahrheit» in der Literatur zu sprechen.

Misch charakterisiert seine beiden Redeformen über drei bis vier Kriterien, die allerdings ineinander übergehen. In seinem Wortlaut gilt für rein diskursive Rede: 1. «Die volle Darstellbarkeit und Aufhebung des Gemeinten im Aussagesatz», 2. «Die Richtung der Satzfolge auf einen Abschluss hin», 3. «Der eindimensionale Fortgang» und 4. «Die Konzentration auf den erkenntnismäßigen Bedeutungsgehalt (Tatsachen, Sachbeschaffenheiten und Sachverhalte, Geltungen)». Für evozierende Aussagen führt er drei Merkmale an: 1. «Die Aussprache des lebendigen Wesens der Dinge in ihrer Selbstmacht und Bedeutsamkeit», 2. «Das Hervorrufen des Gemeinten im Überschwang der Worte über den sachlichen Bedeutungsgehalt der Aussage» und 3. «Die Wahrheit des getreuen Ausdrucks im Unterschied zur sachlichen Richtigkeit und die Mehrdimensionalität».

Übrigens liest sich eine Passage zur Weisheit der Igel bei Isaiah Berlin (S. 41f.) wie eine Zusammenfassung von Georg Misch über evozierende Rede. Für Sekundärliteratur zu Misch vgl. die *Dilthey-Jahrbücher* elf und zwölf (im elften Jahrbuch ist Gabriel mit einem Aufsatz zu Mischs Logik vertreten).

Gabriel steht mit seinem literaturästhetischen Ansatz der Vergegenwärtigung nicht nur in der Tradition von Misch und Kant, sondern knüpft auch an den Symbolbegriff von Goethe und Cassirer an sowie an Adornos Idee der Bestimmtheit des Unbestimmten und an Goodmans Begriff der Exemplifikation. Er findet es wichtig zu betonen, dass Literatur und Kunst kein phänomenales «Wissen», sondern nur phänomenale «Erkenntnis» vermitteln, vgl. den Abschnitt «Wissensvermittlung durch Literatur?» in seinem Erkenntnis-Buch (S. 142–145). Gabriel stellt dort den «direkten, unmittelbaren epistemischen Kontakt zur Wirklichkeit» über die bloße «literarische Vergegenwärtigung». Peter Kurzeck würde das vermutlich nicht überzeugen, nach dem zu schließen, was wir von ihm oben über das Leben ohne Literatur als «wie hinter einer Scheibe» zitiert haben. Mehr zu Gabriels literaturästhetischem Ansatz und seiner Kritik findet sich in Teil III von Angelika Krebs' *Zwischen Ich und Du*.

Das, was Gabriel als «nicht-propositional», Misch als «evozierend» und wir in unserem Buch als «sinnlich» bezeichnen, wird in anderen Diskussionskontexten auch «implizit», «stillschweigend» («tacit»), «praktisch», «lebensweltlich», «verstehend», «intuitiv» oder «gefühlsmäßig» («felt knowledge») genannt.

Zum moralischen Status der Natur: Hilfreiche Sammelbände sind neben dem oben schon erwähnten Reader *Naturethik* die zwei Textsammlungen *Ökophilosophie* und (älter) *Ökologie und Ethik*, welche Dieter Birnbacher herausgeben hat. Einen aktuellen Einstieg in den Stand der Pflanzenethik bietet der von Angela Kallhoff, Marcello Di Paola und Maria Schörgenhumer herausgegebene Sammelband *Plant Ethics*. Eine knappe Übersicht über die wesentlichen Positionen und Argumente, wie gemacht zum «Auffüllen» der im Text nur mit wenigen Strichen gezeichneten naturethischen Landkarte, ist Angelika Krebs' «Naturethik im Überblick» und etwas ausführlicher ihr *Ethics of Nature. A Map*. Dort ist die Skepsis gegenüber stärkeren Versionen der moralischen Physiozentrik, etwa der teleologischen Argumentation von Hans Jonas in *Das Prinzip Verantwortung* oder der holistischen Argumentation von Arne Næss in *Ecology, Community and Lifestyle* (knapper und auf Deutsch in «Die tiefenökologische Bewegung», insbes. S. 207 f.), ausführlich begründet. Allerdings nennt Angelika Krebs ihre eigene Position in ihren älteren Arbeiten noch «eudaimonistisch anthropozentrisch». Zur Binnenmoral der romantischen Liebe vgl. ihr *Zwischen Ich und Du*, S. 77–82. Von «inhärentem Wert» (für eudaimonistischen Eigenwert) versus «intrinsischem Wert» (für moralischen Eigenwert) sprechen u. a. Konrad Ott und Dieter Birnbacher, Damian Cox verwendet «relational» für inhärent. David Wiggins spricht schlicht von «non-instrumental». Auch die naturethischen Ansätze von Bernard Williams, Roger Scruton und Martin Seel sind mit unserem Ansatz verwandt. Auf Scrutons und Seels Ansätze, in deren Zentrum wie bei uns die Schönheit der Natur steht, geht das nächste Kapitel näher ein.

Zweites Kapitel

Alles ruft: Die unersetzbare Schönheit der Natur

«Der Morgen als Maler»

Und dann, sagte ich, die Farben. Besonders im Sommer. Am meisten am Anfang des Sommers. Kornfelder, blaue Hügel. Man geht auf das Dorf zu. Aber auch wenn man im Dorf ist. Vor dem Turm. Von unserem Küchenfenster aus. Bei Stephans Gärtchen am Zaun. Und dann in der Sonne manchmal ist das Licht so hell, daß das ganze Dorf weiß ist. Ein Sommertag. Noch früh. Die Straßen und Wege noch nicht geteert. Seit Wochen trocken. Und werden dann immer heller. Werden erst zu Sand, dann zu Staub. Ein feiner trockener Staub. Fast wie Mehl. Frühmorgens dann erst noch Dunst, eine leichte Wolke. Manchmal im Oberdorf alles noch blau. Hellblau und lila und weiter unten sieht man schon die Wege und Zäune und Ziegeldächer. Aber auf der Burg und im Oberdorf schon die Sonne und das Dorf noch im Nebel – das gibt es auch! Ein heller leuchtender Nebel, der sich gleich auflöst. Und schon vorher krähen von allen Seiten die Hähne. Und wenn dann der Nebel weg ist und wenn man es malen wollte, das Dorf (*ein* Bild wird nicht reichen!), dann müßte man alles weiß malen. Weiß auf Weiß. Und höchstens noch ein paar feine hellblaue Morgenschatten, fast durchsichtig, bevor sie dann auch vergehen. Und vielleicht noch ein paar Oberdorfgäßchen, die jetzt noch blau sind, aber dann auch weiß werden. Sogar die Pflastersteine aus Blaubasalt, glänzen so, daß man sie am Ende weiß malen müßte. Der Morgen selbst ist der Maler, sagte ich. Er läßt sich Zeit und malt immer weiter. Man kann ihm zusehen dabei. Gerade jetzt ist er mit seinem Pinsel bei den Gärten im Tal. Und dann kommt der Horizont dran. Soviel Licht, sagte ich, wie soll man das aushalten? Als Kind, noch klein, vier vielleicht oder fünf. Man geht ein paar Schritte in diesen leuchtenden hellen Tag hinein. Und findet dann einen Platz zum Sitzen. Einen Platz, an dem die Welt sich gut um einen herumbewegen kann. Wie es weitergeht, wird sich finden. (*Vorabend*, S. 935 f.)

Wie anders einen der Morgen als Maler doch anmutet als die armen Igel am Fahrbahnrand. So hell und leicht ist der Morgen und dort so dunkel und nass die Nacht. So ruhig und rund ist am Morgen die Welt und man ist aufgehoben mittendrin, und dort ist es laut, hektisch und grell und man steht voller Sorge am Rand. So frisch und hoffnungsvoll ein *New Morning* und dort nichts als Verzweiflung, Schmerz und Tod.

Das schöne Schauspiel des kommenden Lichts entfaltet sich vor unseren Augen und was wir zu sehen bekommen, hat fast haptische Qualität: das Weiche von Sand, Staub und Mehl im Unterschied zur Härte des Teers. Nur einmal kriegen wir auch etwas zu hören, es krähen von allen Seiten die Hähne.

Wir fühlen uns «gerufen», mit der sanften, schrittweisen Enthüllung von Farben und Formen mitzugehen. Folgen wir dem Ruf, dann ergehen wir uns in einer ästhetischen Betrachtung. Vielleicht spüren wir am Ende auch, wie Peter Kurzeck als Kind, die wunderbare Stimmung der Geborgenheit in einer noch jungen Welt. Diese Stimmung ist ein Geschenk, das nur dem zuteilwird, der sich zuvor auf die Betrachtung der Szenerie um ihrer selbst willen eingelassen hat. In der ästhetischen Betrachtung greift man nichts ab. Es geht einem nicht um irgendeinen Nutzen oder ein gutes Gefühl. Das gute Gefühl, wenn es sich denn einstellt, kommt auf dem Rücken der Hingabe an etwas anderes. Diese Hingabe gilt in unserem Beispiel nicht einem einzelnen Anderen, sondern einem größeren Ganzen aus Dorf, Himmel, Berg und Tal, einer Kulturlandschaft.

Eine solche landschaftsästhetische Betrachtung ist in mehrfacher Weise besonders. Zum Ersten aufgrund ihres *immersiven* Charakters. In einer Landschaft ist man mittendrin: «von allen Seiten die Hähne», «in diesen leuchtenden hellen Tag hinein», «einen Platz, an dem die Welt sich gut um einen herumbewegen kann». Man steht einer Landschaft nicht gegenüber wie einem einzelnen Baum oder einem Gemälde an der Wand.

Zum Zweiten sind Landschaften von schier unerschöpflicher *Vielfalt*: «*ein Bild wird nicht reichen!*» Einmal hängt der Nebel oben im Dorf, ein anderes Mal unten im Tal: «das gibt es auch!» Man muss dafür nur genau hinschauen. Erst dann sieht man, dass die Pflastersteine aus Blaubasalt nicht blau sind, wie der Name sagt, sondern weiß im glänzenden Sonnenlicht. Alles erscheint dann in «seiner eigenen unverwechselbaren Gestalt», es hat «seine eigene Aura und seinen eigenen Glanz» (*Vorabend*, S. 484 bzw. 758). Die ästhetische Wahrnehmung durchbricht die vom propositionalen Verstand vorgegebenen, unseren Blick auf die Welt einengenden allgemeinen Kategorien. Vielleicht kennen Sie Rainer Maria Rilkes Gedicht über seine Furcht vor der Menschen Wort: «Ich fürchte mich so vor der Menschen Wort. / Sie sprechen alles so deutlich aus. / Und dieses heißt Hund und jenes heißt Haus, / und hier ist Beginn und das Ende ist dort. // Mich bangt auch ihr Sinn, ihr Spiel mit dem Spott, / sie wissen alles, was wird und war; / kein Berg ist ihnen mehr wunderbar; / ihr Garten und Gut grenzt grade an Gott. // Ich will immer warnen und wehren: Bleibt fern. / Die Dinge singen hör ich so gern. / Ihr rührt sie an: sie sind starr und stumm. / Ihr bringt mir alle die Dinge um.» Wie Rilke warnt Walter Benjamin davor, eine sich von den Dingen abkehrende menschliche Sprache an die Stelle der «Sprache überhaupt» zu setzen.

Auch Weiß-auf-Weiß-Sehen ist nicht leicht. Beim Lesen des Kurzeck'schen Textes passen wir uns seinem achtsamen, entschleunigten Schauen an. Dieses Schauen scheint aus der Erinnerung ein Bild heranzuzoomen, wie die Kamera in einem Film, und dieses Bild immer schärfer zu stellen: «Sommer» – «Anfang des

Sommers» – «Noch früh». In der Sekundärliteratur spricht man treffend von Peter Kurzecks «Gedächtniskino». Vladimir Nabokov wandte in seiner von Kurzeck geschätzten Autobiografie *Erinnerung, sprich* einen ähnlichen medienästhetischen Trick an, nur war es bei ihm noch eine Diashow und nicht das Kino.

Zum Dritten sind Landschaften dadurch besonders, und das ist wohl in unserer Passage am auffälligsten, dass sie in ständiger *Veränderung* begriffen sind: «Nebel, der sich gleich auflöst», «Morgenschatten, fast durchsichtig, bevor sie dann auch vergehen», «und malt immer weiter». Auch das in diesem kurzen Text elfmal auftauchende «dann» markiert diese Prozesshaftigkeit.

Das Bild des Morgens als Maler ist ein stimmiger Ausdruck vor allem dieser Dynamik. Jeder neue Pinselstrich verwandelt die Szenerie. Es gibt einen Film von Georges Clouzot über Pablo Picasso. Es ist ein Film fast ohne Worte. Gezeigt wird einfach nur, wie Picasso in seinem Atelier malt. Ein Strich und aus der Vase wird eine Frau und wieder ein Strich und … Kurzecks Personifikation des Morgens betont zudem, dass die ständige Veränderung keine von uns inszenierte Veranstaltung ist, keine «light show», sondern aus der Natur selbst hervorgeht. Etwas paradox freilich ist dieses Bild. Was malt der Morgen denn? Sich selbst? Oder malt er, erweckt er mit seinem Licht die Landschaft auf der Erde?

Das Licht der Sonne und seine Dankbarkeit dafür, dass die Sonne jeden Tag wieder neu aufgeht, beschwört auch der Schweizer Architekt Peter Zumthor in seinem Buch *Atmosphären*. Unter der Überschrift «Bauen in der Landschaft» werden wir auf Zumthor im Heimat-Kapitel noch einmal zu sprechen kommen:

> … ich muß es Ihnen gestehen, daß das Tageslicht, das Licht auf den Dingen mich manchmal so berührt, daß ich darin manchmal fast etwas Spirituelles zu spüren glaube. Wenn die Sonne am Morgen wieder aufgeht – was ich immer wieder bewundere, das ist wirklich fantastisch, die kommt jeden Morgen wieder – und sie beleuchtet die Dinge wieder, dann meine ich, dieses Licht, das kommt nicht von dieser Welt! Ich verstehe dieses Licht nicht. Ich habe da das Gefühl, es gibt etwas Größeres, das ich nicht verstehe. Ich bin sehr froh, ich bin unendlich dankbar, daß es das gibt. Auch heute, da, wenn wir wieder nach draußen gehen. Und daß ich dieses Licht habe als Architekt, das ist tausendmal besser als Kunstlicht.

Dass der Morgen ein Maler ist, der sich Zeit lässt, seine Farben aus einer kleinen Palette vor allem von Weiß- und Blautönen auswählt, seinen Pinsel mal hier, mal dort ansetzt, ist nur eine Metapher, eine Personifikation, wie in Hoffmann von Fallerslebens Gedicht *Der Frühling ist ein Maler …* oder Peter Hacks' *Der Herbst steht auf der Leiter und malt die Blätter an …* Wörtlich ist das alles nicht gemeint. Während die Igel-Kapitel uns zu Einfühlung und moralischem Mitleid einladen, wäre es unsinnig, dem malenden Morgen in dieser Weise zu begegnen und etwa zu meinen, dass man ihn nicht hetzen sollte oder in seiner Farbwahl nicht bevormunden. Moralischer Respekt für einen Morgen, für sein Wohl, seine Autonomie oder seine Bedeutung in unserer Kooperationsgemeinschaft steht hier schlicht nicht zur Debatte. Wir wüssten auch gar nicht, was wir konkret zu tun hätten, sollten wir einen Morgen moralisch anerkennen. Bei den Igeln wüssten wir dies dagegen schon. Die Personifikation des Morgens folgt mithin einer ganz anderen Logik. Es geht nicht um Einfühlung und die Ausdehnung der Grenzen des moralischen Universums über die Menschheit hinaus auf die Natur. Es geht überhaupt nicht direkt um Moral und Natur. Es geht um Anmutung und Ästhetik. Darum, was die Erfahrung der Schönheit der Natur mit uns macht, wie sie uns zu freudigem Verweilen einlädt und die Zeit dann stillsteht, wie sie uns Einsichten schenkt und wir dann besser wissen, wer wir selbst sind, wohin wir gehören und was wir der Natur schuldig sind. In der ästhetischen Erfahrung eines in die Landschaft eingelassenen Dorfes im Morgensonnenschein spüren wir, dass wir ein Teil der Erde sind und keine Fremdlinge, die sich nur für eine kurze Zeit auf ihrer Kruste unruhig hin und her bewegen.

In Kurzecks malerischem Oeuvre findet sich kein Gemälde einer solchen Morgenwelt «Weiß auf Weiß». Das wäre wohl auch zu viel verlangt, hat Kurzeck doch mit gut 20 Jahren die Malerei an den Nagel gehängt, um sich ganz dem Schreiben widmen zu können. Als er *Vorabend* schrieb, war er schon über 60. Immerhin gibt es unter den ca. 250 Bildern im Nachlass etliche Morgenbilder und einige Bilder von in die Landschaft eingebetteten Dörfern. In der Einleitung abgedruckt ist neben der aquarellierten Tusch- und Bleistiftzeichnung *Schwarze Bäume*, welche ein Dorf in einem Baumgarten zeigt, das Morgenbild *Die Straße über die Brücke und der gefrorene Fluß am Morgen* (beide Werke stammen aus dem Jahr 1964). Dieser Wintermorgen ist auch ein Maler, doch seine Farbpalette ist anders, das Weiß spielt ins Gelb-Orange-Violette, nicht ins Blau-Violette.

Gibt es andere Gemälde, nicht von Kurzeck selbst, die atmosphärisch unserer Textstelle nahekommen? Vielleicht manche Morgen-, Sommer- oder Dorfbilder von Camille Pissaro, Claude Monet, Herrmann Curt, Maurice Utrillo, Berthe Morisot oder Gabriele Münter. Bei Münter hat es z. B. die feinen, hellblauen Schatten im Weiß. Weiß auf weiß sind all diese Gemälde freilich nicht. Das findet man dafür in Kasimir Malewitschs abstraktem Werk *Weißes Quadrat auf weißem Grund*. Und die am Anfang unserer Passage genannten Kornfelder und blauen Hügel erinnern natürlich wieder an Vincent van Gogh, vor allem an seine Gemälde aus dem bäuerlichen Saint-Rémy-de-Provence am Fuß der blauen, rollenden Alpillen.

Stimmung und Landschaft

Wie spezifisch die Stimmung des Morgens als Maler in ihrer hellen Leichtigkeit ist, ersieht man daraus, womit Kurzeck sie im *Vorabend* kontrastiert. Da ist zum einen eine Passage mit der Sonne als Maler, in der die Sonne im Vorfrühling Schnee und Eis wegtaut und es nach Schmelzwasser, Moos, Gras und Erde riecht.

Diese Tauwetter-Stimmung ist blendend klar, jubelnd und voller Kraft: «alles funkelt und blitzt in der Sonne. Hell das Licht. Von allen Seiten die Vögel herbei. Mit ihrem Jubel. Als ob sie gerade erst anfangen zu leben und aus diesem Jubel ihr Leben besteht.» (S. 758) Die Passage gipfelt darin, dass man im eigenen Herz mitzittert mit der Gewalt der zu Boden gehenden Eiszapfen. «Daß Eiszapfen töten können, das hast du da noch nicht gewußt.» (S. 759)

Zum anderen wird direkt im Anschluss an unsere «Weiß auf Weiß»-Stelle «schwarz auf schwarz» gemalt. Es herrscht eine finstere, trübe Stimmung, in der einen die Häuser nicht kennen, der Regen einem die Welt wegnimmt und die Schatten einem das Herz abdrücken, in der man heimatlos ist, die Mutter verlassen beim Ofen sitzt und die große Schwester, die einen doch sonst jeden Tag mit in die Welt nimmt und für jedes Ding einen Namen weiß, zu weinen anfängt. Diese Stelle erwähnt die Scheidung der Eltern und ist stimmungsmäßig der absolute Tiefpunkt des ganzen Romans.

Bei unserer zarten, lichten Morgenstimmung handelt es sich nicht einfach nur um ein angenehmes Körper- oder Vitalgefühl, also dass man sich, wenn man frisch ausgeschlafen ist und die Sonne scheint, hell und leicht fühlt. Das spielt zwar auch eine Rolle uhd wird die eigene Haltung gegenüber der Welt beeinflussen. Doch die Morgenstimmung hat auch unabhängig davon eine inhaltliche Bedeutung, was man u. a. daran erkennen kann, dass man sie auch in unausgeschlafenem oder verzweifeltem Zustand (also in einer sogenannten inkongruenten Stimmung) durchaus identifizieren kann. Einerseits bedeutet die Morgenstimmung Neuanfang, die Wiederentdeckung der Welt, das Staunen über ihre Vielfalt, die Dankbarkeit für das Wunder des Lebens. Andererseits kann sich das Ich in dieser Morgenwelt aufgehoben fühlen, sich selbst als Teil des Wunders des Lebens begreifen und spüren, dass es «auch zur eigenen Freude auf der Welt» ist. Es kann Kontrolle und Verfügung fahren lassen und sorglos, zuversichtlich, mit Hoffnung und Gottvertrauen in den kommenden Tag schauen: «Wie es weitergeht, wird sich finden.»

Der inhaltliche Bezug der Morgenstimmung ist kein konkreter wie bei Emotionen, die auf etwas Bestimmtes in der Welt gerichtet sind. Bei der «Schwarz auf Schwarz»-Stimmung ist das noch eher der Fall. Bei ihr geht es um die Scheidung der Eltern, doch strahlt dieser Kern aus. Die Traurigkeit darüber, dass der Vater die Familie im Stich gelassen hat, diffundiert in ein holistisches, allumfassendes Gefühl der Verzweiflung und Unbehaustheit. Es ist typisch, dass Emotionen zu Stimmungen «auslaufen» und umgekehrt sich Stimmungen zu Emotionen zusammenziehen. Ein uns allen vertrautes Beispiel für Letzteres dürfte es sein, dass man morgens gereizt aufwacht, vielleicht hat man einen Kater, und im Laufe des Tages etwas Konkretes findet, über das man sich ärgern kann. Die Unterscheidung zwischen Gesamtleibesempfindungen, Stimmungen und Emotionen ist wie viele philosophische Unterscheidungen fließend. Dass es sich bei der Morgenstimmung um einen Paradefall von Stimmung handelt, ergibt sich auch aus der Verwendung allgemeiner Ausdrücke wie «Welt», «ganz», «alles», «immer».

Die Morgenstimmung ist von einer Art, wie man sie sich als Grundton der eigenen Existenz wünschen würde. Sie kommt einem wie eine weise Antwort auf das Wunder des Lebens vor. Das Leben ist zwar auch immer wieder hart und traurig oder jubelnd schön. Doch es wäre schon gut, wenn so eine stille, hoffnungsvolle Akzeptanz der Welt im Ganzen auch die negativen und positiven Spitzen unserer Erfahrung fundierte, modellierte und relativierte. Dabei müsste die Morgenstimmung diesen weisen Grundton nicht unbedingt alleine ausmachen. Auch die Abendstimmung, «so mild ist das Licht, eh es geht» (*Kein Frühling*, S. 33), könnte mit ihrem Frieden einen Beitrag zu diesem existenziellen Grundton leisten.

Die Philosophie der Stimmungen unterscheidet zwischen Grundstimmungen (wie unserer Morgenstimmung) und wechselnden Stimmungen oder Launen (wie einer Katerstimmung). Im Alltag assoziiert man mit «Stimmungen» oder im Englischen «moods» oft nur Launen. Dabei sind Grundstimmungen, wie Martin Heidegger und in seinem Gefolge Otto Friedrich Bollnow herausarbeiten, ungleich wichtiger. Mit ihrem basalen, integrierenden Charakter entsprechen sie, wenn sie denn angemessen sind, der Vernunft – wobei «entsprechen» noch zu schwach ist, denn Grundstimmungen machen, neben «kalten» ganzheitlich abwägenden Urteilen, die Vernunft mit aus. Wir hatten im letzten Kapitel die Vernunft als ein Vermögen gefasst, welches bestrebt ist, inhaltliche wie formale Einseitigkeiten aller Art zu überwinden und zu einer gut begründeten Gesamtansicht zu gelangen. Grundstimmungen ermöglichen mit ihrer basalen, integrativen Sicht «warme» ganzheitlich abwägende Urteile. Als solche können sie, anders als der (propositionale) Verstand, sinnliche (nicht-propositionale) Erkenntnisse vermitteln. Das können zwar auch die auf etwas Bestimmtes gerichteten Emotionen. Doch sind Emotionen mit ihrem engen Fokus (Stichwort: «Tunnelblick») immer noch näher am Verstand als Grundstimmungen mit ihrem Blick fürs Ganze.

Eine Frage, welche die Philosophie der Stimmungen seit jeher umgetrieben hat und welche auch unsere Kurzeck-Passage aufwirft, ist die Frage nach dem Ort der Stimmung. Wo ist sie: draußen in der Welt oder drinnen im Subjekt? Man will sagen: Sie ist in beidem, die Stimmung durchzieht und verbindet beides. Ohne Subjekte gäbe es keine hoffnungsvollen Morgenlandschaften. Und ohne diese Morgenlandschaften gäbe es keine Subjekte voller Weltvertrauen. Oder ist das zu stark? Wir werden sehen.

Jedenfalls ist die Morgenstimmung nicht nur im Subjekt. Das wäre sie, wenn sie lediglich eine der vielen Spielarten der egofokussierten Übertragung oder Projektion wäre, die wir im letzten Kapitel auseinandergedröselt haben: Es ist nicht so, dass sich der junge Kurzeck über irgendetwas gefreut hat und seine gute Laune auf die Natur überträgt (Nr. 1), jedenfalls gibt der Text keinerlei Hinweise in diese Richtung, anders als bei der «Schwarz auf Schwarz»-Stimmung. Es ist auch nicht so, dass der Morgen einfach nur kausal mit seiner Lichtenergie eine gute Laune bewirkt, welche Kurzeck dann auf die Morgenlandschaft projiziert (Nr. 2). Es ist vielmehr so, dass die Morgenstimmung dem jungen Kurzeck aus der Landschaft entgegenkommt. Die Morgenlandschaft selbst hat eine Anmutung von Neubeginn und Hoffnung (Nr. 10). Diese Anmutung erschließt sich auch jedem, der sich auf ihre altrofokussierte Betrachtung einlässt. Würde jemand sagen, das ist aber bedrückend hier, es macht mir Angst, dann würden wir uns um ihn Sorgen machen müssen. Weil es die morgendliche Landschaft selbst ist, die einen anmutet, ist die Stimmung sicher auch draußen. Aber sie ist nicht einfach nur draußen, denn ohne Subjekte gäbe es sie nicht. Die Anmutung ist eine Qualität, die sich nur Subjekten erschließt, welche sich für ihre intrinsische Betrachtung öffnen. Im letzten Kapitel haben wir diese Qualität in Anlehnung an John Lockes sekundäre Qualitäten «tertiär» genannt. Wir könnten sie auch «atmosphärisch» nennen und terminologisch «Stimmung» als Befindlichkeit von Subjekten von (objektiver) «Atmosphäre» als Stimmungsqualität von Entitäten, die wie morgendliche Landschaften selbst keine Subjekte sind, unterscheiden. Es ist eine Eigenheit der deutschen Sprache, im Unterschied zum Englischen oder Französischen, dass ein und dasselbe Wort «Stimmung» sowohl (subjektive) Befindlichkeit als auch (objektive) Atmosphäre bezeichnet. Das Bedeutungsspektrum des deutschen Wortes «Stimmung» ist sogar noch größer, denn «Stimmung» kann auch schlicht Zusammenpassen oder Harmonie meinen. In diesem Sinne taucht der Stimmungsbegriff in Kants Ästhetik auf, wenn Kant von der «proportionalen Stimmung» der beiden Erkenntnisvermögen, Einbildungskraft und Verstand, in der ästhetischen Betrachtung spricht. Diese ursprüngliche Bedeutung von Stimmung als Harmonie stammt aus der Musik. Musikinstrumente werden «gestimmt», damit sie in sich und untereinander zusammenstimmen oder harmonieren und bereit sind zum Spielen. Im übertragenen Sinne redete man dann auch so von den Vermögen der menschlichen Seele. Dass uns Grundstimmungen integrieren und zur Vernunft, die das Ganze zu erkennen sucht, gehören, lässt sich mithilfe der musikalischen Metaphorik besser verstehen. Bei gestimmten Musikinstrumenten oder beim Grundton eines Musikstückes geht es ebenfalls um das Zusammenstimmen im Ganzen.

Nicht nur Landschaften, auch Bau- und Kunstwerke haben objektive Atmosphären, ohne selbst Subjekte zu sein. Steine und Leinwände können genauso wenig etwas empfinden wie Landschaften. Im Fall von Architektur und Kunst bietet es sich allerdings an zu denken, dass diejenigen Subjekte, welche die Gebäude oder die Gemälde geschaffen haben, für deren Atmosphären verantwortlich sind, indem sie sie bewusst oder unbewusst in sie hineingelegt haben, um uns etwas zu bedeuten.

Verfolgt man diesen Gedanken weiter, dann könnte Natur nur dann atmosphärisch sein, wenn es jemanden gibt, der diese Atmosphären zuvor in sie hineingelegt hat. Religiöse Menschen mögen glauben, dass Gott dafür verantwortlich ist und uns mit dem Morgen nach der Nacht oder dem Frühling nach dem Winter etwas bedeuten will. Wir werden diesen Faden im nächsten Kapitel weiterspinnen. Hier wollen wir zunächst versuchen, ohne Gott auszukommen. Denn auch nicht-religiöse Menschen sind für die Atmosphären der Natur empfänglich. Überhaupt scheint die Freude an der aufgehenden Sonne oder am Frühling etwas sehr Einfaches zu sein, das allen Menschen, unabhängig von ihrem Glauben, offensteht und leichtfällt. Leichter als die Wertschätzung von Architektur und Kunst, wozu man in der Regel einiges an Wissen und Übung mitbringen muss. Nicht dass ein gewisses Maß an naturgeschichtlichem Wissen die Naturbetrachtung nicht befördern würde. Doch es geht auch ohne.

Wie aber kommt Atmosphäre und Bedeutung in die Natur? Wie wird aus dem hellen Morgen ein hoffnungsvoller? Haben wir es dabei doch mit einem religiösen oder zumindest künstlerischen Restbestand zu tun? Hat die Natur nur deswegen Atmosphäre, weil vorher wenn nicht Gott selbst, dann die Künstler sie in sie hineingelegt haben? Dann hätte die Kunst die Natur für uns verzaubert. Wir sähen atmosphärische Natur nur durch das Auge der Kunst.

Die Gemälde, z. B. des Impressionismus, haben gewiss unser Bild der Natur geprägt. Gehen wir durch die Säle eines kunsthistorischen Museums oder blättern wir in Kenneth Clarks Klassiker *Landschaft wird Kunst* (dessen Titel wir für unsere Zwecke in *Kunst wird Landschaft* ummünzen könnten), dann merken wir, wie sehr sich der künstlerische Blick auf die Natur mit den Jahrhunderten ändert und wie vertrauter uns die dargestellten Landschaften werden, je näher wir an die Gegenwart herankommen. Das hat die Kunstgeschichte zur steilen These verleitet, dass Landschaften in der Natur erst mit der Landschaftsmalerei im 17. Jahrhundert «erfunden» wurden! Das scheint allerdings überzogen. Es ist kaum vorstellbar, dass die Menschen nicht seit eh und je hoffnungsvolle Morgen-, versöhnliche Abend- und drohende Gewitterstimmungen erlebt haben sowie liebliche Täler und stolze Berge.

Landschaften sind größere Einheiten in der Natur, welche von einer Atmosphäre, einer Anmutung, einem Charakter durchdrungen sind und dadurch zusammengehalten werden. Atmosphäre, so könnten wir es auch formulieren, ist das «Einheitsprinzip» von Landschaften. Wie bei menschlichen Stimmungen auch lassen sich bei Landschaften anhaltende Atmosphären, aufbauend auf der Physiognomie, dem Klima und der Geschichte einer Landschaft, unterscheiden von transitorischen Atmosphären, die vom Wetter, der Jahres- und Tageszeit herrühren. Der Landschaftsbegriff bezieht sich wie der Naturbegriff selbstredend nicht nur oder vor allem auf unberührte Natur. Davon hatten wir es schon ausführlich im einleitenden fiktiven Dialog. Die Landschaft in unserer Eingangspassage ist auch keine unberührte, sondern eine Kulturlandschaft. Wenn die Grundatmosphäre einer Landschaft nicht nur verändert, sondern regelrecht zerstört wird, sei es von der Natur selbst durch eine Naturkatastrophe oder von uns, dann zerfällt damit auch die Landschaft in eine Heterogenität und ist keine Landschaft mehr. Wir werden auf das Thema der Landschaftsveränderung und -zerstörung im Heimat-Kapitel zurückkommen.

Auch die in unserer Textstelle zweimal genannten Gärten stellen größere atmosphärische Einheiten in der Natur dar. Gärten vermitteln zwischen Häusern und der Landschaft, sie grenzen an Häuser und sind oft selbst von Zäunen oder Mauern umgeben. Außerdem sind Gärten, selbst wenn sie, wie alte Bauern- oder Klostergärten, zum Anbau von Gemüse, Obst und Kräutern dienen, auch zu unserem ästhetischen Vergnügen angelegt, sie stehen in dieser Hinsicht zwischen (Gebrauchs-)Kunst und Landschaft.

Es gibt im landschaftsästhetischen Kontext noch eine zweite überaus gängige und überzogene These. Sie besagt, dass das menschliche Interesse an Landschaften lediglich kompensatorischer Art ist und mit dem Naturverlust der Menschen in der Stadt zu tun hat. In unserer Textstelle ist es aber ein kleines Kind vom Dorf, das Landschaft erfährt. Allzu viel Kontakt mit bildender Kunst hat dieses in Armut aufgewachsene Flüchtlingskind auch nicht gehabt. Natürlich könnte sich Peter Kurzeck, als er *Vorabend* schrieb, den malenden Morgen nur ausgedacht haben oder sich falsch erinnern. Doch dann hätte diese Textstelle vermutlich einen falschen Klang. Es ist vielmehr im Gegenteil so, dass man sich, angeregt durch seinen Text, an ähnliche eigene Erfahrungen erinnert. Sicherlich prägen die Kunst und die Stadt unser Bild atmosphärischer Natur, doch sie erschaffen diese Natur nicht. Wir erfahren Landschaft auch ohne Stadt und Kunst.

Wie kommt Atmosphäre aber dann in die Natur? Vielleicht so, dass jeder Mensch, wenn er nicht gerade am Verhungern oder Erfrieren ist, sondern die Zeit und die Kraft hat, sich auf die Betrachtung seiner Umgebung einzulassen, mit seiner Vorstellungskraft Dinge in die Natur hineinsehen kann. Ein simples Beispiel sind die Figuren, die wir als Kinder in den Wolken oder in den Sternen ausmachen. Was man da sieht, ist nicht willkürlich, rein subjektiv, bloße Projektion. Andere können es auch sehen, wenn man es ihnen zeigt. Es ist aber auch nicht so, dass man tatsächlich glaubt, dass da oben einer auf einem Pferd reitet. Es sieht nur so aus als ob. Man sieht mit sogenannter doppelter Intentionalität einerseits die Wolke und andererseits den Reiter auf seinem Pferd, indem man den Reiter auf seinem Pferd *in* der Wolke sieht. Und diese Beschreibung trifft das, was man da sieht, besser, als wenn man sich auf primäre und sekundäre Qualitäten, etwa geometrische Daten, beschränken würde. Solche tertiären Wolken-Beschreibungen mögen treffend sein, doch sie sind nicht sonderlich bedeutsam oder aufschlussreich.

Anders gelagert ist es, wenn wir im Kommen und Gehen des Lebens in der Natur, im Zyklus ihrer Tages- und Jahreszeiten, ein Sinnbild für unser eigenes Leben sehen. Diese symbolische Naturbetrachtung kann von beträchtlicher Tiefe sein, gerade in Zeiten, in denen wir wie heute naturfern leben – gerade, aber nicht nur in solchen Zeiten. Wir sitzen stundenlang vor unseren Computern und sperren das Tageslicht aus, damit man besser erkennen kann, was auf dem Bildschirm ist. Wir leben in klimatisierten Räumen, da man im Sommer in der versiegelten Großstadt die Hitze nicht mehr erträgt. Selbst im Frühling, wenn einen das blühende Grün förmlich hinauszieht in die Natur, bleiben wir immer öfter in den eigenen vier Wänden, sei es, weil wir, wie inzwischen fast jeder Vierte in unseren Breiten, unter Heuschnupfen leiden und allergisch reagieren auf die durch Umweltverschmutzung und Klimaerwärmung immer aggressiveren Pollen, oder sei es, weil wir wegen eines globalisierten, hochansteckenden Virus unter Hausarrest stehen. Der vor allem in der Stadt ubiquitäre Straßen- und Baustellenlärm ist ohnehin und das ganze Jahr über schwer zu ertragen. Und wenn wir unbedingt hinausmüssen, dann fahren wir im eigenen Auto herum, das uns wiederum von der Umgebung abschottet. Wir leben also in einer durch und durch künstlichen Umgebung, die uns vergessen lassen kann, dass wir selbst keine Maschinen sind, sondern Lebewesen in der Natur. Raffen wir uns dann doch einmal auf und gehen hinaus in die Natur, dann kann es gut sein, dass wir nicht einfach das helle Licht am Morgen sehen oder die warme Luft im Frühling spüren, sondern der Morgen nach dem Dunkel der Nacht und der Frühling nach der Kälte des Winters uns als Inbegriff des Auf und Ab unseres eigenen Lebens erscheinen. Natürlich wissen wir propositional Bescheid über Morgen und Nacht, Frühling und Winter, Auf und Ab. In der naturästhetischen Erfahrung spüren wir es aber mit unserem ganzen Wesen und können aus der Tiefe dieser Erfahrung schöpfen. Was Kurzeck in seiner Literatur aufruft, ist freilich ungleich feiner und vielschichtiger und gibt viel mehr zu denken und zu fühlen als die eben angeführten Beispiele vom Reiter mit seinem Pferd in den Wolken oder von Morgen- und Frühlingsgefühlen.

Wie lautet also die Antwort auf die Frage, wie Atmosphäre in die Natur kommt? Sie kommt dadurch in die Natur, dass wir sie selbst hineinlegen. Wie Künstler es tun, wenn sie mit Pinsel und Farbe auf der Leinwand etwas materiell Konkretes entstehen lassen, das in seiner Bedeutung über sich hinausweist. Nur dass wir keine materiellen Kunstwerke schaffen. Wir «sehen» nur anders, wir sehen die Natur symbolisch. Wenn wir sie so sehen, dann «spricht» sie zu uns. Sie spricht zugleich von sich und von uns. Sie ist wie ein offenes Buch, in dem wir lesen. Mit Aberglaube hat das nichts zu tun, auch nicht mit Religion.

Atmosphäre ist also «nur» im metaphorischen Sinne *in* der Natur. Sie offenbart sich, wenn wir die Natur durch das metaphorische Prisma des menschlichen Lebens, menschlicher Bedeutungen und Werte betrachten. Doch ohne diese metaphorische Erfahrung der Natur wäre unsere Welt ärmer. Sie enthielte z. B. keine Landschaften, da Landschaften als größere Einheiten in der Natur durch Atmosphären konstituiert sind. Eine reiche menschliche Welt verlangt die metaphorische Personifikation der Natur. Anders gesagt, ist die Personifikation der Natur eine notwendige Metapher in der ästhetischen Wahrnehmung.

Der Oxforder Philosoph und Schriftsteller Roger Scruton, auf dessen Ästhetik wir in diesem Kapitel aufbauen, hat das «metaphorische» oder «expressive» Modell der Wahrnehmung anhand von Musik, Architektur und Malerei genauer ausbuchstabiert. In der Musik etwa können wir mit Scruton drei Ebenen unterscheiden: die primäre, physikalische Ebene von Schallwellen, die sekundäre, phänomenale Ebene von Lauten oder Klängen, «audibilia», die ein Tauber nicht hören kann (im Englischen «sounds»), und die tertiäre, musikalische Ebene von Tönen (im Englischen «tones»). Wenn wir hören, wie sich Töne in der Musik (Ebene drei) nach oben und unten bewegen, sich gegenseitig anziehen und abstoßen, vorwärtsstreben und innehalten, schmerzlich aufheulen und trösten, dann hören wir Laute (Ebene zwei) durch die Metapher des menschlichen Lebens, wir hören Bewegung, Handlung und Gefühl. Wir operieren dabei mit personifizierenden Begriffen, von denen wir wissen, dass sie striktermaßen nicht zutreffen. Denn es gibt nichts, was sich im wörtlichen Sinne durch die Laute und Klänge hindurch nach oben oder unten bewegte etc. Die Laute und Klänge folgen schlicht aufeinander. Das Hören von Musik ist nach Scruton ein notwendig metaphorisches Hören, ein Hören mit doppelter Intentionalität. Wir hören sowohl Laute als auch Töne, indem wir Töne *in* Lauten hören.

Im Gefolge von Scruton können wir landschaftliche Atmosphären als tertiäre Aspekte von Landschaften verstehen, wie musikalische Atmosphären tertiäre Aspekte der Musik sind. Diese Atmosphären, welche, wie wir stärker formulieren sollten, aus räumlichen Gebilden allererst Landschaften machen und aus akustischen allererst Musik, sind so real wie die Farben und Laute auf der sekundären Ebene, welche ihrerseits so real sind wie die Licht- und Schallwellen auf der primären Ebene.

Scruton im Originalton:

> Weil wir Subjekte sind, schaut uns die Welt mit fragender Miene an und wir reagieren darauf, indem wir sie in anderer Weise organisieren und konzeptualisieren, als dies die Naturwissenschaft tut. Die Welt, wie wir sie erleben, ist nicht die Welt, wie sie die Naturwissenschaft erklärt, genauso wenig wie das Lächeln der Mona Lisa eine Ansammlung von Farbpigmenten auf einer Leinwand ist.

Farbpigmente auf einer Leinwand als lächelnde Frau zu sehen, hat etwas von Personifikation an sich. Doch immerhin stellt das gemalte Bild eine Frau dar, die lächelt. Es handelt sich um darstellende Kunst und nicht um abstrakte Kunst. Wie viel mehr an Personifikation ist nötig, um abstrakte Musik oder gar die abstrakte Schönheit der Natur als Ausdruck von Gefühlen oder Handlungen zu verstehen. Diese schauende, personifizierende Hingabe an den Reichtum der Welt ist gegen den Imperialismus der Naturwissenschaften und ihrer «rechnenden Weltbemeisterung» (Theodor Litt) stark zu machen.

Gehören Landschaften und Vogelsang dann aber überhaupt zur Natur, wenn sie so sehr von menschlicher Beigabe, vom Akt der Personifikation leben?

«Natur», so hatten wir in der Einleitung gesagt, ist das, was von sich aus entsteht, ist und wieder vergeht – im Unterschied zu den «Artefakten», welche wir Menschen herstellen. Ein Vogel ist kein Artefakt und auch die Laute, die er hervorbringt, haben nicht wir, sondern er gemacht. Dass wir die Laute als Töne, Melodie, Gesang hören, ist zwar eine menschliche Beigabe. Trotzdem gehört der Vogelgesang zur Natur, jedenfalls wenn wir «Natur» und «Artefakt» nicht als dichotomische Gegensätze behandeln. Denn bereits dass wir eine Vogelart von einer anderen begrifflich unterscheiden und so im Ganzen auf soundso viele Vogelarten in der Natur mit ihrem je spezifischen Gesang kommen, geht auf menschliches Handeln mit zurück, in diesem Fall auf genaues Beobachten und begriffliches Differenzieren, ohne dass wir deswegen sagen würden, wir hätten die Vogelarten hergestellt. Auch die metaphorisch als Töne wahrgenommenen Vogellaute sind, trotz eines vielleicht höheren Maßes an menschlicher Beigabe, etwas weitgehend nicht von uns Gemachtes. Ebendies gilt für die Stimmungen von Landschaften und somit die Landschaften selbst. Landschaften und Vogelgesang gehören also zur Natur. Dagegen ist ein auf einer Blockflöte gespieltes Lied nicht mehr der Natur, sondern der Kultur zuzurechnen. Die Flöte ist zwar aus Holz, einem Naturmaterial gemacht, aber von uns als Sopran- oder Altflöte hergestellt. Auch die Laute und Töne, die aus der Flöte kommen, sind menschlichen Ursprungs. Irgendwann wurde das Lied mit seinem Text und seiner Melodie erfunden und nun spielt es ein Mensch auf seiner Flöte.

Bereits Georg Simmel hat in seinem klassischen Aufsatz zur Philosophie der Landschaft vor gut 100 Jahren unsere Frage nach Atmosphäre in der Natur aufgeworfen. Bei ihm klingt die Frage so: «inwieweit die Stimmung der Landschaft in ihr selbst, objektiv, begründet sei, da sie doch ein seelischer Zustand sei und deshalb nur in dem Gefühlsreflex des Beschauers, nicht aber in den bewußtlosen äußeren Dingen wohnen könne?» Simmel begründet das Recht, Atmosphäre in der Natur selbst zu verorten, genauso wie wir. Er schreibt:

> Dies Recht wäre illusorisch, bestünde die Landschaft wirklich nur aus solchem Nebeneinander von Bäumen und Hügeln, Gewässern und Steinen. Aber sie ist ja selbst schon ein geistiges Gebilde, man kann sie nirgends im bloß Äußeren tasten und betreten, sie lebt nur durch die Vereinheitlichungskraft der Seele, als eine durch kein mechanisches Gleichnis ausdrückbare Verschlingung des Gegebenen mit unserem Schöpfertum. Indem sie so ihre ganze Objektivität als Landschaft innerhalb des Machtgebietes unseres Gestaltens besitzt, hat die Stimmung, ein besonderer Ausdruck oder eine besondere Dynamik dieses Gestaltens, volle Objektivität an ihr.

Simmels Nebeneinander von Bäumen und Hügeln entspricht ungefähr Scrutons zweiter Ebene von Lauten, Farben und Formen. Und Simmels Schöpfertum und Gestalten korreliert mit Scrutons dritter Ebene des metaphorischen Hörens und Sehens.

Ästhetische Resonanz

Die ästhetische Erfahrung der Natur wendet sich der Natur um ihrer selbst willen zu, d. h., sie will nichts von der Natur. Die Natur ist ihr kein Mittel zum Zweck, wie das in einer zweckrationalen Naturwahrnehmung der Fall wäre, wenn man etwa versucht, die Augen vom langen Starren auf den Bildschirm oder den Körper vom langen Sitzen bei einem Spaziergang draußen zu entspannen und zu erfrischen. Es ist vielmehr so, dass schöne Natur eine Faszination auf uns ausübt und uns dazu aufruft, sie eingehend zu betrachten. Die Textstelle vom Morgen als Maler führt, wie viele andere Passagen in Kurzecks Werk, diese Funktionsweise ästhetischer Wahrnehmung exemplarisch vor: Kurzeck lässt sich ohne besondere Absichten ganz auf das frühmorgendliche Schauspiel ein. Anders ausgedrückt liegt das Ziel oder der Zweck seiner Wahrnehmung in der Betrachtung selbst.

Im Grunde kann man alles um seiner selbst willen betrachten. Man kann sich sogar in das Farbenspiel einer Ampel versenken, statt auf ihre Rolle bei der Verkehrsregelung zu achten. Doch es gibt Objekte, die besonders zur intrinsischen Wahrnehmung einladen, wie ein Lied, ein Gedicht, ein Bild, eine Blume, das Meer oder eine Gebirgslandschaft. Diese Objekte berühren uns, sie regen uns an, viel zu fühlen und zu denken. Wir erfahren sie als symbolisch reich. Wenn wir etwas «schön» nennen, heben wir damit wohl vor allem auf diese zwei Faktoren ab: das Selbstzweckhafte der Betrachtung und den symbolischen Reichtum.

Das ist gut kantisch gedacht. Kant spricht in seiner Ästhetik von «interesselosem Wohlgefallen» und der Anregung der Erkenntniskräfte, Einbildungskraft und Verstand, zu einem freien Spiel. Dabei liefere die Einbildungskraft pralle sinnliche Eindrücke, welche der Verstand vergeblich propositional auf den Begriff zu bringen versuche. Je «prägnanter» die Eindrücke seien, desto mehr Schwung habe das Spiel.

Mit dem Hinweis auf das Wohlgefallen macht Kant deutlich, dass auch das Gefühl als ein dritter Faktor neben Selbstzweckhaftigkeit und symbolischer Kraft zur ästhetischen Wahrnehmung mit dazugehört. Ästhetische Wahrnehmung ist nicht «kalt». Was aber fühlen wir, wenn wir uns etwas Schönem zuwenden? Ist es Freude über das Objekt oder am freien Spiel oder noch mehr? Kurzeck freut sich nicht einfach über die schöne Morgenstimmung, es macht ihm auch nicht nur Spaß, sie genau zu betrachten – er «teilt» die Morgenstimmung, wie wir sagen wollen. Nicht nur drückt die Morgenweltbewegung einen Neuanfang und Leichtigkeit aus, auch Kurzeck selbst wird gelassen, leicht und hoffnungsvoll. Wir kennen dieses Phänomen vielleicht besonders gut vom Musikhören. Dabei spüren wir dem Ausdruck der Musik nach und gehen affektiv mit. Aber auch in Romanen fühlen wir uns oft in die Personen oder Tiere ein und teilen ihr Leben. Es entsteht dann ein Gefühl des gemeinsamen Schwingens und Seins, keine Verschmelzung zwar, aber perfekte sympathetische Koordination, so wie beim Miteinander-Tanzen.

Um die emotionale Seite ästhetischer Erfahrung zu betonen, wollen wir von ästhetischer «Resonanz» sprechen. Der Resonanzbegriff stammt aus der Physik. Physikalische Resonanz tritt auf, wenn ein Körper mit einem anderen von einer ähnlichen natürlichen Frequenz mitvibriert. Ein Beispiel ist das Anklingen der G- und D-Saite einer Geige auf einen G-Dur-Akkord auf dem Klavier hin. Ein anderes, berühmtes Beispiel (in diesem Fall sich aufschaukelnder Resonanz) ist der Einsturz einer Brücke durch die Schritte der auf ihr marschierenden Soldaten. Die Metapher der Resonanz trifft die affektive Phänomenologie ästhetischer Erfahrung besser als die zu kalten, aber gebräuchlicheren Begriffe der ästhetischen «Kontemplation» oder «Betrachtung». Kant betont zwar mit seinem interesselosen «Wohlgefallen» auch das Lustvolle der ästhetischen Tätigkeit. Doch bei ihm ist dies nur die Freude am freien Spiel der Erkenntniskräfte. Heutzutage nennt man derlei aktive Lust gerne «flow» (nach einem psychologischen Bestseller von Mihály Csíkszentmihályi). Diese Lust entsteht auf dem Rücken, als Nebenprodukt oder Geschenk aller intrinsischen Tätigkeiten, nicht nur der ästhetischen Betrachtung. Kants interesseloses Wohlgefallen ist somit eine Unterart von «flow». Ein emotionales Mitgehen und Mitschwingen ist in Kants Ästhetik jedoch nicht vorgesehen. In diesem Punkt gehen wir also über Kant hinaus. Wir könnten, um dies zu markieren, mit Scruton von einem «freien Spiel der Sympathie» sprechen. Dieses ästhetische Mitschwingen ist eine besondere Variante dessen, was wir im letzten Kapitel ausführlich unter «Mitgefühl» («Mitleid und Mitfreude» oder «Sympathie») verhandelt haben. Es geht wie dieses über bloße Einfühlung (Empathie) hinaus. Es ist wie dieses von Ansteckung und ihrem Extrem der Ein*s*fühlung zu unterscheiden. Im Unterschied zu Mitgefühl im Alltag gehört aber aktive Lust oder «flow» zu ästhetischer Resonanz mit dazu.

Ästhetische Resonanz darf auf keinen Fall mit physiologischen oder psychologischen *Effekten* verwechselt werden. Wenn wir nach einem Tag in der Kälte in ein warmes Bad steigen, empfinden wir Wohlbehagen und scheinen mit dem Wasser zu verschmelzen. Dahinter steckt allerdings ein kausaler Mechanismus. Anders als «passives» Wohlbehagen oder Ansteckung ist ästhetische Resonanz kein kausales Phänomen, sie setzt einen intentionalen Akt voraus: Wir richten unsere Wahrnehmung, unser empathisches Einfühlungsvermögen, unser sympathetisches Mitfühlungsvermögen und unsere Fantasie aktiv auf ein Objekt. Kurzeck ist am Sommermorgen nicht einfach bloß hingerissen von der Szenerie, sondern widmet sich offen, innig und aktiv all den Einzelheiten und Besonderheiten und lässt seine Vorstellungskraft spielen, indem er den so treffenden, personifizierenden Ausdruck des Morgens als Maler findet.

Anders als bei kausalen Phänomenen können wir zudem Gründe dafür angeben, warum wir etwas besonders schön finden. Wie Ludwig Wittgenstein in seinen Vorlesungen zur Ästhetik bemerkt, stellt sich bei ästhetischen Reaktionen die Frage nach dem «Warum» und nicht die Frage nach der Ursache. Niemand fragt, warum sich warmes Badewasser gut anfühlt. Das ist einfach so, und zwar bei uns allen. Warum ein Buch oder ein Streichquartett oder ein Tal schöner sein soll als ein anderes, dazu gibt es dagegen viel zu sagen und mehr noch zu zeigen. Kant spricht in diesem Zusammenhang, wie im letzten Kapitel vermerkt, von einem «Ansinnen», einem Appell an unseren «Gemeinsinn». Die Feuilletons unserer Zeitungen sind voller solcher Appelle. Die Literatur-, Musik- und Kunstwissenschaften hätten auch kaum eine Existenzberechtigung, wenn sie nicht unseren Sinn für Schönheit weiterentwickelten. Schönheit mag im Auge des Betrachters liegen, aber je nachdem, wie geschult dieses Auge ist, sieht es die Schönheit besser als ein anderes. Schönheit ist nicht subjektiv.

Mit einem geschulten Auge empfindet man auch nicht einfach mehr Freude im Leben, sondern es gehen einem Wahrheiten auf, derer man auf propositionalem Wege nicht habhaft werden kann. In der naturästhetischen Erfahrung sind das vor allem Wahrheiten über die Teile unseres Lebens, die einen Widerfahrnischarakter haben: Geburt und Tod, Jugend und Alter, Gesundheit und Krankheit. In unserer immer künstlicheren Welt verlieren wir sukzessive den Sinn dafür, wie viel an unserem Leben trotz allem noch Widerfahrnis (also Natur) ist und wie man damit am besten umgeht. Für ein gutes menschliches Leben ist die naturästhetische Erfahrung daher keine bloße Bereicherung, schon gar nicht reiner Luxus. Sie ist vielmehr notwendig.

Wir treffen damit auf den zweiten Sinn der These von der Notwendigkeit der Personifikation der Natur. Der erste Sinn war, dass die Personifikation der Natur zur Phänomenologie der ästhetischen Naturerfahrung gehört, dass man ohne personifizierende Metaphorik diese Erfahrung gar nicht machen kann. Der zweite Sinn nun ist, dass die naturästhetische Erfahrung zu einem guten menschlichen Leben dazugehört, dass man ohne diese die Natur personifizierende Erfahrung nicht im vollen Sinn menschlich leben kann.

Zur Zeit von Kurzecks Kindheit, vor Beginn der Bauwut, konnten nicht nur die Igel ein besseres Leben führen, auch manches im Leben der Menschen war besser – nicht alles, das behaupten wie gesagt weder wir noch Kurzeck. Staufenberg und die Umgebung drumherum waren ein schöner, lebendiger, zum Betrachten einladender Ort, eine liebliche, märchenhafte Landschaft, bestehend aus dem harmonischen Ensemble von Dorf, Himmel, Berg und Tal. Heute sieht es dort – so wie an vielen anderen Orten auch – völlig anders aus: Alte, gewachsene Gebäude wurden durch neue ersetzt, große Bäume gefällt, die Straßen so ausgebaut, dass man im vierten Gang durch den Ort fahren kann. Und da, wo früher im Tal die Gärten waren («Gerade jetzt ist er mit seinem Pinsel bei den Gärten im Tal»), verläuft heute die Autobahn, die die gesamte Gegend visuell und akustisch dominiert. Orte, die früher zu ästhetischer Resonanz einluden, sind heute abstoßende Unorte. Und an den Flecken, wo noch immer alte Häuser und Bäume stehen, wo es blüht und zwitschert, hört man stets im Hintergrund die Autobahn. Auf diese Autobahn werden wir im Heimat-Kapitel zurückkommen. Eine solche Landschaftserfahrung, wie Kurzeck sie im «Morgen als Maler» erzählt, kann man in Staufenberg heute nicht mehr machen. Aber gehen wir noch einmal zurück in diese Zeit, zu unserer Textstelle, oder auch in Gedanken an andere Orte, wo sich heutzutage noch schöne Landschaften finden. Denn es gilt, noch eine Eigenart der ästhetischen Landschaftsbetrachtung in den Blick zu nehmen.

Ästhetische Wahrnehmung setzt einen intentionalen Akt voraus, haben wir gesagt und gezeigt, wie Kurzeck das veranschaulicht. Wenn man aber die Textstelle genau betrachtet, gewinnt man den Eindruck, dass Kurzeck auch durch die Größe des Schauspiels um ihn herum und durch das starke, überwältigende, alles durchdringende Licht schlichtweg in die Szene «hineingezogen», zum Mitschwingen und Eintauchen «angesteckt» wird. Ansteckung ist aber kausaler Natur und damit für sich genommen noch nichts Ästhetisches. Typischerweise und anders als in unserer Stelle sind in der Landschaftserfahrung sogar alle Sinne involviert, d. h. auch die zu ästhetischer Distanz nicht so fähigen Tast-, Geschmacks- und Geruchssinne. Dieser sinnliche Aspekt der Erfahrung tritt im Resonieren mit einer Landschaft jedoch nicht gesondert auf. Er ist vielmehr Teil des Gesamterlebnisses, insofern ist neben Einfühlen, Mitfühlen, Imagination und «flow» auch Ansteckung Teil der ästhetischen Landschaftserfahrung. Die Ansteckung verstärkt deren ohnehin charakteristischen immersiven Charakter. Die affektive Seite naturästhetischer Betrachtung ist somit weit komplexer, als es auf den ersten Blick erscheinen mag, und «interesseloses Wohlgefallen» ist höchstens eine Überschrift dafür.

Was macht dieses intensive Erlebnis mit dem jungen Kurzeck? Wozu führt seine liebevolle Naturbetrachtung? Das bewegte Staunen, das innige Mitgehen mit der Veränderung, das affektive Mitschwingen mit der hellen, leuchtenden und leichten Morgenstimmung macht Kurzeck selbst ganz froh und leicht und zugleich scheint es ein erdendes Erlebnis zu sein. Kurzeck macht offenbar die Erfahrung, Teil dieser großen Morgenweltbewegung zu sein, er geht «ein paar Schritte in den hellen und leuchtenden Tag hinein» – das klingt beinahe so, als würde er in eine andere Sphäre eintreten. Das tut er natürlich nicht, er ist immer noch da in der Welt, wo er vorher war, aber er fühlt sich dieser verbundener, kommt ihr nahe. Er lässt sich in ihr nieder und fühlt sich aufgehoben, geborgen. Er erfährt zugleich die Bewegtheit der Welt und eine tiefe Ruhe, ein Ankommen: Die Welt kann sich dort, wo er ist, gut um ihn «herumbewegen». Er selbst muss nirgendwohin, er ist angekommen im Hier und Jetzt und blickt der Welt, der Zukunft bzw. dem, was man nicht weiß und wissen kann, gelassen entgegen.

Aber kann man so eine Erfahrung wirklich nur in schönen Landschaften machen? Können wir dasselbe oder ganz Ähnliches nicht auch bei der Betrachtung schöner Architektur, sagen wir, einer Kathedrale, erleben? Auch eine Kathedrale ist riesengroß, stehe ich in ihr, umgibt sie mich. Auch da spielen kausale Faktoren in das ästhetische Gesamterlebnis hinein, der Duft von Weihrauch, die angenehme Kühle oder Wärme des Ortes. Auch Kathedralen haben, wie Landschaften, eine Atmosphäre, auch in ihnen gibt es unendlich viele Elemente zu betrachten. Kathedralen können alt sein wie Landschaften und uns eine Geschichte erzählen. Auch in ihnen können wir uns geborgen fühlen, d. h., auch schöne Gebäude beheimaten uns in der Welt.

Doch es gibt einen entscheidenden Unterschied: Gebäude sind Artefakte, sie sind durch Menschenhand entstanden und nicht, wie die Natur, von selbst geworden. Schöne Architektur kann uns wie schöne Natur in der Welt beheimaten, aber es ist die menschliche, menschengemachte Welt, als deren Teil wir uns begreifen, wenn wir mit schönen Gebäuden resonieren. In schönen Landschaften dagegen erleben wir die Nähe und unsere Zugehörigkeit zur natürlichen Welt, zur Natur, die von selbst wird, ist und wieder vergeht – so wie wir letztendlich auch. Es gehen uns Wahrheiten über das Leben selbst und die Naturseite unserer eigenen Existenz auf. Schöne Landschaften sind also vor allem deshalb unersetzbar, weil sie unsere bewusste oder unbewusste Sehnsucht danach erfüllen, ein Teil des Ganzen der Natur zu sein und nicht entfremdet von ihr zu leben. Schöne Landschaften heilen den Riss, überbrücken die Kluft zwischen dem Subjekt und dem Objekt, sei dieses Objekt die Natur da draußen oder die Natur in uns. In Harmonie mit der Natur leben ist nicht nur eine Option des guten menschlichen Lebens, sondern, noch einmal, ein notwendiger Teil dessen.

Gäbe es keine schönen Landschaften mehr, verlören wir nicht nur Orte, in denen wir Entspannung finden, die uns aus unserem Alltagsstress, aus unserer zweckrational ausgerichteten und durchgetakteten Welt herausführen und eine andere Perspektive auf diese gewinnen lassen können. Es ändert sich vielmehr durch diesen ja schon weit fortgeschrittenen Landschaftsverlust auch unser Verhältnis zur Welt und zu uns selbst, zu dem, was an uns Natur ist, zu unserem eigenen Leib. In schönen Landschaften lernen wir auf der Erde und in unserem Körper zu «wohnen», wie es in dem berühmten Aufsatz von Martin Heidegger «Bauen, Wohnen, Denken» heißt. Schöne Landschaften geben uns einen «sense of place» und lassen uns ihn ehren. Sie laden uns dazu ein, irgendwo Wurzeln zu schlagen, uns mit diesem Ort zu identifizieren und für ihn, als unsere besondere Heimat, Sorge zu tragen. Dies verbindet das ästhetische Argument zum Schutz der Natur mit dem Identitätsargument, welches wir im Kapitel zu Heimat entwickeln werden.

Das Wohnen-Können in der Natur ist etwas, das einem jedem Menschen zusteht und nicht nur einigen Privilegierten vorbehalten sein darf. An dieser Stelle trifft sich Ästhetik nun doch direkt mit Moral. Der Erhalt einer Natur, die zu ästhetischer Resonanz einlädt, ist allen Menschen moralisch geschuldet. Die Ästhetik der Natur hat politische Sprengkraft in einer Welt, welche die Natur pragmatisch zurichtet und ihre Schönheit mit Füßen tritt.

What's Wrong with Plastic Trees?

Schöne Architektur ist, so wichtig sie in unserem Leben ist, kein Ersatz für schöne Landschaft. Aber könnte man schöne Natur nicht nachbauen? Plastikbäume und -blumen gibt es ja schon. Auch eine «Disney Wilderness Lodge», die als Hotel-Großanlage zur Familienunterhaltung eine naturbelassene Umgebung fingiert, soll es in den USA bereits haben. Was spricht eigentlich gegen Plastikbäume? Das fragte schon Martin H. Krieger in einem Artikel aus den 1970er Jahren in der Zeitschrift *Science*. Der Artikel befand damals, dass eigentlich nichts gegen sie spricht. Wir sind da anderer Meinung.

Denken wir nur an die von uns betonte immersive Kraft von Landschaften. Lediglich der Nachbau ganzer Landschaften mit ihren immensen Ausmaßen, ihrer eigenen Dynamik, ihren mannigfaltigen Atmosphären und ihrer vielfachen Sinnlichkeit würde an das reale Naturerlebnis heranreichen. So ein Nachbau überall auf der Welt wäre freilich verdammt teuer und, wenn die Einzelteile aus Kostengründen vom Fließband kämen, vermutlich überall ätzend ähnlich. Aber hallo – mögen Sie da einwenden –, leben wir denn noch im letzten Jahrhundert? Wir haben heute doch «virtual reality» und die ist superimmersiv! Schon, doch auch da wird, so es sich nicht um digitale Kunst handelt, Vielfalt reduziert, mit der Konsequenz, dass eine Klischee-Natur entsteht, die kaum auszuhalten ist, insbesondere wenn die Programmierer der Versuchung einer Aufhübschung der Natur in unserer ohnehin reizüberfluteten Welt nicht widerstehen. Das ist jedoch noch nicht alles. Das Hauptproblem bei der Ersetzung echter Landschaften durch virtuelle oder real nachgebaute läge darin, dass die Nutzer wüssten, dass sie mit einer «Fake»-Natur abgespeist würden, und stattdessen das Original, «the real thing», wollen würden. Doch zu den Resten echter Natur hätten nur die Erbauer Zugang und, seien wir realistisch, einige privilegierte Reiche. In Sachen Natur hätten wir also eine Zwei-Klassen-Gesellschaft. Oder könnte man den «Fake»-Charakter verschweigen? Wenn die Leute nur dächten, sie sind in echter Natur, wäre dann alles in Ordnung? So eine Täuschung würde jedoch den Statusunterschied zwischen den Menschen noch weiter verstärken. Obenauf wären diejenigen «in the know», unten die breite getäuschte Masse. Unvorstellbar in einer Demokratie mit historischem Bewusstsein und alter Landschaftsmalerei – wenn es die dann noch hat!

Wenn «faking» dermaßen des Teufels ist, wieso erfreuen wir uns dann aber an bestimmten Nachbildungen der Natur, an einfachen Fotografien aus dem Urlaub oder Dokumentarfilmen über entfernte Naturparadiese sowie an künstlerisch anspruchsvoller Mimesis, wie in Kurzecks lyrischer Prosa? Dies liegt daran, dass diese Nachbildungen kein Ersatz sein wollen für die Realität, sondern eine Erinnerung an sie bzw. bei Kunst ein Versuch, sie feiner und reicher darzustellen und damit uns allen einen noch besseren Zugang zu ihr zu ermöglichen. Sagen Sie einmal jemandem, der die Liebe seines Lebens sucht, er solle sich einfach an

Liebesromane halten, damit sei ihm besser gedient. Das wäre ein Witz, eben weil gute Romane weder ein Ersatz sind noch sein wollen für das wirkliche Leben, sondern eine Hilfestellung dafür, ein «Lebensmittel». Wir wollen unser Leben selbst leben, frei, individuell und in unserem eigenen Tempo, und dabei nicht ständig am Tropf noch so hochbegabter Anderer hängen.

Der Erhalt echter schöner Natur ist jedoch auch gegenüber der Natur selbst geboten. Bislang haben wir vor allem herausgearbeitet, wie schöne Natur dem Menschen guttut. Zu naturästhetischer Resonanz gehört aber auch das Gefühl einer Schuldigkeit der Natur selbst gegenüber. Wer in seinem Garten eine schöne Blume auf dem Weg niedertritt, weil er weiß, dass er, solange sie blüht, nicht mehr (und auch sonst keiner) an ihr vorbeikommt, vergeht sich an der Blume selbst. Mit seiner ästhetischen Haltung stimmt etwas nicht. Genauso wie etwas nicht stimmt mit der ästhetischen Einstellung des letzten Menschen im bereits erwähnten Gedankenexperiment, der den Knopf zur Zerstörung der Natur drückt. Seine ästhetische Haltung ist humanegoistisch verkürzt. Er verstößt gegen die ästhetische Binnenmoral. Wie wir im letzten Kapitel gesehen haben, ist die Rede von «Pflichten gegenüber» der Natur zwar metaphorisch. Doch entspricht dieser Rede im wörtlichen Sinne zumindest so etwas wie ein Gebot der Sorgsamkeit, auch außerhalb konkreter Akte ästhetischer Betrachtung.

Schöne Natur und Zeiterleben

Die wichtigsten Aspekte des ästhetischen Naturschutzarguments haben wir nun erfasst. Schöne Natur lädt uns, wie wir gezeigt haben, zum freudigen Verweilen ein. In ihr fühlen wir uns aufgehoben und geborgen, wir kommen an und können der Zukunft und all dem, was wir nicht in der Hand haben, gelassener begegnen. Im Werden und Vergehen in der Natur, im Zyklus ihrer Tages- und Jahreszeiten können wir ein Sinnbild für unser eigenes Leben sehen. In der symbolischen Naturbetrachtung gehen uns Wahrheiten über das Leben an sich auf. Wir können ein liebevolles Verhältnis auch zu unserer eigenen Natur gewinnen und spüren, dass wir Teil der Natur sind, keine Fremdlinge auf der Erde, und dass wir ihr auch etwas schulden.

Schaut man sich die Einsichten in den ästhetischen Wert der Natur für unser gutes Leben an, fällt ihr starker Bezug zur Zeit auf: Schöne Landschaften laden uns zum Verweilen ein, sie befreien uns von der Zeit und ermöglichen uns ein entspanntes Verhältnis zu Vergangenheit und Zukunft. Dabei scheint die Zyklizität der Natur eine große Rolle zu spielen.

Die naturästhetische Erfahrung geht also mit einem besonderen Erleben von Zeit und Zeitlichkeit einher. Diesem Phänomen möchten wir uns im zweiten Teil des Kapitels widmen und auf diese Weise unser Erleben schöner Natur und ihren Wert noch tiefer durchdringen. Wir werden zeigen, wie schöne Natur uns gewissermaßen in der Zeit «beheimaten» kann. Dabei werden wir wiederum aus Kurzecks Werk schöpfen können, da es den zeitlichen Aspekten ästhetischer Naturbetrachtung besondere Aufmerksamkeit schenkt. Überhaupt stellt die Erkundung der verschiedenen Formen des Zeiterlebens und ganz allgemein die Frage, was Zeit eigentlich ist, ein zentrales Anliegen in Kurzecks Gesamtwerk dar. Bei fast keinem Phänomen, das er beschreibt, fehlt die zeitliche Dimension. Sein Werk ist sozusagen eine Fundgrube der Phänomenologie der Zeit.

Dass Zeit bei ihm diesen Stellenwert hat, darüber ist sich die Sekundärliteratur einig: «Kaum eine Seite, auf der *nicht* von der Zeit die Rede wäre», stellt der Kurzeck-Kenner Jörg Magenau schon in den 1990er Jahren fest. Deswegen wird Kurzeck auch so oft mit Marcel Proust verglichen. Allerdings hat sich die Sekundärliteratur bisher vor allem mit Kurzecks Anschreiben gegen die Vergänglichkeit und seiner in diesem Zusammenhang formulierten Kritik an der Beschleunigung der Zeit in der Moderne beschäftigt. Grundtenor ist dabei, dass Kurzeck ein Widersacher der Zeit war, dass er einen Kampf gegen sie führte. Liest man ihn aber genau, sieht man, dass er im Grunde genommen bloß eine bestimmte zweckrationale, an der Steigerungslogik orientierte Haltung zur Welt kritisiert, die unser Zeiterleben heute freilich so prägt, dass uns die Zeit zum Problem wird. Dass Kurzeck in seinem Werk systematisch auch von einer anderen, nämlich einer achtsamen, ästhetischen Haltung gegenüber der Welt erzählt, wird schon rezipiert. Christoph Seifener weist beispielsweise darauf hin, dass Kurzeck der beschleunigten Moderne seinen «literarischen Lebensentwurf, eine Einheit aus Gehen, Sehen, Merken, Erinnern und Erzählen», entgegensetzt. Wie diese andere Haltung, vor allem das andere, «ästhetische» Sehen aussieht und inwiefern es ein völlig anderes Zeiterleben beinhaltet, ist bisher noch nicht ausführlich erörtert worden. Auch nicht die Rolle der schönen Natur, *dem* Objekt in Kurzecks Werk, das am stärksten zu diesem anderen Sehen und Wahrnehmen und damit zu einer ästhetischen Haltung einlädt.

Der Begriff der Zeit

Um das der naturästhetischen Betrachtung eigene Zeiterleben mit Kurzeck herauszuarbeiten, ist es sinnvoll, zunächst einmal zu klären, was mit «Zeit» eigentlich gemeint ist. Das ist gar nicht so einfach. Denn «Zeit» ist ein Begriff, den man nicht definieren kann. Gottfried Gabriel zählt Zeit zu den klaren, aber eben nicht deutlichen Begriffen. Nur deutliche Begriffe sind definierbar. (Sie erinnern sich an die Leibniz'sche Unterscheidung im letzten Kapitel.) In einer solchen Lage ist es am besten, man besinnt sich darauf, wie das Wort «Zeit» in unserer Alltagssprache funktioniert, in unserer Lebenswelt also und nicht in der darauf aufbauenden Spezialwelt der Physik. Im Folgenden seien fünf Aspekte des lebensweltlichen Zeitbegriffs aufgeführt.

Zum Ersten ist es wichtig, Zeit nicht zu *verdinglichen*. Sie existiert nicht als materielles Objekt in der Welt, auch wenn unser Sprachgebrauch das suggeriert. «Zeit» als Substantiv, das meinte auch Ludwig Wittgenstein, sei schrecklich irreführend. Vielmehr besteht Zeit in den Veränderungen in der Welt, in der Vergangenheit, die nicht mehr zu ändern ist, der im Moment stattfindenden Gegenwart und der noch nicht erreichten Zukunft. Zeit existiert also nicht unabhängig von Prozessen in der Welt, in einer Veränderung an sich, sondern *in* diesen. Man könnte dasselbe auch mit einer Formulierung von Friedrich Kambartel sagen: «Die Welt ist das Haus der Zeit.»

Zum Zweiten erleben wir Zeit im Kern als etwas Dynamisches und sprechen daher vom «*Fluss*» der Zeit. Wer kennt es nicht, das Gefühl, dass die Zeit dahinzuströmen scheint, mal schneller, mal langsamer? Die Rede vom Fluss der Zeit ist eine metaphorische Ausdrucksweise, die unsere geteilte Wahrnehmung der Tatsache ausdrückt, dass die Gegenwart zur Vergangenheit wird und die Zukunft auf uns zukommt.

Zum Dritten *orientieren* wir uns im Fluss der Zeit, indem wir entweder Ereignisse in diesem Fluss kombinieren (als x geschah, fand y statt) oder ihn mithilfe von regelmäßigen Vorgängen ordnen (wie den natürlichen Zyklen oder den künstlich hergestellten Uhren, Apparaten also, die konstant gleiche Vorgänge erzeugen). In diesem Zusammenhang ist von unserem Streben nach einer «*objektiven*» *Zeitrechnung* die Rede. Die objektive Zeitrechnung verortet nicht nur Ereignisse in der Zeit, sie bestimmt auch deren Dauer. Der Zeit-Philosoph Peter Janich spricht daher neben dem «ordinalen», ordnenden Aspekt der Zeit von ihrem «durativen» Aspekt. Insgesamt unterscheidet er drei Aspekte objektiver Zeit. Der dritte ist der «modale» und benennt die von uns bereits notierten Arten der Gegebenheit der Zeit: im Modus der Gegenwart, der Vergangenheit und der Zukunft.

Zum Vierten ist auch von «*subjektivem*» *Zeiterleben* die Rede. Wir erleben signifikante Unterschiede, was die Dauer verflossener Zeit angeht. Die erlebte Zeit läuft mitnichten gleichmäßig ab, sondern beschleunigt oder verlangsamt sich, je nachdem, was wir gerade tun oder empfinden. Die Zeit wird lang im Zustand der Langeweile, umgekehrt verkürzt sie sich durch einen spannenden Zeitvertreib. Dabei gibt es interessante Asymmetrien, wie schon Otto Friedrich Bollnow im zweiten Teil seines Stimmungsbuches ausführt und was heute wieder u. a. von Hartmut Rosa unter dem Stichwort «Paradoxien der Zeiterfahrung» diskutiert wird: Die erfüllte Zeit scheint mitunter zwar im Augenblick sehr schnell zu vergehen, hinterher kommt sie uns dann aber doch wieder erstaunlich lang vor. Das ist das sogenannte Kurz-Lang-Muster. Im Zustand des leeren Wartens hingegen schleicht die Zeit zwar unendlich langsam dahin, aber für die Erinnerung schrumpft diese leere Spanne wieder zusammen, manchmal wird sie sogar ganz vergessen (Lang-Kurz-Muster). Es gibt aber auch Situationen, z. B. wenn wir im Stress sind und viele verschiedene Tätigkeiten rasch erledigen müssen oder vor dem Fernseher sitzen, in denen uns die Zeit sowohl im Moment als auch in der Erinnerung kurz vorkommt (Kurz-Kurz-Muster oder mit Kurzeck: «Immer schneller die Zeit» und «Nichts bleibt», bzw. mit Walter Benjamin: «Erlebnis» statt «Erfahrung»). Andersherum gibt es Momente des Glücks, in denen die Zeit nicht zu verfliegen, sondern sich zu dehnen scheint und einem auch in der Erinnerung lang vorkommt (Lang-Lang-Muster). Kurzeck bringt das Verhältnis der objektiven zur subjektiven Zeit in einem Satz schön auf den Punkt: «Alle Tage sind gleich lang, aber verschieden breit.» (*Keiner stirbt*, S. 309)

Zum Fünften und Letzten betrifft die subjektive Art und Weise, wie wir in einer bestimmten Situation die Zeit wahrnehmen, nicht nur ihre Dauer oder Geschwindigkeit. Zeit wird nicht nur quantitativ, sondern auch *qualitativ verschieden* erlebt. In Abhängigkeit von unserer Stimmung gliedert und artikuliert sich die Zeit anders, d. h., ihr innerer Aufbau, ihre Struktur und ihr Wesen wird jeweils verschiedenartig erfahren. Einmal empfinden wir die Vergangenheit als behindernd, ein anderes Mal als stützend, die Zukunft einmal als bedrückend, ein anderes Mal als befreiend, und damit auch die Gegenwart und davon abhängig unsere gesamte zeitliche Existenz. Bollnow demonstriert diesen Zusammenhang anhand von zwei sehr unterschiedlichen Erfahrungen: der glücklichen Stimmung und der Stimmung der existenziellen Angst.

In der von seinem Lehrer Heidegger beschriebenen Stimmung der existenziellen Angst, die einem angesichts des Bewusstseins des sicheren, aber unbestimmten Todes befällt, bedrängt uns die Vergangenheit und treibt uns rastlos vorwärts, während die Zukunft als drohendes Verhängnis über uns zu schweben scheint und uns zu entschiedenen Stellungnahmen und Handlungen herausfordert. Zwischen der Last der Vergangenheit und dem Druck der Zukunft erhält der Augenblick eine Schärfe. Es gibt kein Beharren, wir erleben die Zeit nicht als stetigen, tragenden Fluss, sondern als belastend. In der glücklichen Stimmung hingegen schwindet die Schärfe des isolierten Augenblickes. Wir erfahren die Vergangenheit als stützend, die Zukunft wie einen unendlich ausgeweiteten Horizont und den Augenblick in einer zeitüberbrückenden Stetigkeit als in das Ganze eines größeren Zusammenhangs einbezogen. Die Zeit wird als tragend erlebt.

Einen Sonderfall stellen gemäß Bollnow Stimmungsmomente dar, in denen wir die Zeit bzw. ihren Fluss gar nicht mehr wahrnehmen. Vergangenheit und Zukunft sind dann vergessen. Wir sind ganz in der Gegenwart, die in sich Sicherheit und Geborgenheit gibt. Der Augenblick dehnt sich und man erlebt einen Zustand von Zeitlosigkeit oder Ewigkeit.

Welche dieser Beobachtungen sind für das Zeiterleben bei der naturästhetischen Betrachtung relevant? Wenden wir uns, ausgestattet mit dieser lebensweltlichen Begriffsskizze von Zeit, wieder der Schönheit der Natur und Kurzecks Beschreibung derselben zu. Auf drei Momente des naturästhetischen Zeiterlebens werden wir eingehen, erstens auf Achtsamkeit auf Zeit, zweitens auf die Zyklizität der Naturzeit und drittens auf die Erfahrung von Ewigkeit in der Landschaft. Im praktischen Erleben, z. B. bei einer Wanderung durch eine schöne Landschaft, erleben wir diese drei Momente oft in raschem Wechsel oder fast wie gleichzeitig. Sie scheinen dann kaum voneinander abgrenzbar zu sein. Ihre Verwobenheit wird im Folgenden auch immer wieder deutlich werden. Es ist dennoch sinnvoll, sie gesondert zu betrachten, da sie jeweils eigene Erfahrungs- und Bedeutungsschwerpunkte bilden.

Achtsamkeit auf Zeit

Kurzeck wird wie gesagt meist so interpretiert, als hätte er grundsätzlich gegen das Vergehen der Zeit angekämpft, weil er es einfach nicht ertragen konnte, dass «nichts bleibt». Gucken wir nun aber einmal genau hin, wie sich Kurzeck in unserer Passage vom «Morgen als Maler» auf die Zeit bezieht, wie er ihr Erleben darstellt:

Gleich zu Beginn gibt es eine Jahreszeitenbestimmung, es ist Sommer – präziser sogar, Anfang des Sommers. Und dann erfahren wir noch, dass es ein früher Morgen ist. Damit nimmt Kurzeck eine ordinale Einordnung des Ereignisses in den objektiven Lauf der Zeit vor. Man könnte jetzt sagen: Natürlich, wie könnte es anders sein? Wie soll man von einer Resonanzerfahrung in der Natur schreiben und nicht die Jahres- und Tageszeit erwähnen? Das ist tatsächlich kaum vorstellbar und daher ist es vielleicht auch nicht so etwas Besonderes, dass Kurzeck das Ereignis so klar in der Zeit verortet.

Doch es ist vielleicht besonders, dass wir in schöner Natur ebendieser Verortung in der Zeit und damit der Zeit selbst gewahr werden können. Betrachten wir eine schöne Landschaft, wird uns, je nachdem, wie sie sich uns präsentiert, oftmals viel deutlicher als sonst bewusst, welche Jahres- oder Tageszeit gerade in der Welt herrscht. Wir werden dazu eingeladen, achtsam innezuhalten und uns des Moments in der Zeit bewusst zu werden.

Und nicht nur den Moment selbst nehmen wir wahr, wir finden in einer Landschaft aufgrund ihrer Lebendigkeit, ihrer stetigen Veränderung Spuren der Vergangenheit und Andeutungen für Kommendes. So betrachtet Kurzeck im «Morgen als Maler» die immer heller und feiner werdenden Wege: «Die Straßen und Wege noch nicht geteert. Seit Wochen trocken. Und werden dann immer heller. Werden erst zu Sand, dann zu Staub. Ein feiner trockener Staub. Fast wie Mehl.» Er beschreibt die Entwicklung der Wege in der Zeit und nimmt diese in dem Moment mit einer gesteigerten Aufmerksamkeit wahr.

Obwohl wir die Zeit, beispielsweise bei Stress, in Form von Zeitnot spüren, ist es nicht trivial, auf Zeit und Veränderung eigens zu achten und sie um ihrer selbst willen wahrzunehmen. Wie oft im Leben ist es eher so, dass wir durch die Welt laufen und lediglich auf die Ereignisse selbst konzentriert sind, nicht aber unser Bewusstsein auf deren Werden und Vergehen richten. Kurzeck berichtet immer wieder davon, dass es nicht leicht ist, Gegenwart bewusst zu erleben und zu merken, dass – wie seine kleine Tochter Carina es immer wieder staunend formuliert – «jetzt jetzt ist» (*Ein Kirschkern im März*, S. 19).

Schöne Natur lenkt unser Bewusstsein durch ihre eigene Vergänglichkeit und Lebendigkeit auf die Zeit selbst und macht sie – sowohl ihr Vergehen als auch ihren Aufbau – greifbar. Das sind kostbare Momente, denn sie laden uns zu einer Reflexion auf die Vergänglichkeit des Lebens und unsere eigene Zeitlichkeit ein. Sie schließen uns zudem auf für den Moment und die Wichtigkeit des Fokus auf die Gegenwart. Sie führen zu einem intensiven, bewussten Erleben des Augenblicks und ermöglichen dadurch eine große Nähe zur Welt. Kurzeck formuliert diese Erfahrung an anderer Stelle im *Vorabend* sehr anschaulich:

> Und hätten auch mehr auf die Lindenbäume achten müssen! Fangen im Mai an zu blühen und blühen den ganzen Sommer und riechen so gut. Als Kinder haben wir gern die Blüten gegessen. Jeden Tag. Alle Kinder im Dorf. Man muß, sagte ich, solang sie blühen, sie immer wieder ansehen. Muß ihren Duft atmen und sich sagen, daß sie jetzt blühen. Gegenwart. Damit man auch den Sommer deutlicher noch bemerkt. Jeden Augenblick. Und kann ihn sich umso besser merken, sogar wenn man nur aus der Ferne an Lindenbäume denkt, aber es müssen solche sein, die man kennt, sagte ich, echte lebendige Bäume. Gleich wird man ruhiger, nimmt sich zum Atmen und Essen Zeit und kann wieder schlafen. (S. 866 f.)

Eigentlich beginnt Kurzeck in dieser Textstelle – noch bevor er auf die Erfahrung des intensiven, bewussten Ankommens in der Gegenwart des Sommers zu sprechen kommt – mit einer Ermahnung: Man hätte mehr auf die Lindenbäume achten müssen! Die Ernsthaftigkeit dieser Ermahnung zur Achtsamkeit auf Natur und Zeit und die Wichtigkeit dieser Erfahrung werden durch das in der Folge mehrmals auftretende «Müssen» ausgedrückt und dann so begründet: Das Bewusstsein für Zeit und Vergänglichkeit in der ästhetischen Zuwendung zur Natur kann zu einer Entschleunigung führen, zu einem Durchatmen und einer Besinnung auf basale Dinge des Lebens: Atmen, Essen und Schlafen. Dadurch wird der Zeitdruck, den wir in unserem gestressten Zustand allzu oft erleben – ähnlich wie die drängende Zeit in der oben beschriebenen Stimmung der Angst – gebrochen.

Die Zeit kann uns in der ästhetischen Resonanz mit der Natur somit greifbarer und gleichsam geräumiger werden. Zudem, und das ist ein genereller Aspekt der ästhetischen Erfahrung, auf den Kurzeck auch an vielen anderen Textstellen hinweist, bleiben uns diese Momente besonders deutlich in Erinnerung: Man kann sich den Augenblick «umso besser merken». In ästhetischer Resonanz konsumieren wir die Welt nicht, wir suchen nicht nach einem (schnell und billig zu habenden) «Erlebnis». Wir öffnen uns ihr, wenden uns ihr um ihrer selbst willen zu und machen dabei eine «Erfahrung». Diese ist tief einverleibt und indem wir sie deutlicher erinnern, erfahren wir die Zeit später, im Rückblick, als steter und weniger flüchtig. In Bezug auf das Erleben von Ewigkeit werden wir nochmals auf diesen Aspekt zurückkommen.

Die Lindenbaum-Textstelle veranschaulicht übrigens schön, dass auch einzelne «Naturdinge» wie eben ein Baum – und stünde er alleine da in einer Betonwüste – wertvolle naturästhetische Erfahrungen erlauben. In Kurzecks Erzählkosmos dominieren in der Natur allerdings eher die von Hermann Schmitz so genannten Halbdinge, wie der Wind oder die Nacht, welche, anders als Volldinge, mal da sind und dann wieder weg, ohne dass man sagen könnte, wohin sie gegangen sind, und natürlich Landschaften. Die immersive Intensität von Landschaften ist gewiss einzigartig und nicht durch einen Baum ersetzbar. Und doch handelt es sich eben auch bei einem einzelnen Baum um Natur: Er geht im Rhythmus der Jahreszeiten mit und verkörpert genauso wie Landschaften auch Zeit und Vergänglichkeit. Ersetzbar ist er, wie Kurzeck klar sieht, genauso wenig wie alles andere Natürliche. Die ästhetische Erfahrung lebt davon, dass der Baum «echt und lebendig» ist.

Natürlich können uns auch Artefakte zu einer Reflexion über Zeit und Zeitlichkeit einladen, man denke an ein altes Möbelstück oder ein verwittertes Gebäude. Die Besonderheit und Unersetzbarkeit der Natur liegt wohl in ihrer «Lebendigkeit», in ihrem eigenständigen rhythmischen Werden und Vergehen.

Zyklische Naturzeit versus lineare Uhrenzeit

Dass die Natur so «zeitlich» ist, liegt nicht lediglich daran, dass sie selbst in der Zeit ist, wird und vergeht. Es liegt auch daran, dass – obwohl es in der Natur auch lineare Prozesse gibt – ihr Sein in der Zeit bestimmten, nämlich zyklischen Rhythmen folgt: Natürliche Ereignisse und Prozesse wiederholen sich in regelmäßigen Abständen, sie kehren immer wieder und geben somit dem Lauf der Welt ein zeitliches Gerüst, an dem wir uns seit eh und je orientieren.

Die Rolle der Zyklizität der Natur in der naturästhetischen Erfahrung haben wir bereits angesprochen: Im Zyklus ihrer Tages- und Jahreszeiten, so haben wir gesagt, können wir ein Sinnbild für unser eigenes Leben sehen. Betrachten wir die Bedeutsamkeit zyklischer Naturerfahrung für unser gutes Leben nun mit Kurzeck noch etwas eingehender.

Zyklische Zeiterfahrung ist in Kurzecks Werk von enormer Wichtigkeit, oft flicht er an unscheinbaren wie prominenten Stellen das Immer-Wiederkehrende, die Mondzyklen und den «Reigen der Jahres- und Tageszeiten» ein. Und nicht nur die Menschen erleben bei Kurzeck zyklische Zeit: Die Igel etwa glauben, insbesondere in der Zeit vor dem Winterschlaf, an die «ewige Wiederkehr». Auch in unserer Textstelle vom «Morgen als Maler» gibt es Hinweise auf zyklische Zeit. Da ist zum einen das zu dieser Jahres- und Tageszeit typische Schauspiel des Lichts. Kurzeck schreibt nicht «einmal im Sommer», nein, es geht darum, wie es zur Sommerzeit ist – immer wieder. Zum anderen nennt er die Hähne, die jeden Morgen krähen.

Regelmäßige natürliche Ereignisse stellen eine Struktur dar, auf die wir in unserem Bemühen um Orientierung in der Welt, unserem Streben nach einer *objektiven Zeitrechnung*, gut zurückgreifen können. Auch Uhren und Kalender stellen uns ein ordnendes Raster zur Verfügung, allerdings sind oder produzieren Uhren keine Ereignisse in der Welt, die eine Bedeutung für unser Leben haben. Nun könnte jemand einwenden, dass er sehr wohl ein emotionales Verhältnis zu seinem Wecker habe. Und dennoch: Uhren sind lediglich technische Apparate, die konstant gleiche Vorgänge erzeugen. Mit ihnen legen wir künstlich ein Raster auf die Welt, um sie zu ordnen, statt uns auf die ihr innewohnende Ordnung zu beziehen. Die wiederkehrenden natürlichen Ereignisse haben hingegen eine große Bedeutung für uns. Nicht nur deshalb, weil unsere eigenen biologischen Rhythmen, insbesondere unser Tag-Nacht-Rhythmus, mit ihnen verbunden sind und wir in Abhängigkeit von diesen Rhythmen Landwirtschaft betreiben oder bestimmten Freizeitaktivitäten nachgehen, sondern auch, weil sie uns die Zeit «bewohnbar» machen. Was soll das heißen?

Wir lernen als heranwachsende Menschen andauernd Neues kennen. Die Tages- und Jahreszeiten hingegen kommen immer wieder. Wir können uns auf sie verlassen, sie sind uns vertraut. (Zumindest war das so vor den Zeiten des Klimawandels, der nicht nur schwere ökologische und wirtschaftliche Folgen mit sich bringt, sondern durch die veränderten Jahreszeiten auch unser Zeitgefühl massiv irritiert.) Wir organisieren unsere Erinnerungen anhand dieser wiederkehrenden Ereignisse und verknüpfen so unsere eigene Geschichte mit dem Lauf der Welt, den eigentümlichen tages- und jahreszeitlichen Momenten und Stimmungen. Zudem werden wir durch wiederkehrende Ereignisse an Vergangenes erinnert, beispielsweise dann, wenn wir uns im Sommer daran erinnern, was wir im «vorigen Sommer und im Sommer davor» erlebt haben. Auf diese Weise wirkt die natürliche und ewige Wiederkehr dem Vergessen und der Vergänglichkeit, der Flüchtigkeit der Zeit, entgegen.

Wir wissen darüber hinaus, dass die wiederkehrenden Ereignisse nicht nur zu unserer Zeit stattgefunden haben. Es gab sie schon lange und es wird sie auch nach uns noch lange geben. Insofern haben die natürlichen Zyklen eine zeitliche Tiefe und verknüpfen durch ihre ewige Wiederkehr vergangene mit zukünftigen Zeiten. Eine Bemerkung Scrutons zum Wert der Wiederholung in religiösen Ritualen passt auch gut zum Erleben der Zyklen in der Natur:

> Man stellt eine Verbindung her zwischen sich selbst, den eigenen Handlungen, und vergangenen wie zukünftigen Generationen sowie dem, was zeitlos geschieht. Wiederholung hebt nicht nur das zeitliche Individuum hinauf auf die Ebene von zeitlosen Dingen; sie zieht auch das Zeitlose hinab in die Zeit, sodass es eine wirkliche Präsenz erlangt.

Im Erleben von Zyklen findet sich also trotz ihrer Dynamik ein zeitloses oder ewiges, verbindendes Moment. Die zyklische Naturzeit scheint besser zum Menschen zu passen als die lineare Uhrenzeit. Das findet auch Rüdiger Safranski. Denn der Zyklus gibt uns Halt und dämpft das mögliche «Grauen vor einer endlosen Linearität», bei der jedes Ereignis nur einmal auftritt, sich nicht wiederholt und dann verschwindet, als wäre es nie gewesen. Demgegenüber ermöglicht der Zyklus ein «Gefühl des Beharrens in der Zeit» und vermag es außerdem, die von Hans Blumenberg beschriebene Kluft zwischen der grenzenlosen Weltzeit und der eigenen, befristeten Lebenszeit zu verringern. Auch der Philosoph und Psychiater Thomas Fuchs setzt sich vehement für eine Kultivierung der zyklischen, das Leben rhythmisierenden Zeit ein. Diese sei die primäre Struktur aller Lebensprozesse und immunisiere uns gegen die krankmachende Beschleunigung.

Endlose Linearität ist bei Kurzeck eindeutig mit der Zeit der Uhren verknüpft. Zwar könnte man sagen, dass Uhren selbst auch zyklisch verlaufen, allerdings stellen die Einheiten der Uhrzeit wie gesagt keine bedeutenden Ereignisse in der Welt dar. Sie erzeugen lediglich konstant ablaufende Vorgänge, mehr nicht. Kurzeck hatte übrigens u. a. aus diesem Grund die meiste Zeit seines Lebens keine Armbanduhr. Als sein Vater ihm seine Uhr vererbte, trug Kurzeck sie mit dem Ziffernblatt nach innen.

Wenn wir die Hähne krähen hören, die Lindenblüten riechen, die Schneeglöckchen blühen und das Kornfeld und die Obstbäume reifen sehen, dann spüren und wissen wir: Das alles hat «schon einmal stattgefunden, schon oft». Damit können wir die Zeit unseres Lebens und auch die Zeit an sich besser fassen, sie wird uns bewohnbar.

Wir wissen aber nicht nur, dass diese Ereignisse in der Vergangenheit schon einmal stattgefunden haben. Wir wissen auch, dass sie in Zukunft wieder stattfinden werden, und das macht uns auch die Zukunft greifbar. Darum geht es im folgenden Zitat aus *Als Gast*:

> Mein Geld und die Tage und die Sorgen. Und dazu die Schrecken auf Abruf. Sowieso vollzählig jederzeit alle Schrecken in meinen Schlaf hinein und bei jedem Erwachen. Seit Wochen kaum je genug Schlaf. Dann auf der Straße und die Sonne kommt durch. Vielleicht nur über Mittag, nur jetzt den Nachmittag über, nur kurz. Die Sonne kommt durch und für den Moment jetzt, diesen einen einzigen Augenblick, kommt dir dein Leben wie ein einziger langer Tag vor. Die Sonne, das Licht auf dem Gehsteig. So eifrig die Vögel. Spatzen und Meisen und Amseln und wie sie gleich wissen, daß wieder März ist. Und gleich auch schon nicht mehr so kalt. Und siehst dich stehenbleiben bei deinem Mittagsschatten. Stehen und sehen, wie die Erde sich regt nach dem langen Winter. Wie die Mauern und Steine sich wärmen hier in der Sonne. Und nehmen sich Zeit und haben es sich gemütlich gemacht und fangen zu lächeln an, die Mauern und Steine. Der erste März. Noch einmal der erste März. ... Und einstweilen vorerst bis auf weiteres nochmal an die Zukunft, die Zukunft, man muß daran glauben! Die Zukunft, das bin doch ich! (S. 19 f.)

Kurzeck befindet sich hier in einer tiefen Lebenskrise: Seine Freundin Sibylle hat sich von ihm getrennt und die gemeinsame Tochter Carina mitgenommen. Er ist davon schwer getroffen. In seiner depressiven Stimmung vermag er es kaum, auf bessere Tage zu hoffen. Da erlebt er trotz seiner Traurigkeit einen schönen Moment in der Märzsonne. Er sieht, «wie die Erde sich regt nach dem langen Winter», und dasselbe widerfährt auch ihm in diesem Moment. Nach dem langen Winter des Trennungsschmerzes, in dem er «übers Eis» ging, schöpft er Hoffnung auf bessere Zeiten. Er findet nicht nur Trost in der Erfahrung dieses schönen Moments, in dem er sich der Natur zuwendet und vielleicht für einen kurzen Moment seine eigenen Sorgen vergisst. Zu erleben, dass trotz allem wieder ein Frühling gekommen ist, «wieder März», unterstützt ihn dabei, an die eigene Zukunft bzw. an sich selbst zu glauben.

Und als er kurz darauf mit Carina bei einem Spaziergang die ersten Schmetterlinge sieht, spürt er, dass es auch wieder einen Sommer geben wird:

> Am Stadtrand und auf den Bahndamm zu, sie und ich. Und gleich werden uns die ersten Schmetterlinge entgegenkommen. Ein Zitronenfalter. Ein Pfauenauge. Kohlweißlinge – eine ganze Schar. Hell im Licht und sind genau zur rechten Zeit und kennen den Weg in den Sommer hinein. (*Ein Kirschkern im März*, S. 244)

Die Tages- und Jahreszeiten mit ihren je typischen Stimmungen und Ereignissen sind wie einzelne Motive in einem Musikstück Teile eines größeren Ganzen und weisen über sich hinaus: Auf jede Nacht folgt ein neuer Morgen, auf jeden kalten Winter ein warmer Frühling und dann ein Sommer, auf jeden heißen Sommer ein erfrischender Herbst und dann ein ruhiger, stiller Winter usw. usf. So hat jede Tages- und Jahreszeit ihren eigenen Charakter, ihre eigene Symbolik und Bedeutung. Wenn wir mit dem zyklischen Verlauf der Natur, dieser besonderen Melodie der Welt, vertraut sind, dann spüren wir mit Gewissheit, dass die Zeit in irgendeiner Form immer weitergeht, dass es immer wieder Veränderungen, Entwicklungen und damit neue Möglichkeiten und Chancen geben wird. Und wir wissen darüber hinaus, dass – auch wenn vieles in der Zukunft anders sein wird – zumindest manche Dinge gleich bleiben. Wir haben also immer etwas zu erwarten. Diese Perspektive spendet vielen Menschen Geborgenheit, Hoffnung und Zuversicht angesichts ungelöster Fragen oder Orientierungsschwierigkeiten. Auch in der Szene vom «Morgen als Maler» wird die Hoffnung über den eben zyklisch wiederkehrenden Morgen ausgedrückt. Es ist früh im Sommer, früh am Morgen: Was da alles noch kommen mag und kann!

Auch wenn wir uns manchmal wünschten, die Zeit bliebe stehen – das wäre furchtbar; wie könnten wir sonst leben? Die Schönheit, die wir im Werden und Vergehen der Natur, in ihrer Lebendigkeit sehen, lehrt uns das. Dabei können wir sowohl die Dynamik, den Fluss der Zeit begreifen als auch – vermittelt über die ewige Wiederkehr – ihre Tiefe.

Und noch eine weitere Einsicht kann uns die zyklische Dynamik der Natur lehren oder zumindest verdeutlichen: nämlich dass alles im Leben *seine* Zeit hat und braucht. Was immer in der Natur geschieht, findet in einem größeren Zusammenhang statt, ist abhängig von vielen anderen Faktoren, die stimmen müssen, damit etwas zu Stande kommt, damit z. B. ein Same beginnt zu keimen. Wenn er dann aber keimt, dann ist es (zumindest in der Regel, wenn das Wetter nicht verrücktspielt) auch an der Zeit für ihn zu keimen. Es ist wärmer geworden und heller, die Erde um ihn herum beginnt auch, sich zu regen, im selben Rhythmus. Kurzeck schreibt in diesem Zusammenhang oft von der «rechten Zeit», so wie oben in Bezug auf die Schmetterlinge, die den Weg in den Sommer hinein kennen. Auch die Bäume blühen bei ihm «immer zur rechten Zeit» und «wissen» sogar: «so ist es richtig». Dabei handelt es sich wieder einmal um eine Personifikation, um metaphorische Rede. Was Kurzeck damit aber zum Ausdruck bringt, ist ebendiese Einsicht, dass alles im Leben seine Zeit hat. Und das gilt auch für uns Menschen. Zwar ist unser Handeln nicht durchgängig durch solche Gesetzlichkeiten bestimmt und geregelt. Aber auch wir sollten uns, wann immer wir das Richtige tun möchten, vernünftigerweise an den gegebenen Umständen orientieren und die Eigenzeiten von Prozessen und Ereignissen respektieren. Es macht keinen Sinn, ein Feld zu früh zu bestellen, genauso unklug ist es, ein Kind zu früh einzuschulen oder zu erwarten, dass ein traumatisierter Mensch von heute auf morgen wieder der Alte ist. *Alles im Leben braucht und hat seine Zeit.*

Manchmal heißt das, dass wir eine Gelegenheit beim Schopfe packen, ein andermal, dass wir Geduld haben müssen, so wie Rilke – ebenfalls mit Bezug auf die zyklische Natur – schreibt:

> Man muss den Dingen die eigene, stille, ungestörte Entwicklung lassen, die tief von innen kommt, und durch nichts gedrängt oder beschleunigt werden kann; alles ist austragen – und dann gebären ... Reifen wie der Baum, der seine Säfte nicht drängt und getrost in den Stürmen des Frühlings steht, ohne Angst, dass dahinter kein Sommer kommen könnte. Er kommt doch!

Im Zusammenhang mit den Lindenbäumen haben wir bereits darauf hingewiesen, dass auch einzelne natürliche Objekte uns besondere naturästhetische Erfahrungen ermöglichen. Auch zyklische Zeit erleben wir nicht nur in Landschaften. Die Linden an der Rheinuferpromenade in Basel verkörpern ebenfalls zyklische Zeit – so wie Rilkes Baum. Gärten sind zudem Orte, wo zyklische Zeit (aber auch die achtsame Wahrnehmung der Zeit an sich) besonders intensiv erlebt werden kann. Insbesondere wenn man sich selbst um die Pflanzen kümmert, sie durch Jahr und Tag begleitet und so in einem engen Bezug zu ihnen steht. Selbstverständlich betrachten wir die Natur bei der Gartenarbeit nicht ausschließlich ästhetisch. Gartenarbeit kann auch anstrengend sein. Aber zweckrationale und ästhetische Wahrnehmung können sich schnell miteinander abwechseln. In einem Moment noch überlegen wir, wie lange wir wohl brauchen, um das ganze

Beet umzugraben, und im nächsten fällt unser Blick auf eine Pflanze, deren Blüte wir vorher noch gar nicht bemerkt hatten. Wir freuen uns, dass sie schon blüht wie in den Jahren zuvor, und verweilen einen Moment in der Betrachtung, bevor wir das Graben fortsetzen.

Nun können wir die Frage, inwiefern die natürlichen Zyklen uns die Zeit bewohnbar machen, beantworten: Die Zyklen der Natur sind uns zutiefst vertraut, wir können durch sie unsere eigene Geschichte mit dem Lauf der Welt verknüpfen und ihre regelmäßige Wiederkehr ermöglicht uns sowohl eine Verbindung mit der Vergangenheit als auch eine Perspektive auf die Zukunft.

Bedeutet das nun, dass es ein «richtiges» Verständnis von Zeit, das zyklisch und nicht linear ist, gibt? Tatsächlich sind wir der Ansicht, dass man Zeit – anders als es gegenwärtig der Fall ist – (wieder) stärker zyklisch denken und gestalten sollte, da die zyklische Zeit bzw. die Erfahrung des Wiederkehrenden für unser gutes Leben eminent wichtig ist. Die Erhaltung der Präsenz und Erfahrbarkeit natürlicher Zyklen in unserer Lebenswelt ist in dieser Hinsicht ein zentraler Aspekt. Allerdings gibt es in der Welt und in der Natur selbstverständlich auch lineare Prozesse, es ist nicht alles immer nur Wiederkehr. Wir sollten eine Balance finden, eine Art und Weise, Zeit zu leben, zu gestalten und zu denken, welche die jeweiligen Anteile in ein angemessenes Verhältnis setzt.

Im letzten Kapitel haben wir angemerkt, dass der Mond bei Kurzeck besonders oft auftaucht, allein im *Vorabend* fast 70-mal. Meist wird scheinbar beiläufig erwähnt, wie Kurzeck nach ihm sucht oder wie er sich zeigt: mal rund und golden, mal als Silbersichel, dann als bleicher Tagmond. Aber immer wieder geht er auf am Dorfrand von Staufenberg oder in Frankfurt, seit «eh und je». Bei fortschreitender Lektüre wird einem bewusst, dass die regelmäßige Erwähnung des Mondes, die Suche nach ihm und sein sanftes Zu- und Abnehmen nicht nur beiläufig erfolgt, sondern dem Roman – so wie dem Leben auch – einen Rhythmus gibt. (Man erfährt auch bei der Kurzeck-Lektüre zyklische Zeit.) Wie ein Freund begleitet der Mond Kurzeck durchs Leben und die Verbindung zu ihm ist so stark, dass Kurzeck von «seinem Mond» spricht, so ähnlich, wie er auch von «meinem schönen Tal» in seiner Heimat in Staufenberg erzählt. Diese Formulierung greift seine Tochter Carina offenbar einmal auf und Kurzeck erinnert sich im letzten Satz des *Vorabends* daran: «Mein Mond hat Carina einmal gesagt. Mein Mond. Mit Fragezeichen.» Natürlich gehört der Mond nicht uns, doch er gehört *zu* uns. Und wir zu ihm und zur Natur.

Aus der Zeit gefallen

Die Betrachtung schöner Natur kann uns zu einer Reflexion auf Zeit und Vergänglichkeit einladen und einen achtsamen Umgang mit ihr lehren. Diesem Phänomen waren wir zuerst nachgegangen. Dann haben wir uns der Zyklizität der

Natur zugewandt, die uns, wenn wir ihr in unserem Alltag Aufmerksamkeit schenken und mit den tages- und jahreszeitlichen Stimmungen resonieren, die Zeit bewohnbar macht. Bei der Lektüre des «Morgens als Maler» war aber weiterhin aufgefallen, dass schöne Natur uns offenbar auch zum Verweilen einlädt und uns dabei sogar Freiheit von der Zeit schenken kann. Widmen wir uns nun zum Schluss dieser Facette des Zeiterlebens in der ästhetischen Naturbetrachtung.

Kurzecks Morgen lässt sich beim Malen Zeit. Wörtlich ist das wie gesagt nicht gemeint. Vielmehr hebt Kurzeck damit auf das Gemächliche der Morgenweltbewegung ab. Vielleicht will er aber auch darauf hinaus, dass er selbst in diesem Moment die Zeit besonders langsam vergehen spürt. In etlichen anderen Textstellen zur ästhetischen Wahrnehmung schreibt Kurzeck nämlich, dass die Zeit dabei langsamer vergeht oder auch gar nicht mehr – sie hält an oder er spürt sie nicht mehr, ist sich ihrer nicht mehr bewusst.

Wer kennt das nicht, dass man sich etwas Schönem, beispielsweise einem Lied, zuwendet oder ganz und gar in kreatives Schaffen eintaucht und erst dann, wenn man seine Aufmerksamkeit wieder auf etwas anderes richtet, merkt, dass in der Zwischenzeit Zeit vergangen ist? Man spürt die Zeit dann, wie Kurzeck oft schreibt, «wieder anrucken». Wie kann man das erklären, warum ist das so? Vielleicht hat es etwas mit der Selbstzweckhaftigkeit der ästhetischen Wahrnehmung zu tun. Wir lassen uns für einen kurzen oder längeren Moment ganz auf das Objekt unserer Wahrnehmung ein und verweilen dabei oder gehen, wie Michael Theunissen es ausdrückt, «in einer Sache auf».

In einer Sache aufgehen kann man aber nur, wenn man sich um Zukünftiges nicht kümmert und seiner vergangenen Leiden nicht gedenkt. Das Vergehen der Zeit wird dann nicht mehr erlebt, denn es wird nicht wahrgenommen, wie die Gegenwart in die Vergangenheit schwindet oder die Zukunft auf einen zukommt. Man verbleibt in der Gegenwart. Unabhängig von der eigenen Wahrnehmung fließt die Zeit natürlich stets weiter, aber da man sich sozusagen selbst im Fluss befindet und mit dem, was man macht oder betrachtet, ganz mitgeht, nimmt man nur noch Bewegung wahr, aber eben keine Zeit. «Alles fließt» dann, so erzählt Kurzeck über einen Altweibersommermorgen, «nur die Zeit bleibt immer wieder ein Weilchen stehen» (*Vorabend*, S. 485).

Kurzeck beschreibt diesen Zustand, den er auch als «außerhalb der Zeit» oder «aus der Zeit gefallen» bezeichnet, unzählige Male in seinem Werk. Meist stechen diese Beschreibungen stark aus dem textlichen Umfeld heraus, das von Sorgen und Zeitnot erzählt. Auf diese Weise hebt Kurzeck in seinen Romanen die der ästhetischen Wahrnehmung eigene Freiheit von der Zeit hervor. Er erzählt auch davon, wie diese Erfahrungen eine Wirkung über den Moment hinaus entfalten können. Zum einen entspannen sie uns und geben Kraft, andererseits führen sie – ähnlich wie die Achtsamkeit auf Zeit – zur Einsicht, dass das Wichtigste im Leben die Gegenwart ist, dass wir nur diese wirklich gestalten können und die Zukunft und die Vergangenheit zu gewissen Teilen eben nicht. Auch im «Morgen als Maler» kommt Kurzeck schließlich ganz im Moment an und fühlt sich gelassen: «Wie es weitergeht, wird sich finden.» Er fühlt sich geborgen nicht nur im Raum, sondern auch in der Zeit. In der folgenden Textstelle findet sich die Formulierung «wie außerhalb der Zeit». Sie wird kontrastiert mit der Erfahrung drängender Zeit, so wie sie von Heidegger in der existenziellen Stimmung der Angst beschrieben ist:

> So mild jetzt das Licht. Und um dich herum alles lebendig und wirklich. Wie außerhalb der Zeit ein Moment und jegliche Unrast von dir abgefallen. Womöglich für immer. Sonst immer bleibt einem nur die Vergangenheit (schwer zu tragen!) und der Spuk einer spukhaften Zukunft, um die man sich unentwegt sorgen muß. Und jetzt hier mit Sibylle und Carina. Mit deinem Leben weißt du dich hier stehen. (*Oktober und wer wir selbst sind*, S. 181)

Die Befreiung von der Zeit ist ein prominenter Aspekt ästhetischer Wahrnehmung, allerdings ist er, wie schon gesagt, nicht auf Naturbetrachtung beschränkt. Auch beim Lesen, Malen, Musikhören usw. erleben wir Freiheit von Zeit. Zum Abschluss nehmen wir nun aber noch eine Zeiterfahrung in den Blick, die bei Kurzeck nur im Zusammenhang mit Resonanzerlebnissen in der Natur bzw. vielmehr in schönen Landschaften vorkommt, und zwar das Erleben von Ewigkeit.

Im «Morgen als Maler» sagt Kurzeck nicht, dass er eine Ewigkeit erlebte, was freilich nicht ausschließt, dass er das in diesem Moment tat. Denn es gibt sehr ähnliche Textstellen, in denen er von Ewigkeitserfahrungen berichtet. An einer Stelle im *Vorabend* beispielsweise erzählt er davon, wie er gerade in ein Gespräch mit einem alten Bekannten vertieft ist. Es ist ein Altweibersommermorgen und zu Beginn des Gesprächs stehen die beiden noch im Schatten. In dem Moment jedoch, als der Schein der Vormittagssonne Kurzeck erreicht, wird er von der in leuchtender Schönheit erstrahlenden Umgebung ergriffen und wendet sich ihr ganz zu, wenngleich nur für wenige Augenblicke. Doch in dieser kurzen Zeitspanne schwingt er ganz und gar mit der von der Altweibersommerstimmung durchdrungenen Landschaft mit. Dabei kommt in ihm der Wunsch auf, dass der Altweibersommer ewig bleiben möge, er bemerkt dann aber, dass «gerade jetzt diese paar Augenblicke in der Sonne», dass das doch schon eine Ewigkeit war. «Die Ewigkeiten», so fährt Kurzeck fort, «macht man sich selbst» (S. 489).

Warum kann man eine solche Erfahrung wenn auch vielleicht nicht ausschließlich, aber doch vor allem in schönen Landschaften machen? Hängt das wiederum an der immersiven Intensität der landschaftsästhetischen Erfahrung?

An einer anderen Stelle im *Vorabend* wird diese Intensität besonders stark spürbar. Kurzeck erzählt hier von einem Abendspaziergang mit seiner Freundin Sibylle. Der Ort, an dem sie spazieren gehen, ist eine Hochfläche hinter Staufenberg, die als «die Hardt» bezeichnet wird:

Und jetzt hier auf der Hochfläche. Hier bleibt die Sonne abends am längsten. So kann einem vorkommen, als ob der Sonnenuntergang wie eine Uhr, die man vor- und zurückstellt und sogar anhalten kann. Mehrfach angehalten der Sonnenuntergang. Besonders hier oben. Und fängt immer nochmal von vorn an. Und man spürt es, als ob man selbst mit verglüht. Immer weiter im Licht, Sibylle und ich. Manchmal nachträglich kann einem vorkommen, man hätte sich von weitem gesehen, wie man da geht in der Ferne. Lang auf den Horizont zu. Und ein Himmel aus lauter Gold. Entweder angehalten und immer nochmal von vorn der Sonnenuntergang oder müssen doch mehre Abende. So geht man und geht. ... Mit Sibylle auf der Hardt. Manchmal merkt man, das wird jetzt ein Augenblick, an den man sich sogar noch im nächsten Leben erinnert. Erst nur ein Augenblick und vielleicht dann der ganze Tag so. Oft Wochen sogar. Und dann später ist einem, als ob die Zeit immer noch da. Ist nicht wirklich gegangen. Das sind wir doch selbst, die Zeit. (S. 846–854)

Kurzeck geht, schwingt hier so stark mit seiner Umgebung mit, dass er den Sonnenuntergang spürt, «als ob er selbst mit verglüht». Natürlich verglüht er in dem Moment nicht selbst, es handelt sich nicht um eine wirkliche Verschmelzung mit der untergehenden Sonne. Aber er fühlt sich in diesem Moment so sehr mit seiner Umgebung verbunden, dass er seine eigene Perspektive überwindet und sich als Teil eines größeren Ganzen wahrnehmen kann. Unterstrichen wird diese Erfahrung dadurch, dass es ihm nachträglich so vorkommt, als hätte man «sich von weitem gesehen». Auch das verstehen wir so, dass Kurzeck hier, so ähnlich wie im «Morgen als Maler», die Erfahrung macht, die den unersetzbaren Wert schöner Landschaften ausmacht: Er fühlt sich als Teil seiner natürlichen Umgebung und in der Welt zuhause.

Die Zeit wird dabei auf besondere Weise erlebt. Zum einen geht die Sonne für Kurzeck und Sibylle mehrfach unter, was damit zusammenhängen kann, dass man den Sonnenuntergang beim Aufstieg in höhere Lagen tatsächlich mehrmals anschauen kann. Die untergehende Sonne bleibt aber auch stehen, d. h., die beiden erleben wieder Momente außerhalb der Zeit. Und dann bemerkt Kurzeck irgendwann im Laufe des Spaziergangs, dass das jetzt ein Augenblick war, an den er «sich sogar noch im nächsten Leben erinnert». Mit anderen Worten: Das Erleben dieser Resonanzerfahrung muss so intensiv und berührend gewesen sein, dass er das Gefühl hat, sie wird ihm ewig bleiben. Im Abschnitt zur «Achtsamkeit auf Zeit» haben wir im Zusammenhang mit den Lindenbäumen bereits auf das Phänomen hingewiesen, dass wir uns ästhetische Resonanzmomente offenbar besonders tief einverleiben.

Aber auch eine fundamentale Erkenntnis ist Teil dieses ekstatischen Moments: «Das sind wir doch selbst, die Zeit.» Kurzeck spürt, er erkennt, dass es keine Zeit an sich gibt. Die Welt ist, wie Friedrich Kambartel sagt, das «Haus der Zeit». Auch wir selbst sind ein Haus der Zeit. Und wir sind es auch, die vergänglich sind, nicht die Zeit. Aber wenn uns eine wichtige, zeitlose Einsicht widerfährt und wir eine dermaßen intensive Resonanzerfahrung machen, dass sie uns für immer bleibt, dann ist sozusagen auch der Moment ewig.

Es fällt auf, dass in allen Zitaten – auch im «Morgen als Maler» – das Licht, genauer das Sonnenlicht eine große Rolle spielt. Das Licht umspielt und verändert alles und es verändert sich auch selbst ständig. Es geht am Abend und am Morgen kommt es wieder. Alles hängt letztendlich vom Licht ab und wird durch das Licht «zusammengehalten». Denn das Licht steuert nicht nur die biologischen Rhythmen der Erde, es prägt auch maßgeblich die jeweilige Atmosphäre eines Orts.

Neben dem Licht sind bei Kurzeck Berge mit Ewigkeitserfahrung verknüpft. Den auch von seinem Schriftstellerkollegen Thomas Hettche bedichteten *Totenberg* bezeichnet er beispielsweise als «Ewigkeitsberg», der den Menschen in der Gegend «schon eh und je bei ihrem Leben zusieht». Berge laden uns zur Erfahrung ein, in vergangene Zeitalter einzutauchen, Erdgeschichte und Erdzeit zu erleben. Was sonst in Form von Zahlen relativ abstrakt bleibt, nämlich das Alter von Landschaftsformationen, ihre geologische Tiefenzeit, kann beim ästhetischen Resonieren gespürt werden. Das kann uns zu Einsichten über das von selbst Entstandene und unsere Verbundenheit damit führen. Man spricht heutzutage von «Zeitbewusstheit», in Übersetzung von «timefulness», was seinerseits an «mindfulness», «Achtsamkeit» angelehnt ist.

In der ästhetischen Resonanz mit Landschaften erlebt Kurzeck also Ewigkeiten, indem er in etwas Größerem, nämlich der Natur aufgeht und sich als Teil von ihr versteht. Er fühlt sich nicht nur in der Welt, sondern auch in der Zeit zuhause. Er begreift, dass er Teil des Laufs der Welt und selbst die Zeit ist. «Ewigkeit» bedeutet in diesem Zusammenhang keine unendlich lange zeitliche Ausdehnung, sondern eine unermessliche Tiefe, wenn, wie Scruton es ausdrückt, «ewige Bedeutung das Jetzt durchdringt» und es ist, als ob «der Moment eine Tür öffnet herunter in die Tiefen des Seins, und auf diese Weise wird der Moment zu einer Ikone der Ewigkeit».

Kurzeck glaubte, soweit man weiß, nicht an ein ewiges Leben nach dem Tod. Für ihn ist die Erfahrung von Ewigkeit und damit auch Unsterblichkeit («Keiner stirbt») eine Erfahrung, die in bestimmten Momenten des Lebens gemacht werden kann, vor allem in schönen Landschaften. Wir sind zugleich «eben gekommen, vergänglich und ewig» (*Kein Frühling*, S. 33). Wir sind zuhause in dieser Welt, in dieser Zeit und gehören mit zur Ewigkeit dazu. Diese Erfahrung spendet Trost, es ist eine Erfahrung, die gewissermaßen die Gleichgültigkeit der Welt uns gegenüber aufhebt – auch wenn wir wissen, dass die Welt selbst uns gegenüber nichts empfinden kann. Unser Gefühl der Verbundenheit ist echt. Sich als Teil von einem größeren Ganzen zu begreifen, mildert die Perspektive auf die eigene Vergänglichkeit. Wir erleben in diesen Momenten, dass wir letztendlich aus der Natur kommen, wieder in sie eingehen werden und dass das zum Leben mit dazugehört.

Das Leben ist ein Geschenk

Diese zuletzt beschriebene ekstatische naturästhetische Erfahrung hat etwas von einer spirituellen Erfahrung an sich. Wie aber verhalten sich Ästhetik und Spiritualität zueinander? Für Scruton besteht da in der Tat ein enger Zusammenhang:

> Was uns in der Erfahrung von Schönheit offenbart wird, ist eine grundsätzliche Wahrheit über das Leben – die Wahrheit, dass das Leben ein Geschenk ist, was uns aber auch in die Pflicht nimmt. Das ist eine Wahrheit der Theologie, die auch als solche ausbuchstabiert werden muss.

Wir sollten, meint Scruton, dankbar sein für dieses Geschenk und uns seiner würdig erweisen. Zu was aber würde uns diese Dankbarkeit verpflichten, will man sofort zurückfragen. Und wem gegenüber soll so eine Verpflichtung bestehen? Dem lieben Gott oder dem Leben, der Natur gegenüber? Oder nur uns selbst? In diesem Kapitel haben wir uns bemüht, die naturästhetische Erfahrung und ihre besondere Zeitlichkeit nicht-transzendent, d. h. ohne alle spekulative Metaphysik und Religion zu verstehen, lediglich als eine für uns gute und wichtige Erfahrung. Wir haben gezeigt, dass es für uns gut ist, die Natur zu personifizieren und ihre Schönheit zu erfahren, und dass mit dieser Erfahrung auch eine Schuldigkeit gegenüber der Natur selbst einhergeht. Von einer Dankbarkeit gegenüber der Natur oder dem lieben Gott war bislang allerdings noch nicht die Rede. Ist so eine Dankbarkeit denn geboten?

Anmerkungen und Literaturhinweise zum zweiten Kapitel

New Morning ist ein Song von Bob Dylan. Im *Vorabend* klingen etliche seiner Songs an. Während Kurzeck den Roman schrieb, soll im Hintergrund immer wieder Bob Dylans *Hard Rain* gelaufen sein. Auch im Krankenhaus vor seinem Tod soll Kurzeck diesen Song gehört haben, wie seine letzte Lebenspartnerin Bianca Döring in *Im Mangoschatten* berichtet: «Peti will Dylan hören, voll aufgedreht. *A Hard Rain's a-Gonna Fall*. Auf Dauer-repeat, Stöpsel in den Ohren, Stöpsel in der Nase, Stöpsel auf dem Handrücken. Eine tiefe, große Ruhe.» (S. 89) Man könnte aus den im *Vorabend* angesprochenen Songs eine Playlist der 1950er bis 1970er Jahre erstellen. Prominent wären auf dieser Liste neben Bob Dylan die Beatles, Pink Floyd, Leonard Cohen etc. Die Sammlung von Kurzecks CDs lagert an der Universität Frankfurt in einem Archiv. In Christian Riedels Doktorarbeit hat es wie gesagt ein ganzes Kapitel zur Bedeutung des Blues bei Kurzeck.

Zur Philosophie der Stimmungen: Es ist Martin Heidegger zu verdanken, dass er den nach der Romantik in Diskredit geratenen Stimmungsbegriff philosophisch wieder salonfähig gemacht hat. In *Sein und Zeit* arbeitet Heidegger heraus, wie anders die Stimmung der Angst im Vergleich zur gerichteten Emotion der Furcht vor etwas ist. Grundlegend für die Philosophie der Stimmungen, zumindest im deutschsprachigen Raum, ist das Werk des Heidegger-Schülers Otto Friedrich Bollnow *Das Wesen der Stimmungen*. Einen hervorragenden Überblick über die Geschichte des Stimmungsbegriffs gibt David Wellbery im Lexikon *Ästhetische Grundbegriffe*. Heute boomt die Philosophie der Stimmungen, vgl. z. B. Hans Ulrich Gumbrechts *Stimmungen lesen*, Matthew Ratcliffes *Feelings of Being* und das von Angelika Krebs und Aaron Ben-Ze'ev herausgegebene Sonderheft der Zeitschrift *Philosophia* mit dem Titel *The Meaning of Moods*. Das Zumthor-Zitat zum Sonnenlicht und seiner atmosphärischen Bedeutung findet sich in seinem Buch *Atmosphären*, S. 61 f., vgl. auch «Das Licht in der Landschaft» in Zumthors *Architektur denken* (S. 89–93).

Zur Natur- und Landschaftsästhetik: Im Vergleich zur Ästhetik der Kunst und des Designs fristet die Natur- und Landschaftsästhetik seit geraumer Zeit ein Schattendasein. Kant hatte der Naturschönheit noch den Vorrang vor der Schönheit der Kunst gegeben. Mit Hegel kehrte sich das Verhältnis dann aber wohl endgültig um. Die kantische Naturästhetik befasst sich anders als unser Kapitel vor allem mit der Schönheit einzelner Organismen und kümmert sich wenig um die Schönheit von Landschaften im Ganzen. Wie allerdings Kants berühmte Formulierung vom «Wink der Natur» in seiner *Kritik der Urteilskraft* zeigt, arbeitet auch Kant prominent mit personifizierender Metaphorik. Die Schönheit der Natur gebe uns einen Hinweis oder Wink, dass wir Menschen mit unserem Erkenntnisvermögen in die Welt passen und in ihr willkommen sind. Im Unterschied zu Kurzecks physiozentrischer Naturästhetik mutet Kants Wink-Metapher recht anthropozentrisch an. Die Natur erscheint darin nicht selbst als unverfügbares und unerschöpfliches Gegenüber, das zu uns spricht und dem wir etwas schulden. Vielmehr tritt sie als etwas auf uns hin Eingerichtetes in Erscheinung.

Eine ausgezeichnete Übersicht über die neuere Diskussion bietet Martin Seels inzwischen aber einige Jahrzehnte alte *Ästhetik der Natur*. Seel unterscheidet drei Dimensionen der Naturbetrachtung. In der «imaginativen» Art der Betrachtung sieht man die Natur durch das Auge der Kunst. Man erkennt zum Beispiel «einen Monet» in einer Seenlandschaft. Diese Dimension ist jedoch nach Seel nicht die einzige. Man kann Natur auch ohne Kunst erstens «kontemplativ» und zweitens «korresponsiv» betrachten. Zur Frage, wie sich unser naturästhetischer Ansatz zum Seel'schen verhält, vgl. Angelika Krebs' «As If the Earth Has Long Stopped Speaking to Us: Resonance with Nature and Its Loss». Dieser Artikel thematisiert neben der von Kant so genannten freien Naturschönheit auch ihre abhängige, funktionale oder, wie Seel sie nennt, «korresponsive» Schönheit. (Kants freie Schönheit heißt bei Seel «kontemplativ».) Zudem bespricht der Artikel die in korresponsivem Zusammenhang interessante evolutionäre Landschaftsästhetik sowie die Unterscheidung zwischen Erhabenheit und Schönheit und vieles andere mehr, für das kein Platz in diesem Kapitel war.

Doch kurz zumindest zum Erhabenen: In der Kurzeck-Passage zum Morgen als Maler geht es vor allem um die Schönheit der Natur. Eine Spur von Erhabenheit kann man in Kurzecks Bemerkung zum Licht finden: «Soviel Licht, sagte ich, wie soll man das aushalten?» Auch in der Tauwetter-Stimmung klingt das Erhabene an, und zwar in der Gewalt, mit der die Eiszapfen zu Boden gehen. «Schönheit» in dem von uns im Kapitel verwendeten, weiten Sinne umfasst «Schönheit» im engen Sinne und Erhabenheit. Diese ebenfalls kantische Unterscheidung lässt sich mithilfe unseres Verständnisses ästhetischer Resonanz gut rekonstruieren. Lediglich «Schönheit» im engen Sinne erlaubt perfekte sympathetische Koordination und das Gefühl der Einheit. Bei Erhabenheit gelingt uns das sympathetische Mitschwingen nur partiell. Zwar lädt uns auch das «mathematische» und «dynamische» Erhabene mit seiner unendlichen Größe und Kraft zum Mitgehen ein. Wir genießen es, an seiner (mathematischen) Größe und (dynamischen) Kraft teilzuhaben. Allerdings werden wir dabei auch immer wieder schmerzlich an unsere eigene Kleinheit und Verletzlichkeit erinnert («wie soll man das aushalten?» bzw. «Daß Eiszapfen töten können»). Das Erhabene konfrontiert uns mit einer Spannung zwischen der Feier der Landschaft und der Selbstvernichtung. Trotzdem kann man sich auch in einer erhabenen Landschaft als ihr Teil fühlen, natürlich nur solange sie einen nicht existenziell gefährdet und nur in einem deutlich schwächeren Sinne als dem des völligen Aufgehens in der schönen Landschaft. Zum Wechselspiel von Sympathie und Antipathie im Erhabenen vgl. Tom Cochranes Artikel «The Emotional Experience of the Sublime».

Die Zitate aus Georg Simmels Aufsatz «Philosophie der Landschaft» sind aus S. 479 f. Joachim Ritter baut in seinem im deutschsprachigen Raum ebenfalls einflussreichen Artikel «Landschaft. Zur Funktion des Ästhetischen» auf Simmel auf. Nach Ritter wurde das Phänomen der Landschaft erstmals von Petrarca bei der Besteigung des *Mont Ventoux* 1336 erfasst. Die Geschichte der Entdeckung der Landschaft von der Antike (sic!) bis zur Gegenwart zeichnet Kurt-H. Weber in seinem Buch *Die literarische Landschaft* nach. Zur Besonderheit von Gärten im Unterschied zu Landschaften und zur Bedeutung des Gärtnerns vgl. David Coopers *A Philosophy of Gardens* und Klaus Ewalds *Weisheiten aus meinem nicht digitalen Garten* (insbesondere S. 109–135) sowie zur politischen Funktionalisierung von Landschaften Simon Schamas *Der Traum von Wildnis*. Den Begriff des Halbdings definiert Hermann Schmitz u. a. in seinem Buch *Der Leib* auf S. 29 f.

Wie sich Landschaftsästhetik und die Erholung in der Natur (als Entrückung, Entspannung und Umspannung) einerseits unterscheiden und wie sie andererseits zusammenspielen, am harmonischsten vielleicht beim Wandern, erarbeitet Werner Nohl in seinem Buch *Landschaftsplanung: Ästhetische und rekreative Aspekte*. Nohl versucht darin auch, die Schönheit von Landschaften für die planerische Praxis anhand von fünf vorästhetischen Kriterien (Vielfalt, Gliederung, Eigenart, Ferne und Naturnähe) mit Noten von eins bis fünf propositional oder «formal-logisch» zu operationalisieren und zu Gesamtwerten von fünf bis 25 zu aggregieren, was freilich nur ansatzweise gelingen kann. Er weiß das auch selbst und misst der «verbal-logischen» Beurteilung mehr Gewicht bei als der formal-logischen.

Allgemein zur Ästhetik: Der diesem Kapitel zugrundeliegende Ansatz steht in kantischer Tradition, gewürzt mit einer starken Prise Roger Scruton. Die beste Einführung in Scrutons Ästhetik ist sein kurzes Buch *Schönheit*. Dort definiert er auf S. 42, wann wir etwas als «schön» bezeichnen: «wenn es uns als eigenständiges Objekt in der Betrachtung Freude bereitet, und zwar aus sich heraus und in der Form, in der es sich darbietet». Eine noch knappere Orientierung gibt sein Artikel «The Aesthetic Gaze» in dem von Mark Dooley herausgegebenen *Roger Scruton Reader*. Scruton hat auch ein Buch zu Kant mit einem eigenen Kapitel zu dessen Ästhetik verfasst. Das Scruton-Zitat zum Lächeln der Mona Lisa ist seinem Buch *The Face of God*, S. 128 f., entnommen, wie auch das Zitat am Ende unseres Kapitels zum Leben als Geschenk (S. 151 f. – beide Zitate in unserer Übersetzung). Seine Musikphilosophie findet sich u. a. in seiner bislang auch noch nicht ins Deutsche übersetzten *Aesthetics of Music*. Besonders einschlägig für das metaphorische Modell ist das Kapitel «Content» (S. 343–368).

Die Unterscheidung zwischen aktiver und passiver Lust, «active» und «passive pleasure», nimmt u. a. Georg Henrik von Wright in seinen *Varieties of Goodness* vor (S. 63–65). Von Wright macht dort noch eine dritte Kategorie von Lust oder Genuss auf, und zwar «pleasure of satisfaction», z. B. die Befriedigung, die man verspürt, wenn man ein Buch erfolgreich zu Ende geschrieben hat. Das Wittgenstein-Zitat zum «Warum» ästhetischer Reaktionen steht auf S. 28 seiner «Vorlesungen über Ästhetik». Die Formulierung «rechnende Weltbemeisterung» stammt aus Theodor Litts *Naturwissenschaft und Menschenbildung*, S. 166.

Den Resonanzbegriff haben wir, wie in der Einleitung bereits vermerkt, von Hartmut Rosa übernommen (*Beschleunigung* und ein paar Jahre später *Resonanz*). Bei Rosa deckt dieser Schirmbegriff nur u. a. ästhetische Resonanz ab. Er umfasst auch kausal-sinnliche Ansteckung, biografische Resonanz (was wir im Heimat-Kapitel behandeln) und soziale Resonanz (zwischenmenschliche Empathie, Sympathie und Miteinanderfühlen). Bei einem so breiten Bedeutungsspektrum besteht freilich die Gefahr, dass man die Unterschiede zwischen den verschiedenen Formen der Resonanz nicht klar genug markiert. Rosa begreift alle Resonanz als Antwortbeziehung, in der jede Seite mit ihrer eigenen Stimme spricht (vgl. z. B. S. 298 in *Resonanz*). Die Natur spricht seiner Meinung nach genauso mit ihrer eigenen Stimme wie ein geliebter anderer Mensch. Damit wird aber ein wesentlicher Unterschied verschliffen, der darin besteht, dass uns die oder der Geliebte mit einer genuin eigenen Perspektive auf die Welt gegenübertritt, wohingegen die Natur «nur» im metaphorischen Sinne zu uns spricht. Verschleift man diesen Unterschied, gleitet man ab in schlechte Metaphysik.

Zur Architekturästhetik: Die Parallelen zwischen der ästhetischen Erfahrung von Landschaft einerseits und von Architektur andererseits reichen noch weiter als im Text erwähnt: 1. Die Schönheit beider ist wesentlich expressiv oder abstrakt und nicht darstellend. 2. Das Erhabene hat in beiden einen prominenteren Platz als in der Kunst. 3. Beide sind relativ einfach, d. h. ohne großes Vorwissen zugänglich. 4. Landschaften wie Gebäude sind an einem bestimmten Ort lokalisiert, man kann sie nicht einfach mitnehmen wie ein Gemälde. Damit sind sie auch besonders verletzbar durch das, was um sie herum geschieht. 5. Die Schönheit beider ist stark funktional geprägt (alias «abhängig» oder «korresponsiv»), d. h., ihre Schönheit hat viel damit zu tun, dass sie ihren Zweck gut erfüllen. Zur Philosophie der Architektur vgl. neben Zumthor den Aufsatz von Nelson Goodman und Catherine Elgin «Wie Bauwerke bedeuten», Sten Eiler Rasmussens *Architektur Erlebnis*, Roger Scrutons *The Classical Vernacular* und *The Aesthetics of Architecture* sowie, mit einer Betonung der Sinnlichkeit, Juhani Pallasmaas *Die Augen der Haut*.

Zur Philosophie der Zeit: Dass wir ein *klares* Verständnis, aber keinen *deutlichen* Begriff von Zeit haben, erklärt Gottfried Gabriel auf S. 139 in seinem Aufsatz «Zeit, Zeitlichkeit und Ewigkeit – philosophisch betrachtet». Das Zitat von der Welt als dem Haus der Zeit stammt aus dem Zeitkapitel des «begrifflichen Romans» *Die Farbe der Welt*, welchen Friedrich Kambartel zusammen mit seiner Tochter Ruth Kambartel gerade schreibt. Einen guten Einstieg in Peter Janichs Zeitphilosophie liefert das Kapitel: «Chronometrie als Protophysik der Zeit», S. 128–141, in *Kleine Philosophie der Naturwissenschaften*. Eine klassische Artikelsammlung, die einen Überblick über die unterschiedlichen philosophischen Annäherungen an den Begriff der Zeit ermöglicht, ist der Band *Klassiker der modernen Zeitphilosophie* von Walther Ch. Zimmerli und Mike Sandbothe.

Michael Theunissens Elaboration dessen, was es heißt, in einer Sache aufzugehen, findet sich im Kapitel «Freiheit von der Zeit» in seinem Buch *Negative Theologie der Zeit*. Martin Seel erörtert das ästhetische Verweilen im Kontrast zur zweckrationalen Wahrnehmung und den besonderen Zeit-Raum der ästhetischen (Landschafts-)Wahrnehmung im Kapitel «Aisthetik und Ästhetik. Über einige Besonderheiten der ästhetischen Wahrnehmung – mit einem Anhang über den Zeitraum der Landschaft» in seiner Aufsatzsammlung *Ethisch-ästhetische Studien*. Roger Scrutons Zitat zum Wert der Wiederholung von religiösen Ritualen findet sich in seinem Artikel «The Point of Intersection of the Timeless with Time» auf S. 164. Auch die Einsicht, dass die Erfahrung von «Ewigkeit» in der ästhetischen Erfahrung keine unendlich lange zeitliche Ausdehnung, sondern eine unermessliche Tiefe bedeutet, formuliert er dort, und zwar auf S. 164 f. (beide Zitate in unserer Übersetzung).

Für die zyklische Zeit als einer dem Menschen angemessenen setzt sich Rüdiger Safranski u. a. auf S. 133 in seinem Werk *Zeit. Was sie mit uns macht und was wir aus ihr machen* ein. Die (zunehmend auseinanderklaffende) Schere von «Lebenszeit und Weltzeit» erörtert Hans Blumenberg in seinem gleichnamigen Buch. Auch Thomas Fuchs kritisiert in seinem Aufsatz «Chronopathologie der Überforderung. Zeitstrukturen und psychische Krankheit» die entfremdende Herrschaft der linearen Zeit und fordert eine Rückkehr zur primären, zyklischen Zeit. Wie uns Kunstwerke und insbesondere Musik aus dem Gefängnis der Gegenwart und aus flachen, linearen Zeitstrukturen befreien können, erörtert Raymond Tallis in seinem Artikel «Art and the Escape from the Elusive Prison of the Present». Die Rilke-Zeilen stammen ursprünglich aus einem im Jahre 1903 verfassten Brief von Rilke an den Dichter Franz Xaver Kappus. Eine unbekannte Person hat sie zu einem Gedicht mit dem Titel *Über die Geduld* zusammengestellt, seitdem kursieren sie – im Internet findet man sie auf etlichen Seiten. Dem Phänomen der geologischen Tiefenzeit gewidmet ist das Buch *Zeitbewusstheit* von Marcia Bjornerud.

Walter Benjamin entwickelt die Unterscheidung zwischen Erlebnis und Erfahrung in «Erfahrung und Armut». Zu den Paradoxien der Zeiterfahrung siehe neben Bollnows *Das Wesen der Stimmungen* das sechste Kapitel aus Hartmut Rosas *Beschleunigung*. In diesem soziologischen Werk werden außerdem die von Kurzeck kritisierten Prozesse, die zu einer Beschleunigung des Lebenstempos und zur Erfahrung der stets drängenden Zeit führen, erörtert. In der Sekundärliteratur zu Kurzeck sind zum Thema Zeit besonders ergiebig Jörg Magenaus «Die Suche nach der verlorenen Zeit» (mit der Formulierung «Gedächtniskino») und Christoph Seifeners «Immer schneller die Zeit», das Kurzecks Beschleunigungskritik mit der von Rosa zusammenbringt. Magenaus Zitat zur Allgegenwart von Zeit in Kurzecks Werk findet man auf S. 236, Seifeners Zeilen zu Kurzecks entschleunigtem literarischen Lebensentwurf auf S. 314. Wie Magenau erörtert auch Alexander Honold in «Auf der *Schosseeh*» den bei Kurzeck dargestellten Übergang der zyklischen zur linearen Zeiterfahrung in den 1950er Jahren. Beide Autoren rezipieren den Verlust des vertrauten und Halt gebenden Zusammenspiels von Natur und Mensch zur gegebenen Tages- und vor allem Jahreszeit. Sie betrachten jedoch nicht die eminente ästhetische Bedeutung der zyklischen Naturzeit bei Kurzeck. Wollte man neben dem der naturästhetischen Erfahrung eigenen Zeiterleben auch deren Raumerleben erkunden, wäre wiederum Otto Friedrich Bollnow einschlägig, und zwar mit seinem *Mensch und Raum*.

Drittes Kapitel

Gott schläft: Zurück zu einer spirituellen Haltung gegenüber der Welt

«Aus Gottes Hand gefallen»

Und mußt dir und den toten Tieren, mußt jedem einzelnen toten Tier händeringend vorsagen, daß das nicht gegen sie persönlich! Kein Affront! Nicht bös gemeint! Keine Absicht! Nichtmal Schicksal! Nur so beiläufig! Zufall! Physik! Ein Nebeneffekt! Daß sie so tot hier liegen! Sssälawieh! Also nicht gekränkt sein! Aus Gottes Hand gefallen – genau wie der ganze Müll! Und die Menschen ja auch! Die Menschen schon länger sogar! Und ich? Warum hier? Warum gehst du hier? fragt man sich, sagte ich. Weit und breit der einzige Mensch, der als Mensch hier geht. Beinah wie als letzter übriggeblieben. Weil du kein Amt hast, kein Auto, kein Haus! Fremd, überall fremd! Aus Böhmen und ohne Haus. Du gehst hier, sprichst mit den toten Tieren. Lernst den Müll auswendig. Und mußt wie immer mit dem Tod, mit dir selbst, mit Zeit und Vergänglichkeit hadern. Schreibst im Kopf Eingaben, Eingaben. Zwecks Gerechtigkeit, Wiederherstellung, Revision. Du gehst und die Autos zischen vorbei. Hier gehst du und stolperst und fluchst pausenlos. Und sollst doch die Schönheit singen! (*Vorabend*, S. 770)

Wir sind zurück am Straßenrand. Aber nicht bei den Igeln und ihrem Leid. Sondern bei einem Ich, das angesichts der vielen toten Tiere, die da herumliegen, und all des Mülls seine Fassung verliert. Und verzweifelt an Gott und der Welt. Und sich allein fühlt, beinah als letzter Mensch. Und angewidert davon ist, wie die Leute in den Autos ihre Mitschuld nicht wahrhaben wollen und floskelhaft abtun.

Auch bei dieser Passage besteht kaum Anlass, das mit sich selbst sprechende, aufgebrachte Ich groß vom Schriftsteller Peter Kurzeck zu trennen. Wie er stammt das Ich aus Böhmen. Wie er fühlt es sich überall, auch in seiner neuen Heimat, fremd. Wie er hat es weder Haus noch Amt noch Auto. Wie er soll es, will es die Schönheit singen.

Mit ihren sage und schreibe 18 Ausrufezeichen stellt die Passage einen ersten emotionalen Höhepunkt der *Vorabend*-Kapitel 46 und 47 dar, in denen es um die Wanderung der Frösche und ihre Vernichtung geht. Die toten Tiere am Straßenrand sind also vor allem Frösche:

> Aus all ihren Froschträumen und Froschländereien, aus allen Richtungen sind sie gekommen. Aus dem Feld. Von der Lahn. Aus den Borngärten. Aus jedem Sumpf. Aus allen Gräben, Teichen und Tümpeln. Ein Volk, das aus vielen Stämmen bestand. Und jetzt sind sie alle tot. (S. 764)

Ein Beispiel dafür, wie die Leute in den Autos ihre Mitschuld am massenhaften Froschsterben abstreiten, indem sie die Opfer zu Tätern erklären, findet sich ein paar Seiten vorher. Die Projektion von Schuld zur Erleichterung des eigenen Gewissens hatten wir im ersten Kapitel als eine der vielen Logiken identifiziert, die hinter der Personifikation der Natur stehen, und da bereits auf die «Faulenzerfrösche» hingewiesen:

> Was gehen uns die Frösche an? sagen die Leute. Ein verrücktes Volk! Was denen alles so einfällt, den Fröschen! Weil sie Faulenzer sind und nix nutz! Schon, daß sie so hüpfen! Und kein Pflichtbewußtsein, kein Ernst des Lebens. Sind Querköpp eh und je! Haben sich das selbst zuzuschreiben, sagen die Leute. (S. 766)

Und Kurzeck kommentiert böse: «Jetzt gibt es keine Frösche mehr. Alle tot. Jetzt bleiben nur noch die Kröten zum Totfahren.»

Immerhin, fährt Kurzeck zwei Seiten später sarkastisch fort, würden die Menschen hier, anders als «im frommen Süden und auf dem Balkan», die Tiere nicht absichtlich aus «Mordlust und Jagdinstinkt» totfahren, sondern «nur so nebenbei. Weil Bremsen beim Fahren stört. Fahrvergnügen. Und wenn, dann auch nur die kleineren Tiere. Bei den großen wäre es schade ums Auto, wenn dem Auto etwas passiert». Das führt die Autofahrer im Norden wiederum bös vor, denen das teure Auto und ihr Fahrvergnügen mehr wert sind als die Natur.

Handelte das Doppelkapitel zu den Igeln vor allem vom Leid der Tiere und der Beiläufigkeit, mit der wir dieses Leid verursachen und hinnehmen («Daß wir die Tiere verraten haben»), thematisiert das Doppelkapitel zu den Fröschen unsere ebenfalls viel zu beiläufige Ausrottung von Tierarten und die Vermüllung der Erde («Wir hätten die Erde nicht aufgeben sollen!»). Oder so wollen wir die beiden Doppelkapitel jedenfalls akzentuieren und zum Anlass unserer philosophischen Erörterungen nehmen. Die Vernichtung vieler Spezies des Lebens und der Missbrauch der Erde als Mülldeponie sind Vergehen an der Natur im Ganzen, an ihrer Fülle, ihrer Ordnung, an dem unermesslichen Wunder, dass es überhaupt etwas gibt und wir darin einen Platz haben und uns aufgehoben fühlen können. Anders als das mangelnde moralische Mitleid mit den Tieren sind diese Vergehen am Ganzen der Natur moralisch nicht so leicht oder auch gar nicht zu fassen. Das hat u. a. damit zu tun, dass unsere Moral eine Individualmoral ist. Wenn sie von Ganzheiten handelt, dann auf der Basis des Respektes für Individuen und für das, was diese Individuen gemeinschaftlich wollen.

Natürlich kann man auf den instrumentellen, etwa medizinischen Nutzen hinweisen, den Sauberkeit und gewisse Pflanzen- und Tierarten für uns haben, und dass es daher unklug ist, Berge von Müll aufzutürmen und bestimmte oder überhaupt irgendwelche Arten auszurotten, zumal wir noch nicht alles über ihren Nutzen wissen, geschweige denn darüber, was die Menschheit in Zukunft einmal brauchen wird. Aber damit begründet man keinen moralischen Eigenwert für diese Arten, sondern nur ihren instrumentellen Wert.

Oder man kann versuchen, für jedes *einzelne* Tier ein Recht auf Leben zu etablieren – oder sogar dieses Recht auf Pflanzen auszuweiten. Aber so etwas ist schwierig zu rechtfertigen. Selbst wenn dies zumindest für empfindungsfähige Wesen in der Natur gelänge, d. h. für eine jede Ratte und ein jedes Wildschwein, dann erreichte man damit nur die Individuen und nicht die Arten an sich. Man erfasste nicht den Skandal, um den es hier geht und der in der Vernichtung ganzer Völker von Tieren, der Ausrottung ganzer Arten, der Reduktion der Vielfalt der Lebensformen auf der Erde besteht.

Denn mit jeder Spezies, die ausgerottet wird, fehlt etwas auf der Erde, wie es im Volkslied *Weißt du, wie viel Sternlein stehen?* heißt: «Gott der Herr hat sie gezählet, dass ihm auch nicht eines fehlt, an der großen ganzen Zahl.» Angesprochen ist damit ein eher spirituelles oder religiöses Verhältnis gegenüber der Natur. Fürs Erste wollen wir zwischen «religiös» und «spirituell» noch gar nicht unterscheiden, das kommt später. Jedenfalls geht es hier nicht um Klugheit oder Moral, auch nicht um Schönheit. Die Frösche gehören, wie auch das Märchen vom Froschkönig zeigt, nicht unbedingt zu den schönsten Tieren. Auch das Problem mit dem Müll ist nicht nur von ästhetischer Art. Zwar sind sowohl die Moral, mit «Schreibst im Kopf Eingaben, Eingaben. Zwecks Gerechtigkeit, Wiederherstellung, Revision», als auch die Schönheit, mit «Und sollst doch die Schönheit singen!», in der Textstelle präsent. Doch im Vordergrund scheint etwas anderes zu stehen, und zwar der «Abfall», als Abfall des Menschen von Gott, als Vergehen an seiner Schöpfung – meisterhaft verdichtet und zum Schillern gebracht in der schrägen Formulierung: «Aus Gottes Hand gefallen – genau wie der ganze Müll!»

Laudato si'

Auch Papst Franziskus empört sich aus religiösen Gründen über die Naturzerstörung. In seiner Umwelt-Enzyklika *Laudato si'* von 2015 hebt er den Verlust biologischer Vielfalt und die Umweltverschmutzung hervor, neben dem ohnehin allgegenwärtigen Klimawandel und der u. a. daraus resultierenden Wasserknappheit. Im drei Jahre später erschienenen Papst-Film *Ein Mann seines Wortes* erklärt er dem Filmemacher Wim Wenders: «Und wenn Sie mich heute fragen: ‹Wer ist für Sie der Ärmste, noch Ärmere, Allerärmste der Armen?›, würde ich antworten: ‹Mutter Erde! Wir haben sie geplündert! Wir haben sie mißbraucht!»» Es sei «eine Schande, für jeden einzelnen von uns. Wir alle sind dafür verantwortlich!».

In seiner Umwelt-Enzyklika spricht Papst Franziskus von «Symptomen eines Bruchs». Wir hätten den Auftrag Gottes, seinen Garten in «universaler Geschwisterlichkeit» zu bebauen und zu hüten, nicht erfüllt. Gott wirke überall in der Natur, nicht nur in seinem Ebenbild. Alles habe Eigenwert, weil es Teil seiner Schöpfung ist. Jede Art verherrliche Gott in ihrer Existenz und vermittle eine eigene Botschaft. Gott habe uns Menschen zur Behütung der Schöpfung auserkoren. Doch wir hätten seine Erwartung enttäuscht.

In einem «fehlgeleiteten Anthropozentrismus», aus «fahrlässigem Egoismus» und «im Dienste der Finanzen und des Konsums» hätten wir uns an die Stelle Gottes gesetzt. Unser Herz sei immer leerer geworden. Wir hätten daher immer notwendiger Dinge zum Kaufen, Besitzen und Konsumieren gebraucht.

Was nun nottue, sei ein Gesinnungswechsel und ein Wandel des Lebensstils. Wir müssten zurückfinden zu Gott, den «Sprung ins Mysterium» wagen. Wir müssten dem heiligen Franziskus von Assisi nachfolgen, der in seinem Sonnengesang *Laudato si'* «Bruder Sonne» und «Schwester Mond», «Bruder Wind» und «Schwester Wasser» lobpreist. Wir müssten uns wieder bereit machen für eine ehrfürchtige, dankbare und freudige Feier des Lebens.

Ist das also die Wurzel des Übels? Der Abfall vom Glauben? Und stimmt Peter Kurzeck darin überein mit Papst Franziskus? Hätten wir uns die vorhergehenden Kapitel zu Moral und Schönheit sparen können? Oder sie jedenfalls anders schreiben sollen, nämlich so, dass klar wird, dass die Schönheit der Natur ein Zeichen Gottes ist dafür, dass wir in der Welt willkommen sind und dass sich die Moral wie von allein ergibt, wenn wir uns nur an Gottes Plan ausrichten? Schauen wir uns die Passage von Kurzeck und vor allem auch die sie umgebenden Frosch-Kapitel eingehender an. Wir müssen dieses Mal, wie schon bei den Igel-Kapiteln, etwas weiter ausholen. Und wieder wäre es gut, wenn Sie die beiden Kapitel auch im Original lesen könnten. Erst danach werden wir unter Rückgriff auf die Religionsphilosophie über Gott reden, dann über die Heiligkeit der Natur und zum Schluss auf das Verhältnis von Moral, Schönheit und Heiligkeit zu sprechen kommen.

Die Ausrottung der Frösche

Die Frosch-Kapitel stellen – das sind wir von Kurzeck inzwischen gewöhnt – ein Kippbild dar. Das negative erste Kapitel (46) präsentiert schaudernd das Nachher, welches, wie ebenfalls üblich bei Kurzeck, ein paar Seiten vorher bereits anklingt und in der eingangs aufgeführten Passage kulminiert mit: «Und sollst doch die Schönheit singen!» Das positive zweite Kapitel (47) beschwört selig-erinnernd das Vorher. Eigentlich gehören auch noch die ersten drei Seiten des Folge-

Kapitels (48) mit dazu, welche ins grauenhafte Nachher zurückkippen, mit seinen Resten von Stille im Lärm der Welt, einer Stille freilich, die unecht, abgenutzt, brüchig und schadhaft ist, und mit seiner Kälte, Totheit und Leere: «Bis die Welt am Ende kalt und tot unterm Mond liegt. Soll noch der letzte das Licht aus? Hat es vergessen. Hat nicht gemerkt, daß er der letzte ist. Und leer weiter die Erde.» (S. 788) Wenn das nicht apokalyptisch ist! Da kann einem Arno Schmidts Erzählung «Schwarze Spiegel» in den Sinn kommen oder Weltuntergangsfilme wie *The Road* oder wissenschaftliche Bestseller wie Alan Weismans *Die Welt ohne uns*.

Das negative Nachher im ersten der beiden Frosch-Kapitel ist genau datiert. Wir schreiben das Jahr 1971, ein «heißer, trockener Frühling im Sommeranzug, der sich nicht zurechtfindet, weil man hierzulande so einen heißen, trockenen Frühling nicht kennt» (S. 766). Dieser vorgezogene Sommer hat vielleicht, so wird gemutmaßt, etwas zu tun mit dem massenhaften Froschsterben in diesem Jahr. Vor allem aber hat dieses Froschsterben, da ist sich Kurzeck sicher, etwas zu tun mit der Trockenlegung und Asphaltierung der Landschaft und dann natürlich dem Totfahren.

Eine ganz bestimmte Trockenlegung, die Zuschüttung des 300 Jahre alten Staufenberger Dorfteichs Ende der 60er Jahre, hebt Kurzeck besonders hervor. Um die Frösche in diesem «Poul» geht es in dem positiven Kapitel zum Vorher, aber nicht nur um sie, sondern auch um die Frösche in einem anderen, dem «Kojdriebspoul» weiter draußen im Feld, im Osten von Staufenberg, und um die Wanderung der expeditionsfreudigen Frösche von einem Teich zum anderen. Vielleicht zeigt ja das in der Einleitung abgedruckte Kurzeck-Gemälde *Teich bei Staufenberg* den Kojdriebspoul? Übrigens greift Kurzeck mit dieser Bezeichnung, wie so oft in seinem am Mündlichen orientierten Stil, auf ein Dialektwort zurück. Der Kojdriebspoul ist der Teich, in den man früher im Sommer die Kühe zum Baden getrieben hat.

Für das Verständnis der religiösen Symbolik der Frosch-Kapitel ist die Zuschüttung des Dorfteichs ein Schlüssel. Denn Kurzeck kommentiert diese für die Dorfkinder schlimme und auch ansonsten völlig verfehlte Maßnahme (denn die Fremden, für die dort Busparkplätze geschaffen werden sollten, kommen dann gar nicht) wie folgt: «Weg der Poul. Und die Frösche vom Poul? Man wünscht sich, sie hätten unter sich einen Moses gehabt und es noch bis zum Kojdriebspoul geschafft oder zu den Hochwasserwiesen an der Lahn.» (S. 785) Dieser Bezug auf Moses am Ende der Frosch-Kapitel erklärt den Bezug auf Moses ganz am Anfang: «Überall tote Frösche. Nicht zu zählen. So viele – unwillkürlich denkt man, da muß Gott seine Hand im Spiel. Wie in der Bibel beim brennenden Dornbusch, sagte ich, und damals am Roten Meer. Oder soll man sie doch zählen?» (S. 763) Moses wird hier zwar nicht namentlich genannt, doch ist mit brennendem Dornbusch, Rotem Meer und Volkszählung der Verweis auf die *Bücher Moses*, insbesondere das zweite Buch *Exodus*, deutlich.

Es war Moses, den Gott beauftragte, die versklavten Israeliten aus Ägypten herauszuführen ins Gelobte Land, gen Osten. Gott spricht im brennenden Dornbusch zu Moses, er habe das Seufzen und Schreien seines Volkes in der ägyptischen Knechtschaft erhört und nehme sich seiner nun an (*Exodus* 1). In *Exodus* 13 wird das Rote Meer geteilt, damit die Israeliten hindurchkommen und die sie verfolgenden Ägypter ertrinken. Während der Wanderung der Israeliten durch die Wüste finden zwei Volkszählungen statt. Dass die Frösche bei Kurzeck so viele sind, «ungezählte», resoniert mit der Betonung der Größe des Volkes Israel (z. B. in *Exodus* 1 und *Genesis* 15: «so zahlreich wie Sterne die Nachkommen»). Das Zählen als Festhalten und Sichern der geschichtlichen Kontinuität eines Volkes sowie das Benennen sind von erheblicher Bedeutung in der Bibel: In *Genesis* 2 gibt der Mensch den Tieren Namen und kennt sie dadurch, aber besitzt sie nicht. Dass Kurzeck von einer Volkszählung der Frösche, nicht nur «nach Herkunft, Rang und Religionszugehörigkeit», sondern auch mit «Kennziffern» (S. 763) spricht, scheint diesen Gedanken aber auch zu verkehren und kann einen an die Konzentrationslager der Nationalsozialisten erinnern, wo die Juden Nummern waren. Man muss Kurzeck ja nicht partout unpolitisch lesen. Auch durch *Exodus* ist die Parallele Frösche – Juden angelegt. Und die «praktischen kleinen Täschchen», die man aus den toten Fröschen herstellen könnte: «Mit Druckknopf? Mit Reißverschluß? Täschchen mit Nähzeug. Schlüssel- und Kleingeldtäschchen» (S. 764), können an die weiterverwendeten Haare oder Goldzähne von toten Jüdinnen und Juden in den KZs erinnern. Diese Assoziation mag sich ebenfalls einstellen, wenn von einem eingezäunten und für lächerliche acht Mark im Jahr verpachteten Fischteich die Rede ist, mit einem «rostfreien deutschen Drahtzaun» für 3.990,–, bezahlt aus der Gemeindekasse: «Zaun, Tor, Präzisionsschließanlage, Vorhängeschloß und Verbotsschilder», der Teich bald unsichtbar, mit Koniferen und Thujahecken den «Blicken entzogen» (S. 765).

Allerdings ist die mit dem Verweis auf Moses angelegte Parallele zwischen den Juden und den Fröschen und damit auch zwischen dem (vorsätzlichen) Genozid an den Juden und der fahrlässigen Ausrottung der Frösche nur eine der vielen Sinnebenen dieser vielschichtigen Frosch-Geschichte, die wir hier gewiss nicht alle kommentieren wollen oder auch nur können. Trotzdem sei wenigstens angedeutet, dass mit den Fröschen im Dorf, im Unterschied zu den Fröschen draußen im Feld, auch das Problem der zunehmenden Verstädterung der Menschen anklingt, und damit auch das, was Papst Franziskus in seiner Umwelt-Enzyklika schreibt: «Es entspricht nicht dem Wesen der Bewohner dieses Planeten, immer mehr von Zement, Asphalt, Glas und Metall erdrückt zu werden und dem physischen Kontakt mit der Natur entzogen zu sein.» Mit der Wanderung der Frösche ist zudem auf weitere menschliche Völkerwanderungen und so auch auf die bei dem Flüchtling Peter Kurzeck stets präsente Flüchtlingsproblematik angespielt.

Gehen wir aber noch einmal kurz zurück zu Moses. Etwas ist an Kurzecks Bezug auf Moses überaus seltsam. Es ist in der Bibel doch so, dass eine der zehn Plagen, die Gott über die Ägypter bringt, um den Auszug der Israeliten zu ermöglichen, eine Froschplage ist. Gott lässt massenhaft Frösche vom Himmel fallen. Indem Kurzeck nun Partei für die Frösche ergreift, gerät die biblische Heilsgeschichte ziemlich durcheinander. In *Exodus* 7–8 dienen die Frösche als Mittel zum Zweck der menschlichen Heilsgeschichte. Ihr massenhaftes Sterben wird billigend in Kauf genommen, um den Pharao zur Freilassung der Israeliten zu bewegen. Die Frösche fungieren als eine Art Faustpfand im Streit der Menschen um die Gunst Gottes. Was für die Menschen Heilsgeschichte ist, ist für die Frösche die Geschichte ihres Unheils. Das von Kurzeck inszenierte Replay dieser verhängnisvollen Verschränkung ist richtiggehend pervers. Wieder kommt unser vermeintliches Heil um den Preis eines Frosch-Sterbens. Die neuen Straßen, die befestigten Böschungen, der *Massa*-Markt und die brummenden Gefriertruhen mit Schnitzeln für jede Lebenslage, das ist das Glücksversprechen, dem Kurzecks Zeitgenossen anhängen. Statt einer Rückkehr ins Gelobte Land die Heimkehr ins Eigenheim, mit passendem Individualverkehr und Selbstverwirklichung im Konsum. Und wieder zahlen die Frösche den Preis. Das kann einen an Martin Kippenbergers Skulptur *Zuerst die Füße* von 1990 erinnern, welche unter Katholiken mitunter als Provokation oder gar Blasphemie empfunden wurde. Die Skulptur zeigt einen ans Kreuz genagelten Frosch.

Auch Kurzecks zweiter großer inhaltlicher Bezug auf die Bibel in den Frosch-Kapiteln, dieses Mal aufs *Neue Testament*, und zwar auf die Auferstehung, ist alles andere als orthodox. Angesichts der vielen toten Frösche überlegt Kurzeck nämlich, ob diese auf ihre Auferstehung warten, ob man vielleicht mit ihnen zusammen warten soll oder gar eine Ausstellung organisieren soll «mit Katalog und Pressemappe. Ihre Verwesung ausstellen und dann wird die Ausstellung verlängert. Eine Wanderausstellung. Europa. Auferstehung heißt die Ausstellung. Ein Erfolg» (S. 765). Biblisch passiert die Auferstehung der Massen am «Jüngsten Tag»: Am Ende der menschlichen Geschichte werden die (rechtgläubigen) Toten in einer Reprise des Osterwunders wiedererweckt, um an Jesu Herrschaft teilzuhaben. Hier aber geht es um das Ende der Frosch-Geschichte. Gäbe es einen Frosch-Gott, dann müsste jetzt ihre Auferstehung kommen. Aber es gibt nur den erzählenden Kurzeck, der sich das groteske Spektakel ausmalt, wie aus der Sicht eines solchen Gottes: *Das ewige Leben der Frösche*, als Dauerausstellung für uns. Das Motiv der Auferstehung durchzieht dabei das ganze Negativ-Kapitel, etwa wenn es vom glitzernden, bunten Müll heißt, dass er «irrtümlich seine Auferstehung erwartet» (S. 768).

Überhaupt fällt zusätzlich zu all diesen inhaltlichen Bezügen Kurzecks biblischer Ton auf. In der Sekundärliteratur spricht man von Kurzecks «höherem hymnischem Stilregister» (so Johannes Ullmaier und Andres Maier). Da wird «gehadert», «gestolpert» und «geflucht». Es ist die Rede von «Heerscharen», «Myriaden», «Verhängnis», «Prophezeiung» und «Einkehr».

Warum aber sucht sich Kurzeck die Frösche aus für seine Geschichte? War mit den Igeln und ihrem Weltbild nicht schon fast alles gesagt? Die Frösche haben in der Tat viel gemein mit den Igeln, die übrigens im Umkreis der Frosch-Kapitel wieder durchs Bild ziehen, auf dem Rückweg vom Winterschlaf. Es geht ihnen gar nicht gut, sie scheinen wie «aus dem Himmel gefallen» (S. 791). Und auch Kurzecks literarischer Umgang mit beiden Tierarten ähnelt sich. Beide Male wird die Verwandtschaft der Menschen mit den Tieren, das Aufdämmern des Bewusstseins in der Natur, einerseits «performt» (es singen die Frösche und Kurzeck singt auch, es träumen die Frösche und Kurzeck träumt auch, es wandern die Frösche und Kurzeck wandert auch), andererseits werden die Tiere wieder auf Teufel komm raus personifiziert, bis hin zur Metamorphose, wenn die Frösche als «Froschkönige» oder «erste Entwürfe» des Menschen erscheinen: «Von vorn sieht er fast wie ein Zweibeiner aus. Eine Skizze. Der erste Entwurf eines Menschen. Kopf und Arme erhoben. Als ob er schreit. Will ein Mensch werden! Mit aller Kraft schreien! Bleibt stumm. Ein Bild der Verzweiflung.» (S. 764) Auch die angesichts menschlicher Hybris hoffnungslos naive tierische Zuversicht («Wir sind viele!», «Uns gibt es schon lang!») wird sowohl in der Igel- als auch in der Frosch-Geschichte vorgeführt. Spannender für uns sind freilich die Unterschiede.

Der Hauptunterschied dürfte sein, dass die Igel Stacheln haben und die Frösche in großem Bogen springen – und was das alles bedeutet. Die Igel sind erfahren und weise, sie halten sich an ihre bewährten Routen und wissen sich zur Not zu wehren. Die großmäuligen Frösche dagegen erhüpfen sich, jedenfalls manche von den Jungen, im Frühling und Sommer forsch und draufgängerisch ganz neue Terrains. Zwar sind die Igel ebenfalls offen für Neues und staunen gern, doch die unbekümmerte, spielerische Begeisterung der Frösche ist noch einmal von einer anderen Qualität. Auch die Igel sind nicht unglücklich, sie haben ihre heilige Stimmung, aber mit dem andauernden Glücklichsein der Frösche und vor allem der Kaulquappen können sie schlicht nicht mithalten.

Insgesamt wirken die Frösche kindlicher und insofern auch vernunftferner. Sie werden von Kurzeck zwar auch personifiziert, aber sie sind sozusagen noch keine richtigen, fertig entwickelten, erwachsenen Personen. Deswegen wohl ist von ihnen auch immer nur im Plural die Rede («die Frösche»), deswegen wohl tauchen sie (schon als Kaulquappen, aber auch später) immer als Vielheit auf. Vielleicht liegt's auch mit daran, dass ein Frosch dem anderen so ähnlich sieht. Man kann Kurzecks Frösche jedenfalls viel schlechter voneinander unterscheiden als seine Igel, die in unserer Textstelle im ersten Kapitel als fünf Igel auftreten. Bei den Fröschen kommt das Stilmittel der Personifikation somit an seine Grenzen. Die literarische Einfühlung fällt da schwerer als bei den weisen Igeln. Dass die Frösche in ihrer Vielheit vor allem als Gattung auftreten, prädisponiert sie dazu, das Artensterben zu exemplifizieren.

Nun aber liegen die Frösche alle, zusammen mit vielen anderen toten Tieren und mit dem Müll, am Straßenrand. Und Kurzeck versucht, die toten Tiere und sich selbst zu trösten: «Nicht bös gemeint!», «Nur so beiläufig!». Jedenfalls fängt die eingangs zitierte Passage so an. Kurzeck redet sich dann allerdings immer mehr in Rage und es dringen immer mehr von den floskelhaften Entschuldigungen der Leute in sein eigenes Sprechen hinein, das dadurch einen sarkastischen Ton annimmt: «Als Nebeneffekt. Dass sie so tot hier liegen. Sssälawieh!» Wie kann so das Leben sein, wenn man tot ist?

In diesem gemischten, teils entschuldigenden, teils sarkastischen Ton kann man auch den Ausruf «Aus Gottes Hand gefallen – genau wie der ganze Müll!» hören. Wenn einem etwas aus der Hand fällt, geschieht dies normalerweise nicht mit Absicht. Wenn Gott etwas aus der Hand fällt oder etwas vom Himmel fällt, dann ist höchstens Gott daran schuld (die Frösche in der Bibel hat er ja extra vom Himmel regnen lassen). Die Menschen sind jedenfalls nicht schuld. Die Kombination dieser doppelten Entschuldigungsgeste in «Aus Gottes Hand gefallen» mit dem, was nach dem Gedankenstrich kommt, «genau wie der ganze Müll!», erlaubt dann allerdings nur noch eine zynische Lesart. Denn Müll fällt niemandem einfach so aus der Hand, schon gar nicht, wenn er im Auto sitzt und zum Wegwerfen das Fenster herunterkurbeln muss. Der von Kurzeck auswendig gelernte Müll umfasst auch Dinge, welche die Menschen eigens am Straßenrand deponiert haben. Kurzecks Liste vom «Abfall, Dreck, Müll» geht so:

> Plastiktüten, Zeitungen, Zigarettenschachteln, Klopapier, Papiertaschentücher, Windeln und Monatsbinden. Autoreifen, Schuhe, Knochen, Kosmetik, Joghurtbecher, Autozubehör, Verpackungszeug, Styropor, halbe Hamburger, Pappbecher, Bierbüchsen, Limonadebüchsen, Patronenhülsen, Einwegfeuerzeuge, Sprühdosen, Plastik- und Glasflaschen, Scherben. (S. 768)

Und selbstverständlich hätten die Leute bei den Fröschen und den anderen Tieren (wozu es bei Kurzeck eine ebenso lange Liste hat) auch bremsen können. «Zufall! Physik!» ist das nicht. Vielmehr ist gerade die Beiläufigkeit, mit der die Leute Müll wegwerfen und bei Tieren auf der Straße nicht bremsen, und die darin steckende Gleichgültigkeit das Problem. Das Böse ist mitunter banal. Hannah Arendt lässt grüßen.

Hat man diese Anklage im Ohr, dann klingt auch das, was vor dem Gedankenstrich steht, das «Aus Gottes Hand gefallen», anders. Es klingt nach einem durchaus zu verantwortenden Abfall der Menschen von Gott und vielleicht auch noch danach, dass Gott daraufhin die Menschen bewusst hat fallen lassen und ihnen seine Liebe und seinen Schutz entzog. Das eine Wort «Abfall» fungiert als Scharnier der beiden Lesarten, der entschuldigenden und der anklagenden.

Was dann im Anschluss kommt, verstärkt die anklagende, religiöse Lesart noch. Nicht nur die Tiere und der Müll, auch die Menschen sind Kurzecks Ansicht nach aus Gottes Hand gefallen und er selbst ist wie beinah der letzte übriggebliebene Mensch, der noch «als Mensch» hier geht. Auch das kann man zwar harmlos verstehen. Denn die anderen Menschen fahren ja in den Autos vorbei und gehen nicht wie er lang am Straßenrand entlang (das in dieser kurzen Passage vierfach genannte Gehen macht die verstreichende Zeit dort spürbar). Doch wiederum ergibt eine kritische, religiöse Lesart mehr Sinn, insbesondere wenn man auf die im Anschluss eingeforderte Gerechtigkeit und Schönheit schaut. Das «als Mensch» ruft dann die natürliche oder göttliche Ordnung auf, wie das «als Igel» oder «als Frosch» und das viele «Müssen», etwa der Myriaden von Insekten: «Sind jung. Müssen fliegen. So kurz ihr Leben.» (S. 769) Menschen fliegen nicht, sie gehen, vor allem aber haben sie eine Vernunft, inklusive einer Moral, die ihnen sagen könnte, dass das, was sich auf der Straße abspielt, nicht wirklich verantwortbar ist. Auch die Begründung dafür, dass Kurzeck hier «weit und breit der einzige Mensch» ist, gemahnt an eine bekannte Stelle in der Bibel: «Es ist leichter, daß ein Kamel durch ein Nadelöhr gehe, denn daß ein Reicher ins Reich Gottes komme.» (*Markus* 10) Wer am Rand der Gesellschaft steht, ohne Amt, ohne Haus, ohne Auto, ist «Gottes Reich» mitunter näher. Er kann leichter erkennen, was in der Gesellschaft falsch läuft.

Reden wir über Gott

Peter Kurzeck war, nach allem was man aus dem Kreis seiner Vertrauten hört, kein gläubiger, praktizierender Christ. Trotzdem ist, wie wir eben gesehen haben, in den Frosch-Kapiteln der christliche Subtext unübersehbar. Auch in den Igel-Kapiteln war er schon spürbar. Das Zitat «Gott schläft» stammt ja daher. Ansonsten tritt das Wort «Gott» im *Vorabend* zwar auch hin und wieder auf. Die Suche nach «Gott» im E-Book ergibt 37 Treffer. Die meisten davon sind allerdings sprichwortartig, wie «Gottseidank», «gottlob», «vergelts Gott», «Herrgott(sfrühe)» oder «in Gottes Namen». Für eine religiöse Deutung spricht aber wieder der Titel des Romans «Vorabend», der u. a. auf den Ostersamstag anspielt, dessen Abend vor der Auferstehung am Sonntagmorgen liegt. Es fällt außerdem auf, dass die im Sonnengesang des heiligen Franziskus und natürlich in der biblischen Schöpfungsgeschichte genannten Sonne, Mond und Sterne, Wind, Wetter und Wasser auch bei Kurzeck eine herausragende Rolle spielen. Schöne Blumen, erhabene Gebirge oder der Horizont des Meeres kommen dagegen fast nicht vor in diesem Roman, der für die Achtung vor der Natur eintritt und sich an ihrer Schönheit erfreut. In einer im Anhang zum Sommer-Buch abgedruckten Notiz aus dem Nachlass steht «BONAVENTURA», in Großbuchstaben. Der Franziskaner Bonaventura, wenn denn von ihm in der Notiz die Rede ist, taucht auch in der Umwelt-Enzyklika des Papstes immer wieder auf, als jemand, der Gott in der Natur fand, der ihm «in den äußeren Geschöpfen» begegnete.

Was meint Peter Kurzeck nun, wenn er (nicht nur sprichwortartig) von «Gott» spricht und davon, dass wir aus seiner Hand gefallen sind? Will er damit eine religiöse oder spirituelle Position beziehen und, wenn ja, welche? Was für Positionen lassen sich überhaupt unterscheiden, wenn wir über Gott reden?

Machen wir der besseren Übersichtlichkeit halber eine Skala auf von null bis eins. Die traditionell-religiöse «Einser-Position» geht davon aus, dass es ein transzendentes Wesen gibt mit kausalem Einfluss auf die Geschehnisse in unserem Leben. Etwas ist «transzendent» (von lateinisch «transcedere» = überschreiten), wenn es jenseits unserer gewöhnlichen Welt liegt. Dieses transzendente Wesen nennt die Einser-Position «Gott» (oder, wenn es mehrere solche Wesen gibt, die «Götter»). Im Gegensatz dazu bestreitet die modern-wissenschaftliche Nuller-Position die Existenz von transzendenten Wesen. Nach der wissenschaftlichen Aufklärung könne kein rationaler Mensch mehr an so etwas glauben, das seien doch Ammenmärchen, reiner Aberglaube. Für die Nuller-Position haben die Religionen ausgedient, sie gehören auf den Müllhaufen der Geschichte.

Die Haltung, die sich in Kurzecks Werk ausdrückt, passt weder zu dem einen noch zu dem anderen Extrem. Sie liegt irgendwo dazwischen. Doch kann es etwas geben zwischen null und eins? Ist es nicht so, dass entweder gilt: «Gott existiert» (eins) oder «Gott existiert nicht» (null), und ein Drittes gibt es nicht? Dass dem nicht so ist, wollen wir im weiteren Verlauf des Kapitels herausarbeiten. Es gibt eine Zwischenposition, welche am Wert von Spiritualität und Religion festhält und trotzdem keinen Glauben an transzendente Wesen erfordert. Diese Position der Mitte stellt nicht nur ein vernünftiges Verständnis von spiritueller Erfahrung und ihrer Artikulation in den Religionen dar. Sie ist es auch, die unserer Ansicht nach in Kurzecks Werk verkörpert ist und die uns einen neuen Blick auf die Wertigkeit der Natur im Ganzen eröffnen kann, einen Blick, der mehr oder anderes sieht als nur ihren instrumentellen, moralischen oder ästhetischen Wert. Diese Thesen wollen wir im Folgenden unter Rückgriff auf den philosophischen Ansatz des Potsdamer Sprachphilosophen Hans Julius Schneider in seinem Buch *Religion* von 2008 begründen. Schneiders Ansatz ist seinerseits von Friedrich Kambartels «Bemerkungen zu Verständnis und Wahrheit religiöser Rede und Praxis» inspiriert. Sowohl Schneider als auch Kambartel stützen sich auf die Sprachphilosophie des späten Wittgenstein. Fangen wir also damit an.

Kein Etwas, aber auch nicht ein Nichts

Der Kerngedanke der Wittgenstein'schen Spätphilosophie lautet, dass es ein Fehler ist zu denken, alle Wörter und Sätze unserer Sprache funktionierten wie z. B. die Wörter «Apfel» und «Rucksack» in dem Satz «Der Apfel ist im Rucksack» und erhielten ihre Bedeutung dadurch, dass sie einerseits für ein Etwas, für Gegenstände in der Welt stehen (wie den Apfel und den Rucksack, auf die wir auch ohne Worte zeigen können) und andererseits für deren Konfiguration in der Welt, wie also sich die Gegenstände zu Tatsachen gruppieren (wie der Apfel *im* Rucksack). Dieses Missverständnis vom Funktionieren unserer Sprache, dem der frühe Wittgenstein in seinem *Tractatus logico-philosophicus* selbst anhing, bezeichnet man als «Abbild-», «Namenstäfelchen-» oder «referenzsemantische» Theorie der Bedeutung.

In Wittgensteins berühmtem «Vortrag über Ethik» ist dieses falsche Verständnis der Sprache im Hintergrund noch wirksam. Berühmt ist dieser Vortrag vor allem in religiös interessierten Kreisen. Denn Wittgenstein berichtet darin über seine eigene spirituelle Erfahrung, zum einen die Erfahrung, dass er «über die Existenz der Welt staune» («Wie sonderbar, daß überhaupt etwas existiert»), zum anderen das Erlebnis der «absoluten Sicherheit» («Ich bin in Sicherheit, nichts kann mir weh tun, egal, was passiert»). Das Problem dabei ist nur, dass sich für Wittgenstein in seinem Vortrag ein Zwiespalt auftat zwischen seiner eigenen spirituellen Erfahrung und seiner Abbild-Theorie der Bedeutung. Aufgrund dieser Theorie sah sich Wittgenstein nämlich dazu genötigt, die sprachliche Artikulation seiner spirituellen Erfahrung für «Unsinn» zu erklären. So hatte er das schon in seinem zum Bonmot avancierten Schlusssatz des *Tractatus* formuliert: «Wovon man nicht sprechen kann, darüber muß man schweigen.»

Der späte Wittgenstein der *Philosophischen Untersuchungen* sieht dies nun völlig anders. Die Wörter und Sätze unserer Sprache erhielten ihre Bedeutung nicht vorrangig dadurch, dass sie die Wirklichkeit abbilden. Das sei nur ein zu Unrecht verallgemeinerter Sonderfall. Vielmehr bekämen sie ihre Bedeutung eher so wie die Figuren und Züge im Schachspiel, und zwar durch ihren über Kriterien geregelten Gebrauch und ein Verständnis des Witzes des Spiels. Man spricht in diesem Zusammenhang von der «Gebrauchs-», «Sprachspiel-» oder «kriterialen» Theorie der Bedeutung. Einschlägige Beispiele für sprachliche Ausdrücke, deren Bedeutung nicht (wesentlich) aus ihrer referenziellen Funktion stammt, sind das «Es» in «Es regnet», logische Partikel wie «wenn – dann», Zahlwörter, Bezeichnungen für Schmerzen und überhaupt für alle sogenannten inneren Vorstellungen und Vorgänge. Ausdrücke dieser Art bezeichnen, mit Wittgenstein gesprochen, «kein Etwas, aber auch nicht ein Nichts», d. h., sie erhalten ihre Bedeutung nicht darüber, dass man auf einen öffentlich zugänglichen, «normalen» Gegenstand, wie einen Apfel oder einen Rucksack, zeigt, sondern über die Rolle, die sie in unserem Leben, etwa in unserer Argumentationspraxis, beim Rechnen oder beim Arzt, spielen.

Der Vorschlag des Religionsphilosophen Schneider ist nun, dass man auch «Gott» nicht primär als referenziellen Ausdruck verstehen sollte, sondern kriterial. Das Wort «Gott» habe seinen guten Sinn in der Artikulation spiritueller Erfahrung. Es beziehe sich dabei nicht notwendig auf ein transzendentes Wesen, sondern gewinne seine Bedeutung direkt aus der spirituellen Erfahrung als einer Erfahrung, die jeder machen kann und die von größter Wichtigkeit ist für ein gelingendes menschliches Leben. So lässt sich mit Schneider denn auch eine vorsichtige Unterscheidung von «spirituell» und «religiös» vornehmen. «Spirituell» benennt eine bestimmte Art von Erfahrung. Damit befassen wir uns gleich noch detaillierter. «Religiös» dagegen bezeichnet die Formen, in denen eine solche Erfahrung einerseits praktisch, etwa im Kultus, ins Leben integriert und andererseits sprachlich oder künstlerisch artikuliert wird. Wörter wie «Gott» oder «Geist» gehören zum riesigen Schatz dieser Artikulationsformen, die sich in den verschiedenen religiösen Traditionen der Geschichte herausgebildet haben. Die spirituelle Erfahrung ist in unzählbar vielen, nicht ohne Weiteres ineinander übersetzbaren religiösen Artikulationen ausdrückbar. Dabei prägen die verschiedenen Artikulationen die «eine» spirituelle Erfahrung selbstverständlich auch ein Stück weit mit, sie entwickeln sie weiter. Religionen gehören daher mitnichten auf den Müllhaufen der Geschichte. Trotzdem erfordern sie nicht notwendig einen Glauben an transzendente Wesen. Das ist, in einer ersten Annäherung, die oben in Aussicht gestellte Mittelposition zwischen null und eins.

Spirituelle Erfahrung

Schneider gründet sein Verständnis spiritueller Erfahrung auf William James' Klassiker *Die Vielfalt religiöser Erfahrung*. Wir lehnen uns mit der folgenden Charakterisierung dieses Verständnisses über vier Merkmale an Schneiders eigene, freilich viel ausführlichere Darstellung in seinem Religions-Buch an.

Zum Ersten betrifft die spirituelle Erfahrung die Haltung der betroffenen Person zum *Ganzen* ihres Lebens und der sie umgebenden Welt. Gemeint ist dabei ein erlebnismäßiges Ganzes, nicht ein räumliches oder zeitliches Ganzes im Sinne einer wissenschaftlichen Kosmologie.

Zum Zweiten umfasst dieses Ganze die *leidhafte* Seite und die Übel des Lebens (wie Misserfolg, Verlust, Krankheit und Tod). Die nüchterne Wahrnehmung und Integration dieser leidhaften Seite in die Haltung zum Ganzen macht den Kern der spirituellen Erfahrung aus. Diese hat es immer mit einer positiven Wendung in der Art und Weise zu tun, in der die leidhafte Seite des Lebens erlebt und begriffen wird.

Zum Dritten zeigt sich bei einer genaueren Betrachtung dieser Wende eine Abfolge von drei Schritten: Ihr Ausgangspunkt ist die Erfahrung der eigenen Machtlosigkeit dem Leid und dem Übel gegenüber, oft verbunden mit einer völligen Sinn-Entleerung der Welt. Das Eingestehen dieser Machtlosigkeit führt in einem zweiten Schritt dazu, dass die Person den Impuls, ihr Leben doch noch in den Griff zu bekommen, aufgibt. Der dritte Schritt ist die subjektiv überraschende Erfahrung, durch diese Selbstaufgabe nicht unterzugehen. Die Person erlebt sich vielmehr als *aufgehoben* in einer «unsichtbaren Ordnung», Teil dieses Ganzen zu sein empfindet sie als «höchstes Gut» (William James).

Entscheidend ist nach Schneider, dass es gerade das Loslassen, die Aufgabe des eigenen Handlungsimpulses, das Fahrenlassen der Kontrolle ist, welches die spirituelle Rettung bringt. Diese Rettung wird typischerweise so erlebt, als wären Kräfte außerhalb des eigenen Ichs am Werk. Es handelt sich dabei also um ein klassisches Widerfahrnis, um etwas, das einem zustößt und das sich nicht (wesentlich) der eigenen praktischen Tätigkeit oder dem eigenen Nachdenken verdankt.

Dieses Widerfahrnis wird als sinnvoll und wie eine «zweite Geburt» erfahren (James), nämlich als Schritt vom unwirklichen, naiven oder von Täuschungen durchzogenen Leben hin zum realen. Im besten Fall kommt es zu einer «höheren Art von Glückseligkeit und einer Standfestigkeit der Seele, mit der sich nichts anderes vergleichen kann» (wiederum James). Charakteristisch für diesen Zustand ist u. a. der Verlust aller Sorgen, die Überzeugung, dass es gut um einen steht, unabhängig davon, was einem geschieht. Die Welt erscheint nun in einem positiven Licht, ohne dass sich etwas in ihr objektiv geändert hätte. Es geht, wie im Englischen deutlicher wird, um «faith» und nicht um «belief». Im Deutschen haben wir nur das eine Wort «Glaube» dafür. Weder wird die Realität der leidhaften Seite geleugnet, noch wird notwendig angenommen, dass höhere Kräfte widrige Episoden durch ihre Intervention von einem fernhalten.

Und zum Vierten stellt sich dieser Wandel in der Mehrzahl der Fälle als *nachhaltig* heraus. Er vermittelt der betroffenen Person eine bleibende seelische Standfestigkeit.

Schneider spricht zusammenfassend von einem existenziellen «coping», einem «know how» im Umgang mit den Schattenseiten des Lebens, und schließt damit an das an, was andere Religionsphilosophen wie Hermann Lübbe «Kontingenzbewältigung» nennen. Das klingt funktionalistisch. Es ist auch so gemeint. Allerdings sollen damit der spirituellen Erfahrung nicht ihre Realität und ihre Inhalte abgesprochen werden. So manche Droge und so manche Selbsttäuschung mögen rein funktional gesehen genauso gut oder besser abschneiden. Trotzdem können sie die spirituelle Erfahrung nicht ersetzen. Denn diese ist kein Placebo. Sie ist eine über die obigen vier Merkmale – den dauerhaften (4), positiven (3) Bezug auf das Ganze des Lebens (1), inklusive seiner negativen Seite (2) – zu charakterisierende besondere Erfahrung mit eigenem Inhalt und damit mehr als nur funktional.

Was einem in der spirituellen Erfahrung aufgeht, ist keine propositionale, sondern eine praktische und phänomenale Erkenntnis im Sinne Gottfried Gabriels (vgl. die Landkarte des Wissens im ersten Kapitel). Schneider selbst meidet freilich die Terminologie von «Propositionalität» und «Nicht-Propositionalität», da sich mit «Propositionalität» in der Tradition von Gottlob Frege und John Searle ein referenzsemantisches Verständnis vom Funktionieren der Sprache verbinde. Allerdings dürfte für Gabriel ein Satz wie «Drei ist eine Primzahl» ein Paradebeispiel propositionalen Wissens sein, obwohl Zahlen wie die Drei auch Gabriels Meinung nach nicht unbedingt auf abstrakte Entitäten in einem «dritten Reich» objektiver Gedanken referieren, wie sich Frege das offenbar vorstellte. Propositionalität und Referenzsemantik müssen also nicht zusammenfallen. Trotzdem redet Schneider anstelle von «propositionalem Wissen» lieber von «Antwortenkönnen» und im «nicht-propositionalen» Bereich von «Können» und «Kennen». Diese Terminologie hat den Vorteil, dass das sprachliche Antwortenkönnen als ein Spezialfall des allgemeinen Könnens ausgewiesen wird und damit dem sinnlichen, nicht-propositionalen Bereich ein Vorrang eingeräumt wird. Es ist in der Tat so, dass jemand, bevor er sagen kann, was ein Messer ist, gelernt haben muss, Messer und Gabeln praktisch zu unterscheiden, z. B. die fehlenden Messer aus der Küche zu holen und nicht noch einmal die Gabeln. Antwortenkönnen baut auf vorsprachlichem oder, wie wir es nennen, «sinnlichem» Können auf.

Mit der Betonung des «positiven Lichts», der «Glückseligkeit» oder «beatitudo», wie sie in den Weisheitslehren heißt – im Unterschied zum Glück, dass einem alles im Leben nach Lust und Laune geht («fortuna») –, ist deutlich markiert, dass es Schneider und James um eine Grundstimmung mit affektiver Qualität geht und nicht um stoischen Gleichmut, eine Abstumpfung der Gefühle im Schlechten wie im Guten. Auch nicht um Fatalismus. Denn es dürften gerade die weisen, gelassenen Menschen sein, die angesichts schlimmen Leids und Übels nicht verzweifeln, sondern die Kraft und die Zuversicht zu Resilienz und Widerstand haben.

Das Wort «Gott» kommt in dieser Charakterisierung der spirituellen Haltung oder Stimmung bislang noch nicht vor. Auch das geschieht natürlich bewusst. Denn nicht alle Artikulationen spiritueller Erfahrung müssen theistisch sein. Das zeigt Schneiders Ansicht nach der Buddhismus. Zwar lässt sich eine theistische Artikulation sehr gut anschließen an das, was oben über den so zentralen Widerfahrnischarakter der spirituellen Erfahrung gesagt worden ist. Dieses Widerfahrnis wird als analog zu einem Handlungsresultat empfunden, nämlich als sinnvoller, ja rettender Schritt, wie ein Geschenk oder eine Gnade, auch wenn kein Akteur sichtbar ist. Das Gleichnis, hier von einem «unsichtbaren Akteur» zu sprechen, einem handelnden Wesen, dem man die «Rettung» verdankt, scheint sich geradezu aufzudrängen.

Doch muss man sich zur Artikulation spiritueller Erfahrung nicht dieses Gleichnisses bedienen, was freilich nicht bedeutet, dass man bei dieser Artikulation auf alle gleichnishafte Rede verzichten könnte. Auch nicht-theistische Religionen wie der Buddhismus sprechen von einer «unsichtbaren Ordnung» oder einem «anderen Licht». Schneider selbst bevorzugt die Metapher des Gestaltwandels, wie er von Kippbildern vertraut ist. Man schaut auf eine Zeichnung von Salvador Dalí, auf der man eine alte Frau mit eingefallenem Mund und großem Kinn erkennt, und ohne dass sich ein Strich verändert hätte, sieht man in derselben Zeichnung bei einem späteren Blick eine elegante junge Dame. Im spirituellen Gestaltwandel wird unsere alltägliche Lebenserfahrung «transzendiert», und das, ohne dass dafür eine Ausdehnung des Bereichs existierender Wesen ins Übernatürliche nötig ist.

Die in unserer Kurzeck-Passage am Anfang des Kapitels ausgedrückte Erfahrung ist offensichtlich keine spirituelle Positiv-Erfahrung im Sinne von Schneider und James, sondern eher das Gegenteil. Es hat den Anschein, als fiele Kurzeck durch den verstörenden Anblick der toten Tiere und des Mülls aus seiner grundsätzlich affirmativen Grundhaltung gegenüber der Welt heraus, als verlöre er für zumindest den einen Moment sein seelisches Gleichgewicht und hadere mit sich und der Welt. Auf der Folgeseite, d. h. mit dem Beginn des Positiv-Kapitels (47), hat er sein Gleichgewicht aber schon wieder zurückgewonnen, und zwar in der Erinnerung an einen Froschteich: «Wenn, sagte ich, wenn etwas war und dann nicht mehr, muß man sich erinnern!»: «Alles grün und überall Frösche. Am Ufer, im Schilf, im Wasser und auf den Seerosenblättern. Frösche und sehen mich mit ihren Froschaugen an. Die Seerosen, der Teich, alles sieht mich an. Der Himmel auch.» (S. 771)

Kurzecks positive Grundhaltung, seine Gewissheit, dass er «auch zur eigenen Freude auf der Welt ist» und «mit zum Leben dazugehört», hat, wie wir im letzten Kapitel anhand der morgendlichen Stimmung gesehen haben, viel mit der Schönheit der Natur zu tun. Auch Schönheit erfährt nur der, der loslassen kann und sich etwas anderem gegenüber öffnet. Die Freude, die sich bei der Betrachtung des Schönen einstellt, hat genauso Widerfahrnis-Charakter wie die spirituelle Glückseligkeit. Beide lassen sich weder technisch erzeugen noch «anargumentieren» (allenfalls kann man versuchen, sie vorzubereiten und damit leichter möglich zu machen). Kurzeck scheint eher über die Freude am Schönen zu einer Freude am Leben und an der Welt im Ganzen zu gelangen als über den von Schneider und James als typisch hingestellten Dreischritt von Leid, Loslassen und Rettung. Auch im Leid nach der Trennung von seiner Lebenspartnerin Sibylle, dem Verlust von Arbeit, Einkommen und Wohnung, der am Anfang des Zyklus *Das alte Jahrhundert* steht, sind es oft kleine naturästhetische Erfahrungen, die ihn «retten». Der Zugang zum Spirituellen über das Schöne, vor allem das Naturschöne, ist mindestens genauso typisch wie der Zugang über das Leid. Auch ist das Ringen um die spirituelle Haltung, das Vorbereiten, Einüben, Herausfallen, Wiedergewinnen und Kultivieren, mindestens genauso typisch wie die von Schneider und James ausgezeichnete bleibende seelische Standhaftigkeit.

Die Natur ist heilig

Die spirituelle Haltung verändert nicht nur die Person selbst, macht sie gelassener und glücklicher, sie verändert auch deren Welt. Die Welt erscheint in einem anderen, freundlicheren Licht, sie nimmt eine hellere Färbung an. Sie hat, wie Schneider es formuliert, eine neue «Physiognomie». Roger Scruton verwendet dasselbe Bild, wenn er, wie im Titel seiner Gifford-Lectures *The Face of God*, von der Erde als dem Gesicht Gottes spricht.

Man muss nicht nur oder vor allem das «Loslassen» betonen, wie dies der mittelalterliche Mystiker Meister Eckhart tut. Man kann auch darauf abheben, dass man, wenn man loslässt, einen Sinn oder Wert in allem finden kann. Das finden wir prominent bei dem taoistischen Weisen Dschuang Dsi.

Meister Eckhart schreibt:

> Die aus sich selbst gänzlich ausgegangen sind und des Ihrigen ganz und gar nichts suchen in irgendwelchen Dingen, was immer es sei, weder Großes noch Kleines; die auf nichts unter sich noch über sich noch neben sich noch an sich sehen; die nicht nach Gut noch Ehre noch Gemach noch Lust noch Nutzen noch Innigkeit noch Heiligkeit noch Lohn noch Himmelreich trachten und sich alles dieses entäußert haben, alles Ihrigen, – von diesen Leuten hat Gott Ehre, und die ehren Gott im eigentlichen Sinne und geben ihm, was sein ist.

Bei Dschuang Dsi heißt es dagegen:

> Meister Ostweiler befragte den Dschuang Dsi und sprach:
> «Was man den SINN nennt, wo ist er zu finden?»
> Dschuang Dsi sprach: «Er ist allgegenwärtig.»
> Meister Ostweiler sprach: «Du mußt es näher bestimmen.»
> Dschuang Dsi sprach: «Er ist in dieser Ameise.»
> Jener sprach: «Und wo noch tiefer?»
> Dschuang Dsi sprach: «Er ist in diesem Unkraut.»
> Jener sprach: «Gib mir noch ein geringeres Beispiel!»
> Er sprach: «Er ist in diesem tönernen Ziegel.»
> Jener sprach: «Und wo noch niedriger?»
> Er sprach: «Er ist in diesem Kothaufen.»
> Meister Ostweiler schwieg stille.

Mit dieser Wendung hat alles in dieser Welt seinen eigenen Wert, verlangt Achtsamkeit, ist, wie man auch sagt, «heilig». Nichts ist dafür zu gering, schon gar nicht die Natur. Denn die Natur ist in ihrer Größe, Fülle und Dynamik ein Inbegriff dessen, was von sich aus existiert und gut ist. In ihrer Schönheit macht die Natur es uns besonders leicht, etwas, was einfach so da ist, «auch ohne Absicht auf Nutzen zu lieben» (Kant). So ein Finden und Staunen über die Natur wie in der Kindheit oder bei den Fröschen steht im Gegensatz zu einem Macherwahn, für den die Welt Knete ist in den Händen und nur das Wert hat, was man selbst produziert.

In der spirituellen Haltung begegnen wir der Welt nicht nur mit Dankbarkeit, sondern auch mit Pietät oder Demut. Wir belassen einiges «in Gottes Hand» und meinen nicht, alles machen zu müssen, was wir irgend machen können. Das mag einen gewissen Konservatismus bedingen, aber keinen starken. Denn wo instrumentelle, moralische, ästhetische oder sonstige gravierende Gründe für eine Veränderung sprechen, können sie den spirituellen Wert, den alles in seinem Da- und Sosein hat, leicht übertrumpfen. Das weiß jeder, der bei Schmerzen trotzdem zum Arzt geht oder bei Ungerechtigkeit trotzdem auf die Straße. Lebenspraktisch gesehen ist mit der spirituellen Haltung jedoch zumindest eine Umkehr der Beweislast verbunden. Wer etwas verändern will, sollte ziemlich gute Gründe dafür haben. Richtig gut müssen diese Gründe freilich sein, wenn es um die Veränderung oder gar Zerstörung von besonders schöner Natur geht, wie einer Quelle oder einem alten Eichenhain, die das Wunder des Lebens in einer Weise verkörpern, wie dies kaum etwas anderes kann auf der Welt.

Peter Kurzeck ist es im *Vorabend* um die Heiligkeit vor allem der Natur zu tun. Die Natur hat für ihn ein Gesicht, sie blickt ihn an. Sie spricht zu ihm, etwa in Gestalt einer totgefahrenen Eule: «Geblendet und mit einem haushohen Lastwagen kollidiert, der es eilig hatte. Eine große tote Eule, die dann noch jahrelang aus ihrem Jenseits vorwurfsvoll mit mir spricht» (S. 770, im unmittelbaren Vorfeld der am Anfang unseres Kapitels zitierten Textstelle). Die Natur ist für Kurzeck kein Es, sondern ein Du.

Kurzecks Personifikation der Natur lässt sich nicht nur als metaphorischer Ausdruck seiner ästhetischen und moralischen Haltung verstehen, sondern auch seiner spirituellen. Wörtlich gemeint ist das ja nicht, wenn er die aus dem Jenseits vorwurfsvoll sprechende Eule anführt oder von den Kröten sagt, dass sie ansingen müssen «gegen ihre Angst, daß sie auch noch ausgerottet werden. Und zwar ganz nebenbei ausgerottet» (S. 766), oder von den Seerosen, dem Teich und dem Himmel: «alles sieht mich an» (S. 771). Kurzeck wird kaum glauben, dass Eulen, Kröten, Seerosen, Teiche und der Himmel Personen sind wie Du und Ich. Das wäre auch eine seltsame und gefährlich esoterische Position. Trotzdem scheint er zu glauben, dass man etwas verpasst, wenn man die Natur nur wie ein Es betrachtet. Er scheint die Natur (genauer: alles in der Natur und nicht die Natur im Ganzen) als ein Du im übertragenen Sinne zu begreifen. Damit stünde er in der Mitte zwischen unserer Nuller- und Einser-Position. Kurzecks Variante von Spiritualität könnte man vielleicht als «pantheistisch» bezeichnen. Denn für ihn ist alles in der Natur göttlich. Zwar redet Kurzeck, wie in unserer Eingangspassage, auch explizit von «Gott», zentraler für seine spirituelle Haltung ist aber die Heiligkeit der Natur.

Was meint Kurzeck dann aber, wenn er von «Gott» spricht? Und meint er dasselbe wie Papst Franziskus? Das hatten wir am Anfang des Kapitels gefragt und darauf können wir nun am Ende eine Antwort versuchen. Manchmal verwendet Kurzeck den Ausdruck im Sinne des transzendenten Gottes einer monotheistischen Einser-Position, der von außen in unsere Welt eingreift. Diese Gottesvorstellung unterzieht er allerdings einer impliziten Kritik, er fährt sie sozusagen an die Wand, wenn er die menschliche Heilsgeschichte als Unheilsgeschichte der Frösche erzählt und beklagt, dass den Fröschen kein Moses erschien und sie wohl auch vergebens auf ihre Auferstehung warten. Manchmal benutzt Kurzeck das monotheistische Gottesbild aber auch so, dass es im Sinne unserer Mittelposition funktioniert, etwa wenn er selbst befindet, dass die Menschen heute aus Gottes Hand gefallen sind oder dass Gott schläft, aber nicht tot ist, und er damit den Verlust der spirituellen Haltung der Menschen heute beklagt. Dann bürstet er die Bilder und Redeweisen der religiösen Tradition sozusagen gegen den Strich, um einer ganz bestimmten Erfahrung Ausdruck zu verleihen, der unserer Achtlosigkeit, unserer verlorenen Dankbarkeit und Ehrfurcht. Meistens aber redet Kurzeck gar nicht von «Gott», sondern drückt seine spirituelle Haltung dadurch aus, dass er alles in der Natur personifiziert. Dabei scheint Kurzeck eher zu glauben, dass Gott und die Natur identisch sind, als dass Gott zwar überall in der Natur wirkt, aber doch von ihr verschieden ist. Letztere Position grenzt man gemeinhin als «Pan*en*theismus» vom «Pantheismus» ab.

Auch Papst Franziskus setzt sich in seiner Umwelt-Enzyklika für den spirituellen Eigenwert der Natur ein. Auch der Papst geht kritisch ins Gericht einerseits mit einer unter Gläubigen verbreiteten, aber falschen Auslegung der Schöpfungsgeschichte, und zwar als Lizenz für die absolute Herrschaft des Menschen über die Natur. Dagegen will er den göttlichen Auftrag an die Menschen als einen zur Behütung der Schöpfung verstanden wissen. Andererseits kritisiert auch der Papst den Abfall der Menschen heute vom Glauben.

Doch es tun sich auch wesentliche Unterschiede auf. Der Gott der Enzyklika ist ein transzendenter Gott. Er wirkt zwar in der Natur, aber er ist von ihr auch deutlich verschieden. Die Natur ist seine Schöpfung. Außerdem ist die päpstliche Enzyklika zugleich anthropozentrischer und weniger anthropozentrisch als der *Vorabend*. Sie ist anthropozentrischer, und davon war bisher noch nicht die Rede, in ihrer expliziten Auszeichnung des Menschen als Krone der Schöpfung, was sich u. a. im Fehlen jeder päpstlichen Kritik am Bevölkerungswachstum zeigt. Sie ist weniger anthropozentrisch, und das hatten wir gerade schon hervorgehoben, in ihrer Ausrichtung auf ein transzendentes Wesen. Im ersten Kapitel hatten wir diese beiden Ausformungen der Anthropozentrik als «moralisch versus epistemisch» voneinander abgegrenzt und die epistemische Anthropozentrik als unhintergehbar bezeichnet. Die Enzyklika ist moralisch anthropozentrischer, aber epistemisch weniger anthropozentrisch als Kurzecks Roman.

Das ist zugegebenermaßen eine gewagt-eindeutige Kurzeck-Interpretation. Der Roman stellt selbstverständlich, anders als die Enzyklika und die Religionsphilosophie, ob von James, Schneider oder Scruton, keine explizite Verhandlung von Thesen zum Verhältnis von Spiritualität, Religion und Natur dar. Trotzdem legt uns der Roman implizit eine bestimmte Orientierung ans Herz und unterzieht viele andere mögliche Ausrichtungen implizit der Kritik. Wenn man sich auf Kurzecks verzweigtes Narrativ einlässt, kann man darin eine hochkomplexe Auseinandersetzung mit Fragen des Glaubens und der Natur finden, eine Art dichterisches Pendant zu dem, was die Religionsphilosophie explizit und allgemeiner verhandelt. Die sinnliche Komplexität von Kurzecks Sprache ist propositional oder diskursiv nicht einholbar. Dennoch kann das «Einrammen» gewisser diskursiver Pfeiler das Verständnis von Kurzecks Roman befördern, genauso wie umgekehrt der sinnliche Reichtum seines Romans das Verständnis expliziter religionsphilosophischer Überlegungen verfeinern und vertiefen kann.

Als Schriftsteller ist es Kurzeck offenbar ein Anliegen, im Chor seiner Kolleginnen und Kollegen (wie im Chor der singenden Frösche, aber individueller) unser Verhältnis zur Natur kreativ weiterzuentwickeln. Es ist nicht falsch, Kurzecks Werk in die Tradition der Romantik zu stellen, wie dies Christian Riedel in seiner Doktorarbeit tut. Kurzeck ist als jemand zu begreifen, der die Natur nach ihrer wissenschaftlich-technischen Entzauberung mithilfe dichterischer Bilder wieder verzaubern will, ohne die Illusion, dass wir dadurch zum ursprünglichen, kindlichen Zustand zurückkehren könnten. Eine wiederverzauberte Natur ist aber allemal besser als eine kalte, tote Natur.

Verzaubern ist eine menschliche Aktivität und damit das Gegenteil von bloßem Warten auf einen Gott, der von außen rettend in unsere Welt eingreift. Kurzeck will durch sein Dichten die Frösche und die vielen anderen totgefahrenen und ausgerotteten Tiere wenigstens in der Erinnerung wiederauferstehen lassen und mit seinen Büchern als einer Art «Arche Noah Zwo» vor dem völligen Verschwinden bewahren. Noch viel mehr als das will er aber die noch vorhandenen Reste an schöner Natur in unserer Welt besingen und ihre spirituelle Botschaft verbreiten. Auf dass uns schöne Natur immer kostbarer werde. Auf dass wir es nicht mehr übers Herz bringen, sie nebenbei kaputt zu machen. Auf dass wir es auch nicht mehr zulassen, dass Andere sie nebenbei kaputt machen.

Wie wichtig das dichterische Singen und Verzaubern bei Kurzeck ist, wird auf fast jeder Seite seines Werkes ersichtlich. In den Frosch-Kapiteln, etwa an der Stelle, wo Kurzeck an einen Almanach denkt, in dem er früher einmal ein Kind an einem Froschteich gesehen hat, und sich ihm dieses Kind im Almanach mit dem Kind, das er selbst war und das an einem Froschteich stand, vermischt. Oder im Nachgang der Frosch-Kapitel, wo er über seine Lektüre als Kind schreibt: «alle Gedichte und Die Nase von Gogol an einem einzigen schulfreien Vormittag und danach fangen alle Dinge zu reden an» (S. 795).

Zum Verhältnis von Moral, Schönheit und Heiligkeit

Am Anfang des Kapitels haben wir behauptet, dass es sich bei der Ausrottung der Arten des Lebens und der Vermüllung der Erde weniger um moralische als um spirituelle Vergehen handelt. Anders gesagt geht es dabei weniger um fehlenden moralischen Respekt als um Frevel. Gegen Ende des Kapitels sind wir von Kurzecks Spiritualität zu seiner dichterischen Wiederverzauberei und damit wieder zur Schönheit gekommen. In der eingangs zitierten *Vorabend*-Passage spielen ohnehin (der Mangel an) Spiritualität, Schönheit und Moral zusammen. Wie verhalten sich die drei nun zueinander?

Um es auf eine knappe Formel zu bringen, kann uns Schönheit mit ihrer symbolischen Kraft spirituelle Einsichten eingeben, welcher wir diskursiv nicht so leicht habhaft werden. Ästhetische Resonanz mit der Natur eröffnet damit einen Zugang zu Spiritualität. Es gibt jedoch auch andere Zugänge, z. B. die von Schneider hervorgehobene Praxis der Meditation. Das klärt aber noch nicht, wie Moral und Spiritualität zueinander stehen.

Sie stehen, wiederum knapp gesagt, zueinander so, wie auch Moral und Ästhetik zueinander stehen. D. h., spirituelle Resonanz gehört einerseits zum guten menschlichen Leben dazu. Da moralischer Respekt die Rücksicht auf Kernbestände des guten Lebens Anderer miteinschließt, ist es (unbedingt und wörtlich) moralisch erforderlich, dass alle Menschen Zugang zu spiritueller Resonanz haben, u. a. über die schöne Natur, und dass diese Natur daher auch erhalten bleibt. Andererseits hat spirituelle Resonanz eine (bedingte und metaphorische) moralische Binnenstruktur, welche humanegoistische Grenzen sprengt und Rücksicht auf den Eigenwert, die Heiligkeit der Natur erfordert. Das Verbot der Vermüllung der Erde und das Gebot zum Erhalt der Artenvielfalt sind also einerseits moralisch anthropozentrisch, andererseits spirituell physiozentrisch begründet. Gebot und Verbot gelten also weder moralisch physiozentrisch gegenüber der Natur noch moralisch «theozentrisch» gegenüber einem transzendenten Gott.

Die Natur ist nicht heilig *an sich*, genauso wenig wie sie schön an sich ist. Sie ist heilig und schön für Wesen, die wie wir nach Sinn im Leben suchen und diesen Sinn finden, indem sie «loslassen» und sich dem, was einfach nur ist, wie es ist, um seiner selbst willen zuwenden. Mehr braucht es auch gar nicht. Es reicht, wenn die Natur *für uns* heilig und schön ist. Denn wir sind es, die die Natur kaputt machen. Würden wir umdenken und umfühlen, dann wäre die Natur fast schon gerettet.

Anmerkungen und Literaturhinweise zum dritten Kapitel

Die Sekundärliteratur hat sich noch kaum mit dem Thema der Spiritualität oder Religion in Kurzecks Werk befasst. Christian Riedel untersucht im dritten Kapitel von *Peter Kurzecks Erzählkosmos* die nicht nur für die Romantik, sondern auch für alle Religionen typische triadische Struktur aus Kindheit – Erwachsenenjahre – Heimkehr und die Bedeutung der Wiederverzauberung für letztere Heimkehr in Kurzecks Werk (ab S. 190). Erika Schellenberger-Diedrich geht in ihrem Aufsatz «Zwischen den träumenden Basaltfelsen. Geopoesien bei Peter Kurzeck, Thomas Hettche, Peter Handke und Christoph Ransmayr» u. a. dem Arche-Noah-Motiv nach. Das «Arche Noah Zwo»-Zitat selbst stammt aus Kurzecks erstem Buch *Der Nußbaum gegenüber vom Laden in dem du dein Brot kaufst* (S. 30). Bonaventura ist genannt auf S. 541 im Anhang zu *Der vorige Sommer und der Sommer davor*. Dass Peter Kurzeck selbst kein gläubiger, praktizierender Christ war und allenfalls pantheistische Neigungen hegte, hat uns u. a. seine zeitweilige Lebensgefährtin, die Schriftstellerin Birgit Vanderbeke, erzählt. Wir danken Birgit Vanderbeke auch für den Hinweis auf Kurzecks intensive Lektüre von Nabokovs *Erinnerung, sprich*.

Zum Recht auf Leben von Tieren und Pflanzen: Das im Anmerkungsteil zum ersten Kapitel aufgeführte pathozentrische Argument gegen das Leidenmachen und -lassen von empfindungsfähigen Tieren (und Pflanzen, sollte es denn unter ihnen empfindungsfähige geben) beantwortet noch nicht die Frage, ob empfindungsfähige Wesen neben dem Recht auf ein *gutes* Leben auch ein Recht auf *Über*leben haben und damit auch die leidfreie Tötung eines empfindungsfähigen Wesens moralisch abzulehnen ist. Zur Beantwortung dieser Frage muss man untersuchen, wie genau sich das moralische Recht auf Leben aus moralischem Respekt für subjektiv gutes Leben herleitet. In der Literatur, etwa bei den Tierethikern Peter Singer und Tom Regan, findet man dazu drei Vorschläge:

Der erste Vorschlag leitet das Recht auf Leben davon ab, dass die betreffenden Wesen eine positive *Orientierung* auf die Zukunft haben, also allerlei vorhaben für ihre Zukunft und keine bloßen Gegenwartswesen sind, denen an der Zukunft nichts liegt.

Der zweite Vorschlag entkoppelt das Recht auf Leben von einer internen Zukunftsperspektive und macht es davon abhängig, ob die betreffenden Wesen extern, von außen gesehen, eine gute Zukunft vor sich haben und man ihnen durch Tötung somit zukünftig gutes Leben *vorenthält*.

Nach der dritten Variante ist das Recht auf Leben direkt aus dem Recht auf gutes Leben gar nicht ableitbar, sondern gründet sich nur indirekt darauf: Wäre Töten gang und gäbe, müssten Wesen, denen an der Zukunft liegt, andauernd *Angst* haben um ihr Leben, und das wäre eine für sie schreckliche Welt.

Gegen das zweite, das Vorenthaltungsargument spricht allerdings, dass es, wie andere Potenzialitätsargumente auch, einer «reductio ad absurdum» bis hin zum Fortpflanzungsgebot ausgesetzt ist. Denn auch wer sich nicht fortpflanzt, z. B. Verhütungsmittel benutzt (um von dem kontroversen Fall der Abtreibung nicht zu sprechen), enthält zukünftig gutes Leben vor. Gegen das dritte Argument der Angst und des Schreckens kann man einwenden, dass ein garantiert heimliches Töten einer anderen Person doch trotz Heimlichkeit als moralisches Unrecht, und zwar ihr gegenüber, erscheint. Ist das erste, das Zukunftsorientierungsargument richtig, dann haben nur Wesen mit substanzieller Zukunftsperspektive, d. h. vermutlich nur die sogenannten höheren Tiere, ein Recht auf Leben, und Empfindungsfähigkeit allein reicht für ein Lebensrecht nicht aus.

Peter Kurzeck selbst mag das freilich anders sehen, wenn er in der eingangs zitierten Passage schreibt: «mußt jedem einzelnen toten Tier händeringend vorsagen, daß das nicht gegen sie persönlich!» Allerdings kann sich die Formulierung von «jedem einzelnen toten Tier» auch auf die vorangegangene Liste von Tier*arten* beziehen und herausstreichen, dass keine Tierart zu gering ist, um schmerzlich zu fehlen. Kurzecks Liste der Heerscharen toter Tiere am Straßenrand umfasst neben den Fröschen:

> Raupen, Schnecken, Schmetterlinge. Maulwürfe, Mäuse, Ratten, Kaninchen, Feldhasen, Katzen. Neun Leben hat jede Katze! Und dann wird sie doch zerquetscht! Schnecken mit Haus und ohne Haus. Blindschleichen, Kreuzottern, Eidechsen, Salamander und die nicht identifizierbaren Überreste von Tierarten, die als längst ausgestorben gelten oder von denen man nie etwas gewußt hat. Igel, sagte ich, gibt es ja noch. Aber man mag sich nicht mehr in ihre Lage versetzen. Man muß es und hält es kaum aus. Käfer und Insekten können hier nur pauschal erwähnt werden. Ungezählte, sagte ich und Carina nickt. (S. 769)

Das kurz darauf folgende «Stirbt jedes Tier anders» bezieht sich vermutlich auch nicht auf jedes individuelle Tier, sondern auf Tiere jeder Tierart.

Zur Umwelt-Enzyklika von Papst Franziskus: Die Formel vom fehlgeleiteten Anthropozentrismus findet sich im dritten Teil des dritten Kapitels unter der Überschrift «Krise und Auswirkungen des modernen Anthropozentrismus», z. B. in Nr. 118 und 122. Der zusammen mit der deutschen Ausgabe der Enzyklika erschienene sozialethische Kommentar von Bernhard Emunds und Matthias Möhring-Hesse stellt klar, dass die Enzyklika, obwohl sie ökologische Verwerfungen in einen systematischen Zusammenhang mit den Menschen bringt, doch «stellenweise die Argumentationsmuster anthropozentrischer Umweltethiken hinter sich lässt». Für die Unterscheidung umweltethischer Ansätze wird auf Angelika Krebs' «Naturethik im Überblick» verwiesen (vgl. S. 252). Das Bonaventura-Zitat findet sich in Nr. 233 der Enzyklika, das Zitat gegen Verstädterung in Nr. 44. Eine naturethische Würdigung der Enzyklika bietet Markus Vogts Artikel «Im Zeichen der Ökologie».

Zur Religionsphilosophie allgemein: Das Zitat von Meister Eckhart stammt aus seiner sechsten Predigt «Iusti vivent in aeternum», S. 452, das von Dschuang Dsi aus «Wo ist der Sinn», S. 230 f. Einen guten Einstieg in die zeitgenössische deutschsprachige Religionsphilosophie bietet der von Konrad Paul Liessmann herausgegebene Band *Über Gott und die Welt. Philosophieren in unruhiger Zeit*, der u. a. Beiträge von Holm Tetens, Rüdiger Safranski und Hartmut Rosa enthält. Das Verhältnis von Religion und Natur untersuchen ausführlich Christof Hardmeier und Konrad Ott in ihrer Studie *Naturethik und biblische Schöpfungsgeschichte*. In Roger Scrutons Religionsphilosophie (besonders einschlägig sind *The Soul of the World* sowie die letzten beiden Kapitel von *The Face of God*) ist die Vorstellung der Natur als eines Du und als Gesicht Gottes zentral. Allerdings macht Scruton nicht immer hinreichend deutlich, dass es sich bei der Ausdehnung des Dialogs zwischen Personen auf die Natur um eine Ausdehnung im metaphorischen Sinne handelt. Das hat ihm die Kritik u. a. von Fiona Ellis in «Cognitive Dualism, Ontological Dualism, and the Question of God» eingetragen. Eine Antwort auf diese Kritik versucht Scruton in «Things As They Seem» (vgl. auch seinen Epilog «No Through Road» zu dem Band *The Religious Philosophy of Roger Scruton*). In einem privaten E-Mail-Austausch zwei Monate vor seinem Tod hat sich Scruton, vermutlich augenzwinkernd, aber doch in aller wünschenswerten Deutlichkeit, in der Mitte unseres Spektrums religionsphilosophischer Positionen verortet: bei «0,5». In diese Richtung interpretiert ihn auch Anthony O'Hear in seinem Nachruf «Philosopher par excellence» in *The Critic*. Ein anderer Autor, der in vergleichbarer Weise religiös-theologische Sprachspiele und eine Haltung spiritueller Offenheit als unverzichtbaren Einstieg in die Sprach- und Geschichtsphilosophie versteht, ist Walter Benjamin. Jan Müllers Aufsatz «Idee und Wahrheit» führt vor, auf welche Weise und mit welchen Folgerungen Benjamin unsere Skala zwischen «null» und «eins» aufmacht und sich selbst in der Mitte verortet.

Zum religionsphilosophischen Ansatz von Hans Julius Schneider: Die Charakterisierung der spirituellen Erfahrung über vier Merkmale findet sich im zweiten Kapitel von Schneiders Buch *Religion*, S. 53–59. Wir haben diese Charakterisierung nicht nur inhaltlich, sondern über weite Strecken auch im Wortlaut übernommen, aber radikal gekürzt. Mehr zu Transzendenz als einer Übersteigung der gewöhnlichen Erfahrung, d. h. sowohl der alltäglichen Erfahrung in der «Welt des Menschen» als auch der wissenschaftlichen Erfahrung, schreibt Schneider in seinem fünften Kapitel. Dort hat es auch die Formulierung einer anderen «Physiognomie» der Welt, und zwar auf S. 161. Entwickelt wird diese Idee freilich nicht. Die Natur spielt in Schneiders Ansatz keine Rolle. Im Vordergrund steht für ihn vielmehr die Zen-Meditation. Gegen eine funktionalistische Reduktion verteidigt Schneider seinen Ansatz in «Das Placebo-Argument». In der von Stefan Tolksdorf und Holm Tetens herausgegebenen Schneider-Festschrift *In Sprachspiele verstrickt* gibt es neun Artikel zu Schneiders Religionsphilosophie und eine Antwort aus seiner Feder. Die erkenntnistheoretische Unterscheidung von «Antwortenkönnen», «Können» und «Kennen» ist ausgeführt in seinen Aufsätzen «Erfahrung und Erlebnis» und «Können, Wissen, Zuschreibung».

Zu Ludwig Wittgensteins «Vortrag über Ethik»: Die Zitate zum Staunen über die Existenz der Welt und zur absoluten Sicherheit finden sich auf S. 14f. in der deutschen Übersetzung. Schneider hat mit «Sätze können nichts Höheres ausdrücken» eine Detail-Analyse von Wittgensteins Vortrag vorgelegt. Das «Kein Etwas, aber auch nicht ein Nichts»-Zitat stammt aus Paragraf 304 der *Philosophischen Untersuchungen*. Zu Wittgensteins Religionsphilosophie vgl. außerdem D. Z. Philips' «Wittgenstein and Religion» sowie Peter Winchs «Discussion of Malcolm's Essay» (insbesondere S. 124–132).

Zur Kritik an Werten an sich: Für die epistemisch anthropozentrische Argumentation, dass Werte immer Werte für uns sind und die Vorstellung absoluter Werte widersinnig ist, vgl. Bernard Williams' «Muß Sorge um die Umwelt vom Menschen ausgehen?» und Angelika Krebs' *Ethics of Nature*, S. 121–123. Dort ist näher ausgeführt, dass Werte, seien sie ästhetischer, spiritueller oder auch moralischer Natur, nicht völlig abgelöst von einer wertenden Instanz bestehen können, die etwas für gut oder schlecht befindet. «An sich» oder «absolut» (von lateinisch «absolvere» = loslösen) gut oder schlecht gibt es nicht. Was sollte das auch heißen? Es gibt nur Werte für uns (bzw. für andere wertende Wesen, wie die uns verwandten Tiere oder die Götter, sollten Letztere denn existieren). Gäbe es absolute Werte, müssten wir sie mithilfe unserer Kriterien als gut erkennen, denn eine blinde Übernahme von Werten verträgt sich nicht mit unserer Vernunftnatur. Aber dann wären sie nicht mehr absolut, sondern Werte für uns. Dass alle Werte Werte für uns sind, bedeutet freilich nicht, dass wir diese Werte willkürlich setzen würden oder durch unsere faktische Anerkennung erst in die Welt brächten. Das Gegenteil von «absolut» oder, wie man auch sagen könnte, «objektiv» ist nicht unbedingt «subjektiv», sondern auch «intersubjektiv». Und «intersubjektiv» benennt hier eine Art von überindividueller Geltungsdimension, einen Raum von Gründen mit allgemeinem Geltungsanspruch. Welche Gründe in diesem Raum verfangen, hat natürlich viel damit zu tun, wie die Natur in oder an sich ist, mit ihrer ästhetischen, spirituellen und moralischen Affordanz also.

Viertes Kapitel

Die Wege kennen dich: Natur als Heimat

«Mein schönes Tal»

Und dann, sagte ich, merkt man, daß man nicht mehr zurückgehen kann. Vergangen die Zeit. Und der Ort ist nicht mehr der gleiche Ort. Und selbst, sagte ich, bleibt man auch nicht der gleiche Mensch. Jetzt ist da die Autobahn. Dicht am Dorf vorbei. Eine Autobahn, die man überall im Dorf Tag und Nacht hört. Will man ins Dorf, will man aus dem Dorf hinaus, muß man auf einer windigen Brücke über die Autobahn oder durch ein Erdloch unter der Autobahn durch. Als ob man zum Kriechen verurteilt sei. Und wieviel Platz so eine Autobahn braucht. Der ganze Horizont weg. Zugestellt, abgegraben, verschüttet. Das ganze Tal weg, sagte ich. Mein schönes Tal. Ein Tal mit Gärten, Teichen und Brunnen. Mit Obstbäumen, Kornfeldern, Wiesen. Kühe auf der Weide. Und Pferde, die den Kopf heben und wiehern, wenn man vorbeigeht. Quellen, ein Bach, die Jahreszeiten. Wie schön das Licht dort am Nachmittag war. Bis zum Bahndamm und an die Lahn dieses Tal. Sonnenuntergänge, die Jahreszeiten und im Westen Wälder und Berge. Sooft man zurückkommt, sagte ich. Egal wie lange weg und wo man gewesen ist. Immer muß man zuerst dieses Tal wieder sehen. Und jetzt? Nicht mehr da! Wie durch einen Fluch in die Erde gesunken! Das Dorf jetzt dreimal so groß und mit den Nachbardörfern zusammengewachsen. Überall Schnellstraßen, Kreuzungen, Autobahnzubringer, Auf- und Abfahrten. Ein Dorf mit Autobahnanschluß. Nur auf der Straße zum Friedhof kann man noch ungehindert aus dem Dorf. Aber wenn man dann am Friedhof vorbei ist und weitergeht, auf den Wald zu, dann muß man dauernd den Autos ausweichen, mit denen sie zum Joggen fahren und vom Joggen zurückkommen. Man winkt jedesmal und weiß selbst schon nicht mehr, ob man grüßt oder flucht und ihnen vielleicht mit der Faust droht. (*Vorabend*, S. 603 f.)

Erinnert Sie das auch an etwas? Vielleicht an etwas, das Sie in der Schule durchgenommen haben? Eine Bildermappe, die prototypisch die Verwandlung eines beschaulichen Bauerndorfs in eine moderne Agglomerationssiedlung, einen austauschbaren Unort zeigt? Die im Schulunterricht in Deutschland und der Schweiz vielfach eingesetzte Mappe trägt den Titel *Alle Jahre wieder saust der Presslufthammer nieder oder: Die Veränderung der Landschaft*. Erschienen ist die Mappe 1973. Sie besteht aus sieben großformatigen Bildtafeln. Der Schweizer Illustrator Jörg Müller hat sie gemalt.

Abb. 15: Jörg Müller: *Die Veränderung der Landschaft*

Peter Kurzecks Passage zur Zerstörung seines Heimatorts Staufenberg am Rand des Lahntals durch den Bau einer Autobahn montiert sozusagen nur die erste und die letzte Müller'sche Tafel aneinander, dafür in umso stärkerem Kontrast. Das ist wieder seine Vorher-nachher-Technik. Die Textstelle beginnt, nach ein paar nachdenklichen Sätzen zum Vergehen der Zeit, mit dem Nachher: «Jetzt ist da die Autobahn.» Dann kommt das Vorher mit «Mein schönes Tal». Am Ende steht noch einmal das Nachher, eingeleitet, wie so oft, mit «Und jetzt?». Natürlich malt Kurzeck mit Worten und nicht mit Pinsel und Farbe wie Jörg Müller. Wir reproduzieren hier vier der sieben Müller'schen Tafeln, damit Sie, falls Sie die Mappe nicht kennen, wenigstens einen gewissen Eindruck erhalten.

In Jörg Müllers erster Tafel hat es die von Kurzeck erwähnten Obstbäume, Kornfelder, Wiesen und Weiden, mit Kühen drauf. Es hat das Licht und die Jahreszeiten: Es ist Frühling im Bild, der Obstbaum im Vordergrund blüht weiß. Und es gibt einen Garten, einen Teich, einen Bach, einen Bahndamm, die Wälder und Berge. In Müllers letzter Tafel ist das «Dorf» entlang der Autobahn auch mindestens dreimal so groß, sogar die Berge im Hintergrund sind mit Eigenheimen besetzt. Im Vordergrund dominiert die Autobahn mit ihrem eintönigen Grau. In Kurzecks Text holt sie sich den Platz in der Sprache. Sie vervielfältigt sich sozusagen in den aufgezählten Schnellstraßen, Kreuzungen, Autobahnzubringern, Auf- und Abfahrten. Auch auf Müllers Bildtafel verläuft neben der Autobahn, vor dem Discounter, eine weitere Straße mit Parkplätzen. Eine andere Straße kreuzt die Autobahn auf einer Brücke mit fetten Pfeilern. Der Horizont ist wie bei Kurzeck zugestellt und abgegraben. Den Lärm der Autobahn, den man in Staufenberg wirklich überall hört (wir waren dort!), hört man auf Müllers Tafel selbstverständlich nicht. Doch man sieht ihn, wie er den rasenden Autos an den glatten, nackten Wänden und überdimensionierten Fenstern der schnell hochgezogenen Gebäude abprallt. Welche Jahreszeit gerade ist, ist auf Müllers Bildtafel nicht feststellbar. Denn das Gras ist das ganze Jahr grün. Schaut man genauer hin, erkennt man ein armseliges gelbgrünes Bäumchen und ein langes, schmales Blumenbeet in der ersten Etage über dem Discounter. Winter wird es also nicht sein. Das Bäumchen steht in einem künstlich angelegten Rasendreieck, in das auch ein betonierter Sandkasten mit einer Betonröhre eingelassen ist. Während sich die Kinder auf der ersten Tafel von 1953 noch fast überall frei bewegen konnten, bietet sich ihnen auf der letzten Tafel nur noch dieser zudem von Erwachsenen überwachte Sandkasten. «Spielmöglichkeiten, die für das Einüben in die Gesellschaft unerlässlich sind, sind reduziert auf reglementierte Reservate», heißt es dazu im Klappentext. Von Kindern und dem, was die Naturzerstörung ihnen antut, ist auch im *Vorabend* immer wieder die Rede: «Sie werden auf Spielplätzen, in Kindergärten und Schulen, im Hort, in Vereinen und Spielgruppen und in fahrenden Autos (in Autos, die immerfort fahren) und in ihren Kinderzimmern gefangen gehalten. Schutzhaft, sagte ich.» (S. 705 f.)

In Müllers Bildermappe kann man genauso in der Zeit herumspazieren, rückwärts und vorwärts, wie in Kurzecks Roman. Dabei schult man seinen Blick und sein Gehör. Und fängt an zu frösteln, je näher man an das «Dorf mit Autobahnanschluß» gerät. Wenn sich die Umgebung, in der man lebt, zu schnell und zu krass verändert, kann es passieren, dass man sich dort nicht mehr zuhause fühlt. Um dieses Gefühl der «Entheimatung» geht es in diesem Kapitel.

Jörg Müller hat übrigens auch eine Bildermappe zur Veränderung der Stadt gemalt. Sie trägt den Titel *Hier fällt ein Haus, dort steht ein Kran und ewig droht der Baggerzahn*. Entheimatung findet nicht nur in Dorf und Landschaft statt, sondern ebenso in der Stadt. Nichtsdestotrotz ist Naturschutz wesentlich als Heimatschutz zu begreifen, nicht nur, aber doch auch. So fing die Naturschutzbewegung schließlich historisch an. Die Vereinnahmung des Heimatgedankens durch den Nationalsozialismus und andere rechtsradikale Strömungen führte allerdings zu einem Bruch mit dieser Tradition. Wie Max Frisch einmal formulierte, «riecht» Heimat unangenehm «nach heiler Welt und Geschichtsverfälschung». Daher ist Vorsicht geboten und es kommt nur eine kritische Wiederaufnahme des Heimatbegriffs in Frage. Diese sollte die Wärme und Tiefe des Begriffs erhalten, aber ohne falsche Sentimentalität und ohne Wegpurifizierung des Neuen. In Anknüpfung an Karl Kraus ist es besser, mit alten Worten Neues als mit neuen Worten Altes zu sagen.

Für die Beheimatung in der Stadt ist u. a. der Denkmalschutz zuständig. Die beiden Formen des Heimatschutzes, einmal in der Natur, das andere Mal in der Stadt, schließen sich nicht aus. Im Gegenteil, sie ergänzen einander. Sie dienen beide dem höheren Gut der Bewahrung der Stützen unserer Identität. Gefragt, wer sie sind, geben die meisten Menschen den Ort an, aus dem sie stammen oder in dem sie inzwischen als ihrer «Wahlheimat» leben. Dieser Ort kann auch eine Kombination aus Stadt und Land sein, etwa wenn der Wochenendausflug aus der Stadt immer in eine bestimmte Landschaft führt, die einem genauso ans Herz gewachsen ist wie die Stadt selbst.

Wie sich das anfühlt, wenn dieser Ort auch nur zeitweise verloren geht, konnten wir im Lockdown in der Corona-Pandemie erfahren. «Man fühlt sich hilflos und fremd», befand der Kolumnist der *Süddeutschen Zeitung* Heribert Prantl im April 2020, «fast wie im Exil», d. h. «in ungewohnter, irritierender Umgebung, in der die bisherigen Koordinaten nicht mehr stimmen». Und er zitierte Friedrich Hölderlins «In diesem Lande leben wir, wie Fremdlinge im eigenen Haus». Prantl verband diese düstere Zeitdiagnose immerhin mit der Hoffnung, dass dadurch unser Verständnis und unsere Sensibilität wachsen mögen für Flüchtlinge, die ihre Heimat, anders als wir, dauerhaft verloren haben.

Das Grundrecht auf Heimat wird auch durch die Bauwut seit den 1960er Jahren verletzt, um wieder zu unserem eigentlichen Thema zurückzukehren. Indem zu viel, zu schnell abgerissen und neu, ohne erkennbaren lokalen Stil gebaut wird, sieht es bald überall gleich aus. Der Verlust der alten «land marks» und die

Tendenz zur Assimilierung, denken Sie an *McDonald's*, *Ibis*, *Hilton*, *Aldi* oder Flughäfen auf der ganzen Welt, untergräbt unsere Identität, die ja eine besondere ist und der Verwurzelung in einer besonderen Welt bedarf. Das Bedürfnis nach einer speziellen Identität oder Individualität ist eine anthropologische Konstante, wie es das Bedürfnis nach Schönheit auch ist. Die Objekte ästhetischer und, wie wir sie nennen könnten, «biografischer» Resonanz fallen mitunter zusammen, wie bei Kurzecks schönem Tal. Sie müssen es aber nicht. Etwas kann einen biografisch in der Welt verankern, ohne dass es besonders schön ist. Man muss nicht einmal begründen können, warum es einem so viel bedeutet. Hermann Lübbe spricht treffend von dem Recht, «auf rechtfertigungsunbedürftige Weise ein Besonderer, ein Anderer sein zu können» und eben keine austauschbare Nummer. Bei Paul Ricoeur lesen wir, dass wir unsere Identität durch das Erzählen einer Geschichte aufbauen, unser Ich «narrativ synthetisieren», und diese Geschichte irgendwo verortet sein muss. Geht das «Wo» dieser Geschichte, die Heimat, verloren, kann dies zu Orientierungslosigkeit und Selbstentfremdung führen.

Dabei ist Beheimatung oder «Verwurzelung» (um eine Metapher von Simone Weil aufzugreifen) nicht in erster Linie rational zu verstehen, sondern hat als Geborgenheit, Sicherheit oder Urvertrauen eine ausgeprägt affektive Seite. Eine praktische Seite hat Beheimatung auch, denn auf das Zuhause schaut man und sorgt dafür, insbesondere wenn man es nicht nur mietet, sondern es einem gehört. Schaut man sich die sogenannten Wohneigentumsquoten an, herrscht in Deutschland und der Schweiz da eventuell Nachholbedarf. Die Quoten liegen in diesen Ländern deutlich unter 50 Prozent, im Vergleich zu Frankreich mit 65 Prozent, England mit 70 Prozent und Norwegen mit 80 Prozent.

In der eingangs zitierten Kurzeck-Passage kommt das Bedürfnis nach Besonderung und deren Verankerung in der Welt gut heraus in der Gegenüberstellung von «mein» und «ein» in «Mein schönes Tal» und «Ein Dorf mit Autobahnanschluß». Was es im schönen Tal alles gab, wird liebevoll-detailliert aufgezählt. Noch viel ausführlicher gerät diese Schilderung in der Audio-Version dieser Stelle im Hörbuch *Ein Sommer, der bleibt* (CD 2, Track 5 und 8) – man kann also auch diese Stelle im Originalton von Peter Kurzeck hören. Dagegen ist das Dorf mit Autobahnanschluss nicht einmal mehr ein richtiges Dorf, da es mit den Nachbardörfern zu einem Siedlungsbrei zusammengewachsen ist. Kurzecks Bedürfnis nach Besonderung zeigt sich auch darin, wie gut es ihm zu tun scheint, dass die Pferde ihn kennen bzw. «die Wege» oder «die Steine, die Tiere und Menschen und Dinge», im Unterschied zu den Autos: «Die Autos kennen uns nicht.» (*Vorabend*, S. 442) Es zeigt sich des Weiteren darin, dass er nach jeder Reise immer zuerst wieder in dieses Tal gehen *muss*, um sich seiner besonderen Identität zu versichern. Aber natürlich haben für ihn auch andere Dinge im Dorf und nicht nur das Lahntal eine identitätsstiftende Funktion: die rote Schule, das Kreuz, der Dorfteich, die Oberdorfgässchen, die Burg. Er stört sich auch nicht nur an der Autobahn, sondern auch an den Neubauvierteln, in denen jedes Haus für sich steht und es den Hausbesitzern offenbar nur darauf ankommt, *ein* Haus auf dem Land zu haben:

> Sind anders. Sieht man gleich auf den ersten Blick. Mit mehr Geld und in einem Zug gebaut. Da haben die Bauherren nicht selbst mit Hand anlegen müssen und sich auch nicht jeden Backstein vom Mund abgespart. Was sind das für Leute? Vorerst kennt man sie nicht. Aus der Stadt, aus allen möglichen Städten. Wollten nicht eigens in dieses Dorf. Wollten ein Haus auf dem Land. Neubau. Einen preiswerten Bauplatz. Haus mit Grundstück. Abstand zu den Nachbarn. Ein Haus im Grünen. ... Sind fremd und bleiben fremd und ihre Häuser genauso. Haben die Fremde mitgebracht. Mit ins Dorf. (S. 439 f.)

Auch die Äpfel im Supermarkt erscheinen als Zeichen der Assimilierung:

> Grüne Äpfel, die alle gleich aussehen. Hellgrün und auf einem dunkelblauen Pappmaschéschälchen und mit Cellophan und poliert und alle gleich groß und ein Klebeschildchen in Herzform auf jedem einzelnen Apfel. Grüne Äpfel aus Chile und rote aus Südafrika. Sehen aus wie gefärbt. (S. 482)

In der inzwischen zum Hotel ausgebauten Burg in Staufenberg liegen übrigens für jeden Gast genau so ein grüner und roter Apfel als Zeichen des Willkommens im Zimmer bereit: Sollte man die Hotelleitung vor erbosten Kurzeck-Lesern warnen?

Die Bedeutung des schönen Tals für Kurzeck drückt sich ferner in der Emotionalität aus, mit der er auf den Bau der Autobahn reagiert. Er ist empört, das zeigt das doppelte «weg», wiederaufgenommen in «Nicht mehr da!» und «Wie durch einen Fluch in die Erde gesunken!». Er fühlt sich erniedrigt, zum Unter-der-Autobahn-Durchkriechen verurteilt, und verunsichert, er weiß nicht mehr, ob er die Autofahrer grüßt, flucht oder ihnen droht. Wie Kurzeck in einem für das Heimatthema besonders ergiebigen Interview mit Carsten Gansel im Jahr 2002 erzählt, waren es vor allem die Autobahn und der Verlust «seines» Tals, die ihn aus Staufenberg vertrieben haben:

> Ich überlege immer wieder, ob ich in Staufenberg wohnen sollte oder nicht, und je weiter ich weg bin, umso mehr denke ich, ich müsste. Aber wenn ich hinkomme, dann merke ich, das geht nicht mit dieser Autobahn und dem fehlenden Tal und der fehlenden Landschaft drum herum und ohne Bäume; und die wichtigsten Häuser, die um die alten Kreuzungen herumstanden, sind abgerissen.

Ursprünglich wollte Kurzeck, als die Autobahn 1977 gebaut wurde, nur ein paar Wochen lang für die Reinschrift seines ersten Buches nach Frankfurt ziehen und danach wieder zurückkehren nach Staufenberg. Die Wohnung dort hatte er behalten. Doch das ging dann schon nicht mehr: «Und dann, sagte ich, merkt man, daß man nicht mehr zurückgehen kann. Vergangen die Zeit. Und der Ort ist nicht mehr der gleiche Ort. Und selbst, sagte ich, bleibt man auch nicht der gleiche Mensch.» So fängt unsere Eingangspassage ja an.

Mit dem «Horizont» ist neben der Nähe des vertrauten Tals auch die Ferne angesprochen, wie dies in den meisten Stellen zu Heimat im *Vorabend* geschieht, z. B. wenn es in einer sogenannten Dublette zu unserer Passage heißt: «die Nähe verschüttet und die Ferne längst auf und davon» (S. 949), oder wenn das Kind, das Schiffchenfahren spielt am Dorfteich, in seiner Fantasie zum Kapitän auf den Weltmeeren wird. Dass nur derjenige, der in der Nähe geborgen ist, auch die Kraft zur Erkundung der Ferne hat, ist ein Topos nicht-reaktionärer Heimatliteratur, etwa bei James Joyce, William Faulkner, Marcel Proust, Alfred Döblin oder in der *Heimat*-Trilogie von Edgar Reitz. Carsten Gansel fragt Kurzeck im Interview übrigens, ob man ihn eigentlich als Heimatdichter verstehen könne. Seine Antwort ist, dass er damit kein Problem habe, solange auch Joyce, Faulkner etc. als Heimatdichter gälten. Er selbst habe immer beides gleich anziehend gefunden: die Provinz und die Metropole. Die Verlockung der Anonymität in der Großstadt und beim Herumreisen in der Welt habe er als Befreiung vom zwanghaften Konsens im Dorf erlebt. Kleinstädte, wie sein letzter Wohnort Uzès, welches – das hatten wir in der Einleitung bereits vermerkt – dem Staufenberg von früher viel ähnlicher sieht, als es das Staufenberg von heute tut, seien eine passable Zwischenlösung. In Uzès hat es übrigens auch so ein «schönes Tal» wie in Staufenberg. Alles, was in der Textstelle aufgeführt ist, gibt es auch in diesem Tal. Nur weiden anstelle der Kühe dort Schafe. Das Wasser aus der Quelle im *Vallée d'Eure* haben die Römer einst über den *Pont du Gard* nach Nîmes geleitet. Von Kurzecks Wohnung aus am *Place aux Herbes* ist man zu Fuß in drei Minuten in diesem Tal.

Kurzecks Literatur versucht den Spagat, die verlorene Zeit zu betrauern, ohne dabei sentimental oder nostalgisch zu werden. Auch davon war schon in der Einleitung die Rede. Doch was ist eigentlich «Sentimentalität»? Ist sie das Gleiche wie «Kitsch»? Und wie verhalten sich die beiden Begriffe zu «Nostalgie»? Die philosophische Begriffsklärung kann helfen, dem Sentimentalitäts-Verdacht differenziert zu begegnen. Dieser Verdacht kommt nicht nur im Zusammenhang mit dem Heimatgedanken immer wieder auf. Ihm war, zumindest in Deutschland nach dem Zweiten Weltkrieg, lange jeder ausgesetzt, der sich für die Schönheit und Vielfalt der Natur starkmachte und etwa Naturlyrik schrieb. Das Wort «Stimmungslyrik» galt geradezu als Schimpfwort. Das hat sich erst in den letzten Jahren etwas geändert.

Nostalgie, Sentimentalität, Kitsch?

Man kennt Bertolt Brechts Diktum, «dass ein Gespräch über Bäume fast ein Verbrechen ist, weil es ein Schweigen über so viele Untaten einschließt» (aus seinem Gedicht *An die Nachgeborenen*). Brechts berühmte Keuner-Geschichte *Herr K. und die Natur* endet übrigens so: «Herr K. sagte auch: ‹Es ist nötig für uns, von der Natur einen sparsamen Gebrauch zu machen. Ohne Arbeit in der Natur weilend, gerät man leicht in einen krankhaften Zustand, etwas wie Fieber befällt einen.›»

Man kennt auch Theodor W. Adornos Verdikt: «Nach Auschwitz ein Gedicht zu schreiben ist barbarisch.» In *Schreiben nach Auschwitz*, seiner Frankfurter Poetik-Vorlesung, forderte Günther Grass daher Askese:

> Also raus aus der blaustichigen Innerlichkeit. Weg mit den sich blumig plusternden Genitivmetaphern, Verzicht auf angerikte Irgendwie-Stimmungen und den gepflegten lyrischen Kammerton. Askese, d. h. Mißtrauen allem Klingklang gegenüber.

Und Peter Rühmkorf geißelte in «Das lyrische Weltbild der Nachkriegsdeutschen»: «die Wiedergeburt des Mythos aus dem Geiste der Kleingärtnerei», das «gesellschaftliche Ohnemich» und die «Flucht ins Abseits».

Diese gesellschaftskritisch motivierte Abkehr von der Besingung der Natur ist zwar zeitgeschichtlich verständlich, sie überspannt aber den Bogen, wenn sie jede Zuwendung zur Natur als Flucht diffamiert. Vielmehr ist begrifflich klar zu trennen zwischen echten und sentimentalen Gefühlen, zwischen wahrer und sentimentaler Kunst oder eben Kitsch.

Echte Gefühle sind gerichtet auf die Welt, wie sie ist, in all ihrer Härte, und wie sie sein soll, «idealiter». Echte Gefühle setzen sich mit der Welt auseinander, sie sind bereit für Opfer und nehmen Enttäuschung in Kauf. Sentimentale Gefühle dagegen gehen auf Distanz zur Welt und ersetzen diese durch Klischees, die starke süße oder auch gemischte, bittersüße Gefühle ohne weitere Kosten gestatten.

Die Natur und das Schicksal Anderer dienen dem sentimentalen Menschen oft zum bloßen Anlass, zum Vorwand für das Schwelgen in den eigenen Gefühlen und den Genuss des eigenen vermeintlich guten Charakters. Der sentimentale Mensch stellt sich damit in unmoralischer Weise über seine Mitmenschen und die Natur. Er missbraucht sie für seine Gefühle. Ein sentimentaler Freund ist kein guter Freund, er kann vielmehr eine Gefahr für die Anderen werden. Er führt instinktiv Tragödien herbei, um sich in folgenlosem Mitleid zu ergehen. Er stimuliert Liebe, um so zu tun, als würde er die Liebe erwidern, hat es dabei aber nur auf seinen Vorteil abgesehen. Er kommt als Verführer und geht als Verräter.

Ein sentimentaler Charakter ist anhand von fünf Kriterien identifizierbar. Erstens fühlt er zu *heftig* mit. Zweitens geht er zu *schnell* von einem Mitgefühl zum nächsten über. Drittens scheint er mitzuleiden, *genießt* das aber in Wirklichkeit. Viertens lässt er auf seine Mitgefühle keine entsprechenden *Taten* folgen. Und fünftens fühlt er eher mit *Fremden* mit und mit abstraktem Leid als mit Nahestehenden und konkretem Leid.

Warum macht jemand so etwas? Zwei Erklärungen bieten sich dafür an. Zum einen will ein sentimentaler Mensch ein reiches Gefühlsleben, aber möglichst billig, ohne den wahren Preis dafür entrichten zu müssen. Zum anderen täuscht er Gefühle auch nur effekthascherisch vor, um von Anderen Anerkennung für sein ach so großes Herz zu bekommen.

Gute Kunst konfrontiert uns mit der Welt, wie sie wirklich ist und wie sie sein soll. Sie lädt uns zur Anteilnahme an der «conditio humana» ein und ermöglicht uns, als Mensch zu wachsen. Sentimentale Kunst oder Kitsch bietet uns stattdessen zuckersüße Surrogate der Wirklichkeit. Kitsch liefert uns zuverlässigen, widerstandslosen Selbstgenuss und lässt uns kurzschlüssig in uns selbst kreisen. Daher kann man Kitsch verfallen. Er macht süchtig. Im Kitsch steckt die Lüge, dass man große, edle Gefühle haben kann, ohne dafür Opfer bringen zu müssen. Roger Scruton, dessen Analyse wir hier folgen, spricht angesichts der Allgegenwart von Kitsch in unserer modernen Welt von «disneyfication».

Man kann «Kitsch» und «Sentimentalität» auf verschiedene Weisen voneinander abgrenzen, muss dies aber nicht. Oft werden die beiden Begriffe synonym gebraucht und es ist in einem Atemzug von der «Verkitschung» und der «sentimentalen Korruption» unseres Seelenlebens oder vom «Kitsch Menschen» und «Sentimentaliker» die Rede. Eine mögliche, aber oberflächliche Abgrenzung zwischen den beiden Begriffen besteht darin, dass man «Kitsch» eher auf Kunstwerke und Kunsthandwerk wie Gartenzwerge bezieht und «Sentimentalität» eher auf die Menschen, die sich an so etwas ergötzen. Oberflächlich ist diese Abgrenzung, da man kitschige Werke genau daran erkennt, dass sie auf einen sentimentalen Konsum angelegt sind. Eine andere Möglichkeit ist es, «Sentimentalität» als weniger verwerfliche Form der Verkitschung anzusehen. Ein sentimentaler Mensch ist danach in seinen Gefühlen noch auf die Wirklichkeit bezogen, mischt aber Momente der Übertreibung und des Selbstgenusses in sie hinein. So grenzt Otto Friedrich Bollnow die beiden Begriffe voneinander ab. Scruton dagegen unterscheidet nicht zwischen ihnen.

Und was ist mit «Nostalgie»? Sie lässt sich als sentimentale Sehnsucht nach der Vergangenheit verstehen. Sentimental ist diese Sehnsucht, wenn sie die Vergangenheit verklärt. In besagtem Gespräch mit Carsten Gansel wird Kurzeck direkt auf den Sentimentalitätsvorwurf angesprochen:

> CG: In vielen Ihrer Texte, allen voran im Roman *Kein Frühling* von 1987, beschreiben Sie in durchaus modernisierungsskeptischer Manier die untergegangene dörfliche Welt in dieser Gegend. Dort heißt es an einer Stelle: «Und du sehnst dich mit all deinen Sinnen.»
> …

PK: Ich muss zunächst einmal sagen, dass ich mit dem von Ihnen zitierten Satz nicht sagen will: Damals war es wunderbar und jetzt ist es furchtbar. Aber auch nicht umgekehrt. Man merkt einfach, wie sehr einem nachhängt, wo man gewohnt hat, von wem man leben gelernt hat. ... In *Kein Frühling* wird zum Beispiel ein Altweibersommer, vielleicht nur ein einziger Nachmittag, beschrieben wie das Paradies. Aber ansonsten ist es, glaube ich, nicht so, dass die Erinnerung bei mir die schlimmen Dinge verdrängt, sonst wäre *Kein Frühling* ein anderes Buch.

CG: Also würden Sie widersprechen, wenn jemand käme und da behauptete, Peter Kurzeck sei ein sentimentalischer Kindheitsdichter?

PK: Ich würde sagen, dass das Schöne und das Hässliche zusammengehören. Es ist offenbar Auslegungssache, was mir unterstellt wird.

Gehen wir die fünf oben genannten Sentimentalitätskriterien mit Bezug auf Kurzecks Literatur kurz durch. Seine Literatur ruft uns zu wahrem Mitgefühl auf, mal mehr, mal weniger, mal länger, mal kürzer, also nicht immer zu heftig und nicht immer zu kurz (erstes und zweites Kriterium). Wir genießen ein bei der Lektüre auftretendes negatives Gefühl auch nicht. Vielmehr geht es um eine echte Sehnsucht nach Nähe zu den Dingen, die uns mitkonstituiert haben, und nicht um eine kitschige Beschwörung einer vergangenen heilen Welt. Es geht nicht darum, im Leser ein hohles, wehleidiges Heimwehgefühl auszulösen, sondern um Trauer, Empörung, um ein Erkennen der Welt, wie sie tatsächlich ist. Vom Leser wird das Gefühl in seiner Gänze eingefordert und nicht nur ein aufwandsloser Konsum ermöglicht (drittes Kriterium). Er oder sie fühlt sich motiviert, diesen Gefühlen angemessene Taten folgen zu lassen, namentlich die Natur zu schonen (viertes Kriterium). Und schließlich ist das Leid, das beschrieben wird, stets konkret und hat etwas mit uns zu tun – wie bei den Igeln am Fahrbahnrand, an deren Elend wir, bewusst oder unbewusst, jedenfalls aktiv, Mitschuld tragen (fünftes Kriterium).

Bauen in der Landschaft

Die Kapitelüberschriften in dem 2009 erschienenen Monumentalwerk *Die ausgewechselte Landschaft* des Landschaftsgeografen Klaus Ewald geben einen guten Anhaltspunkt dafür, was an Bauen in der Landschaft seit dem Zweiten Weltkrieg in Deutschland und der Schweiz so alles passiert ist: «Strassen allüberall», «Die entwässerte Landschaft», «Die Demontage der traditionellen Kulturlandschaft», «Die Landschaft in Zeiten der neuen Agrarpolitik», «Die zersiedelte Landschaft», «Die Landschaft im Sog des Tourismus» und «Landschaft unter Strom». Es wäre ein Leichtes, jede dieser Dimensionen mit *Vorabend*-Zitaten zu illustrieren. Die in diesem Kapitel herangezogenen Zitate tun dies zumindest für Verstraßung und Zersiedlung.

Eine intakte Landschaft kann uns, wie wir im zweiten Kapitel erläutert haben, das Gefühl vermitteln, zur Welt, «mit zum Leben» dazuzugehören. Die Anwesenheit menschengemachter Gebäude und kultivierter Acker- und Waldflächen steht dem grundsätzlich nicht im Wege. Im Gegenteil: Martin Heidegger hat recht, wenn er sagt, dass wir uns erst durch Bauen und Wohnen richtig beheimaten. Allerdings dürfen dafür erstens die Gebäude, die wir errichten, nicht allzu hässlich und abweisend sein, was etwa ihre Materialien und Proportionen angeht. Zweitens dürfen die Gebäude auch nicht einfach zusammenhanglos in der Landschaft herumstehen, sondern sollten miteinander einen Ort bilden, ein Dorf oder eine Stadt mit Plätzen und Parks und mit einer Hauptstraße, auf der man gern zu Fuß unterwegs ist und Leute trifft. Im Englischen spricht man von «place making». Und drittens sollten diese Orte in die Landschaft hineinpassen, in sie eingelassen sein und auch mit ihr zusammen wiederum eine Ganzheit bilden. Jedes neue Bauprojekt sollte eine Verbesserung des örtlichen Charakters, des «genius loci» oder «spirit of place», anstreben, regenerativ sein und nicht parasitär. Es sollte den Ehrgeiz haben zu zeigen, dass eine neue Siedlung schöner sein kann als die verstreuten Gebäude oder Felder, die vorher dort waren. Es gilt, der verbreiteten und nicht falschen Einschätzung etwas entgegenzusetzen, dass wir heutzutage hässlicher bauen als unsere Vorfahren bis in den Anfang des 20. Jahrhunderts hinein und die Landschaft mit Gebäuden zumüllen, die niemand wird erhalten wollen. Erst dann, so auch die Diagnose eines aktuellen Berichts zu Händen der englischen Regierung mit dem Titel *Living with Beauty* werden wir aus dem Teufelskreis herauskommen können aus einerseits minderwertiger Bebauung, «poor development», und andererseits dem Widerstand gegen jede Art von neuer Bebauung.

Auch der Schweizer Architekt Peter Zumthor dringt darauf, dass unser Bauen die eigene Abhängigkeit und Zugehörigkeit zur Landschaft aufzeigt. Unangemessene Großbauten wie eine Autobahn können uns aber just diese Zugehörigkeit nicht vermitteln. Und das gilt nicht nur für Autobahnen, sondern auch für Hochhäuser und gigantische Strommasten, die den Horizont beschneiden, für riesige geteerte Parkplätze, auf denen glitzernd tausende Autos stehen und die plötzlich ganze Wiesen einnehmen, oder für Windräder, die aus der Landschaft herausstechen wie Nadeln und mit ihrer ständigen Drehung den Blick von der Landschaft abziehen. All das sind bauliche Veränderungen, die einen «Mangel» an Landschaft bedingen.

Mit zunehmender Verstädterung steigt das Bedürfnis der Menschen nach Erholung in der Natur. Während die Stadt Menschenwerk ist und unseren Austausch miteinander fördert, ermöglicht uns die Natur ein Gefühl von Ruhe und Freiheit und den Eingang in uns selbst. Auf dass wir uns wieder selbst denken hören können. Die Zerstörung der sogenannten Naherholungsgebiete, etwa durch das Abgraben und Regulieren von Bächen, ist selbstverständlich nicht nur für uns Menschen, sondern auch für die Tiere und die Pflanzen schlecht, denn diese verlieren dadurch ihren Lebensraum. In Auen z. B. herrscht eine hohe Artenvielfalt, die es zu erhalten gilt – für gewisse Tier- und Pflanzenarten sind Auen gar der einzige Lebensraum. Für die Igel waren die Auwälder das Paradies. An einem kanalisierten oder unter die Erde verlegten Bach finden sich keine Auen mehr.

Wenn in der Landschaft gebaut wird, so sollten dabei insbesondere die sogenannten Gestaltaspekte der zu bauenden Struktur im Verhältnis zur zu bebauenden Landschaft beachtet werden. Die Landschaftsplanung, etwa im gleichnamigen Standardwerk von Werner Nohl, gliedert diese Gestaltaspekte in Form, Höhe, Größe, Baumaterial, Textur, Farbe, Bewegung, Lage und Anordnung. Zusätzlich zu den Gestaltaspekten sollten auch die Anzahl neuer Baustrukturen und die Geschwindigkeit, mit der eine Landschaft verändert wird, dem Ton der Landschaft angepasst sein. Eine intakte Landschaft verfügt über ein ihr eigenes Maßsystem. Eine gebaute Struktur muss das Gesicht einer Landschaft nicht entstellen, sie kann es sogar in neuem Licht erstrahlen lassen. Wenn eine bauliche Struktur derart in eine Landschaft integriert wird, dass der natürliche Fluss der Landschaft nicht unterbrochen ist, kann sie zu ihrem sogenannten Natur-Charakter beitragen und wie aus der Landschaft heraus erwachsen wirken. Zumthor schreibt hier passend: «Und selbst wenn sie riesengroß sind, wie manche der Burganlagen auf ihren Felsen, zerstören sie nicht die Landschaft, sondern feiern sie.» Vielleicht lässt sich so etwas auch von der *Golden Gate Bridge* in San Francisco sagen.

Für die angemessene Veränderung einer Landschaft gibt es kein Universalrezept. Ob die Veränderung die Landschaft zerstört oder nur umformt, kommt immer auf das Verhältnis dieser einen Veränderung und dieser einen Landschaft an. Entweder die Veränderung ermöglicht uns, uns weiterhin zuhause zu fühlen, oder sie tut es nicht. Anders gesagt: Entweder wir können uns unsere eigene Geschichte noch bruchlos erzählen, weil es das «Wo» derselben noch gibt, oder wir können es nicht mehr. Zumthor sagt darum weiter, dass wir unmittelbar spüren, ob eine bauliche Struktur eine Landschaft erstrahlen lässt oder ob sie sie im Gegenteil sogar zum Verschwinden bringt. Die baulichen Strukturen sollten außerdem mit der Landschaft und in ihr altern können, denn eine Landschaft ist auch immer eine Zeugin ihrer Geschichte. Insofern tragen bauliche Strukturen sogar zum Erhalt landschaftlicher Identität bei.

Wenn jedoch eine bauliche Struktur mit einem oder mehreren ihrer Gestaltaspekte das landschaftliche Maßsystem sprengt, fügt sie sich nicht ein und bleibt fremd. Scruton spricht in diesem Zusammenhang von «standing out», Herausstechen, statt «fitting in», Hineinpassen. Nehmen wir nur das Beispiel einer modernen Windkraftanlage: Diese Windräder sind höher als alle anderen baulichen und natürlichen Strukturen in der Landschaft und stechen so aus dieser heraus. Oft werden sie außerdem an exponierten Orten errichtet, um möglichst viel Energie produzieren zu können. Windräder bestehen meist aus hell lackiertem Stahl. Weder Material noch Farbe sind also der Landschaft angemessen, arbeiten mit ihr in Harmonie zusammen. Sie werden deshalb von der Umgebung nicht angenommen. Ferner befinden sich Windräder in ständiger Bewegung, welche wie ein Sog den Blick der Menschen anzieht und so das Gefühl von Ruhe, Frieden und Freiheit, das einem die Landschaft geben könnte, verhindert. Dass Windenergie grüner ist als Kohle, rechtfertigt nicht die Zerstörung von Landschaft. Wenn es Windräder geben muss, sollten sie zumindest in bereits zerstörten Landschaften wie hochindustrialisierten Autobahntälern zu stehen kommen. Das liefe auf Segregation anstelle von unmöglicher Integration hinaus. Inzwischen hat es übrigens im Wald hinter Staufenberg, dort, wo die Leute joggen gehen, etliche Windräder. Doch die hat Peter Kurzeck vermutlich nicht mehr gesehen.

Auch die Geschwindigkeit einer Veränderung kann wie gesagt zu unserem Gefühl der Entfremdung beitragen. Wenn vom einen auf den anderen Tag ein kleiner Wald abgeholzt oder ein ganzes Haus abgerissen wird, erkennen wir die Umgebung nicht wieder. Auch dazu hat sich Kurzeck in einem Interview, dieses Mal mit Wend Kässens, geäußert:

> Das ist ja ein Phänomen, dass die Dinge übermächtig werden, wenn sie weg sind, wenn sie versunken sind. Da wird ein Haus abgerissen. Vorher ist man zehn Jahre lang daran vorbeigegangen und wusste, das steht da. Dann ist es weg. Und dann quält einen die Erinnerung daran.

Wie viel Heimat braucht der Mensch?

Die Frage, wie viel Heimat der Mensch braucht, stellt sich nun nicht nur uns, sie stellte sich auch dem jüdischen Intellektuellen und Widerstandskämpfer Jean Améry. Dieser wurde von den Nationalsozialisten zur Flucht aus seiner österreichischen Heimat gezwungen und ins Exil getrieben. Mit seinem ursprünglichen Nachnamen «Mayer» konnte er dann nicht mehr viel anfangen – «Améry» ist ein französisch klingendes Anagramm aus «Mayer». Améry warf die Frage nach Heimat also aus dem Blickwinkel eines Geflüchteten auf, dem seine Heimat gewaltsam genommen wurde, sozusagen als «gelernter Heimatloser», wie er schreibt. Auch Peter Kurzeck war ein Flüchtling, seine Familie wurde 1946 aus Tachau im Sudetenland vertrieben und landete nach einigen Monaten im hessischen Staufenberg. Während Jean Améry als junger Mann zusammen mit seiner Frau gehen musste, war Peter Kurzeck damals gerade einmal drei Jahre alt. Wenn er und wir über seine Heimat schreiben, dann beziehen wir uns daher vor allem auf das Dorf Staufenberg, in dem er aufgewachsen ist und als Flüchtling mehr schlecht als recht integriert war, und Tachau spielt nur am Rande noch eine Rolle. Nach dem Bau der Autobahn ging er, wie wir gesehen haben, vergleichsweise freiwillig von dort weg. Améry dagegen musste gehen. Seine österreichische Kindheit und Jugend wurde im Nachhinein von den ehemaligen Mitbürgern und

Freunden «getilgt», weil er Jude war. Er verlor nachträglich das «Einverständnis der Gesellschaft» zu seiner Person. Sein Selbstmord mit 65 Jahren geht auch darauf zurück. Amérys Heimatverlust ist somit von einer völlig anderen Dimension als Kurzecks. Trotzdem ist Amérys scharfe und prägnante Analyse, warum der Mensch eine Heimat braucht, relevant nicht nur für Kurzeck, sondern auch für uns heute.

Améry setzt «Heimat» mit dem Ort der Kindheit gleich. Das tut auch Kurzeck, wie wir wiederum dem Gansel-Interview entnehmen können. Kurzeck beruft sich allerdings nicht auf Améry, sondern auf Ernst Bloch, wenn er behauptet, dass Heimat nur dort ist, «wo Kindheit ist». Und die ist für Kurzeck im Staufenberg der ausgehenden 1940er und angehenden 1950er Jahre. Das «Daß man nicht mehr zurückgehen kann» am Anfang unserer Eingangspassage spielt auch auf den Gemeinplatz an, dass es keine Rückkehr an den Ort der Kindheit geben kann, weil, wie Améry schreibt, «niemals der Wiedereintritt in einen Raum auch ein Wiedergewinn der verlorenen Zeit ist». Dieser eigentlichen Heimat kann man sich nur über wiedererschaffende Erinnerung und Erzählung auf einer anderen, höheren Reflexionsstufe annähern:

> Das eine Staufenberg, in dem wir manchmal herumgehen und keine Tür finden. Und das andere, von dem ich oft nicht aufhören kann zu sprechen. Bunt, ein Bilderbuch zum Hineingehen. Lebendig. Und gleich das ganze Dorf fängt zu reden an und bewegt sich um uns herum. Man kann darin wohnen. (*Vorabend*, S. 50)

Warum wir, je älter wir werden, die Erinnerung an die Vergangenheit umso nötiger haben, erklärt Améry so:

> Wer jung ist, der gewährt sich selbst jenen unbeschränkten Kredit, den meist auch die Umwelt ihm einräumt. Er ist nicht nur, der er ist, sondern auch, der er sein wird. ... Wer aber altert, dessen Kredit erschöpft sich. Dessen Horizont rückt ihm an den Leib, dessen Morgen und Übermorgen hat keine Kraft und keine Gewissheit. Er ist nur, der er ist.

Die Erinnerung an die Vergangenheit ist sein «Altenteil». Wenn er denn, anders als die aus dem Dritten Reich Vertriebenen, darauf ein Anrecht hat. Überhaupt gehören die alten Menschen neben den Kindern zu den Hauptleidtragenden der Naturzerstörung. Die einen «fahren» noch nicht, die anderen fahren nicht mehr. Die einen hält man in Kindergärten «gefangen», die anderen in Alten- und Pflegeheimen. Damit sie uns bloß nicht beim Fahren in die Quere kommen.

Allerdings reicht die erinnernde Wiedererschaffung der Heimat allein nicht aus, um bei sich selbst anzukommen. Ein neues Beschreiten der alten Wege gehört mit dazu: «jetzt muss ich in Gedanken von damals den ganzen Weg noch einmal gehen, um mich zu erinnern» (*Vorabend*, S. 878). Selbst wenn man ein so formidables Gedächtnis hat wie Kurzeck (er selbst führt seinen «Erinnerungszwang» auf die Vertreibung als kleines Kind zurück), ist man doch auf die sogenannte mnemotechnische Funktion realer topografischer Punkte und deren assoziativen Anschub angewiesen. Zumindest einige der alten Wege muss es also auch noch geben! Der Akt des Gehens wird dabei zum Motor der Erinnerung wie in Prousts berühmtem Beispiel der Genuss einer Madeleine. Kurzeck spielt im *Vorabend* übrigens mit diesem berühmten Beispiel, wenn er seine Zuhörerinnen in Eschersheim tütenweise Madeleines essen lässt:

> Jetzt, sagt Pascale, haben wir ALLE Madeleines aufgegessen! Auf dem Küchenschrank noch drei Packungen, sagt Jürgen. Nein, sagt Pascale, die auch schon mit! Hintereinander achtundvierzig Madeleines, Carina und ich. ... Dann müssen wir jetzt nach Frankreich, sagte ich. Neue kaufen. Nein, sagt sie, die waren aus dem Kaufhof. (S. 583)

Warum «Heimat» mit dem Ort der Kindheit zu identifizieren ist, dafür argumentiert Améry mithilfe eines Vergleiches zur Muttersprache, in die man spontan hineinwächst und die man sich nicht in einem intellektuellen Extrakraftakt aneignet:

> Nur jene Signale, die wir sehr früh aufnahmen, deren Deutung wir zugleich mit der Besitzergreifung der Außenwelt erlernten, werden zu Konstitutionselementen und Konstanten unserer Persönlichkeit: So wie man die Muttersprache erlernt, ohne ihre Grammatik zu kennen, so erfährt man die heimische Umwelt. Muttersprache und Heimatwelt wachsen in uns hinein und werden so zur Vertrautheit, die uns Sicherheit verbürgt.

An dieses sinnliche, nicht-propositionale Erfassen der Welt will Kurzeck mit seiner Heimatliteratur auch wieder herankommen. Dabei gingen ihm, wie er Carsten Gansel im Gespräch erklärt, viele Dinge auf, die er «als Kind wusste, aber nicht hätte formulieren können».

Wenn «Heimat» gleich dem Ort der Kindheit ist, dann kann es keine zweite Heimat geben. Die sogenannte Wahlheimat wäre immer nur ein schlechter Ersatz, wie eine Fremdsprache, die nur die allerwenigsten so gut beherrschen wie ein Vladimir Nabokov oder ein Joseph Conrad. Jeder müsste, nachdem er zur eigenen Horizonterweiterung in die Welt auszog, an den Ort seiner Kindheit zurückkehren können. Kurzeck scheint das auch so empfunden zu haben, wie das oben zitierte «Ich überlege immer wieder, ob ich in Staufenberg wohnen sollte» zeigt. Das kann allerdings auch damit zusammenhängen, dass er über seine Kindheit Bücher schrieb, mit einem quasiprofessionellen Grund also. Améry jedenfalls behauptet explizit: «Es gibt keine ‹neue Heimat›. Die Heimat ist das Kindheits- und Jugendland. Wer sie verloren hat, bleibt ein Verlorener».

Wie dem auch sei, für unser Naturthema ist das nicht zentral. Natur kann Teil der ersten Heimat und Teil einer neuen «Heimat» sein und verdient als solche so oder so Schutz. Was für unser Naturthema dagegen zentral ist, ist, dass Heimat als Ort nicht restlos ersetzbar ist durch andere «mobile» Arten von Heimat, wie Religion, Geld, Ruhm und Ansehen oder eine geliebte Person, die mit einem zieht. Zwar mögen, wie Améry plausiblerweise glaubt, Menschen, die über viel mobile Heimat verfügen, die immobile, ortsgebundene Heimat nicht so nötig haben wie die Anderen. Da aber alle Menschen sinnliche Wesen sind, bräuchten sie alle auch materielle Dinge als ihre Verbündeten:

> Wir sind – und vielleicht spreche ich da nicht nur für meine eigene, schon absteigende Generation derer, die um die Fünfzig sind – darauf gestellt, in Dingen zu leben, die uns Geschichten erzählen. Wir brauchen ein Haus, von dem wir wissen, wer es vor uns bewohnt hat, ein Möbelstück, in dessen kleinen Unregelmäßigkeiten wir den Handwerker erkennen, der daran arbeitete. Wir brauchen ein Stadtantlitz, das zumindest schwache Erinnerungen erweckt an den alten Kupferstich im Museum.

Kurzeck hat für unsere existenzielle Abhängigkeit von dem, was materiell um uns ist, im *Vorabend* ein ergreifendes Bild gefunden, wenn er von einem Vogel schreibt, der in einem leergeräumten Wald nicht nur sein Lied vergessen hat, sondern auch, was für ein Vogel er ist:

> Der Wald, sagte ich, der Wald steht wie leergeräumt. Fängt noch einmal ein Vogel zu singen an und kriegt gleich einen Schreck! Weil es so still ist, weil außer ihm niemand da ist, weil er merkt, daß er ganz allein singt. Als einziger! Hat er sich in der Zeit geirrt? Ist vielleicht die falsche Zeit? Gleich weiß er sein Lied nicht mehr! Ein Vogel im Wald, sagte ich, der sein Lied nicht mehr weiß! Und hat auch schon vergessen, was für ein Vogel er ist – ein Pirol, eine Drossel, ein Kleiber? Sitzt da mit seinem Schreck in der Luft und sein Vogelherz klopft! So leer der Wald! Wie auf Abbruch! Jetzt ist der Vogel weg! Mit seinem Schreck weg! Sollst du umkehren? Tiefer in den Wald hinein – auch wenn du dann vielleicht nicht mehr zurückkommst? (S. 605)

Wie alle nicht-reaktionäre Heimatliteratur betont auch Améry in seinem Essay die Bedeutung der Ferne für die «Öffnung zur Welt hin». Es könne zu «Verödung und zum geistigen Verwelken im Provinzialismus führen, wenn man nur die Heimat kennt und sonst nichts. Hat man aber keine Heimat, verfällt man der Ordnungslosigkeit, Verstörung, Zerfahrenheit». Dass man die Heimat nicht gegen die Welt eintauschen kann, macht er an einem amüsanten Beispiel deutlich. Das Beispiel, obwohl in der zweiten Hälfte des letzten Jahrhunderts angesiedelt, ist in Zeiten von Corona wieder aktuell:

> Gleich glaubt, wer im Kleinwagen von Fürth an die Côte d'Azur reist und dort auf der Caféterrasse deux Martinis bestellt, er sei ein Weltbürger der zweiten Jahrhunderthälfte, und habe den Profit des Heimat-Welt-Geschäftes schon eingestrichen. Erst wenn er krank wird und der médecin ihm ein landesübliches Medikament verschreibt, kommen ihm düstere Gedanken über die französische Pharmakologie, und er seufzt nach Bayer und dem Herr Doktor. Oberflächliche, durch Tourismus und Geschäftsreisen erworbene Welt- und Sprachenkenntnis ist keine Kompensation für Heimat. Das Tauschgeschäft erweist sich als ein dubioses.

Amérys Antwort auf die Ausgangsfrage, wie viel Heimat der Mensch braucht, lautet daher: «Er braucht viel Heimat, mehr jedenfalls, als eine Welt von Beheimateten, deren ganzer Stolz ein kosmopolitischer Ferienspaß ist, sich träumen läßt.»

Wenn Heimat und Fremde bei Kurzeck und Améry personifiziert werden – bei Kurzeck z. B. mit den Wegen, die einen kennen, und bei Améry mit den Tannen im belgischen Exil, die einen nicht haben wollen –, dann ist auch das kein wörtlicher, sondern ein metaphorischer Ausdruck einer Haltung oder Grundstimmung von Geborgenheit bzw. Entfremdung. Die Heimat ist ein Teil unserer Identität, sie dient uns nicht nur als austauschbares Mittel zum Zweck: «Wenn du eine Straße hundertmal gegangen bist, wird sie zu einem Teil von dir», sagte Kurzeck einmal in einer Lesung mit Denis Scheck. Wenn wir etwas verlieren, das ein Teil von uns ist, kann sich das anfühlen wie eine Amputation. Das Verhältnis zu diesem Teil ist jedenfalls kein instrumentelles. Die Dinge, welche uns in unserer Identität mitkonstituieren, sind mehr wie Verbündete. Sie erzählen uns unsere Geschichte, will sagen, wir erzählen uns an ihnen entlang unsere Geschichte. Dabei kommt ihnen ein Eigenwert zu. Ohne sie als Stützen verliert unser Erzählen seinen Halt.

Trotzdem scheint zwischen dem Eigenwert der schönen und heiligen Natur einerseits und dem Eigenwert der heimatlichen Natur andererseits ein Unterschied zu bestehen. Die Versuchung, den Eigenwert heimatlicher Natur humanegoistisch zu reduzieren, ist größer als bei schöner und heiliger Natur. Das dürfte vor allem daran liegen, dass für verschiedene Menschen verschiedene Natur Heimat ist, Natur als Heimat sozusagen einen personenrelativen Index hat, wohingegen bezüglich schöner und heiliger Natur eine große Konvergenz zwischen den Menschen besteht. Aus dem Inneren der eigenen heimatlichen Haltung heraus ist es jedoch auch hier die Natur selbst, der gegenüber man Sorge tragen muss. Es bleibt also ein physiozentrischer Rest. Im folgenden Zitat aus Kurzecks Lieblingsbuch, Ludvík Vaculíks *Das Beil*, ist die Versuchung humanegoistischer Reduktion am Anfang im «Wir lieben ja nur uns selbst in den Sachen» angesprochen und der Widerstand dagegen in «daß ich mich vor der ruhigen Gefühllosigkeit fürchten muß, die sie wegräumt»:

> Wir lieben ja nur uns selbst in den Sachen, unsere Eltern oder die Frau. Und wie es stimmt, daß alte Sachen einmal wegmüssen, so stimmt es, daß ich mich vor der ruhigen Gefühllosigkeit fürchten muß, die sie wegräumt und ihre Härte dadurch rechtfertigt, daß sie einmal wegmüssen.

So eine «alte Sache» stellt auch der größte übriggebliebene Nussbaum in Staufenberg dar, von dem Kurzeck im *Vorabend* berichtet: «Ja, sagt der Bauer. Solang uns' Vadder lebt, bleibt der noch stehen. Dann kommt er auch weg.» (S. 709)

Was für die eigene heimatliche Haltung und den physiozentrischen Rest in ihr gilt, gilt so nicht für die «Sachen» der Anderen, seien sie noch am Leben oder nicht. Es ist nicht den Sachen selbst, sondern diesen Anderen geschuldet, das aber schon, dass wir auf ihre Sachen Rücksicht nehmen und sie nicht einfach «wegmachen». Die Pietät gegenüber unseren Eltern und Vorfahren verlangt, dass wir das, was für sie Heimat war, nicht einfach so abräumen. Wir können sogar noch einen Schritt weitergehen und von einer Verantwortung zur Weitergabe des naturgeschichtlichen Erbes an unsere Kinder und zukünftige Generationen sprechen. Wir Gegenwärtigen stellen mit den vorherigen und den zukünftigen Generationen eine einzige Gemeinschaft in der Zeit dar und keine Generation sollte sich so gebärden, als ob vor ihr noch nichts war und nach ihr nichts mehr kommt.

Wenn man das Heimat-Argument in dieser Weise ausbaut, dann schlägt es auch nicht mehr gar zu sehr zu Buche, dass heutzutage immer mehr Menschen in Städten aufwachsen und auch als Erwachsene in Städten leben. Solche Menschen fühlen sich in ihrer Stadt zuhause und nicht oder kaum mehr in der Natur. Doch kann, so möchten wir behaupten, das Wohl der Menschheit nicht in totaler Verstädterung liegen, allein schon weil es in Städten zu viel Lärm und Stress gibt, weil die heißen Sommer dort noch unerträglicher sind und weil kein Freiraum für Kinder vorhanden ist. Wir brauchen die Natur als Ausgleich zur Stadt. Und das nicht nur im handfesten Sinne der Erholung von den Zumutungen der Stadt, sondern auch, wie wir in den letzten beiden Kapiteln gezeigt haben, wegen der Schönheit und Heiligkeit der Natur. Ist die Natur aber einmal Teil der eigenen Heimat, dann ist sie etwas, dem gegenüber wir Sorge tragen sollten.

Anmerkungen und Lektürehinweise zum vierten Kapitel

Der Titel des fünfmal zitierten Interviews von Carsten Gansel lautet: «*Heimat scheint nur dort, wo Kindheit ist. Gespräch mit Peter Kurzeck*». Die Zitate sind aus S. 439 bzw. 451 (zum Sentimentalitätsvorwurf), S. 450 (zum Grund des Wegzugs aus Staufenberg), S. 451 (zum nicht-propositionalen kindlichen Wissen), S. 452 (zu Heimat als Ort der Kindheit) und S. 453 (zu Heimatliteratur). Das Zitat zur Übermacht der Dinge, die weg sind, entstammt S. 44 des für das Thema Heimat ebenfalls aufschlussreichen Interviews mit Wend Kässens: «*Dieser Zwang, mich zu erinnern, den ich von Kindheit an habe, geht sicher auf Flucht, Vertreibung und Ortswechsel zurück. Peter Kurzeck*». Die im Zusammenhang mit der hundertmal gegangenen Straße erwähnte *Vorabend*-Lesung unter Moderation von Denis Scheck im Hamburger Paschen-Literatursalon ist auf Youtube zugänglich. Erika Schellenberger-Diedrichs Artikel «*Zwischen den träumenden Basaltfelsen. Geopoesie bei Peter Kurzeck, Thomas Hettche, Peter Handke und Christoph Ransmayr*» stellt Kurzecks Werk in den Kontext anderer neuerer Heimatliteratur. Das tut auch die Masterarbeit von Benjamin Puls *Das Dorf als literarischer Imaginationsraum in der deutschen Gegenwartsliteratur*. Zur wesentlich von Jörg Döring und Volker Hess entwickelten Kurzeck-App in Staufenberg vgl. Nicola Menzel: «Peter Kurzecks Wege – Die App zwischen Werkfortführung und Umgangsform». Mit identitätsstiftenden Räumen und dem Akt des Gehens als Motor der Wiedererinnerung in Kurzecks Werk befasst sich Lea Herrmann in ihrer Doktorarbeit *A la recherche d'une* Heimat. *La construction de lieux identitaires dans l'oeuvre artistique de Peter Kurzeck*, vgl. auch ihren Artikel dazu im Sammelband *Urban Walking*.

Zur Philosophie der Heimat: Jean Amérys Essay «Wieviel Heimat braucht der Mensch?» findet sich in seiner wohl einflussreichsten Aufsatzsammlung *Jenseits von Schuld und Sühne* (vgl. zu Amérys Werk auch den von Ulrich Bielefeld und Yfaat Weiss herausgegebenen Sammelband). Die Zitate sind entnommen aus S. 87 (keine Rückkehr), S. 96 (Provinzialismus), S. 96 f. (Vergleich mit Muttersprache), S. 97 f. (keine neue Heimat), S. 107 (gelernter Heimatloser), S. 109 (Tourismus und Geschäftsreisen keine Kompensation für Heimat), S. 111 (Dinge, die Geschichten erzählen), S. 112 (jung und alt) und S. 116 (Antwort auf Ausgangsfrage). Amérys Essay macht am Beispiel seines österreichischen Heimatdialekts deutlich, dass sich Besonderung nicht nur allein, z. B. bei Spaziergängen in der Natur und beim Lesen von Dichtung, vollzieht (was in Kurzecks Werk im Vordergrund steht), sondern auch zusammen, in sogenannten identitätsstiftenden Gruppen (wie religiösen Gemeinschaften, ethnischen Minderheiten oder Nationalitäten), und dass deren kollektive Identität auf politischen Schutz durch das «Vaterland», wie es bei Améry heißt, angewiesen ist. Wie so etwas ohne Rückfall in schlechten Nationalismus aussehen kann, entwickeln Avishai Margalit und Joseph Raz in ihrem Aufsatz «National Self-Determination».

Die für alle nicht-reaktionären Heimatbegriffe charakteristische «Spannung zwischen Enge und Weite» arbeitet Otto Friedrich Bollnow in seinem Buch *Neue Geborgenheit* heraus (und knapper in «Der Mensch braucht heimatliche Geborgenheit»). Roger Scruton ist in seiner *Grünen Philosophie*, die sich als konservatives und trotzdem nicht-reaktionäres Plädoyer für «oikophilia» (= Heimatliebe) versteht, genauso wie Bollnow von Heidegger inspiriert (siehe insbesondere das siebte Kapitel zu Heimat und Habitat, vgl. auch die Rezension von Angelika Krebs). Scruton überlegt in seinem Buch zudem, worin grünes Bauen etwa im Anschluss an den «new urbanism» (z. B. von Leon Krier) bestehen könnte. Die «*Building Better, Building Beautiful*»-Kommission, welche den im Text erwähnten Bericht *Living with Beauty* zu Händen der englischen Regierung im Jahre 2020 verfasst hat, wurde von Roger Scruton mitgeleitet. Für ein Festhalten an der «Wärme» des Heimatbegriffs, aber ohne «falsches Pathos» und ohne «Wegpurifizierung des Neuen», tritt auch Hermann Bausinger im Kapitel «Globalisierung und Heimat» von *Fremde Nähe* ein.

Einschlägig zum Verhältnis von Erinnerung, Narration und Identität sind die Arbeiten von Hermann Lübbe, etwa *Die Gegenwart der Vergangenheit* (das Zitat zum Recht auf Besonderung ist aus S. 34), Paul Ricoeur, z. B. «Narrative Identität», und im Anschluss an ihn Emil Angehrns «Das erzählte Selbst» sowie Aleida Assmans *Erinnerungsräume*. Der Titel des zitierten Artikels von Heribert Prantl in der *Süddeutschen Zeitung* lautet: «Fühlmäler für die Gerechtigkeit». Der Begriff des Unortes oder Nicht-Ortes geht zurück auf das Buch *Non-Lieux* von Marc Augé.

Zu Kitsch, Sentimentalität und Nostalgie: Roger Scrutons BBC-Beitrag «The Strangely Enduring Power of Kitsch» bietet einen kurzen und engagierten Einstieg in das Thema. Ausführlicher dazu, mit Hinweisen auf einschlägige Literatur, u. a. von Clement Greenberg, ist das letzte Kapitel in Scrutons Buch *Schönheit*. Die im Text zusammengefasste Sentimentalitäts-Analyse findet sich in seinem *The Aesthetics of Music* auf S. 485–488. Scruton stützt sich darin seinerseits auf den Artikel «Sentimentality» des Musikkritikers und Philosophen Michael Tanner. Dieser wirft am Ende seines Artikels die interessante Frage auf, ob nicht-religiöse Menschen sakrale Kunst, wie Bachs *h-moll-Messe*, überhaupt unsentimental rezipieren können. Eine spannende Anschlussfrage ist, ob nicht-religiöse Menschen einen unsentimentalen Zugang zur Schönheit und vor allem Erhabenheit der Natur haben können. Von «Kitsch-Menschen» spricht Hermann Broch in «Einige Bemerkungen zum Problem des Kitsches». Das Frisch-Zitat ist aus «Die Schweiz als Heimat?», S. 509, das Adorno-Zitat aus «Kulturkritik und Gesellschaft», S. 26, das Grass-Zitat aus S. 19 seiner Poetik-Vorlesung und die Rühmkorf-Zitate aus S. 451 und 453 seines Aufsatzes «Das lyrische Weltbild der Nachkriegsdeutschen».

Zu Landschaftswandel und Landschaftsplanung: Neben den im Text aufgeführten Werken von Klaus Ewald und Werner Nohl empfiehlt sich die Lektüre von Nohls Aufsatz «Auswirkungen von großtechnischen Baustrukturen auf das Landschaftsbild». Mehr zu Ewalds Monumentalwerk findet sich in Angelika Krebs' «Zurück zur Heimat».

Eine literarische Annäherung an die Windkraft bietet der bereits erwähnte Roman *Unterleuten* von Juli Zeh. Der Roman zeigt sehr gut, wie die anfängliche Abscheu gegen die Installation von Windrädern im Dorf Unterleuten aufgebrochen wird, in dem Moment, in dem die Dorfbewohner zu kleinkapitalistischen Anteilseignern der neuen Großtechnik avancieren.

Das Zumthor-Zitat zu den die Landschaft feiernden Burgen steht auf S. 100 seines Buches *Architektur denken*. Für die Genehmigung zum Abdruck von vier Bildtafeln aus *Immer wieder saust der Presslufthammer nieder* danken wir Jörg Müller und dem Fischer Verlag.

Fünftes Kapitel

Von allem zu viel und dabei nie genug: Falsche Bedürfnisse und Gewinnmacherei auf Kosten der Natur

«Fahren, immer nur fahren!»

Fahren, immer nur fahren! Fahren, aber sehen nix! Fahren wie ferngelenkt! Jede Heimkehr eine siegreiche Heimkehr und nach jeder siegreichen Heimkehr eine Extramahlzeit. Ein Festessen. Eben eingekauft. Alles frisch. Bratwurst, Schweineschnitzel und Kotelett. Unmengen Fleisch. Hauptsächlich Schweinefleisch. Auch zum Grillen und Kurzbraten. Schweinehals, Schweinenackensteak und gegrillte Grillhähnchen. Die ganz zuletzt erst gekauft und in Warmhaltepackungen. Pommes und Tiefkühlpizza. Dazu die vielen neuen Fertigsoßen und Zutaten, je nachdem ob das Schnitzel ein Hawaii-, ein Zigeuner- oder ein Jägerschnitzel werden soll. Jede Wurst ausprobieren, bevor man sie in den Kühlschrank und immer einen Teil dann auch einfrieren. Zukunft. Die Wurst gleich im Stehen. Zwischen Kühlschrank und Auto. Zwei Elstern, die zusehen und mitzählen, wie man das ganze Zeug ins Haus trägt und dabei immer wieder Anweisungen für die Frau brüllt. Mit vollem Mund. Wenn man über den Hof geht und kaut, da wüßten die Elstern gern näher Bescheid. Vielleicht zählt der Nachbar auch mit. Wenn wir einen Hund hätten, müßten wir ihm jetzt etwas abgeben. Ein Festessen also. Überstürzt. Hastig. Ein Festessen außer der Reihe. Deshalb auch gelten die Kalorien nicht. Die muß man nicht mitzählen! Erst die neuen Sachen – alles ausprobieren. Weil es so viel ist, muß man sich extra beeilen. Ganz atemlos schon beim Abbeißen und dann schlucken ohne zu kauen. Und dann danach noch ein bißchen von dem, was schon da war. Zusätzlich von den Vorräten. Weil man schon dabei ist. Und auch weil man ja eigentlich der Reihe nach essen muß. Nach Einkaufs- und Haltbarkeitsdatum. Und weil dann auch das Einräumen einfacher. Man spart Platz. Erst die Sparpreise, und dann spart man Platz. Und dann spart man dazu auch noch Zeit. Höchstens ein paar Sonderlinge, die von den frisch eingekauften Sachen nicht gleich etwas essen. Nichtmal kosten. Nix angerührt! Weil jetzt alles so schön komplett ist. Und damit es auch so bleibt. Wie bei einer Briefmarkensammlung. Wegen der Ordnung und Vollständigkeit. Oder wie früher die hiesigen Sonntagswohnzimmer. Aufräumen, putzen, polieren – abschließen! Daß keiner den Raum betritt! Aber die von neuen Sachen nix anrühren, das sind eher die Ausnahmen. Sind Querköpp. Und die gibt es vielleicht auch gar nicht, sagte ich, sagen sie dann. Die Elstern jetzt hinten bei der Garage. Zwei Elstern oder drei? Vielleicht zählt der Nachbar nicht nur alles mit, sondern schreibt es sich sogar auf. Jedesmal mit Datum, Uhrzeit und Unterschrift. Ein Protokoll. Umso hastiger essen. Schon den Fernseher an und die zwote Flasche Bier aufmachen, daß es nur so zischt.

An den Einkaufstagen die regelmäßigen Extramahlzeiten außer der Reihe (die man nicht mitzählen braucht) und müssen die übrige Zeit (seit es diese Supermärkte gibt) immer ein bißchen zuviel essen. Täglich! In chronologischer Reihenfolge. Nach Haltbarkeitsdatum. Damit sich das Einkaufen lohnt, damit man alles immer wieder rechtzeitig nachkaufen kann! Vor allem die Sonderangebote! Nachkaufen, einsortieren, Haltbarkeitsdaten im Auge behalten! Noch eine Kühltruhe. Heißt jetzt Gefrierschrank, aber für sich selbst sagt man immer noch Kühltruhe. Und teilt diese Kühltruhen (die in unseren Kellern und Köpfen Tag und Nacht brummen) in alte und neue Kühltruhen ein. Kühltruhen mit einer Klappe oben und neue Kühltruhen mit richtigen Fächern und Türen. Also immer mehr immer schneller immer ein bißchen zuviel essen, damit man die festen Einkaufstage einhalten kann und in Übung und auf dem laufenden bleibt. Damit sich die Fahrt dann auch lohnt! Nicht nur die Fahrt, auch das Tanken. Sonst müßte man ja nicht so weit fahren. Um dann mit fast leerem Tank wieder vollzutanken, damit man dann heimfahren kann. Die billigste Tankstelle weit und breit. Sie denken sich ja auch immer wieder Arbeiten aus für die Feierabende und freien Samstage, für das Werkzeug und die Maschinen und Handmotorsägen, die man früher nicht hatte und die es jetzt in jedem Baumarkt so billig zu kaufen gibt.

Müssen von da an, sagte ich, immer ein bißchen zuviel essen. Und fangen deshalb zu joggen an. Müssen zum Joggen jeden Abend mit dem Auto an den Waldrand fahren. Am Friedhof vorbei. Eigentlich nur ein Bauern- und Holzfahrerweg, der zum Weidhof und über die Hardt bis zum Wald geht und dann durch den Wald in den Ebsdorfergrund. War vorher nur bis zum Friedhof geteert. Für die Trauerzüge, die aber längst aus der Mode gekommen sind. Und muß jetzt bis zum Waldrand geteert werden. Erst geteert und dann nochmal besser geteert. Auch gleich ein bißchen breiter. Fahren immer nach der Arbeit zum Joggen an den Waldrand. Feierabend. Noch lang hell. Nach der Arbeit, meistens ein bißchen dösig und die ganze Strecke im zwoten Gang. Mit Autoradio. Für eine Rennstrecke fehlen die Kurven (manche versuchen es trotzdem!). Man weiß nicht mehr, wer damit anfing, zum Joggen an den Waldrand zu fahren. Wer es überhaupt war, der mit dem Joggen anfing. Erst war da nie jemand, dann standen nur ab und zu zwei-drei Autos da und dann jeden Tag immer mehr. Jetzt braucht man am Waldrand einen Parkplatz, damit die Autos nicht dauernd in den Pfützen stehen müssen. Wird also ein Stück geteert, ein großes Rechteck. Nochmal vergrößert und wieder geteert, weil sich zeigt, daß auf dem Teer erst recht Pfützen stehen und halten sich da sogar noch länger. Also nochmal verbessern, aber dann fehlt die Markierung. Manche stellen sich kreuz und quer hin. Platzverschwendung. Auch wenn genug Platz ist, geht es nicht, daß jeder sich hinstellt, wie es ihm einfällt. Also Ein- und Ausfahrten und die Schilder dazu, Pfeile, Pfosten, Verbotstafeln und Markierungsstreifen. Entweder läßt die Gemeindeverwaltung es machen oder ein paar von den Joggern nehmen das selbst in die Hand. Mit ein paar freien geräumigen Samstagen und ein paar Kästen Bier. Werkzeug, Spritzpistolen undsoweiter. Haben alles doppelt und dreifach daheim. Preiswert aus dem Baumarkt. (*Vorabend*, S. 589–592)

«Geiz ist geil» war der eindrücklichste deutsche Werbeslogan der vergangenen 20 Jahre. Warum? Weil er den Zeitgeist getroffen hat. Die Werbekampagne eines Elektrofachgeschäfts lief in mehreren europäischen Ländern. In Frankreich galt: Je geiziger, desto schlauer («Plus radin, plus malin»). Denn als Garant für Schläue galt, dass ein erstandenes Produkt günstig ist. Qualität, Langlebigkeit, Betriebskosten, Service oder Produktionsbedingungen – alles nachrangig. In den Niederlanden hieß es sogar ganz unverfroren, Geiz mache glücklich («Gierig maakt gelukkig»), womit die Werbemacher das plumpe «Geiz ist geil» erhellend zuspitzten. Denn das ist es, was hinter der Billigproduktion, dem Prinzip «Masse statt Klasse», steht: Es geht darum, möglichst viel möglichst billig zu bekommen. Als würde das wirklich glücklich machen.

Der Geist des Sparens auf Teufel komm raus gilt also nicht nur für das Erstehen von Produkten, sondern auch für das Leben selbst. Denn dieses erfährt mit der Besitzlogik eine neue Form der Durchrationalisierung, schlägt in einem neuen Takt, zeitlich, aber auch mental und praktisch. «Geiz ist geil» gehört, wenn auch die Kampagne vor Jahren eingestellt wurde, zum Kern unseres Lifestyles in der Bundesrepublik seit der Nachkriegszeit. Die eben zitierte Kurzeck-Stelle richtet hierauf das Brennglas. Jede hastige Heimkehr vom Shoppen im neuen, riesigen Supermarkt *Massa* – man beachte den Namen, so hieß der Supermarkt wirklich, Kurzeck hat das nicht erfunden –, jede solche Heimkehr ist im Kontrast zum Einkaufen in den verstreuten alten Läden eine «siegreiche Heimkehr». Deswegen siegreich, weil sie den eigenen Gewinn maximiert oder zumindest zu maximieren scheint. Die Logik dahinter: Um längerfristig gesehen keine Nachteile zu haben, keinen Verlust zu machen, muss der eigene Besitz kostengünstig weiterwachsen, es muss stets Gewinn erzielt werden. Der Wachstumszwang der konsumfokussierten kapitalistischen Marktwirtschaft, dem gemäß ein Unternehmen immer weiter Gewinne machen muss (sonst droht es vom Markt zu verschwinden), hat längst die Haushalte erreicht und mit seiner Logik unterwandert. Sparsamkeit ist also schon lange nicht mehr mit Konsumverzicht assoziiert, sondern besteht in der möglichst effektiven Nutzung des eigenen Kapitals und der Anhäufung kostengünstiger Massen. So lässt sich der zugrundeliegende rationale Mechanismus beschreiben. Doch das ist nicht alles; diese instrumentelle Rationalität hat einen kräftigen, gefühlsmäßigen Antreiber: die Gier. Wir glauben, mehr noch spüren: Das muss ich haben. Möglichst billig. Es ist wie ein Spiel, in dem man siegen kann (und natürlich verlieren – das mag auch Angst machen). Greife ich zu, gewinne ich. Die Gier hat einen Sog und verändert den Blick auf das ganze Leben: «Erst die Sparpreise, und dann spart man Platz. Und dann spart man dazu auch noch Zeit.» Gier steht als Antrieb hinter der von Kurzeck vergegenwärtigten vermeintlichen Schlauheit, die sich im französischen Slogan abbildet und ein modernes Verständnis von Rationalität offenbart: viel und billig einkaufen, schnell in der Reihenfolge von Haltbarkeitsdaten «verwutzen» – und fix wieder etwas neues Billiges hinzuholen. Hier wird eine Alltagslogik deutlich, der ein mit rationaler Schlauheit getarnter Teufelskreis des Begehrens zugrunde liegt: Es reicht nie hin. Man kommt nie an. Obwohl man schon mehr hat, als man braucht: «von allem zu viel und dabei nie genug» (S. 894).

Zur Illustration der Werbemethoden der damals neuen Supermärkte kann ein alter Prospekt des *Handelshofes Dutenhofen* dienen, welcher, wie im *Vorabend* erklärt wird, der erste große Supermarkt in der Region war, also noch vor dem *Massa* kam. In den frühen Werbeprospekten des «so zentral» zwischen Wetzlar und Gießen gelegenen Supermarktes (heute ein *Globus*, der nach wie vor in derselben Manier wirbt) erkennt man die Atmosphäre und die Mentalität der Eingangspassage mühelos wieder. Der Slogan «Geiz ist geil» kann als eine Zuspitzung dieses Prospekts gelten. Masse, Preisschlacht und das hieraus resultierende Potenzial für die Gewinnmacherei der Kunden mischt sich mit einem gnadenlos auf Bequemlichkeit, Gier und Lust abzielenden Pragmatismus der Werbenden. Schauen wir auf die auf der Folgeseite abgedruckten Plakate, springt einem gleich die Grün-Rot-Optik der Ampeln und der Verkehrsregelung mit runden und eckigen Schildern, Pfeilen und Dreiecken ins Auge. Ein überdimensioniertes, nach Aufmerksamkeit schreiendes Ausrufezeichen unterstreicht, dass wir Einkaufenden dem Laden – der unschlagbar praktisch und schnell erreichbar an der Bundesstraße liegt – zu einem guten Ruf verhelfen, wenn wir nur in Massen zu ihm strömen. Angeblich wird uns eigens dafür gedankt, indem viele gute Angebote winken. Die Logik hier: Kommt in Massen, das ermöglicht euch, Massen mitzunehmen – und wir und ihr, *alle*, profitieren! Der Anreiz für diese Massen besteht in jeweils 16'000 – mantraartig im Prospekt wiederholten – niedrigen, kleinen, vernünftigen, stabilen und interessanten Preisen. «80'000 Versprechen» werden uns gemacht, dass wir nämlich, obwohl wir wenig zahlen, viel dafür bekommen, dass diese Preise auch dauerhaft so bleiben und «INTERESSANT» (viel interessanter als die Preise der Konkurrenz), ja sogar «VERNÜNFTIG» sind. Die Geiz-ist-geil-Logik wird hier noch weitergetrieben und zu einer vermeintlichen Vernunft erhoben, die sich die Bürger einfach erkaufen können, wenn sie nur herbeiströmen. Die instrumentelle Rationalität wird zur Speerspitze der Vernunft stilisiert. Wem die massestrotzenden Zahlen noch nicht ausreichen, dem wird noch die hoffnungsfrohe Aussicht auf einen zu gewinnenden Farbfernseher gemacht. Die Bequemlichkeit der Konsumenten wird gezielt angesprochen im Angebot von «500 Parkplätzen» und verkehrsgünstiger, zentraler und schnell erreichbarer Lage. Den günstigsten «QUALITÄTREIBSTOFF» gibt es gleich mit dazu. Bunte Kästchen mit Produktangeboten werfen uns geradezu winzig wirkende Zahlen entgegen, die in ihrer Berechnung von «5,23», «1,05» oder «1,58» den Anschein machen, als hätte man bei der Errechnung des billigmöglichsten Preises um jeden Pfennig gefeilscht. Beim genauen Beschauen der Kästchen sieht man dann wieder die Massen, die sich hinter manchem Niedrigpreis verbergen: 1 kg Fleischkäse für nur 2,90! Unschlagbar. Da muss man zugreifen. Und 1 kg Rindswürstchen für günstige 3,80, die kommen gleich noch mit. Auf-

Abb. 16a und b: Reklame des *Handelshofes Dutenhofen*

fällig ist auch die Bandbreite der Produktpalette. Hier stehen «Saft-Würstchen» neben «Kinder-Trägerrock» oder «Qualitäts-Tapeten» auf dem gleichen Blatt wie

«Kaiserbraten». Letztlich werden nicht nur einzelne Produkte, sondern ein tolles Erlebnis verkauft: Einkaufen in praktischster Lage, das Angebot von allem, was man vermeintlich braucht, mit Tankstelle, Autowäsche, Gaststube, Reifen-Center, Foto- und Optikabteilung – und das natürlich zu fantastischsten Preisen. Was kann es Besseres für einen Familienausflug geben? Hier kann man nur gewinnen. Und Gewinn ist geil. Vor allem, wenn er günstig und unaufwendig ist.

All das ist aber noch neu zur damaligen Zeit: So ruft der *Handelshof Dutenhofen* unverfroren zur Änderung der eigenen «Einkaufsgepflogenheiten» auf und hilft gern auch hier noch mit. Kostenlos flattern die Wurfsendungen fortan in jedes Haus, sodass man immer auf dem neuesten Stand ist, um profitabel, glücklich, ja «vernünftig» einkaufen zu können. Die eigenen Taschen kann man beim Einkauf bitteschön im Auto lassen oder an der Kasse abgeben. Das Verpackungsmaterial wird gestellt. Was für eine Ironie der Geschichte: Heute versuchen Unverpackt-Läden unsere alten, wahrlich vernünftigen Einkaufsgepflogenheiten wiederzubeleben, um des Plastikmülls Herr zu werden!

So wird das Leben vollständig am Konsum der kapitalistischen Warenwelt ausgerichtet. Es gibt «Extramahlzeiten», «Unmengen Fleisch», «die vielen neuen Fertigsoßen», «Werkzeug und die Maschinen und Handmotorsägen, die man früher nicht hatte», und alles hat man «doppelt und dreifach daheim». Das Essen, gelagert in Tiefkühltruhen, die früher niemand brauchte, weil man schlicht die Kellertreppe nutzte. Die Werkzeuge in Vielzahl «preiswert aus dem Baumarkt». All diese Dinge werden sorgfältig, fast zwanghaft einsortiert nach Einkaufs- und Haltbarkeitsdatum, «weil dann auch das Einräumen einfacher. Man spart Platz». Zwanghaft wirkt auch die Notwendigkeit, dass sich das Einkaufen lohnen muss, «damit man alles immer wieder rechtzeitig nachkaufen kann! Vor allem die Sonderangebote! Nachkaufen, einsortieren, Haltbarkeitsdaten im Auge behalten!» Festessen sind keine besonderen Anlässe mehr, sondern finden regelmäßig, eigentlich nach jedem Einkauf, und im Gehen und Stehen statt. Ihre Festlichkeit haben sie damit eingebüßt. Die von Kurzeck beschriebenen Schnäppchenjäger sind Getriebene, für die sich alles «lohnen» muss, die siegreich mit ihren Gewinnen aus der Preisschlacht hervortreten wollen. Das gilt ebenso für die Fahrt zum Supermarkt – und «nicht nur die Fahrt, auch das Tanken!» Sparen wird zum lustvollen Zwang – und zur Illusion, denn wirklich sparen tut man ja nicht. Die vermeintliche Plusrechnung geht nicht auf, wenn man zur billigsten Tankstelle fahren muss, die aber so weit weg ist, dass man eine halbe Tankladung dabei verfährt. Solange man aber glaubt, man spart, fühlt sich das alles gut und richtig an.

Die Zwanghaftigkeit führt auch zur ständigen Kontrolle des Tagesablaufs und der Einkaufserrungenschaften, die mit denen der Mitmenschen verglichen werden müssen. So schreibt man «Protokolle» und entwickelt neben der Getriebenheit noch weitere negative Emotionslagen: Neid und Missgunst den Anderen gegenüber, die nicht mehr haben sollen als man selbst: «Warum braucht er als

Buchhalter so ein großes Auto?» (S. 589) Man will also nicht nur absolut mehr, sondern auch relativ zu den Anderen mehr. «Die Seele schielt», wie Nietzsche es einmal ausdrückte. Auch der Neid ist ein kräftiger, gefühlsmäßiger Antreiber, der unsere Gedanken zu vergiften vermag. Man hofft und fürchtet zugleich, dass der Nachbar auch mitzählt. So wie die «diebischen» Elstern. Man ist sogar froh, dass man keinen Hund hat, denn sonst müsste man dem «etwas abgeben». Das soziale Miteinander leidet in der gehetzten und aufgeladenen Atmosphäre – sogar zwischen den verschiedenen Spezies. Nicht nur, dass man Sorge hat, dem Hund etwas abgeben zu müssen, und die Elstern einen an den sozialen Wettlauf mit den Nachbarn gemahnen. Tiere sind vornehmlich zum industriell verarbeiteten Nahrungsmittel geworden und vor allem noch in ihren essbaren Teilen präsent, als das, was bei uns auf den Teller kommt: Schweinehals, Schweinenacken und gegrilltes Grillhähnchen. Auch zwischenmenschlich besehen entsteht eine allgemeine Haltung der Verdächtigung und Abwehr sowie eine generell aggressive Grundstimmung. Die Frau wird mit vollem Mund angebrüllt, die Bierflasche geöffnet, «daß es nur so zischt», die Miteinkäufer werden beim Einparken aus nichtigen Gründen als «Trottel» und «Vollidioten» (S. 587 f.) beschimpft und die Straßen auf dem Weg rücksichtslos als Rennstrecken genutzt.

Der an Masse und gewinnmachender Effizienz ausgerichtete Lebenswandel führt aber nicht nur zu einer Verrohung des Miteinanders, sondern hat noch weitere negative Auswirkungen auf das Selbst. Er bewirkt eine Blindheit gegenüber der Welt, einen Autonomieverlust, und er stumpft die Getriebenen geistig und emotional ab: «Fahren, aber sehen nix! Fahren wie ferngelenkt!» Ihre Vernunft haben sie abgegeben, ihr Verlangen ist fremdstimuliert – sich selbst zu spüren (geschweige denn die Anderen oder die Natur) ist ihnen kaum mehr möglich. So wird «immer mehr immer schneller immer ein bißchen zuviel» gegessen, nicht, weil man so hungrig ist, sondern weil man dadurch «die festen Einkaufstage einhalten kann und in Übung und auf dem laufenden bleibt». Da auch die Zeit maximal effektiv genutzt werden muss, ist für achtsames Spüren ohnehin kein Raum. Man isst also hastig und überstürzt, kocht (wenn überhaupt) mit hochprozessierten Fertigprodukten. Anstatt frei zu sein, läuft man hektisch mit im Hamsterrad und lässt die Haltbarkeitsdaten den eigenen Lebensrhythmus bestimmen: «Weil es so viel ist, muß man sich extra beeilen. Ganz atemlos schon beim Abbeißen und dann schlucken ohne zu kauen.» Und wenn man nicht gerade massiv unter Strom steht, ist man eher «ein bißchen dösig». Dazwischen scheint es nichts mehr zu geben. Die Menschen werden so aus der achtsamen Präsenz in der Gegenwart hinaus in einen Zustand der resignierten Reizüberflutung hineinkatapultiert, in der – als ein Sinnbild für den großen Kopfschmerz, den uns das alles bereiten müsste – die Kühltruhen «in unseren Kellern und Köpfen Tag und Nacht brummen». Hinzu kommt als weiterer mentaler Modus die Ausrichtung auf die «Zukunft», ein beständiges «Was noch?»-Denken. So findet das Leben eigentlich nur noch auf Vorrat statt. Das verkörpern auch die kostenlosen Handtücher, die bei der Eröffnung des *Massa* auf der grünen Wiese vor Lollar verschenkt werden (diese Wiesen sieht man noch als Wiesen auf der linken Seite des in der Einleitung abgedruckten *Massa-Bildes*): «Die Handtücher ... kommen in den Schrank. Und bleiben vorerst im Schrank. Eine Zukunft auf Vorrat. Werden nicht angerührt.» (S. 115) Glücklich, das spürt man in Kurzecks Text deutlich, wird man von der ständigen Gewinnmacherei also mitnichten. Auch wenn das die Menschen glauben mögen und sollen – das ist ja durchaus im Interesse derjenigen, die verkaufen wollen, mehr noch: des Wirtschaftssystems, das auf Profit und Wachstum gestellt ist. Jeder ist ja frei zu konsumieren. Die in der Textstelle beispielhaft genannten Schnitzelfertigsoßen für «ein Hawaii-, ein Zigeuner- oder ein Jägerschnitzel» fungieren als trügerisches Freiheitssurrogat. Mit den Hawaii-, Jäger- und Zigeunerschnitzeln ist es ein bisschen so wie mit den Geländewagen, die erst, als alle Straßen geteert sind, in Mode kommen. Und dann verursacht die Gewinnmacherei auch noch vielfache Kollateralschäden: bei uns selbst, im Miteinander und in der Natur.

An mancher Stelle schimmert in Kurzecks auf den ganzen Roman verteiltem *Massa*-Narrativ durch, dass die schnelllebige Welt des Kapitalismus nicht ganz alle ihrer Bewohner im Griff hat. Denn manche sind erst gar nicht richtig eingestiegen oder ein Stück weit ausgestiegen, vielleicht auch herausgefallen. Hierbei mag man nicht nur an Kurzeck selbst denken, sondern auch an seinen kauzigen Schwager, der völlig anders lebt als die Getriebenen: «Was er braucht, macht er selbst», er repariert nicht nur Defektes, sondern «baut auch noch viele kleine Verbesserungen mit ein, die er sich beim Reparieren selbst ausdenkt» (S. 203). Oder an die alten, übriggebliebenen Witwen in ihren winzigen Witwenhäusern, die den so praktischen, ausrangierten («aber wie neu») Kühlschrank des Sohnes, der Schwiegertochter, der Nachbarn eigentlich nicht haben wollen und ihn nur um des lieben Friedens willen nehmen:

> Und was soll sie reintun? So eiskalt kann sie die Sachen nicht, das verträgt sie nicht. Ißt sowieso die letzten Jahre schon beinah fast gar nichts mehr. Zum Abstellen hat ihr immer die Kellertreppe gereicht, da ist es auch kühl. Der Kühlschrank brummt, unterbricht sich und brummt noch lauter. Wie einer, dem einmal Unrecht geschehen ist, vor langer Zeit vielleicht schon, und er kommt nicht drüber weg, so steht er und brummt und vibriert. Und das ganze Haus zittert mit. Mitten in der Nacht steht sie auf, muß im Nachthemd das steile Treppchen aus dem Oberstock runter, holt die Margarine, den Tropfen Milch und ein bißchen Quark (noch von vorgestern übrig) aus dem beleuchteten Kühlschrank und bringt es auf die Kellertreppe. Und zieht dann mit aller Kraft den Stecker raus. Mit beiden Händen. Muß nur daran denken, ihn rechtzeitig wieder einzuschalten, bevor die Schwiegertochter zweimal die Woche zu Besuch kommt. Patent, sagen die Leute im Dorf, die Schwiegertochter ist patent. So eine patente tüchtige Schwiegertochter. (S. 422 f.)

Doch auch die, die sich willig treiben lassen, müssen ständig zusehen, dass sie nicht abgehängt werden von der sich stets beschleunigenden Entwicklung: Der

Wachstumszwang bedeutet notwendigerweise Stress und verringert die Möglichkeit für das Finden von Sinn außerhalb des Konsums. In altmodischen Begriffen bezeichnet mancher noch die praktischen Neuerungen, die seinen Lebenswandel möglich machten: «Heißt jetzt Gefrierschrank, aber für sich sagt man immer noch Kühltruhe.» Als die ersten Supermärkte kamen, sagten viele Leute sogar noch: «Gut und schön. Aber so groß? Wer braucht das denn? Wozu soll das gut sein? Für wen soll das sein? Mehr als wie sattessen jeden Tag, sagen sie, kann sich doch keiner!» (S. 442 f.) Und trotzdem erscheinen die meisten Menschen wenig später wie neu programmiert und in der Folge überzeugt, dass das Leben genau so sein sollte, wie es ist, indem das Viele und das Neue immer das Bessere ist, Hauptsache viel und neu. Sattheit stellt längst keine Grenze mehr dar, erst recht keine gut spürbare. Die «Sonderlinge, die von den frisch eingekauften Sachen nicht gleich etwas essen», die nicht mit im Hamsterrad laufen und diese «Bedürfnisse», die es vorher nicht gab, ablehnen, sind «Querköpp» – und «Ausnahmen». So festigt sich in der lästerlichen Abgrenzung von diesen «Querköppen» eine Art Gruppenbewusstsein als willige Komplizen des Konsum- und Warenkapitalismus, geschlagen mit Blindheit für das, was die Welt in ihrer Vielfalt und Schönheit zu bieten hat. Die Herzen werden immer leerer und so braucht jeder Einzelne, isoliert in seiner Blase, immer nötiger Besitztum und Möglichkeiten zum Konsum, um überhaupt noch irgendetwas zu empfinden. Das Gemeinwohl bleibt dabei notwendig auf der Strecke. Denn erstmal muss man die eigenen Interessen befriedigen und dem darf nichts zuwiderlaufen. Schon gar nicht Andere. Solidarität? Mitgefühl? Verantwortlichkeit? Keine Kapazitäten dafür. Und auch keine für Reflexion. Obwohl die Not der Nachkriegszeit überwunden ist:

> Gerade als die Leute hätten anfangen können, ein bißchen nachzudenken, sagte ich, oder wenigstens auszuprobieren, wie das gemacht wird, da kam das Fernsehen, das Staatliche Fernsehen. Dafür also sind die Sonntagnachmittage und die Sonntagswohnzimmer. Freizeit heißt es. (S. 108)

Dass draußen in der Welt «nix» mehr zu sehen ist, während die Getriebenen zum *Massa* rasen, liegt aber nicht nur daran, dass sie so schnell fahren, sich vom Autoradio volldröhnen lassen und einen warenfixierten Tunnelblick entwickeln, sondern auch daran, dass es da gar nicht mehr viel Natur hat. Über Schallschutzwände auf der Autobahn kann man ohnehin nicht blicken. Das Motiv der Naturzerstörung ist hier mit der Denke des Kapitalismus verschränkt: Das, was nichts nützt, keinen Gewinn ermöglicht, wird vernichtet. Naturareale und Tiere:

> Muß man ausmerzen! Kein Ried, kein Sumpf, keine Hohlwege, keine verzauberten alten Kopfweiden auf den Böschungen, keine Vogelhecken im Feld. Und auf den Wiesen fortan nur Gras, grünes Gras, Qualitätsgras, Rasen. Kein Unkraut, keine Blumen, keine Wiesenlerchen, Hummeln, Heupferdchen, Grashüpfer, Goldkäfer und Schmetterlinge – sind-nicht-nötig! Und wenn da ein Bach ist und stört, kommt er zur Strafe unter die Erde.

> Lebenslänglich. Für immer. Die Kinder wissen nicht mehr, sagte ich, wie es ist, wenn man im Heu liegt. Wie leicht einem wird im Heu. (S. 706)

Statt dass man sich an der Natur erfreut, wird sie zuasphaltiert. Es wird «erst geteert, dann nochmal besser geteert. Dick Teer auf den Teer. Dann doch lieber Beton. Da ist Verlaß drauf. Panzerstraßenbeton. Hitlerbeton» (S. 707). Es gibt keine Lindenalleen mehr, keine abgelegenen Sträßchen, «die halbe und ganze Tage lang leer in der Sonne liegen» (S. 706). Selbst am Waldrand wird geteert «und dann nochmal besser geteert. Auch gleich ein bißchen breiter». Denn im Wald muss nun, ganz im Sinne der die rationale Logik des Wirtschaftens begleitenden Selbstoptimierung, gejoggt werden; man isst ja auch immer ein «bißchen zuviel». Das, was an Natur noch übrigbleibt, wird also zum Werkzeug der Selbstoptimierung. Und da das jeder so macht, wird es dort immer voller, weswegen der Parkplatz – der trotz mehrfacher Teerung lauter Pfützen hat und doch nichts taugt – noch größer gemacht werden muss. Da jeder nur noch an sich selbst denkt und parkt, wie er will, müssen «Ein- und Ausfahrten und die Schilder dazu, Pfeile, Pfosten, Verbotstafeln und Markierungsstreifen» installiert werden. Denn die Anderen sind ja buchstäblich zu blöd, um sich richtig hinzustellen. Außerdem heißt es natürlich Platz sparen!

Es ist ein grausiges Szenario, das Kurzeck da entwirft, fast bitter und zynisch – aber auch mit beißender Ironie und einer gewissen Komik. Und so ganz anders im Stil als die ansonsten von uns ausgewählten Passagen. Viel narrativer, viel weniger lyrisch und somit anders expressiv. Und mit einer gehörigen Portion Kritik. Kurzeck hält uns Menschen den Spiegel vor, auf dass wir unser entfremdetes Leben nicht mehr aushalten …

Wer Begehrlichkeit sät

Was Kurzeck plastisch zeigt, ist, dass es im warenfixierten Leben fast nur noch um Begehrlichkeit, Begierde (hierin steckt wieder das Wort «Gier»!), bloße Interessen, Präferenzen, Launen oder Fantasien geht. Letztlich also um uns vor sich hertreibende Wünsche, die nichts mehr mit sogenannten wahren Bedürfnissen, also dem, was wir wirklich zum Leben brauchen, zu tun haben. Vielmehr wird in uns dieses Begehren künstlich generiert, «gesät». Die Wirtschaft hält die fiktive Erzählung aufrecht, dass es die Bedürftigkeit ist, die das Wirtschaftswachstum nötig macht. Gemäß dieser Logik müsste freilich dieses Wachstum irgendwann einmal aufhören können, dann nämlich, wenn die Menschen schlicht und ergreifend genug hätten. Demgegenüber operiert der Kapitalismus aber mit der Voraussetzung, dass es niemals genug sein kann – satt zählt nicht, satt wird sogar abtrainiert. In der Folge arbeitet eine ganze Wirtschaftsbranche, das Marketing, daran, neue Begierden (die dann als Bedürfnisse verkauft werden) zu wecken, damit das Wachstum einfach immer weitergehen kann. Die Algorithmen der digitalen Welt, die unser Verhalten im Internet abgreifen und inkorporieren und die virtuelle Werbewelt designen, sind hierfür ein neuer, noch tiefer in unser Leben eindringender Mechanismus als die Reklamewurfsendungen und Eröffnungsgeschenke aus der Zeit des *Massa*. Der Kapitalismus manipuliert uns gnadenlos.

Die Manipulation ist eine gerade in liberalen Gesellschaften interessante Form der Beeinflussung, da sie den Manipulierten weiter eine Entscheidungsfreiheit lässt, statt sie zu etwas zu zwingen. Manipulierte Akteure werden immer noch durch ihre eigenen Gefühle bewegt, die dabei aber von außen moduliert sind und die Entscheidung *gegen* einen unnötigen Kauf schwerer machen. Wir werden jenseits unseres kritischen Radars erwischt und ins Begehren hinübergeschubst. Wir kennen das, wenn wir glauben, etwas zu brauchen, obwohl das eigentlich gar nicht so ist (was uns oft erst nach erfolgtem Kauf auffällt). Etwas ist uns unter die Haut gekrochen, vermag unser vernünftiges Denken und Fühlen zu unterlaufen, es zieht uns, es motiviert uns zum Kauf. Die Entscheidung *für* den Kauf ist mit angenehmen Empfindungen verbunden, einem kurzen High im Kaufrausch (und der Erwartung desselben schon vor dem eigentlichen Kauf). Also greifen wir zu – sei es bei einem Schnäppchen oder bei etwas, von dem nicht mehr viel da ist, oder bei Dingen, die wir für unseren Status glauben haben zu müssen. Die Manipulation erfolgt dabei in einem Dreischritt: Eine Handlungsoption wird erstens gezielt mit einer angenehmen Empfindung verbunden; so erscheint es uns zweitens attraktiver, auf eine bestimmte Art und Weise zu handeln; was es drittens wahrscheinlicher macht, dass wir die Handlung tatsächlich ausführen. Der Zug der Begierde ist dabei nicht nur unwillkürlich motivierend, fast triebhaft und wir somit «wie ferngelenkt» (aber eben nur wie, nur nahezu, denn – das macht das Ganze so raffiniert – wir werden ja nicht gezwungen!). Der Zug der Begierde lässt uns auch noch denken, dass wir die Dinge tatsächlich bräuchten, dass es richtig ist, sie jetzt zu kaufen (denn sie sind so günstig; denn es gibt nur noch so wenig davon; denn der Nachbar hat sie auch), auch «damit sich das Einkaufen lohnt, damit man alles immer wieder rechtzeitig nachkaufen kann! Vor allem die Sonderangebote!». Wir changieren also zwischen unbewusstem Agieren auf Grundlage eines angestachelten Gefühls – diesem Ziehen in uns – und bewusstem Wollen hin und her, also Gedanken der Art, dass wir zugreifen sollten. Es ist hier wie mit der Eifersucht, die eine besonders intensive Empfindungsseite hat, uns aber auch Gedanken eingibt. Wir können uns kaum dagegen wehren. Begierde ist im Unterschied zu Eifersucht aber eben auch lustvoll und mit verlockend Angenehmen verbunden. Kurzeck drückt das Manipulative der neuen Warenwelt gekonnt aus, wenn er uns die Getriebenheit und all ihre Folgen in der zitierten Textstelle vergegenwärtigt. Die Stelle ist vergleichsweise lang, damit wenigstens ein paar «Runden» im Teufelskreis der Begierde sichtbar werden: Fahren, Fressen, Tanken, Joggen, Spritzen.

Das *Massa*-Narrativ geht allerdings allein in diesem Kapitel (34) noch weiter mit optimalem Joggingzubehör, Bestzeiten, nächtlichem Joggen mit Flutlichtanlage und dann, bei den Frauen, mit Frauenturnen, Kosmetik und Diäten, sogar eine Diät, «bei der man alles essen darf. Auch fettes Fleisch. Jede Menge. Sogar Kuchen und Torten. Nur keinen Zucker und kein Salz. Den Kuchen mit Honig und Fruchtzucker» (S. 596). Das Kapitel endet schließlich mit den bangen Sätzen: «Und in der Dämmerung schwindet das Land. Wer sind wir? Wo fahren wir hin?» (S. 601) Der Selbstverlust droht.

Denn unser Handeln ist ein gutes Stück weit determiniert. Sich gegen eine von außen angefachte Begierde zu wehren, ist, wenngleich meist möglich, nicht gerade leicht. Beständig wird mit unserer Disposition zur Unersättlichkeit, der Lust am absoluten und relativen «Mehr» gearbeitet (man denke nur konkret an Zucker oder sein soziales Äquivalent Anerkennung), aber auch mit unserem Hang zur Bequemlichkeit und der Befriedigung durch Erfolge jeglicher Art. Der Lust nach «Mehr» und der Bequemlichkeit nachzugeben, ist angenehm, Erfolg eh und je, und so prima zur Manipulation nutzbar. Ein «richtiges Wollen» kann uns dabei schlimmstenfalls abhandenkommen. Und damit auch – wenn vielleicht auch noch nicht im Moment der Manipulation selbst, in dem uns zumindest eine Wahl bleibt – langfristig gesehen die Autonomie. Denn die besteht ja nicht nur darin, einfach zu tun, was man will (also in Willkürfreiheit), und schon gar nicht darin, nur noch über Begierden in bestimmte Richtungen gelockt zu werden. Von einem wahrhaft guten, erfüllten Leben scheint all das ohnehin weit entfernt.

Doch wie lassen sich eigentlich diese irgendwie «falschen» Begierden von «wahren» Bedürfnissen unterscheiden? Anders gefragt, warum sollen nur bestimmte Bedürfnisse «wahr» und die anderen Bedürfnisse «falsch» und damit bloße Begierden sein? Muriel Barbery eröffnet ihren philosophischen Roman *Die Eleganz des Igels* mit just dieser Unterscheidung. Die Verwandtschaft zwischen ihrem Buch und unserem beschränkt sich also nicht nur darauf, dass die Igel im Titel vorkommen. Barbery schreibt:

> Die Menschen, die sich vor lauter Begehren verlieren, täten gut daran, sich an ihre Bedürfnisse zu halten. In einer Welt, in der die *Hybris* der Begehrlichkeit geknebelt wird, kann eine neue gesellschaftliche Organisation entstehen, reingewaschen von den Kämpfen, den Unterdrückungen und den verderblichen Hierarchien.

In diesen Worten lässt Barbery ihre Hauptfigur, eine Pariser Concierge, den zentralen Gedanken von Karl Marx' *Deutscher Ideologie* gegenüber einem Industriellensöhnchen in tannengrünem Dufflecoat zusammenfassen. Die Idee dabei ist, dass Bedürfnisse uns orientieren, Begehren oder Begierden dagegen eher dazu führen, dass wir uns verlieren. Bedürfnisse zeigen eine grundlegende menschliche Notwendigkeit an, im Gegensatz zu Begierden, die so eine Notwendigkeit nur suggerieren. Außerdem wird eine politisch-normative Perspektive aufgemacht, die man durchaus auch in Kurzecks Text finden kann: Begehrlichkeit hat heutzutage die Oberhand. Würde sie gebändigt, könnte eine neue Art von Gesellschaft entstehen, die in vielem besser wäre als der Status quo.

Doch das ist derzeit wohl nicht drin, zu sehr vernebelt unsere Begehrlichkeit die Möglichkeit zur Revolte. Herbert Marcuse sieht analog in einer derartigen Manipulation der Individuen den Zweck, «den Einzelnen mit der Lebensform auszusöhnen, die ihm von der Gesellschaft aufgezwungen wird» – was dann ein rein äußerlicher Zweck wäre, zugunsten dessen wir handelten. Indem, psychoanalytisch gesprochen, nur noch die Libido der Menschen bespielt wird und Triebbefriedigung im Vordergrund steht, stellt man kritisches Denken und Fühlen sowie Veränderungs- und Entwicklungsmotivationen ab. Deshalb erfolgt kein Auflehnen im Kapitalismus, der uns alle als Begehrliche programmiert hat und die wahren Bedürfnisse vergessen macht. Die Folge: immer mehr kaufen, immer schneller fahren, immer weiter optimieren und damit das eigentliche Körpergefühl verlieren und den sozialen Zusammenhalt sowie die Aufmerksamkeit und Liebe für die Natur. Und das alles unter dem Deckmantel der Rationalität. Sodann – und damit vervollständigt sich das Zitat aus der Zwischenüberschrift – «erntet Unterdrückung», wer Begehrlichkeit sät. Das ist angelehnt an das Sprichwort «Wer Wind sät, wird Sturm ernten». Klein und harmlos fängt man an, züchtet damit aber etwas Heftiges heran, das einem dann um die Ohren fliegt. Auf dem Grund der Begehrlichkeit wächst Unterdrückung, eine Unterdrückung sowohl innerhalb der Menschheit als auch zwischen der Menschheit und der Natur. Weil alle immer absolut und relativ mehr wollen und dieses doppelte «Mehr» nach oben offen ist, es also kein Genug gibt, ist angesichts begrenzter Ressourcen der Kampf zwischen Stark und Schwach vorprogrammiert. Die Unterdrückung und Manipulation der Schwachen hält das System weiter in Gang, könnte uns aber auch bald um die Ohren fliegen. Die von Greta Thunberg angestoßene «Fridays for Future»-Bewegung und der sich hierbei zeigende Spalt zwischen jüngeren und älteren Generationen ist vielleicht nur ein Vorgeschmack. Ob die Corona-Krise, in der vielen Menschen aufgegangen sein mag, was wirklich wesentlich ist im Leben, dauerhaft zu Widerstand führt oder die Unterdrückung nur weiter verschlimmert, muss sich erst noch erweisen.

Die Wörter «Begierde» und «Bedürfnis» werden oft synonym verwendet und gehen so im allgemeinen Sprachgebrauch, aber auch in der Forschungsliteratur bunt durcheinander. Doch eigentlich weiß jede kompetente Sprecherin, was ein «Bedürfnis» ist. Nämlich etwas, ohne dessen Befriedigung wir nicht gedeihen können, d. h. dessen Erfüllung wir zum Überleben oder zum guten Leben benötigen. Diese Dringlichkeit oder Schwere unterscheidet Bedürfnisse von allen anderen Arten von Interessen, Präferenzen, Wünschen und eben auch von Begierden. Dabei ist Letzteren zwar auch eine gewisse Dringlichkeit eingeschrieben. Allerdings wird diese subjektiv empfunden und gilt nicht objektiv. Wer Begierden zu widerstehen vermag, führt kein schlechtes Leben – im Gegenteil. Um dies hervorzuheben, könnte man von der «objektiven Dringlichkeit» von Bedürfnissen im Gegensatz zur «subjektiven Heftigkeit» von Begierden sprechen.

Ein Blick in die philosophische Ethik bestätigt unsere Begriffsbestimmung. So identifiziert der britische Philosoph David Wiggins (dessen langer und nicht ins Deutsche übersetzter Aufsatz «Claims of Need» *der* Referenztext der neueren Diskussion ist) Dinge, derer wir bedürfen, als «Dinge, ohne die ein Subjekt ernsthaft beschädigt würde oder ohne die es (wenn es denn überlebt) nur ein wesentlich beeinträchtigtes Leben wird führen können». Genauer gesagt, charakterisiert Wiggins damit «vitale Bedürfnisse» alias «Grundbedürfnisse» und unterscheidet diese als unbedingt, absolut oder kategorisch von sogenannten instrumentellen Bedürfnissen, welche schlicht Dinge betreffen, die man braucht, weil man etwas anderes braucht, deren Notwendigkeit also von einer bestimmten Bedingung abhängt und nicht schlechthin besteht.

Schaut man sich an, was es an Grundbedürfnissen oder, wie wir einfacher sagen wollen, an «Bedürfnissen» so alles gibt, dann fällt einem auf, dass die meisten Bedürfnisse sättigbar sind. Es gibt für sie eine Grenze oder Schwelle des Genug. Sie sind nach oben hin nicht offen. Man sieht das besonders leicht bei den biologischen Bedürfnissen, etwa nach Nahrung oder nach Schlaf. Es gibt Sattheit und Ausgeschlafen-Sein. Isst man mehr oder schläft man länger, dann tut man sich nichts Gutes damit. Genug ist genug.

Von biologischen Bedürfnissen könnte man existenzielle Bedürfnisse wie das nach sozialer Integration und persönliche Bedürfnisse wie das nach Heimat abgrenzen. Die amerikanische Neoaristotelikerin Martha Nussbaum hat eine vielbeachtete Liste von zehn menschlichen Bedürfnissen vorgelegt. Entworfen wurde diese Liste durch transkulturelle Abstimmung und Untersuchung des menschlichen Selbstverständnisses in Mythen, Literatur und Geschichte. Die Liste enthält die Bedürfnisse nach 1. Leben, 2. Gesundheit, 3. körperlicher Integrität, 4. Wahrnehmen und Denken, 5. Liebe, 6. praktischer Vernunft, 7. sozialer Zugehörigkeit, 8. einer Beziehung zur Natur, 9. Spiel sowie 10. Individualität. Hier ihr Katalog im Wortlaut:

1. Fähig zu sein, bis zum Ende eines vollständigen Lebens leben zu können, soweit, wie es möglich ist; nicht frühzeitig zu sterben oder zu sterben, bevor das Leben so vermindert ist, dass es nicht mehr lebenswert ist.
2. Fähig zu sein, eine gute Gesundheit zu haben; angemessen ernährt zu werden; angemessene Unterkunft zu haben; Gelegenheit zur sexuellen Befriedigung zu haben; fähig zu sein zur Ortsveränderung.
3. Fähig zu sein, unnötigen und unnützen Schmerz zu vermeiden und lustvolle Erlebnisse zu haben.
4. Fähig zu sein, die fünf Sinne zu benutzen; fähig zu sein, zu phantasieren, zu denken und zu schlussfolgern.

5. Fähig zu sein, Bindungen zu Personen außerhalb unserer selbst zu unterhalten; diejenigen zu lieben, die uns lieben und sich um uns kümmern; über ihre Abwesenheit zu trauern; in einem allgemeinen Sinne lieben und trauern sowie Sehnsucht und Dankbarkeit empfinden zu können.
6. Fähig zu sein, sich eine Auffassung des Guten zu bilden und sich auf kritische Überlegungen zur Planung des eigenen Lebens einzulassen.
7. Fähig zu sein, für und mit Anderen leben zu können, Interesse für andere Menschen zu zeigen, sich auf verschiedene Formen familialer und gesellschaftlicher Interaktion einzulassen.
8. Fähig zu sein, in Anteilnahme für und in Beziehung zu Tieren, Pflanzen und zur Welt der Natur zu leben.
9. Fähig zu sein, zu lachen, zu spielen und erholsame Tätigkeiten zu genießen.
10. Fähig zu sein, das eigene Leben und nicht das von irgendjemand anderem zu leben.
    10.a Fähig zu sein, das eigene Leben in seiner eigenen Umwelt und in seinem eigenen Kontext zu leben.

Das, was Nussbaum in ihrem zusammen mit dem indischen Ökonomen Amartya Sen entwickelten Fähigkeiten-Ansatz «Fähigkeiten» nennt, können wir nach unserer obigen Begriffsbestimmung getrost als «Bedürfnisse» übersetzen. Die auf der Liste angesprochenen Bedürfnisse stellen nach Nussbaum eine irreduzible Pluralität dar: Das Fehlen des einen kann nicht durch ein «Mehr» in einem anderen aufgewogen werden; zwischen den einzelnen Punkten können tragische Konflikte entstehen; die Erfüllung aller Bedürfnisse ist intrinsisch gut. In anderen Worten stellt alles auf der Liste einen Zweck in sich selbst dar, markiert einen Endpunkt in der Frage, warum es gut ist, als etwas nämlich, was das Leben trägt, ihm Halt gibt und nicht nur ein Mittel zum Zweck ist von etwas anderem.

Nussbaum hat ihren Katalog extra offen und vage gehalten. Das muss auch so sein, denn Bedürfnisse treten je nach Kultur und Zeit in verschiedener Spezifikation auf. Ein Bedürfnis nach Arbeit z. B. enthält der Katalog nicht. Man könnte aber argumentieren, dass in Arbeitsgesellschaften wie der unsrigen, d. h. in Gesellschaften, in denen gesellschaftliche Integration wesentlich über Arbeit läuft, das Bedürfnis nach sozialer Zugehörigkeit (Nr. 7) die kulturspezifische Form eines Bedürfnisses nach Arbeit und deren Anerkennung annimmt.

Man könnte weiter argumentieren, dass in Konsumgesellschaften wie der unsrigen, in denen gesellschaftliche Integration nicht nur an Arbeit und deren Anerkennung, sondern auch an ein bestimmtes Konsumniveau gekoppelt ist, das Bedürfnis nach sozialer Zugehörigkeit auch die kulturspezifische Form eines Bedürfnisses nach Konsum annimmt. Wer nicht genug Konsumgüter vorweisen kann, muss mit sozialer Ausgrenzung rechnen. Erinnern wir uns nur an die

Schule, wo Kinder einkommensschwacher Eltern ohne die angesagten, teuren Marken-Jeans oder -Sneaker häufig an den Rand gedrängt werden. Ist der Zugang zu diesem Konsumniveau nicht über Arbeit und deren Lohn für alle gesichert, dann muss er irgendwie anders, etwa über ein unbedingtes Grundeinkommen ermöglicht werden. Hinter dem in unserer Kurzeck-Stelle als Ausfluss falscher Gier und falschen Neids karikierten Konsum könnte also auch die Angst stehen, aus der Gesellschaft herauszufallen. Die Konsumgesellschaft war allerdings zu der Zeit, die Kurzeck porträtiert, erst in der Mache.

Interessant ist in unserem Kontext, dass Nussbaum ein Bedürfnis nach Natur (Nr. 8) in ihren Katalog aufnimmt. Was Nussbaum unter «Beziehung zur Natur» fasst, haben wir in unserem Buch aufgespalten in das Ästhetische (das fiele bei Nussbaum wohl unter «Spiel», Nr. 9, und, als sinnliche Erkenntnis, unter «praktische Autonomie», Nr. 6), das Heimatliche (was bei ihr wohl unter «Individualität», Nr. 10a, fiele) und das Spirituelle sowie, auf einer anderen Ebene, das Mitleid mit Tieren, die selbst einige Listenpunkte erfüllen und daher mit ins moralische Universum gehören. Doch unabhängig von der Frage, ob das Bedürfnis nach Natur als eigener Listenpunkt aufzuführen ist oder eher, wie wir vorschlagen, als sich aus verschiedenen Listenpunkten ergebend zu verstehen ist, macht es Sinn, heutzutage, da die Natur knapp wird, ein Bedürfnis nach Natur stark zu machen.

Maßhalten statt Schritthalten

Man würde nun denken, dass das, was eine gute oder gerechte Gesellschaft ausmacht, auf dieser Grundlage ganz einfach zu bestimmen ist: Eine Gesellschaft ist gerecht, wenn sie allen Mitgliedern die Erfüllung ihrer Bedürfnisse effektiv ermöglicht. Auch globale Gerechtigkeit, etwa in der Entwicklungshilfe- oder Klimapolitik, könnte sich an dieser gedeckelten Schwelle eines menschenwürdigen oder guten menschlichen Lebens heute und in Zukunft orientieren (und natürlich die empfindungsfähigen Tiere miteinbeziehen). Martha Nussbaum hält es in ihrer Gerechtigkeitstheorie auch so. Wir hätten damit einen klaren Standard, an dem wir die von Kurzeck vorgeführten Verwerflichkeiten des Kapitalismus messen könnten.

Natürlich ist es nicht ganz so einfach und man kann Gerechtigkeit nicht allein an der Garantie des Zugangs zur Schwelle des menschen- und tierwürdigen Lebens festmachen. Doch könnte diese von Aristoteles «allgemein» genannte Gerechtigkeit den Kern von Gerechtigkeit ausmachen. Hinzu träte die «besondere» Gerechtigkeit, in Form von Bindestrich-Gerechtigkeiten wie der Verteilungs- und der Ausgleichsgerechtigkeit. Im Unterschied zu den Garantien der allgemeinen Gerechtigkeit hat man es dabei mit einerseits bedingten, etwa durch Leistung (beim gerechten Lohn) oder Vergehen (bei der gerechten Strafe), und anderererseits graduierten Gerechtigkeitsansprüchen zu tun. Der Pluralismus in Sachen Gerechtigkeit ist so groß wie der im ersten Kapitel untersuchte Pluralismus in Sachen Moral, ist doch Gerechtigkeit als Moral gesellschaftlicher Institutionen das institutionelle Gegenstück zu individueller Moral. Doch das nur am Rande. Worauf es gerade ankommt, ist, dass es auf der Hand zu liegen scheint, Gerechtigkeit im Kern mit der Garantie der Möglichkeit von Bedürfnisbefriedigung für alle zu identifizieren.

Es ist überaus merkwürdig, dass dies dennoch nicht geschieht. Zumindest nicht im Mainstream der akademischen politischen Philosophie. Dort hat der Amerikaner John Rawls mit seiner *Theorie der Gerechtigkeit* vor einem halben Jahrhundert die Weichen völlig anders gestellt. Rawls präsentierte seine so eminent erfolgreiche Theorie als Ergebnis eines Gedankenexperiments. Man stelle sich vor, man wisse nicht, wie gut oder schlecht man ausgestattet ist mit Geld, Besitz, Macht etc. Unter diesem sogenannten Schleier des Nichtwissens überlege man nun zusammen mit anderen, die ihrerseits nicht wissen, wie sie ausgestattet sind, nach welchen Prinzipien man mit ihnen in der Gesellschaft kooperieren will und soll. Man würde sich dafür entscheiden, meint Rawls, dass man keine unverdienten Nachteile gegenüber den Anderen hätte, anders gesagt, dass man gleich viel hätte wie die Anderen. Natürlich ist (auch) Rawls' Gerechtigkeitstheorie viel komplexer. Einerseits enthält sie neben dem Gleichheitsprinzip (gut kantisch) ein Prinzip der Garantie angemessener Grundfreiheiten. Andererseits schwächt sie das Gleichheitsprinzip etwas ab. Diese Abschwächung ist als «Differenzprinzip» bekannt. Erlaubt sind danach Abweichungen von der relativen Gleichverteilung, wenn diese die absolute Position der am schlechtesten Gestellten anheben (und das ist gut utilitaristisch, da so die Summe der Präferenzbefriedigung steigt). Rawls begreift die von ihm präsentierte Gerechtigkeitskonzeption als eine, «die die Zufälligkeiten der natürlichen Begabung und der gesellschaftlichen Verhältnisse nicht zu politischen und wirtschaftlichen Vorteilen führen lässt».

Wieso aber sollten sich die Menschen hinter dem Schleier des Nichtwissens nicht zunächst einmal für die Garantie eines menschenwürdigen Sockels für alle entscheiden, was bereits ein gehöriges Maß an Gleichheit zwischen ihnen zur Folge hätte? Allerdings nur einer Gleichheit, die auf der Allgemeinheit der Garantie rhetorisch oder redundant aufsitzt und in sich selbst keinen Eigenwert darstellt. Warum reichte so ein Ausgleich der schlimmsten Effekte von Kontingenz nicht hin? Diese viel näher liegende Option wird von Rawls und seinem Gefolge kaum diskutiert. Kritik am Rawlsianismus gibt es von politisch linker wie politisch rechter Seite. Einige der wichtigsten Kritiker und Kritikerinnen sind in einem Band mit dem Titel *Gleichheit oder Gerechtigkeit* versammelt: Michael Walzer, Avishai Margalit, Harry Frankfurt, Joseph Raz, Elizabeth Anderson und Derek Parfit. Trotzdem besetzt der sogenannte Egalitarismus mit seiner Orientierung am Eigenwert relativer Gleichheit weiter das Feld. Und der Humanismus mit seiner Orientierung am Eigenwert von Menschenwürde, Bedürfnisbefriedigung und Suffizienz fristet ein Schattendasein.

Warum das so ist? Es kann mit der Liberalität des Rawls'schen Ansatzes zu tun haben. Man unterscheidet dort nicht zwischen (wahren) Bedürfnissen und (falscher) Gier oder Neid. Dazu bräuchte man auch kontextsensible Urteilskraft und ein Gefühl für Anstand und Würde. Man bräuchte Mitleid und Achtung. Eine Theorie, in der die abstrakte Gleichheitsrelation im Zentrum steht und man Gerechtigkeit sozusagen ausrechnen kann, lässt sich auch besser akademisch lehren. Zudem passt so eine Theorie, die Gier und Neid nicht verurteilt, sondern in gewisser Weise sogar legitimiert, ausgezeichnet zum aufsteigenden Kapitalismus der Wirtschaftswunderjahre. Denn wer, obwohl er genug hat zum würdigen Leben, trotzdem alle seine darüberliegenden Nachteile nivelliert sehen will, beweist eher Neid als einen Sinn für Gerechtigkeit. Ganz abgesehen davon, dass eine solche Nivellierung ohnehin nicht realisierbar ist – allein die ständigen Kontrollen, die es dafür bräuchte! Und auch die in das Differenzprinzip eingelassene absolute Wohlfahrtsmaximierung zeugt, findet sie oberhalb des Sockels statt, eher von Gier denn von Gerechtigkeit. Warum diese «Schneller-Höher-Weiter-Religion» (Andreas Maier)? Wie wäre es mit «Maßhalten statt Schritthalten» (Ludvík Vaculík)? Damit die Natur und die Tiere nicht kaputtgehen. Von denen ist bezeichnenderweise in Rawls' liberaler Theorie der Gerechtigkeit überhaupt nicht die Rede.

Philosophie des Geldes

Wir haben uns also verirrt. Es gibt von allem zu viel und viele wollen das anscheinend auch so. Ein Leben im «Neonlicht und kein Fenster», das uns hinausblicken lässt in die echte Welt, in die Natur. Wie im *Massa*. Etwas ist verrückt auf unserer inneren Landkarte, aber auch in unserer äußeren Lebensform. Der Kapitalismus hat damit direkt etwas zu tun.

Allerdings macht man es sich zu leicht, wenn man einfach nur auf «dem Kapitalismus» herumhackt und sich selbst ganz aus der Verantwortung stiehlt. Man muss schon deutlicher bestimmen, was den Kapitalismus als Wirtschaftsweise und Gesellschaftsform ausmacht, wie die Kritik daran funktionieren kann und was eine bessere Alternative dazu wäre. Und man muss zusehen, welchen Beitrag man selbst als Einzelne zur nötigen Veränderung leisten kann. Diesen Fragen ist die zweite Hälfte des Kapitels gewidmet.

Seit dem Zusammenbruch des «realen Sozialismus» ist die Kritik am Kapitalismus allerdings nicht mehr so angesagt. Die kapitalistische Wirtschaftsweise steht inzwischen beinahe so da, als sei sie alternativlos. Und was alternativlos ist, muss man auch nicht mehr kritisieren. Dass dieser Eindruck der alternativlosen Überlegenheit des Kapitalismus trügt, hat der Konstanzer und zwischenzeitlich

Frankfurter Philosoph Friedrich Kambartel in seinen «Bemerkungen zur politischen Ökonomie» aus den 1990er Jahren dargelegt.

Nach Kambartels Diagnose zeigt das Ende des realen Sozialismus nur, dass die Planwirtschaft keine gute Alternative zur Marktwirtschaft ist. Am Markt gilt es Kambartel zufolge unbedingt festzuhalten. Denn der Markt ist eine demokratische Form der Äußerung und Durchsetzung von Bedürfnissen. Eine Marktwirtschaft muss aber nicht kapitalistisch organisiert sein. Es geht auch anders. Kambartel nennt diese gute Alternative zur «freien» kapitalistischen Marktwirtschaft «soziale» Marktwirtschaft. Gut ist diese Alternative u. a. deswegen, weil sie die Natur schont. Schauen wir uns Kambartels Modell an.

Der Dreh- und Angelpunkt von Kambartels Kapitalismusbegriff ist das sogenannte Verwertungsinteresse für Eigentum. Eine Marktwirtschaft ist «kapitalistisch», wenn sie von diesem Verwertungsinteresse geprägt ist, d. h., wenn eine mit dem Besitz von Eigentum verbundene Surplus- oder Renditeerwartung die Güterproduktion steuert. Diese Surplus-Erwartung gründet sich darauf, dass das Eigentum gegen ein bestimmtes Entgelt über eine bestimmte Periode Anderen zur Verfügung gestellt wird, ein Entgelt, das von einem sogenannten Unternehmerlohn, einem Inflationsausgleich oder einer Risikoversicherung zu unterscheiden ist. Es stellt also, wie Kambartel formuliert, eine «bloße Rente» dar. Dass eine solche Rente erzielt wird oder erzielt werden soll, nennt Kambartel «Verwertung» oder «Verwertungsinteresse».

Eigentum, welches der Verwertung von Eigentum dient, dem Erzielen einer bloßen Rente also, noch pointierter ausgedrückt: der Gewinnmacherei oder, mit Marx gesprochen, der «Plusmacherei», ist etwas anderes als Eigentum im eigentlichen Sinne, welches dem Gebrauch, also der Verfügung über Güter, dient. Ersteres Eigentum nennt Kambartel «Kapital».

Im Anschluss daran kann eine Gesellschaftsform «kapitalistisch» heißen, wenn in ihr das Verwertungsinteresse für Eigentum fast alle Gesellschaftsbereiche dominiert und gar Freundschaften oder Liebesbeziehungen mit Blick darauf gewählt und geführt werden, ob sich die Investition lohnt, ob sich daraus «Kapital schlagen» lässt. *Gefühle in Zeiten des Kapitalismus* und *Warum Liebe endet*, so lauten einschlägige Titel auf dem Büchermarkt. «Kapitalismus» im engen, ökonomischen Sinne bedeutet dagegen ein verwertungsinteressiertes Privateigentum an Produktionsmitteln.

Im Normalfall betrachten wir Gebrauchsgüter, die uns gehören, wie Geschirr, Möbel, Kleider, Häuser oder Autos, nicht unter dem Gesichtspunkt der Verwertung, sondern unter dem Gesichtspunkt der Verfügung. Wo immer wir sie oder auch Geldeigentum oder Produktionsmittel jedoch verwertungsorientiert in unser Denken und Handeln einbeziehen, erscheint uns Eigentum in der Form des Kapitals. Diesen Switch in der Betrachtungsweise von Eigentum erläutert Kambartel am Beispiel des Hauses des Philosophen:

Nehmen wir als Beispiel den Philosophen, der in einer selten schönen Gegend ein Stück Land mit einer Hütte geerbt hat und dort seit längerem einige Male im Jahr ein Wochenende verbringt. Sagen wir, es sind vier solcher Wochenenden im Jahr. Unser Philosoph möge nun an einem solchen Wochenende seinen Freund, einen Ökonomen, mitbringen, der dem geschilderten Privateigentum einen Marktwert von 200.000 DM zuschreibt. Unterstellt, die durchschnittliche Kapitalrente beträgt im ökonomischen Kontext dieser Situation ca. 10 %, so ergibt dies, stabile Marktpreise unterstellt, eine absolute jährliche Rente von 20.000 DM. Im Blick auf eine solche Verwertung betrachtet, erscheint das Hüttengrundstück nun als *Kapital*, mit der Folge etwa, daß den Eigentümer jedes der vier dort verbrachten Wochenenden eine entgangene Kapitalrente von 5.000 DM kostet (die aus dem möglichen Verkaufspreis erzielt werden könnte): Ein bisher kostenloses Vergnügen verwandelt sich, mit der Betrachtung des Eigentums als Kapital, in eine teure Angelegenheit.

Dieser Philosoph konnte sich, bevor er seinen Ökonomen-Freund zu Gast hatte, reich fühlen, und zwar in dem Sinne, dass er über genug Eigentum zum guten Leben verfügt. Aristoteles spricht in seiner *Politik* in diesem Zusammenhang von «natürlichem» oder qualitativem Reichtum. Es gibt aber auch einen anderen Sinn von Reichtum, den Aristoteles «abstrakt» oder quantitativ nennt. Danach ist reich, wer über viel verwertbares Eigentum verfügt. In diesem Sinne geht der Philosoph, wie ihm sein Ökonomen-Freund klargemacht hat, nicht wirklich klug mit seinem Eigentum um. Denn mit seinen überteuerten Wochenenden schmeißt er das Geld nur so zum Fenster heraus und wird es, wenn er so dumm weitermacht, nie zu nennenswertem abstrakten Reichtum bringen.

Wie sieht nun Kambartels Gegenmodell zur kapitalistischen Marktwirtschaft aus? An die Stelle der Steuerung des Marktes über die Maximierung von Kapitelrenten tritt in diesem Modell die soziale und ökonomische Anerkennung der Produzenten von Gütern und Dienstleistungen seitens der Abnehmer dieser Güter und Dienstleistungen. Zu den Produzenten gehören sowohl das Management eines Unternehmens als auch die dort tätigen Arbeitenden. Die früheren Eigentümer werden ersetzt von einer «Haftungsgemeinschaft der Produzenten». Der klare Zusammenhang zwischen dem qualitativen Niveau ihrer Lebens- und Arbeitsbedingungen einerseits und dem Markterfolg andererseits ist für die Produzenten, glaubt Kambartel, ein in vieler Hinsicht wirksamerer Antrieb als das Verwertungsinteresse für die Kapitaleigner. Für Verteilungs- und Organisationsaufgaben wie die Aufbewahrung gesparten Geldes oder die Vergabe von Krediten, sei es für Zwecke der Produktion, sei es für die Erfüllung privater oder öffentlicher Bedürfnisse, ist wie gehabt das Bankensystem zuständig. Allerdings entfällt auch bei den Banken die Orientierung an einer möglichst effektiven Kapitalverwertung. Kredite werden nach sorgfältiger Prüfung zinsfrei vergeben. Die Banken fungieren in diesem Modell wie eine vierte öffentliche, dem Gemeinwohl verpflichtete und demokratisch kontrollierte Gewalt. In dieser Rolle berücksichtigen sie auch Gesichtspunkte der Wachstumsbeschränkung oder der Erhaltung und Förderung ökologischer Ressourcen, insgesamt also die Qualität ökonomischer Entwicklungen.

Kambartels Modell ist natürlich viel komplexer, als wir es hier abbilden können und wollen. Trotzdem ist hoffentlich auch so schon ersichtlich, dass eine solche, im wahren Sinne «soziale» Marktwirtschaft in vielem gerechter wäre als die heute fast ausschließlich praktizierte kapitalistische Alternative. Die soziale Marktwirtschaft würde u. a. weniger Druck auf die Natur ausüben. Wie das? Um dies zu sehen, müssen wir zunächst begreifen, warum das Verwertungsinteresse für Eigentum ein schlechter Mechanismus zur Steuerung der Güterproduktion ist. Drei Gründe seien aufgeführt.

Zum Ersten wächst der Kapitalstock aufgrund der eingebauten Rendite *exponentiell*, was zu immer mehr Anlage suchendem Kapital führt. Das kurbelt den Ressourcenverbrauch an und überzieht die Erde mit einer menschlichen Kruste, indem gerodet, gebohrt und gebaut wird, was das Zeug hält. Ständiges Wachstum ist die Devise. Wir erinnern uns: Wer nicht wächst, droht vom Markt zu verschwinden.

Zum Zweiten bietet sich zur Steigerung der Kapitalrendite die *Externalisierung* von Produktionskosten auf öffentliche Güter wie die Natur an, auf ferne Länder und auf die Zukunft. Dass der Kapitalmarkt «Ökodumping» belohnt, zeigt die Kluft an zwischen einerseits quantitativer «Effizienz», dem Erzielen einer hohen Kapitalrendite, und andererseits qualitativer «Produktivität», dem guten Verhältnis zwischen Produktionsaufwand und Gebrauchswert. Die Verlagerung des Güter- und Personenverkehrs von der Schiene auf die Straße mag effizient sein, produktiv ist sie nicht, weil sie die enormen Naturkosten nicht berücksichtigt.

Zum Dritten macht die Kapitalrendite als «*Systemrente für die Eigentümer*» die Reichen immer reicher, ohne dass sie dafür groß etwas leisten würden, und die Armen immer ärmer, indem diese die Zinsen beim Abzahlen der aufgenommenen Kredite aufbringen müssen. Das gilt nicht nur innerhalb unserer Wohlstandsgesellschaft, sondern auch in globalem Maßstab im Verhältnis der reichen zu den armen Ländern der Welt. Die wachsende Schere zwischen Arm und Reich verzerrt die Güterproduktion in Richtung Luxusgüter, also «falsche» Bedürfnisse, d. h. als Bedürfnisse nur getarnte Begierden, auf Kosten von Gütern zur Stillung wahrer Bedürfnisse. Vielleicht sind Golfplätze ein gutes Beispiel dafür, dass auch diese soziale Schieflage negative Auswirkungen auf die Natur hat.

Dass der von Reichen gern bemühte Leistungsmythos ein Mythos ist, offenbart ein kurzer Blick auf die Hauptquellen des Reichtums, die da sind: bloße Renten aus Kapitalanlagen, spekulative Wertsteigerung knapper Güter (man denke an Immobilienspekulation und die Gentrifizierung ganzer Innenstädte), überdimensionierte Preisdifferenzen beim An- und Verkauf einer Ware sowie Erbschaften.

Eine gute, sozialgerechte und naturschonende Organisation der Marktwirtschaft ist also ohne Weiteres denkbar. Die Krux ist allerdings, dass die Umstellung von der kapitalistischen auf die soziale Marktwirtschaft wohl gleichzeitig überall auf der Welt oder zumindest in Europa erfolgen müsste, da *eine* soziale Marktwirtschaft allein innerhalb des kapitalistischen Weltmarktes kaum konkurrenzfähig wäre. So ein globaler Systemwechsel ist im heutigen politischen Klima leider utopisch. Es fehlt der äußere Druck. Es bräuchte vermutlich eine Katastrophe ungeheuren Ausmaßes, um die Menschen zu einem so radikalen Schwenk zu bewegen. Die Reaktorkatastrophe in Fukushima hat, was die Kernkraft angeht, ein radikales Umdenken bewirkt, doch nicht überall. Interessant wird es sein, zu sehen, was die Corona-Seuche zu bewegen vermag. Für einen Systemwechsel wird es wohl kaum reichen. Immerhin hat diese Krise aber deutlich gezeigt, wie wichtig es ist, dass beispielsweise das Gesundheitssystem – gemäß dem Grundbedürfnis nach Gesundheit – auf Heilung und nicht auf kapitalistische Gewinnmacherei ausgerichtet ist. Man denke nur daran, wie «der Markt es geregelt hat», als selbst der einfache Mundschutz zum knappen Gut wurde: mit horrenden Teuerungen. Es scheint: Was sich begrifflich empfiehlt, scheitert an den faktischen politischen Umständen. Trotzdem ist begriffliche Arbeit wichtig im Sinne von Ideologiekritik. Wir verstehen so auch besser, warum Kurzecks *Massa*-Groteske ins Schwarze trifft.

Wenn ein Systemwechsel vorerst unmöglich ist, bleibt uns nur die politische Zähmung der kapitalistischen Marktwirtschaft durch den Sozialstaat, und das möglichst weltweit. Diese Zähmung müsste, damit die Natur noch eine reale Chance hat, viel beherzter erfolgen als bisher. Das Recht auf eine gute natürliche Umgebung (mitsamt seiner physiozentrischen Binnenmoral) müsste in der Verfassung als Grundrecht, als Staatsziel verankert werden. Analog zum individuell nicht einklagbaren Recht auf Arbeit. So ein Recht auf Natur könnte als bitter nötiges Gegengewicht zur schier endlosen privaten ökonomischen Freiheit wirken. Dieses Recht auf Natur gälte selbstverständlich nicht nur auf dem Land, sondern auch in der Stadt. Dort würde es die Form eines Rechtes u. a. auf einen eigenen Balkon oder Garten, einen öffentlich zugänglichen Park und eine ohne Auto erreichbare schöne und erholsame Landschaft vor den Toren der Stadt annehmen. Die Haltungsbedingungen für Nutztiere müssten strenger werden und härter kontrolliert werden. Unverdiente Kapitaleinnahmen müssten rigoroser be- oder gar ganz weggesteuert werden. Eine Umweltsteuer müsste alle auf die Natur abgewälzten Kosten der Güterproduktion «internalisieren». Autofahren und Fliegen würden dadurch viel teurer. Sonderlich umstritten sind solche Forderungen unter umweltbewussten Ökonomen und Wirtschaftsphilosophen nicht. Ob sie politisch durchsetzbar sind, etwa gegen die Fleisch- oder die Autoindustrie, und das schnell genug, steht auf einem anderen Blatt. Einen sofortigen Baustopp wird es sicher nicht geben. Aussichtsreicher ist der Rückbau kaputter Natur, etwa alter Industrieareale in Stadtnähe. Denn dieser Rückbau schaffte immerhin Arbeitsplätze. Wenn auch das politisch nicht machbar sein sollte, dann bliebe uns nur noch, die letzten Reste von einigermaßen intakter Natur mit einem großen Zaun zu umgeben und als Naturmuseum für alle zu erhalten.

Peter Kurzecks Figuren gehören nicht zu den «big players» auf dem Kapitalmarkt. Sie schaffen als Handlanger bei *Buderus* oder sitzen an der Kasse beim *Massa*. Sie spielen höchstens im Lotto. Vielleicht hat einer mal «eine Wiese, die nur noch zum Mähen da ist, seit er kein Vieh mehr hat. Und wenn diese Wiese dann zum Baugrund erklärt wird. Ein Glücksfall. Macht drei Bauplätze» (S. 715). Ihr Leben ist trotzdem vom Kapitalismus gezeichnet: Mit 60 Jahren werden sie, falls sie noch leben, von der Firma in Frührente geschickt, auf Kosten der Allgemeinheit, versteht sich: «für die Frührente aussortiert. Zwei Jahre Krankenstand und dann in Rente» (S. 322). Dann sind sie nur noch Konsumenten. Der kapitalistische Markt induziert durch seine allein quantitative Renditemaximierung eine eindimensionale Rationalität. Und so kaufen Kurzecks Figuren denn effizient ein: Weil Dinge mit Sparpreisen ausgeschrieben werden, weil es Sonderangebote gibt und das alles noch in die zuhause ohnehin schon vorhandenen Massen passt: «War als Sonderangebot. Heruntergesetzt. Günstig. Da muß man gleich zugreifen.» Qualität ist egal. Quantität ist Trumpf. Und Geiz bleibt geil, denn Verstand und Gefühl sind verwirrt, die Vernunft unterminiert. Verloren ist der Kontakt zu dem, was da eigentlich gekauft, gegessen oder gebaut wird.

Auch Georg Simmel, mit dessen Philosophie der Landschaft wir uns im zweiten Kapitel befasst haben, warnte vor den Auswirkungen des Kapitalismus auf den Menschen – und zwar schon zu Beginn des 20. Jahrhunderts. In den brummenden und rauchenden Großstädten der damaligen Zeit war die Industrialisierung mit ihren Folgen weithin sicht- und erlebbar. Während damals Schlote rauchten und große Kaufhäuser eröffneten, sind die Folgen des Kapitalismus heute längst in unser intimstes Leben eingeflossen. Die Digitalisierung umgibt uns mit lauter technischen Neuerungen, wir erledigen unsere Einkäufe und die Partnersuche mit schnellem, einfachem Klick im Internet, und die Produktion unseres T-Shirts findet längst in Asien statt. Manchmal sieht man heute aufgrund der globalisierten Organisation also vielleicht nicht immer ganz so gut und klar, was der Kapitalismus mit unseren Leben macht – «Fahren, aber sehen nix!»

Simmels Augenmerk gilt den Menschen in den damals neu aufgerüsteten Großstädten – also jenen Menschen, die fernab der Landschaft lebten und zu ihr kaum noch eine Verbindung pflegten. Nach seiner Diagnose verwandelten sich diese Menschen angesichts von Reizüberflutung, gesteigerten Möglichkeiten, der rationalen Durchorganisation ihres Alltagslebens und der Vermassung in verstandesmäßige Wesen und entfernten sich vom Gefühl. Und das zum Selbstschutz:

> So schafft der Typus des Großstädters, – der natürlich von tausend individuellen Modifikationen umspielt ist – sich ein Schutzorgan gegen die Entwurzelung, mit der die Strö-

mungen und Diskrepanzen seines äußeren Milieus ihn bedrohen: statt mit dem Gemüte reagiert er auf diese im wesentlichen mit dem Verstande, ... damit ist die Reaktion auf jene Erscheinungen in das am wenigsten empfindliche, von den Tiefen der Persönlichkeit am weitesten abstehende psychische Organ verlegt.

Das mag einleuchten, wenngleich langfristig der tatsächliche Schutz der Menschen im Sinne der Erhaltung einer lebenswerten Umwelt durch eine solch einseitige Rationalität erodiert.

Dabei sieht Simmel ähnliche Probleme wie Kambartel – konkret die Dominanz einer bloß quantitativen Rationalität –, er betont aber viel stärker als Letzterer den Verlust des Gefühls. Auch Simmel erklärt uns so die stumpfen Schnäppchenjäger Kurzecks näher, bei denen die Kühltruhen im Keller und im Kopf beständig brummen. Diese leben zwar nicht in der Großstadt, doch unterdessen (Simmel schreibt ja mehr als ein halbes Jahrhundert früher) hat der Kapitalismus mit seiner Verrationalisierung des Alltags längst auch ländliche Gefilde erreicht. Das ist es ja, was Kurzeck uns hier kritisch vor Augen führen möchte und was im Rahmen einer Lesung einmal mit «Wie der Kapitalismus ins Dorf kommt» betitelt wurde: Allüberall dringt und nistet sich das «rechnende Wesen» des ökonomischen Verstandes ein. Zwar vermag die Natur, uns da immer wieder einmal wachzurütteln: «Wie soll man so einen guten Geruch in Geld umrechnen, sagte ich zu Sibylle. So süß riecht das Heu, daß man davon gleich sorglos wird.» (S. 73) Oder im Sommer-Buch: «wenn man barfuß ist, kommt einem Geld erst recht blödsinnig vor» (S. 167). Doch Sinneswahrnehmungen und Gefühle verlieren in unserer Welt unweigerlich an Bedeutung. Für Simmel stehen die problematische Herrschaft der Rationalität über das Gefühl und die Geldwirtschaft in einem unauflösbaren Zusammenhang. Das «Nervenleben», wie er es nennt, ist durch den «raschen und ununterbrochenen Wechsel äußerer und innerer Eindrücke» gesteigert. Anders gesagt: Es herrscht ständige Anspannung durch die Hektik und Überreizung der Außenwelt und unseres inneren Erlebens. «Seit es das neue Geld gibt, beeilt sich die Zeit, vergeht immer schneller» (S. 88), heißt es entsprechend bei Kurzeck (der selbst nie viel Geld besaß und sich trotzdem als reicher Mann fühlte, einfach weil er schreiben konnte). Das Kurz-Kurz-Zeitschema, auf das wir schon im zweiten Kapitel zu sprechen kamen, beginnt die Menschen zu steuern, sodass ein Lebensstil der «Blasiertheit» und «Abstumpfung», wie Simmel es nennt (oder des «Resonanzverlustes», wie wir und Hartmut Rosa es nennen), Einzug hält:

> Das Wesen der Blasiertheit ist die Abstumpfung gegen die Unterschiede der Dinge ... so, daß die Bedeutung und der Wert der Unterschiede der Dinge und damit der Dinge selbst als nichtig empfunden wird. Sie erscheinen dem Blasierten in einer gleichmäßig matten und grauen Tönung, keines wert, dem anderen vorgezogen zu werden. Diese Seelenstimmung ist der getreue subjektive Reflex der völlig durchgedrungenen Geldwirtschaft; indem das Geld alle Mannigfaltigkeiten der Dinge gleichmäßig aufwiegt, alle qualitativen

Unterschiede zwischen ihnen durch Unterschiede des Wieviel ausdrückt, indem das Geld, mit seiner Farblosigkeit und Indifferenz, sich zum Generalnenner aller Werte aufwirft, wird es der fürchterlichste Nivellierer, es höhlt den Kern der Dinge, ihre Eigenart, ihren spezifischen Wert, ihre Unvergleichbarkeit rettungslos aus.

Daraus mag sich auch der überraschend geringe Leidensdruck und Widerstand gegen die Verwandlung von Orten in austauschbare, hässliche Unorte erklären. Dazu, weil es so gut passt zum Simmel-Zitat, eine *Vorabend*-Stelle, in der sich Kurzeck über Banken auslässt:

> Wer damals in Hessen in den Dörfern und Kleinstädten Häuser abreißen ließ, sagte ich, das waren die Sparkassen und Volksbanken. Manchmal auch eine Gemeindeverwaltung und ein Apotheker, dem es zu gut ging. Schnell noch das alte Haus weg, bevor es unter Denkmalschutz. Aber die Sparkassen und Volksbanken ließen auch Häuser unter Denkmalschutz abreißen. Ein Bußgeldbescheid, eine kleine Geldstrafe. Wird erst gestundet, dann aufgehoben oder aus der Portokasse bezahlt. Und jetzt, sagte ich, wo früher das Dorfbackhaus war, dreihundert Jahre lang, oder eine Schmiede, ein Huf- und Wagenschmied noch aus der Napoleonzeit, ein Brunnen, der eh und je allen und keinem gehört hat, zwei erschrockene Witwenhäuschen mit Fachwerk und Schiefer oder sogar das Rathaus mit Wappen und Erker und Säulen und auf dem Dach ein Türmchen für die Not-, Kriegs- und Feuerglocke, da stehen jetzt ihre großspurig hässlichen Sparkassenzweigstellen. Die eine ein Geldzählkasten, ein Andachtsraum für Maschinen, die andre ein gläserner Sarg mit Neonschrift. Schon so gebaut, daß man sie alle zwanzig Jahre abreißen muß. Zu jeder Einweihung ein Landrat, ein Staatssekretär und ein Minister mit Grußwort vom Herrn Ministerpräsidenten. So abstoßend, sagte ich, sind diese Sparkassenzweigstellen auf den Dörfern, daß man ihretwegen gern Umwege geht. Fluchend und Verwünschungen murmelnd. Nur um sie nicht ansehen zu müssen. Weite Umwege. Sogar im Regen. (S. 413f.)

Unterschiede und Eigenarten sind nichtig geworden in solch einem der unendlichen Anhäufung zugetanen Lifestyle. Sodass bei der Eröffnung des *Massa*, wo jeder ein Handtuch umsonst bekommt («Umsonst! Richtig echte Handtücher!»), manche gleich mehrmals zugreifen: «zwei-dreimal an diesem einen einzigen ersten Tag. Oder jedes Familienmitglied einzeln» (S. 115).

Auch das Miteinander stumpft ab, es wird reservierter und unpersönlicher, wie es Kurzeck in der obigen Textstelle mit den Grantlern und Misstrauischen vergegenwärtigt und was bei Simmel so klingt: «reine Sachlichkeit in der Behandlung von Menschen und Dingen, in der sich eine formale Gerechtigkeit oft mit rücksichtsloser Härte paart». Die Blasiertheit ist aber eben auch für etwas nützlich: Sie schützt das Nervenleben vor zu großer Überreizung, indem sie die individuelle Qualität und besondere Wertigkeit von sinnlichen Eindrücken und Erfahrungen entwertet. Das Gefühl ist dann wie manipuliert und kann unser Leben nicht mehr richtig zum Guten anleiten und wenden. Dass das Gefühl als Organ der sinnlichen oder nicht-propositionalen Erkenntnis durchaus das Zeug dazu hat, war ja eine unserer Hauptthesen im ersten Kapitel.

Es ist das Geld, oder präziser und mit Kambartel gesprochen: das Kapital, das bei der Entstehung eines solchen Zustandes die Hauptrolle spielt. Denn es wird von den Menschen als Endzweck und nicht mehr als Mittel zum guten Leben wahrgenommen. Gegen Geld als Tauschmittel im Rahmen der Bedürfnisbefriedigung ist selbstverständlich nichts zu sagen – der Realtausch war schon verdammt mühsam. Doch Reichtum wird nun nicht mehr natürlich, sondern abstrakt verstanden. Geld weckt die Begierde nach immer mehr Geld. Und dieses «Immer Mehr» ist nach oben offen. Man kommt also nie an. Für Simmel hat die Verwechslung des Mittels Geld mit einem Zweck gar etwas Ironisches:

> Es kann als eine Ironie der historischen Entwicklung erscheinen, daß in dem Augenblick, wo die inhaltlich befriedigenden und abschließenden Lebenszwecke atrophisch werden, gerade derjenige Wert, der ausschließlich ein Mittel und weiter nichts ist, in ihre Stelle hineinwächst und sich mit ihrer Form bekleidet.

Damit haben wir eine Lebensform kreiert, die sich durch Wohlstand definiert – zumindest für diejenigen, die gut mitmischen können in der «freien» kapitalistischen Marktwirtschaft. Wenn bei uns die Schere zwischen Reich und Arm schon erheblich ist, ist sie auf die ganze Welt besehen immens. Das Gefälle von Stadt Richtung Land, von Norden Richtung Süden, wobei das Land und der Süden natürlich auch einen solchen Wohlstand möchten, wie wir ihn in den reichen Städten des Nordens haben («Jedem Dorf seine eigene Autobahnauffahrt», S. 787), macht die Rettung des Planeten zusätzlich zu einem heiklen Unterfangen. Denn niemand kann es den armen Regionen verübeln, dass sie aufschließen möchten. Es wäre zynisch, die Länder im Süden, die viel arme Bevölkerung, aber z. B. reiche fossile Energiequellen haben, damit abspeisen zu wollen, dass im Zuge unserer eigenen Nutzung dieser Energien leider der Planet kaputtgegangen ist und sie ihre Quellen deswegen nicht mehr nutzen dürften. Zwar gibt es kein gutes Argument dafür, dass jeder auf der Welt den gleichen Wohlstand haben muss wie die Anderen. Doch ist – mit Nussbaum – allen Menschen (und Tieren), egal wo und wann sie leben, ein grundsätzlich gutes Leben zu ermöglichen. Die entwickelten Industrienationen des Nordens stehen dabei in einer Bringschuld. Nicht nur sollten sie die ins Gigantische gewachsenen «Schulden» dem Süden erlassen. Sie sollten ihm auch die Technik für erneuerbare Energien auf ihre eigenen Kosten bereitstellen. In diese Richtung argumentiert übrigens auch der Papst in seiner Umwelt-Enzyklika. Es gilt, diese Länder zukunftsfähig zu machen. Und das ohne beständige Kompromisse.

Kritik von innen

In der diesem Kapitel vorangestellten Textstelle zeigt sich Kurzeck, wie wir meinen, als dezidierter Kritiker der modernen Veränderungen, welche die Welt, wie sie einmal war, zerstören. Dabei ist Kurzeck wie gesagt kein Nostalgiker. Er denkt zwar liebevoll zurück, verbindet damit aber ein moralisches Anliegen. Er möchte, das hatten wir in der Einleitung bereits zitiert, «so gut spielen, daß die Leute ihr eigenes Leben danach nicht mehr aushalten» und so «die Welt eine bessere Welt» werden kann. Seine Bücher verstehen sich als Gegengewicht zum Untergang der Welt, «damit die Welt noch weitergeht».

Allerdings ist Kurzeck bei einer Lesung einmal darauf angesprochen worden, ob er mit seinen Romanen Gesellschaftskritik üben wolle. Er hat das verneint, oder zumindest klingt es so. Wir zitieren:

> Florian Schwinn: Aber es ist eigentlich keine ..., es ist jetzt nicht Gesellschaftskritik, sondern es ist eigentlich eine Chronik, oder?
>
> Peter Kurzeck: Ja, ich erzähl', was ist. Und eigentlich möchte ich nicht dem Leser sagen: «Und außerdem sollst du wissen, was mir nicht daran passt oder was dir daran nicht zu passen hat.» Sondern ich denke, wenn jemand es liest und sich darauf einlässt, dann werden ihm aus seinem eigenen Leben entweder andere oder ähnliche Dinge, also, ich habe die Erfahrung gemacht, dass, wenn man mit Interesse liest, dass man auch das eigene Leben deutlicher sieht. Ich bekomme sehr oft Briefe, von Lesern oder den Hörern meiner, meiner Hörbücher, die mir schreiben: «Erst durch ihr Buch kam ich wieder darauf» und so weiter. Und dann würde ich einfach nur wollen, dass, wenn es darum geht, eine Meinung dazu zu haben, sich die jeder selbst bildet. Also keinesfalls würde ich jemandem sagen wollen: «Du hast jetzt das und das zu denken» oder «Du musst mir einfach glauben, dass das gut und das schlecht ist.» Es ist ja auch meistens komplizierter.

In dieselbe Richtung geht, was Kurzeck in seinem Gespräch mit Carsten Gansel gegen Ende zum Besten gibt. Auf die Frage Gansels hin, ob er auf einen «mündigen Leser» ziele, sagt Kurzeck: «Ja! Ich glaube, das ist die einzige Möglichkeit, Achtung zu zeigen vor einem Leser.» Wie passt das nun aber zusammen: Weltverbesserung auf der einen Seite und freie Meinungsbildung auf der anderen? Passt das überhaupt zusammen? Und was ist überhaupt «Kritik»?

Wer Kritik an etwas übt, bringt zum Ausdruck, dass er damit nicht einverstanden ist und möchte, dass es sich ändert. Das ist aber noch nicht alles. Denn es gibt verschiedene Weisen, auf eine solche Änderung hinzuwirken. Man kann die Anderen manipulieren. Man kann auf sie auch regelrecht Zwang ausüben, nicht nur psychischen, sondern auch physischen. Oder man kann versuchen, die Anderen durch das Vortragen von Gründen zur Einsicht zu bringen. Nur das letztere Vorgehen verdient den Namen «Kritik». Wer sich im sogenannten Raum der Gründe bewegt, verzichtet auf Manipulation und Zwang. Er arbeitet höchstens, wie Jürgen Habermas pointiert formuliert, mit dem «eigentümlich zwanglosen Zwang des besseren Argumentes». Und ein zwangloser Zwang ist eben kein Zwang. Wer an die Vernunft der Anderen appelliert, achtet ihre Autonomie, ihre Mündigkeit und hofft, dass die Anderen nach Erwägung der vorgebrachten Gründe selbst ihre Meinung ändern. Das bedeutet, Weltverbesserung einerseits und freie Meinungsbildung andererseits lassen sich nicht nur zur Not irgendwie zusammenbringen, nein, sie gehören «begrifflich» zusammen. Wer Anderen vorschreibt, was sie zu denken, zu fühlen und zu tun haben, übt keine Kritik. Danach ist Kurzeck ein Kritiker, wie er im Buche steht.

Freilich «argumentiert» Kurzeck nicht mit seinen Romanen, er «erzählt». Übt er dennoch Kritik? Der Begriff der Argumentation, wie er in Habermas' Formulierung auftaucht, ist enger als der Begriff der Begründung. Bei «Argumentation» liegt ein propositional verkürztes Verständnis von Begründung nahe, das in den Bereich der Wissenschaften und der expliziten Debatten gehört, aber nicht in den Bereich von Literatur und Kunst. Wir haben das im ersten Kapitel ausführlich erörtert. Im weiten Sinne von «Begründung» jedoch (erinnern Sie sich an Gabriels «Aufweis») kann auch Literatur begründen.

Kurzeck übt also in seinen Romanen Kritik, und er tut es mit Leidenschaft. Er greift dabei voll in die Tasten seines literarischen Könnens. Er erfindet treffende Metaphern, erzählt parodistische Geschichten und setzt den Sog seiner musikalischen Sprache ein. Er kämpft damit für eine bessere Welt, manchmal regelrecht verzweifelt als: «Weit und breit der einzige Mensch, der als Mensch hier geht. Beinah wie als letzter übriggeblieben.» Doch es ist ein Kampf mit den «Waffen» der Vernunft, also ohne Waffen. Die Anderen sind keine Feinde, die man mit physischer oder psychischer Gewalt niederzuringen versucht. Mit der marxistischen Rhetorik des Klassenkampfes, wo klar ist, wer im Recht ist (die Arbeiterklasse) und wer der Feind ist (die bürgerliche Gesellschaft), hat Kurzecks Literatur nichts am Hut.

Wo aber nimmt Kurzeck die Standards her, die Werte, von denen aus er seine Kritik übt? Wie kommt er dazu zu glauben, er könnte Andere mithilfe seiner eigenen, höchstpersönlichen Standards zu irgendwelchen freien Einsichten bewegen? Und wie kommen wir in diesem Buch dazu? Ist das nicht anmaßend?

Die Antwort ist simpel: Die Maßstäbe, die Kurzeck und die wir hier in Anschlag bringen, sind nicht unsere eigenen höchstpersönlichen Standards, sondern geteilte Werte unserer pluralistischen Vernunftkultur. Wenn wir falsche Begierden von wahren Bedürfnissen unterscheiden, eine gute Gesellschaft als eine vorstellen, in der alle Menschen (und Tiere) ihre Bedürfnisse befriedigen können, und auf dieser Basis eine Kritik am Kapitalismus üben, dann erinnern wir an Werte, welche jedes Mitglied unserer Kultur, wie implizit auch immer, selbst hat. Wir interpretieren diese Kultur nur, wir akzentuieren, präzisieren, gewichten, entwickeln. Dabei affirmieren oder verteidigen wir nicht einfach nur ideologisch den Status quo. Wir kritisieren ihn auch. Doch neu erfinden oder entdecken tun wir die dabei in Anschlag gebrachten Werte nicht. Das ist auch nicht nötig, denn sie sind ja schon da. Wir brauchen keine hypothetische, rationale Diskussionsrunde unter einem Schleier des Nichtwissens wie bei John Rawls, um zu wissen, dass es nicht in Ordnung ist, wenn Bedürfnisse verletzt werden. Wir brauchen keine ein oder zwei Prinzipien der Gerechtigkeit, die gleichsam von außen an unsere Kultur angelegt werden. Oder zehn Gebote, die von einem transzendenten Gott im Himmel zu uns heruntergereicht werden. Oder von einem Standpunkt des Universums. Oder mit einem «Blick von nirgendwo». Ganz im Gegenteil brauchen wir engagierte und urteilskräftige Mitglieder der Kultur, die uns an unsere Grundüberzeugungen erinnern und die auch wissen, wer sie selbst sind. Wir brauchen leidenschaftliche Kritik von innen. Wir brauchen Geschichten, die uns erzählen, woher wir kommen und wohin wir gehen, und die der propositional nicht einfangbaren Komplexität unserer Welt gerecht werden. Wie Michael Walzer, ein engagierter linker Intellektueller und Philosoph aus Princeton in den USA, schreibt:

> Gesellschaftskritik ist weniger ein praktischer Abkömmling wissenschaftlichen Wissens als vielmehr der gebildete Vetter der gemeinen Beschwerde. Wir werden gewissermaßen auf natürliche Weise zum Sozialkritiker, indem wir auf der Grundlage der bestehenden Moral(auffassungen) aufbauen und Geschichten von einer Gesellschaft erzählen, die gerechter ist als die unsere, aber niemals eine völlig andere Gesellschaft.

Walzer plädiert für «Kritik von innen». Er stellt sich den internen Kritiker als einen auch gefühlsmäßig mit seinem Gemeinwesen verbundenen «örtlichen Richter» vor. Wie Simmel betont Walzer also die Rolle der Emotionalität. Dem Ideal des leidenschaftslosen, angeblich so objektiven Beobachters von außen kann Walzer nichts abgewinnen. Zwar erfordert auch seiner Meinung nach Kritik eine «kritische Distanz». Doch die sei «eine Frage von Zentimetern». Jedenfalls dürfe der Kritiker kein Außenseiter oder Fremder sein. Am Rande der Gesellschaft stehen könne er schon, wie dies Kurzeck ja tut ohne Haus, ohne Amt, ohne Auto. Marginalität sei freilich keine Garantie für die Stichhaltigkeit von Kritik. Auch innere Emigration könne die nötige kritische Distanz zu Herrschaft und Autorität schaffen. Und wenn der interne Kritiker seine Kritik mithilfe von Fremden artikuliert, wie Kurzeck dies mithilfe der Igel tut, dann dienten diese Fremden ihm als «Maske»: «Wenn es ihren Zielen zuträglich ist, können sie auf Abstand spielen und vorgeben, die eigene Gesellschaft durch die Augen eines Fremden zu sehen.» Der Gesellschaftskritiker ist und bleibt dabei Kurzeck, das «Weltbild der Igel» ist nur eine Maske für sein eigenes Weltbild. Mitleid, Respekt, der Sinn für Schönheit, für Heimat und für Heiligkeit sind seine eigenen, sind unsere menschlichen Werte. Die «epistemische Anthropozentrik», wie wir diese Position in unserem Buch genannt haben, ist als Standpunkt der Kritik unhintergehbar.

Dabei ist die Botschaft des internen Kritikers «unoriginell», meint Walzer. Doch das dürfen wir nicht falsch verstehen. Damit ist nicht gemeint, dass die

Botschaft langweilig ist. Sondern vielmehr, dass sie anschlussfähig, gut verständlich formuliert, nicht brandneu und auch nicht aus der Luft gegriffen ist. Jeder weiß, wovon Kurzeck spricht, worum es für die Zukunft geht und wie es in der Vergangenheit einmal war. Geschichtenerzähler wie Kurzeck eignen sich besonders für diese Art des Kritiker-Seins. Mit ihnen lässt es sich besonders gut resonieren. Sie machen das geglückte und das verfehlte Leben auf eingängige Weise erfahrbar.

So zieht Kurzeck bereits vorhandene Standards unserer Kultur heran, um von innen heraus seine Kritik zu üben, nicht von außen und mittels externer Standards. Er hält den Menschen also den Spiegel vor. Das sieht man in unserer Eingangspassage etwa an der Stelle mit den «Sonntagswohnzimmern». Jenes sich schon beim Auto-Ausräumen Wurst gönnende Paar distanziert sich von der Elterngeneration mit deren Verboten und Sekundärtugenden, wie Ordnung, Vollständigkeit, Disziplin und Sauberkeit: «Aufräumen, putzen, polieren – abschließen. Daß keiner den Raum betritt!» Doch dann zeigt sich, dass auch das Leben des Paares voller solcher Verbote ist und die gleichen Sekundärtugenden zur Grundlage hat, wenn die Nahrungsmittel eben nach Mindesthaltbarkeitsdatum gegessen werden müssen oder man sich darüber beschwert, dass auf dem Parkplatz am Waldrand kreuz und quer geparkt wird, «daß jeder sich hinstellt, wie es ihm einfällt».

Hinzu kommen in der zitierten Passage die vielen kleinen Lebenslügen, die durch Wiederholung nicht besser werden und die Kurzeck nur aufschreiben muss, damit man sie als solche durchschaut: immer wieder «bißchen», wo es eigentlich «viel» heißen müsste, die «regelmäßigen» «Extra-» oder «Festessen», die Kalorien dieser Extramahlzeiten, die angeblich nicht zählen: «außer der Reihe. Deshalb auch gelten die Kalorien nicht. Die muß man nicht mitzählen!» Auch die verräterisch scheinlogischen «deshalb» und «also» (gern auch kombiniert als «deshalb also») oder die Ausrede «weil man schon dabei ist» sind entlarvend. Das Nachteeren des Parkplatzes, damit die «armen» Autos nicht in den Pfützen stehen müssen, wo doch das Teeren selbst die Pfützen verschlimmbesserte, ist ebenfalls so ein exponierter Selbstlauf wider jede Logik. Auch schön, weil so inkongruent, ist zudem, dass ausgerechnet die Trauerzüge «aus der Mode gekommen sind». Man möchte gern wissen, wann wohl das Sterben aus der Mode kommt.

Kurzeck operiert bei all diesen kritischen Einlassungen mit einem starken Ortsbezug und einer leidenschaftlichen Verbundenheit, wenn er von seiner Heimat schreibt und dabei mal seufzend, mal ironisch das «eben noch» mit dem «und jetzt» in Kontrast setzt. Er wird so zum internen Kritiker der Bundesrepublik und ihres Remakes nach dem Zweiten Weltkrieg. Dabei kommt Kurzeck der ihm von sich selbst auferlegten Chronistenpflicht nach, die festhält, was verschwindet, was vernichtet wird und welche Rolle wir dabei spielen. Er zeichnet, nein überzeichnet mit dichterischer Freiheit, auf dass wir es besser erkennen können, unser Dasein als einen Akt der Vernichtung und Selbstvernichtung. Der Journalist Christoph Schröder bringt dies in seinem Nachruf auf Kurzeck gut auf den Punkt:

> Die Zurichtung eines Landes in Mentalität und Landschaft hin zu einem nach funktionalen und merkantilen Gesichtspunkten straff durchorganisierten System. Eine Komplettneuerfindung binnen weniger Jahrzehnte ..., (so) dass wir als Kollektiv wider besseren Wissens bereit sind, dem Fortschritt unseren Verstand zu opfern.

Auch Schröder betont das Ineinander von Beschreibung und Normativität: «Die komischen Seiten einer Nation, die sich für Fortschritt und Wohlstand aufrüstet, sind so offensichtlich, dass man sie nur zu beschreiben braucht, um sie zu entlarven.» Interessanterweise tut Kurzeck dies meist mit Zuwendung, in einer eingängig melodiösen Sprache, dem «Kurzeck-Sound» eben. Das mag nicht nur Ausdruck seiner tiefen Menschlichkeit sein, sondern kann auch daher rühren, dass Kurzeck nach seiner eigenen Aussage selbst suchtaffin war und deswegen nicht die Versuchung verspürte, sich über die von ihm porträtierten zwanghaften Figuren zu erheben.

So nimmt uns Kurzeck an die Hand und führt die Welt aufs Wunderbarste, Funkelndste und Mannigfaltigste vor und gibt uns dabei permanent zu verstehen, dass all das in jedem Augenblick gefährdet, wenn nicht gar schon verloren ist. *Vorabend* ist ein Buch über das gute Leben, das uns unsere Entfremdung von der Natur, unseren Resonanzverlust bewusst macht, uns vielleicht aber auch ein wenig zu heilen vermag. Kurzeck lesen heißt, sich selbst und den Blick auf die Welt zu verändern. Ganz gemäß Walzer vergegenwärtigt Kurzeck Geschichten von einer Welt, die in gewisser Weise gerechter ist als die unsere, niemals ist es jedoch eine völlig andere Welt. Wie die Igel müssen wir mitansehen, wie unsere eigene Welt um uns herum «wegverschwindet». Kurzeck schafft uns eine Einschreibemöglichkeit, er lässt uns nicht nur ob unseres Resonanzverlustes erschrecken, er bietet uns auch positive Resonanzerfahrungen und hält damit bestimmte Werte präsent. Er versucht dadurch unser Empfinden, unsere Leidenschaft zu wecken, die wiederum unsere reflektierende Urteilskraft in Gang zu setzen vermag und vielleicht durch Empörung zu individueller und politischer Umkehr führt. Denn wir können durch seinen Text deutlich spüren und begreifen, dass sich inmitten des ganzen Lärms der Autobahnen, der Hektik des modernen Lebens eine trostlose Stille ausbreitet, die uns allein sein lässt auf der Welt.

Damit die Welt noch weitergeht

Dass etwas schief steht mit unserem Verhältnis zur Natur, ist klar. Doch was können wir als Individuen dagegen tun? Es gibt eine Fülle praktischer Dinge, die jeder Einzelne tun kann, um die Natur zu schonen und wieder im Einklang mit ihr zu leben. Doch ging es uns in diesem Buch um einen tiefer liegenden Wandel des Herzens. Ein gewandeltes Herz findet selbst Mittel und Wege, anders zu leben. Ein gewandeltes Herz muss auch nicht extra dazu motiviert werden, seinen Einsichten Taten folgen zu lassen. Dass wir uns, obwohl wir über die Naturzerstörung Bescheid wissen, trotzdem nicht dazu kriegen, anders zu leben, zeigt, wie oberflächlich unser Wissen in unserer sogenannten Wissensgesellschaft oft ist. Dieses Wissen ist vielfach nur ein propositionales Bescheid-Wissen und kein sinnliches Begreifen. Wir wissen mit dem Verstand, aber nicht mit dem Gefühl. Und das Herz hat seine Gründe, die der Verstand nicht kennt, wie es bei Blaise Pascal berühmterweise heißt. Für diese Gründe des Herzens wollten wir in diesem Buch mithilfe der Literatur von Peter Kurzeck eintreten.

Und sowieso – also auch unabhängig von der Frage von Gefühl oder Verstand – ist die philosophische Ethik gut beraten, wenn sie sich auf einer «mittleren Ebene» zwischen Abstraktion und Konkretion bewegt. Das gilt sowohl für Ethiktheorie, die ohne Anbindung an das Leben leer wird, als auch für die sogenannte Angewandte Ethik, die ohne Blick für die Grundbegriffe flach bleibt. Wir haben in diesem Buch Angewandte Naturethik betrieben, uns dabei mit etlichen Grundbegriffen auseinandergesetzt und auf mittlerer Ebene über das Mitleid mit Tieren sowie die Bedürfnisse nach Heimat, Heiligkeit und Schönheit nachgedacht. Sicher kann man noch konkreter ausbuchstabieren, wie ein rücksichtsvoller Umgang mit der Natur im Lichte ihrer Eigenwerte und ihres instrumentellen Wertes aussieht. Doch sind wir dazu als Philosophinnen und Philosophen nicht sonderlich berufen oder befähigt. Denn dazu braucht es neben begrifflichem Wissen faktisches Spezialwissen. Wir sollten uns also nicht überheben. Wir möchten schließlich nicht, dass uns mit diesem Buch das passiert, was dem Papst mit seiner Umwelt-Enzyklika passiert ist. Deren konkrete Vorschläge wurden nämlich in der Presse durch den Kakao gezogen unter Überschriften wie «Der Papst gibt Energiespar-Tipps» oder «Jesus würde Car-Sharing mögen».

Es liegt auf der Hand und dazu braucht man kein Spezialwissen, dass wir fortan auf kleinerem Fuß werden leben müssen, wenn die Natur eine wirkliche Chance haben soll. Wie diese neue Genügsamkeit konkret im je eigenen Leben ausfallen soll, muss jede und jeder selbst herausfinden. Einen moralinsauren Katalog von Vorschriften dazu, was Sie essen, wie Sie sich kleiden, wie Sie sich bewegen und wie Sie wohnen sollen, vom philosophischen Katheder herab, als Handreichung für Sie und Ihre lieben Nachbarn zur gegenseitigen Kontrolle, das bietet unser Buch nicht.

Trotzdem führen wir nun für die, die es hören wollen, locker ein paar Vorschläge auf. Es versteht sich von selbst und die französische «Gelbwesten»-Bewegung hat es noch einmal deutlich gemacht, dass man sich den damit angedeuteten alternativen Lebensstil leisten können muss und von daher das Problem des Naturschutzes mit dem der Armutsbekämpfung verzahnt ist: weniger fliegen, weniger Auto fahren (und wenn, dann einen Kleinwagen, am besten mit alternativem Antrieb), lieber öffentliche Verkehrsmittel benutzen (besser noch: das Fahrrad); bio, regional und saisonal essen (und dabei weniger tierische Produkte), Gemüse und Obst selbst ziehen, unverpackt einkaufen, Essen selbst kochen; nicht so viele, dafür aber bessere Gebrauchsgüter erstehen, also schöne, haltbare, reparierbare, wiederverwendbare, und nicht mit jeder Mode mitgehen; Wasser sparen (man muss nicht alle Tage duschen) und Strom, weniger heizen (anders gesagt: mehr Kleidung zuhause tragen); kleinräumiger wohnen, renovieren statt bauen, und wenn bauen, dann ökologisch; Bäume pflanzen und alte Rosen; mehr in der Natur spazieren gehen, überhaupt mehr unter freiem Himmel leben, in Wind und Wetter, mit den Jahreszeiten, und ja, man kann Peter Kurzeck auch draußen lesen, er liest sich dort sogar besonders gut. Die Corona-Krise war uns für einige Punkte auf dieser Liste ein (unfreiwilliger) Probierstein. Mancher Verzicht ging leichter von der Hand, als man vielleicht denken mochte. Und dann wurde schnell deutlich, es geht vor allem um eins: Weniger ist mehr (Klasse statt Masse!) und zusammen ist besser als allein.

Im Kleinen damit anzufangen, also bei sich und mit einer Hand voll Maßnahmen, ist dabei ein erster, immens wichtiger Schritt. Der zweite Schritt zu einem im Ganzen veränderten Lebensstil mag dann nicht mehr weit sein. So würde uns allen ein Hauruckverfahren erspart, das sich keiner wünscht (und das auch nicht zu vermitteln ist). Gleichzeitig braucht es aber Änderungen auf politischer Ebene, sodass ein Spiel aus gegenseitigen, aufeinander bezogenen und beständig hinterfragbaren Maßnahmen entstehen kann. In einer kapitalistischen Marktwirtschaft ist es wie gesagt infam, den Verbraucher für alles verantwortlich zu machen, weil gezielt mit dessen Schwächen und Begierden agiert wird, um Profit anzuhäufen und die Menschen auf das Leben des «Immer mehr» zurechtzubiegen. Das Fernziel einer Veränderung zur sozialen Marktwirtschaft hin haben wir skizziert und als Nahziel eine stärkere politische Zähmung des kapitalistischen Marktes eingefordert. Sich selbst als politische Stimme zu verstehen, wie es die aktuellen Protestbewegungen tun, erhöht dabei den Druck auf die politischen Entscheidungsträger. Denn wir alle sind es, die auf diesem Planeten gut leben wollen.

Was die Kommunikation in der Öffentlichkeit, etwa in den Medien angeht, sollte die Fixierung auf den instrumentellen Wert der Natur genauso gebrochen werden wie die Vorherrschaft von Angstinduktion. Zwar müssten wir wirklich alle viel mehr Angst haben und viel mehr Vorsicht walten lassen, wenn es um die Zukunft geht. Das hat schon früh, 1979, Hans Jonas in seinem Klassiker *Das Prinzip Verantwortung* erkannt und eine sogenannte Heuristik der Furcht, den Vorrang der schlechtesten Prognose, gefordert. Doch ist neben der Bedeutung der Angst die Bedeutung der Liebe zur Natur zu betonen und neben dem instrumentellen Wert der Natur ihr Eigenwert in einem guten menschlichen Leben. Das Herz braucht seine Gründe. Und die finden sich nirgendwo so gut wie in Literatur und Kunst. Denn Statistiken vermögen es selten, uns tiefe Einsichten zu verschaffen und uns zu bewegen. Das jedenfalls ist die Überzeugung, aus der heraus wir dieses Buch mit und über Peter Kurzeck geschrieben haben.

Anmerkungen und Literaturhinweise zum fünften Kapitel

Peter Kurzeck hat in seinen Lesungen die unserem Kapitel vorangestellte Passage hin und wieder frei erzählt, z. B. während einer Lesung im Rahmen der Schließung der Buchhandlung Hofstätter in Saarbrücken am 26. Februar 2011. Diese Lesung wurde später vom *Saarländischen Rundfunk* ausgestrahlt.

Das *Massa*-Narrativ, aus dem diese Passage nur ein klitzekleiner Ausschnitt ist, findet sich im Roman u. a. in den Kapiteln 9, 12, 27 f., 49, 53 und 56. Es stellt zu den ebenfalls über den Roman verteilt auftauchenden alten Läden in Staufenberg und in Lollar (vor allem in den Kapiteln 22–24 bzw. 38–41) ein riesiges Kippbild dar. Christoph Schröders Kurzeck-Nachruf, in dem er von der kapitalistischen «Zurichtung» der Bundesrepublik schreibt, findet sich online auf *Zeit.de*.

Die Formulierung «Wie der Kapitalismus ins Dorf kommt» geht zurück auf Florian Schwinn vom *Hessischen Rundfunk*, der eine Kurzeck-Lesung in Kassel am 12. August 2012 moderierte. Diese Lesung wurde von Bernhard Zipp aufgenommen und ist nie im Radio gesendet worden. Wir danken Michael Kling dafür, dass er uns die Aufnahme aus seinem Peter-Kurzeck-Archiv zur Verfügung gestellt hat. Besagte Formulierung fällt im Gespräch nach der eigentlichen Lesung (in Minute 56), worauf Kurzeck anmerkt:

> Peter Kurzeck: Ja, und wie sogar die Landschaft noch nach Richtlinien, nach Ordnungsrichtlinien sortiert wird.
>
> Florian Schwinn: Flurbereinigung.
>
> Peter Kurzeck: Die Flurbereinigung und alles, was danach kam.

Den Prospekt des *Handelshofes Dutenhofen* haben wir ebenfalls von Michael Kling erhalten, der ihn wiederum von einer leider unbekannten Person aus der Region hat. Es handelt sich allem Anschein nach um eine Reklamewurfsendung aus den frühen 1970er Jahren (zumindest zeigt sich «4/70» auf dem Deckblatt).

Zu Manipulation: Wer noch genauer wissen möchte, wie das vonstattengeht, wenn uns Wünsche eingepflanzt werden, der kann in Alexander Fischers Buch *Manipulation* nachlesen (wir beziehen uns hier hauptsächlich auf das erste Kapitel) oder auch in seinem Aufsatz «Im Schraubstock der Angst: Manipulation und unsere Disposition zur Ängstlichkeit». Herbert Marcuse schreibt in «Aggressivität in der gegenwärtigen Industriegesellschaft» über die Manipulation hin zum stillen, folgsamen Bürger im Rahmen des Kapitalismus. Wir zitieren ihn von S. 13.

Zu wahren und falschen Bedürfnissen: Kanonisch ist, wie im Text bereits vermerkt, David Wiggins mit dem Aufsatz «Claims of Need». Eine beispielreichere und knappere Diskussion stellt sein neuerer Artikel «An Idea We Cannot Do Without» dar. Die im Kapitel zitierte Bedürfnis-Definition stammt (in unserer Übersetzung) aus S. 31 dieses kürzeren Aufsatzes. Auch Harry Frankfurt unterscheidet bloßes Wünschen von dem, was uns wirklich wichtig ist, und zwar in «Vom Sorgen oder: Woran uns liegt».

Die Eigenschaft der Deckelbarkeit von Bedürfnissen arbeitet Joseph Raz in «Strenger und rhetorischer Egalitarismus» heraus. Sie findet sich z. B. aber auch schon in Simone Weils Werk *Verwurzelung*. Weil schreibt dort auf S. 15:

> Eine Eigenschaft, durch die sich Bedürfnisse von den Wünschen, den Phantasien oder den Lastern unterscheiden, so wie die Nahrung von den Leckereien oder den Giften, besteht darin, dass die Bedürfnisse ebenso begrenzt sind wie die Nahrung, die ihnen jeweils entspricht. Ein Geizhals kann nie genug Gold haben, aber bei jedem Menschen, dem man so viel Brot gibt, wie er will, wird der Augenblick kommen, in dem er genug hat. Die Nahrung führt zu Sättigung. Dasselbe gilt für die Nahrung der Seele.

Martha Nussbaum hat ihre Zehner-Liste an verschiedenen Orten und in verschiedenen Versionen präsentiert, u. a. auf S. 214 in «Menschliches Tun und soziale Gerechtigkeit» in dem von Holmer Steinfath herausgegebenen Sammelband *Was ist ein gutes Leben?*.

Das Zitat zur gesäten Begehrlichkeit stammt aus S. 9 f. von Muriel Barberys Roman *Die Eleganz des Igels*, das Nietzsche-Zitat zur schielenden Seele aus seiner *Genealogie der Moral* (aus dem zehnten Absatz der ersten Abhandlung), das Maier-Zitat zur Schneller-Höher-Weiter-Religion aus S. 67 seines offensichtlich von Kurzeck inspirierten Romans *Das Zimmer*, und das Vaculík-Zitat zum Maßhalten aus S. 181 seines Romans *Das Beil*.

Zur Gerechtigkeit: Einen Überblick über die Debatte zwischen Humanismus und Egalitarismus vermittelt, zusätzlich zu dem im Text genannten, von Angelika Krebs herausgegebenen Sammelband *Gleichheit oder Gerechtigkeit*, das Kapitel III ihrer Monografie *Arbeit und Liebe*. Dort werden neben Rawls' egalitaristischem Ansatz (unser Zitat ist aus S. 32 seiner *Theorie der Gerechtigkeit*) andere solche Ansätze, wie der von Ronald Dworkin, Philippe van Parijs, Gerald Cohen, Eric Rakowski etc. behandelt. Außerdem wird dort klargestellt, dass es neben Humanismus und Egalitarismus noch andere Gerechtigkeitstheorien gibt, z. B. den (nonegalitaristischen) Libertarianismus von Robert Nozick. Dieser zielt weder auf Gleichheit noch auf Menschenwürde, sondern auf negative Freiheit. Nach Nozick darf niemand seines Lebens, seiner Gesundheit, seiner Freiheit oder seines Eigentums beraubt werden. Einen Staat, der über die Garantie dieser minimalen Abwehrrechte hinausgeht, begreift er als Unrechtsstaat. Der von uns im

Text vertretene Humanismus geht entschieden über diese Minimalkonzeption von Gerechtigkeit hinaus. Mehr zum Recht auf Arbeit und/oder Grundeinkommen findet sich in Kapitel VI von *Arbeit und Liebe*.

Zur Kapitalismuskritik: Friedrich Kambartels Utopie der sozialen Marktwirtschaft ist wie gesagt komplex und enthält einiges an institutioneller Konstruktion. Wir haben in unserem Kapitel lediglich ein paar für den Naturschutz wichtige Ideen herausgegriffen. Zur Vertiefung empfehlen sich neben den genannten «Bemerkungen zur politischen Ökonomie» (das Zitat mit der bloßen Rente befindet sich auf S. 15, das Beispiel des Hauses des Philosophen auf S. 16 und das Zitat mit der Systemrente für Eigentümer auf S. 21) der online zugängliche Audio-Mitschnitt seines in Basel gehaltenen Vortrags «Brauchen wir eine vierte, ökonomische Gewalt?» sowie ein früher Aufsatz aus den 1970er Jahren, der bereits eine Menge an Begriffsarbeit leistet: «Bemerkungen zum normativen Fundament der Ökonomie». Die Formulierung «natürlicher» versus «abstrakter» Reichtum stammt aus der 1799er-Übersetzung der aristotelischen *Politik* (Buch I, 8–11) von Christian Garve. Für die ökologische Zähmung des Kapitalismus, u. a. durch eine Umweltsteuer, argumentieren z. B. Mark Sagoff in *Price, Principle, and the Environment* und Roger Scruton in *Grüne Philosophie*.

Dass auch im realen Sozialismus die Natur ausgebeutet wurde, zeigen u. a. Kurzecks Lieblingsautoren Ludvík Vaculík in *Das Beil* und Boris Piljnak in *Maschinen und Wölfe*. Das relativiert die Bedeutung der Kapitalismuskritik für den Naturschutz. Das kapitalistische Gewinnstreben ist eben nur *ein* Motor der Naturzerstörung.

Die meisten Simmel-Zitate in unserem Kapitel stammen aus seinem Vortrag «Die Großstädte und das Geistesleben», und zwar aus S. 116–121. Nur das letzte Zitat (zur Ironie der Geschichte) ist seiner *Philosophie des Geldes*, S. 305, entnommen. In diesem dicken Werk wird der kulturgeschichtliche Hauptgedanke seines Aufsatzes weiter begründet und ausgeführt. Beide Texte finden sich auch online. Hartmut Rosa baut mit seiner Kritik an *Beschleunigung* und seinem Plädoyer für *Resonanz* wesentlich auf Simmel auf.

Allgemein zur Kritik: Jürgen Habermas' Formulierung vom zwanglosen Zwang findet sich z. B. im ersten Band seiner *Theorie des kommunikativen Handelns*, S. 47. Michael Walzers Verständnis des internen Kritikers ist nachzulesen in *Kritik und Gemeinsinn*, insbesondere im zweiten Kapitel «Die Praxis der Gesellschaftskritik», aus dessen S. 78 das längere Zitat in unserem Kapitel stammt. Auf S. 49 spricht er vom örtlichen Richter, auf S. 50 von der Maske des Fremden, auf S. 74 von der Frage der Zentimeter. Das Kritikverständnis des Marxismus greift er auf S. 69 an. Die Formulierung vom «Blick von nirgendwo» spielt auf Thomas Nagels gleichnamiges Buch an. In seinen *Sphären der Gerechtigkeit* setzt Walzer sich kritisch mit Rawls' Gerechtigkeitsansatz auseinander, z. B. mit dessen Idee eines hypothetischen Urzustands auf S. 29. Allerdings fehlt in seiner Sphärentheorie ein Kapitel zur Natur, vgl. dazu den Aufsatz von Angelika Krebs im kooperativen Kommentar zu Walzers Werk. Empfohlen von Walzer seien auch *Zweifel und Einmischung* sowie *Lokale Kritik – globale Standards*. Übrigens plädiert Friedrich Kambartel ebenfalls für interne Kritik, und zwar in seinem Aufsatz «Vernunft: Kriterium oder Kultur?», in dem er die gestellte Titelfrage klar und deutlich mit «Kultur» beantwortet. Darauf hatten wir schon in den Anmerkungen zum ethischen Pluralismus im ersten Kapitel hingewiesen. Auch unser Eintreten für das Mitleid mit Tieren im ersten Kapitel und gegen eine «Topdown»-Argumentation, welche eine bestimmte Moraltheorie auf unseren Umgang mit Tieren «anwendet», ist im Sinne von immanenter Kritik zu verstehen. Ebenso unser Eintreten für den Humanismus als Gerechtigkeitskonzeption. Eigentlich ist es uns in allen Kapiteln dieses Buches ein Anliegen, «bottom up» vorzugehen.

Eine Einführung in das Thema *Was ist Kritik?* bietet der von Rahel Jaeggi und Tilo Wesche herausgegebene Sammelband gleichnamigen Titels. Die Einleitung des Bandes begreift Kritik als «immer gleichzeitig Dissoziation und Assoziation» (S. 8). Kurzeck verkörpert diese doppelte Eigenschaft der Kritik, wenn er durch intakte Natur stimuliert und kreativ ist (Assoziation), während nicht mehr intakte Natur ihn aus sich selbst herauszukatapultieren scheint (Dissoziation).

Die Zitate von Kurzeck zu seinem Selbstverständnis als Kritiker oder eben nicht stammen zum einen aus der oben nachgewiesenen Lesung in Kassel, die von Florian Schwinn moderiert wurde, zum anderen aus S. 461 des Gansel-Gespräches. Das etwa zehnminütige ARD-Interview, in dem Denis Scheck Peter Kurzeck u. a. zu seiner eigenen Suchtaffinität befragt, fand 2011 zum Erscheinen des Romans *Vorabend* über den Dächern Kölns statt. Online ist das Interview aufgrund der Beschränkungen für die öffentlich-rechtlichen Fernsehsender leider nicht mehr verfügbar. Wir danken Michael Kling, dass er es uns aus seinem Peter-Kurzeck-Archiv zur Verfügung gestellt hat. Die Passage zur Suchtaffinität startet etwa bei Minute 6:26:

> Denis Scheck: Ist Schreiben für Sie eine Sucht?
>
> Peter Kurzeck: Ja, ich denke schon, also ich wüsste nicht, wie ich es anders aushalten sollte. Es ist von allen Süchten, die ich früher hatte, also Alkohol, Zigaretten, äh, Wachtabletten und so ein Zeug, ist es eigentlich die einzige Sucht, die mir übriggeblieben ist. Und es ist schlimmer geworden.
>
> Denis Scheck: Sie erwähnen es, Peter Kurzeck ist ein sehr suchtaffiner Charakter. Sie haben getrunken, haben geraucht, ich weiß nicht, rauchen Sie noch?
>
> Peter Kurzeck: Nein, nein, ich rauche nicht mehr, ich konnte immer nur Kettenraucher sein. Ich bin nachts jede Dreiviertelstunde aufgewacht, um zu rauchen. In dieser Nichtraucherwelt jetzt wüsste ich gar nicht, wie ich da zurechtkommen sollte.

Der Dialog zu diesem Thema endet in Minute 7:04. Ebenfalls in diesem Interview findet sich die für unsere Frage nach falschem und wahrem Reichtum interessante Kurzeck'sche Aussage, dass man einfach durch das Schreiben reich wird und auch ohne Geld wie ein reicher Mann leben kann, obwohl man das manchmal nicht schafft, weil man erschrickt, dass das Geld fehlt und man auch gehungert hat.

Zur Frage danach, was zu tun ist: Blaise Pascals sprichwörtlich gewordenes Zitat von den Gründen des Herzens findet sich in seinen *Gedanken* in der vierten Sektion unter Nr. 277. Zum Verhältnis von Einsicht und Handeln führt Friedrich Kambartel in seinen unveröffentlichten «Unterscheidungen zur Praktischen Philosophie» das Konzept der praktischen Einsicht ein. Danach zeigt es sich im Handeln, ob jemand eine Einsicht hat oder nicht:

> So hat auch die Einsicht ihren eigentümlichen Ausdruck. Vor allem ist sie intern *mit einem ihr gemäßen Handeln* verbunden. Das heißt, ob unsere Zustimmung ernst gemeint (wahrhaftig) war, erweist sich *praktisch*. ... Und doch kann schließlich unser Handeln unseren Einsichten zuwiderlaufen. Wir können, heißt das, an einem Vollzug unserer Einsichten *gehindert* sein, durch entgegenstehende Einsichten oder etwa durch Handlungsmotive, welche unser Verhalten mehr oder weniger stark «erzwingen». Die in ihrem Vollzug *eingeschränkte* Einsicht unterscheidet sich *praktisch* sichtbar vom Nichtbestehen der Einsicht. (S. 2 f.)

Interessant ist in diesem Zusammenhang auch die Diskussion über interne und externe Gründe im neunten Kapitel von Bernard Williams' *Ethik und die Grenzen der Philosophie.*

Hans Jonas schlägt die Heuristik der Furcht wie erwähnt in seinem Hauptwerk *Das Prinzip Verantwortung* vor, in der Suhrkamp-Ausgabe auf S. 63. Dass Papst Franziskus in seiner Umwelt-Enzyklika auch jede Menge konkreter Vorschläge präsentiert, wie der nötige Wandel der Herzen befördert werden kann, ist schon unserem Hinweis auf die bösen Rezensionen in Sachen Energiespar-Tipps (*Cicero*) und Car-Sharing (*Frankfurter Allgemeine Zeitung*) zu entnehmen. Insbesondere das sechste und letzte Kapitel der Enzyklika ist hierfür interessant, aber auch die vorherigen Kapitel, die sich mit Fragen einer ganzheitlichen Wirtschaft, der Gerechtigkeit zwischen dem reichen Norden und dem armen Süden und den Wurzeln der ökologischen Krise auseinandersetzen. Die päpstlichen Aussagen zum Schuldenproblem und zum Technologie-Transfer in die Dritte Welt stehen unter Nr. 52 und 172.

Schluss
Fly like an Igel

Abb. 17: Peter Kurzeck vor gefällten Bäumen

Vor gefällten, aufgereihten und nummerierten Baumstämmen steht er, mit verschränkten Armen, und schaut uns an. Das Foto stammt aus Peter Kurzecks vorletztem Sommer. Aufgenommen hat es der Filmemacher Frank Wierke. Eigentlich war es als Titelbild für seinen Film mit und über Peter Kurzeck gedacht. Doch zu diesem Film kam es nicht mehr. Wie zu dem Gespräch, mit dem unser Buch angefangen hat.

Das Foto wirkt wie eine Kampfansage. Kämpfen wir mit Peter Kurzeck für eine Welt, in der die Bäume wieder in den Himmel wachsen können. Aber bitte mit der Umsicht und der Gelassenheit der Igel und ihrem Traum vom Fliegen. Wie heißt es so schön: Warum können Engel fliegen? Weil sie sich selbst so leicht nehmen: «Angels can fly because they take themselves lightly.» In diesem Sinne: «Fly like an Igel»!

Anmerkungen und Literaturhinweise zum Schluss

Das Motto «Fly like an Igel» haben wir nicht selbst erfunden, sondern von dem «Kurzeck-Groupie» Bernhard Zipp übernommen, der damit auch auf den Song der Steve Miller Band *Fly like an Eagle* anspielt. Wir danken Michael Kling für den Hinweis und Frank Wierke für die Genehmigung zum Abdruck seines Fotos von Peter Kurzeck 2012 in Graubünden.

Anhang

Verzeichnis der Literatur

Theodor W. Adorno «Kulturkritik und Gesellschaft» in: Theodor W. Adorno *Prismen. Kulturkritik und Gesellschaft*. München: dtv 1963, 7–26.
Jean Améry «Wieviel Heimat braucht der Mensch?» in: Jean Améry *Jenseits von Schuld und Sühne*. Stuttgart: Klett-Cotta 1988, 86–117.
Emil Angehrn «Das erzählte Selbst» in: Gabriela Brahier (Hg.) *Konstruktionsgeschichten*. Würzburg: Ergon 2013, 89–108.
Hannah Arendt *Eichmann in Jerusalem: Ein Bericht von der Banalität des Bösen*. München: Piper 2011.
Aristoteles *Politik*. Wien: Haas 1799.
Thomas Assheuer *Nahaufnahme Michael Haneke*. Berlin: Alexander 2008.
Aleida Assmann *Erinnerungsräume*. München: Beck 2018.
David-Christopher Assmann und Nicola Menzel «*es ist eigentlich alles ein Buch*. Peter Kurzecks Interviews» in: *Weimarer Beiträge* 64, 2018, 74–92.
Marc Augé *Nicht-Orte*. Frankfurt: Fischer 1994.
Muriel Barbery *Die Eleganz des Igels*. München: dtv 2008.
Matthias Bauer und Christian Riedel (Hg.) *TEXT + KRITIK 199: Peter Kurzeck*. München: Boorberg 2013.
Thomas Bauer *Die Vereindeutigung der Welt*. Ditzingen: Reclam 2018.
Hermann Bausinger *Fremde Nähe*. Tübingen: Klöpfer und Meyer 2002.
Walter Benjamin «Über Sprache überhaupt und über die Sprache des Menschen» in: Walter Benjamin *Sprache und Geschichte*. Stuttgart: Reclam 1972, 30–49.
Walter Benjamin «Erfahrung und Armut» in: Walter Benjamin *Gesammelte Schriften II.1*. Frankfurt: Suhrkamp 1991, 213–219.
Aaron Ben-Ze'ev *The Subtlety of Emotions*. Cambridge: MIT Press 2000.
Aaron Ben-Ze'ev *Die Logik der Gefühle*. Frankfurt: Suhrkamp 2009.
Aaron Ben-Ze'ev und Angelika Krebs (Hg.) *Philosophy of Emotion I–IV*. London: Routledge 2018.
Isaiah Berlin *Der Igel und der Fuchs*. Frankfurt: Suhrkamp 2009.
Ulrich Bielefeld und Yfaat Weiss (Hg.) *Jean Améry – … als Gelegenheitsgast und ohne jedes Engagement*. Paderborn: Fink 2014.
Dieter Birnbacher (Hg.) *Ökologie und Ethik*. Stuttgart: Reclam 1980.
Dieter Birnbacher (Hg.) *Ökophilosophie*. Stuttgart: Reclam 1997.
Dieter Birnbacher *Bioethik zwischen Natur und Interesse*. Frankfurt: Suhrkamp 2001.
Marcia Bjornerud *Zeitbewusstheit: Geologisches Denken und wie es helfen könnte, die Welt zu retten*. Berlin: Matthes und Seitz 2020.
Ernst Bloch *Das Prinzip Hoffnung*. Frankfurt: Suhrkamp 1947.

Hans Blumenberg *Lebenszeit und Weltzeit*. Frankfurt: Suhrkamp 1986.
Otto Friedrich Bollnow *Das Wesen der Stimmungen*. Frankfurt: Klostermann 1956.
Otto Friedrich Bollnow *Mensch und Raum*. Stuttgart: Kohlhammer 1963.
Otto Friedrich Bollnow «Der Mensch braucht heimatliche Geborgenheit» in: Landeszentrale für politische Bildung Baden-Württemberg (Hg.) *Heimat heute*. Stuttgart: Kohlhammer 1984, 28–33.
Otto Friedrich Bollnow *Neue Geborgenheit*. Würzburg: Königshausen und Neumann 2011.
Gernot Böhme *Atmosphäre*. Frankfurt: Suhrkamp 1995.
Hermann Broch «Einige Bemerkungen zum Problem des Kitsches» in: Hermann Broch *Dichten und Erkennen*. Zürich: Rhein, 295–310.
Michel Cieutat und Philippe Rouyer *Haneke über Haneke*. Berlin: Alexander 2013.
Kenneth Clarke *Landschaft wird Kunst*. Köln: Phaidon 1962.
Tom Cochrane «The Emotional Experience of the Sublime» in: Angelika Krebs und Aaron Ben-Ze'ev (Hg.) *Philosophy of Emotion III: Morality, Aesthetics and the Emotions*. London: Routledge 2018, 267–286.
David E. Cooper *A Philosophy of Gardens*. Oxford: Clarendon 2006.
Mihály Csíkszentmihályi *Flow. Das Geheimnis des Glücks*. Stuttgart: Klett-Cotta 1992.
Mechthild Curtius «Zwangsvorstellung: Daß ich nichts vergessen darf. Interview» in: Mechthild Curtius *Autorengespräche*. Frankfurt: Fischer 1991, 196–198.
Bianca Döring *Im Mangoschatten*. Berlin: PalmArt 2019.
Jörg Döring «Redespreche, trotzdem Schrift. Sekundäre Oralität bei Peter Kurzeck und Christian Kracht» in: Jörg Döring, Christian Jäger und Thomas Wegmann (Hg.) *Verkehrsformen und Schreibverhältnisse*. Wiesbaden: VS Verlag für Sozialwissenschaften 1996, 226–233.
Dschuang Dsi *Das wahre Buch vom südlichen Blütenland*. München: Diederichs 1991.
Ronald Dworkin *Gerechtigkeit für Igel*. Berlin: Suhrkamp 2014.
Meister Eckhart *Predigten*. Stuttgart: Kohlhammer 1988.
Fiona Ellis «Cognitive Dualism, Ontological Dualism, and the Question of God» in: *Philosophy* 94, 2019, 409–424.
Klaus Ewald und Gregor Klaus *Die ausgewechselte Landschaft*. Bern: Haupt 2010.
Klaus Ewald *Weisheiten aus meinem nicht digitalen Garten*. Bern: Haupt 2019.
Alexander Fischer *Manipulation*. Berlin: Suhrkamp 2017.
Alexander Fischer «Im Schraubstock der Angst: Manipulation und unsere Disposition zur Ängstlichkeit» in: *Hermeneutische Blätter* 1, 2020, 20–37.
Harry Frankfurt «Vom Sorgen oder: Woran uns liegt» in: Dieter Thomä (Hg.) *Analytische Philosophie der Liebe*. Paderborn: Mentis 2000, 195–224.
Papst Franziskus *Laudato si' Die Umwelt-Enzyklika des Papstes*. Freiburg: Herder 2015.
Nico Frijda «The Laws of Emotion» in: Aaron Ben-Ze'ev und Angelika Krebs (Hg.) *Philosophy of Emotion I: The Nature of Emotions*. London: Routledge 2018, 189–208.
Max Frisch «Die Schweiz als Heimat?» in: Max Frisch *Gesammelte Werke in zeitlicher Folge VI*. Frankfurt: Suhrkamp 1976, 509–518.
Jonathan Safran Foer *Tiere essen*. Köln: Kiepenheuer & Witsch 2011.
Thomas Fuchs *Leib, Raum, Person*. Stuttgart: Klett-Cotta 2000.
Thomas Fuchs «Chronopathologie der Überforderung» in: Thomas Fuchs, Lukas Iwer und Stefano Micali (Hg.) *Das überforderte Subjekt*. Berlin: Suhrkamp 2018, 52–79.
Gottfried Gabriel «Logik und Leben. Georg Mischs Auseinandersetzung mit der traditionellen Logik» in: *Dilthey-Jahrbuch* 11, 1998, 31–47.

Gottfried Gabriel «Zeit, Zeitlichkeit und Ewigkeit – philosophisch betrachtet» in: *Studia philosophica* 73, 2014, 135–148.
Gottfried Gabriel *Erkenntnis*. Berlin: de Gruyter 2015.
Gottfried Gabriel *Präzision und Prägnanz*. Münster: Mentis 2019.
Carsten Gansel «*Heimat scheint nur dort, wo Kindheit ist*. Gespräch mit Peter Kurzeck» in: Carsten Gansel *Literatur im Dialog*. Berlin: Verbrecher 2015, 439–462.
Ulrich Gebhard *Kind und Natur*. Wiesbaden: Westdeutscher Verlag 1994.
James Gibson *Wahrnehmung und Umwelt*. München: Urban & Schwarzenberg 1982.
Peter Goldie *The Emotions*. Oxford: Clarendon 2000.
Peter Goldie «How We Think of Others' Emotions» in: Angelika Krebs und Aaron Ben-Ze'ev (Hg.) *Philosophy of Emotion II: Emotions and the Good Life*. London: Routledge 2018, 111–132.
Nelson Goodman und Catherine Elgin «Wie Bauwerke bedeuten» in: Nelson Goodman und Catherine Elgin (Hg.) *Revisionen*. Frankfurt: Suhrkamp 1989, 49–70.
Günter Grass *Schreiben nach Auschwitz*. Frankfurt: Luchterhand 1990.
Hans Ulrich Gumbrecht *Stimmungen lesen*. München: Hanser 2011.
Jürgen Habermas *Theorie des kommunikativen Handelns*. Frankfurt: Suhrkamp 1981.
Christof Hardmeier und Konrad Ott *Naturethik und biblische Schöpfungserzählung*. Stuttgart: Kohlhammer 2015.
Martin Heidegger *Sein und Zeit*. Tübingen: Niemeyer 1927.
Martin Heidegger «Bauen Wohnen Denken» in: Martin Heidegger *Vorträge und Aufsätze*. Frankfurt: Klostermann 1951, 145–164.
Lea Herrmann «To Be and Not to Be a Ghost» in: Oliver Bock und Isabel Vila-Cabanes (Hg.): *Urban Walking – The Flâneur as an Icon of Metropolitan Culture in Literature and Film*. Delaware: Vernon 2020, 29–48.
Lea Herrmann *A la recherche d'une Heimat. La construction de lieux identitaires dans l'oeuvre artistique de Peter Kurzeck*. Unveröffentlichte Doktorarbeit an der Universität Lyon.
Thomas Hettche *Totenberg*. Köln: Kiepenhauer & Witsch 2012.
Philippe Jaccottet *Landschaft mit abwesenden Figuren*. Stuttgart: Klett-Cotta 1970.
Peter Janich «Chronometrie als Protophysik der Zeit» in: Peter Janich *Kleine Philosophie der Naturwissenschaften*. München: Beck 1998, 128–141.
Rahel Jaeggi und Tilo Wesche (Hg.) *Was ist Kritik?* Frankfurt: Suhrkamp 2009.
Hans Jonas *Das Prinzip Verantwortung*. Frankfurt: Suhrkamp 1988.
Angela Kallhoff, Marcello Di Paola und Maria Schörgenhumer (Hg.) *Plant Ethics*. London: Routledge 2019.
Friedrich Kambartel «Bemerkungen zum normativen Fundament der Ökonomie» in: Jürgen Mittelstraß (Hg.) *Methodologische Probleme einer normativ-kritischen Gesellschaftstheorie*. Frankfurt: Suhrkamp 1975, 107–125.
Friedrich Kambartel «Vernunft: Kriterium oder Kultur?» in: Friedrich Kambartel *Philosophie der humanen Welt*. Frankfurt: Suhrkamp 1989, 27–43.
Friedrich Kambartel «Bemerkungen zu Verständnis und Wahrheit religiöser Rede und Praxis» in: Friedrich Kambartel *Philosophie der humanen Welt*. Frankfurt: Suhrkamp 1989, 100–102.
Friedrich Kambartel «Bemerkungen zur politischen Ökonomie» in: Friedrich Kambartel *Philosophie und Politische Ökonomie*. Göttingen: Wallstein 1998, 11–39.
Friedrich Kambartel «Unterscheidungen zur Praktischen Philosophie». Unveröffentlichtes Manuskript.

Friedrich Kambartel «Brauchen wir eine vierte, ökonomische Gewalt?». Unveröffentlichtes Manuskript.
Friedrich und Ruth Kambartel *Die Farbe der Welt. Ein begrifflicher Roman*. Unveröffentlichtes Manuskript.
Wilhelm Kamlah *Philosophische Anthropologie*. Mannheim: B.I.-Wissenschaftsverlag 1973.
Immanuel Kant *Grundlegung zur Metaphysik der Sitten*. Hamburg: Meiner 1962.
Immanuel Kant *Metaphysik der Sitten*. Frankfurt: Suhrkamp 1997.
Immanuel Kant *Kritik der Urteilskraft*. Frankfurt: Suhrkamp 2014.
Wend Kässens «*Dieser Zwang, mich zu erinnern, den ich von Kindheit an habe, geht sicher auf Flucht, Vertreibung und Ortswechsel zurück.* Peter Kurzeck» in: Wend Kässens *Das Große geschieht so schlicht*. Hamburg: Corso 2011, 39–55.
Gabriela Kompatscher «Die Befreiung ästhetischer Tiere» in: Reingard Spannring, Karin Schachinger, Gabriela Kompatscher und Alejandro Boucabeille (Hg.) *Disziplinierte Tiere?* Bielefeld: transcript 2015, 137–159.
Josef König «Die Natur der ästhetischen Wirkung» in: Günther Patzig (Hg.) *Vorträge und Aufsätze*. Freiburg: Alber 1978, 283–332.
Leszek Kolakowski *Die Gegenwärtigkeit des Mythos*. München: Piper 1973.
Angelika Krebs (Hg.) *Naturethik*. Frankfurt: Suhrkamp 1997.
Angelika Krebs «Naturethik im Überblick» in: Angelika Krebs (Hg.) *Naturethik*. Frankfurt: Suhrkamp 1997, 337–379.
Angelika Krebs *Ethics of Nature. A Map*. Berlin: de Gruyter 1999.
Angelika Krebs (Hg.) *Gleichheit oder Gerechtigkeit*. Frankfurt: Suhrkamp 2000.
Angelika Krebs *Arbeit und Liebe*. Frankfurt: Suhrkamp 2002.
Angelika Krebs «Zurück zur Heimat» in: *Gaia* 20, 2011, 272–273.
Angelika Krebs «Roger Scruton: *Green Philosophy*» (Rezension) in: *Philosophisches Jahrbuch* 120, 2013, 219–220.
Angelika Krebs «Natur. Eine neue Sphäre der Gerechtigkeit» in: Manuel Knoll und Michael Spieker (Hg.) *Michael Walzer:* Sphären der Gerechtigkeit. *Ein kooperativer Kommentar*. Stuttgart: Franz Steiner 2014, 255–266.
Angelika Krebs *Zwischen Ich und Du*. Frankfurt: Suhrkamp 2015.
Angelika Krebs und Aaron Ben-Ze'ev (Hg.) *The Meaning of Moods. Philosophia* 45. Springer: Berlin 2017, 1395–1708.
Angelika Krebs «*As If the Earth Has Long Stopped Speaking to Us*. Resonance with Nature and Its Loss» in: Angelika Krebs und Aaron Ben-Ze'ev (Hg.) *Philosophy of Emotion III: Morality, Aesthetics and the Emotions*. London: Routledge 2018, 231–266.
Angelika Krebs «*Nobody Does It Better*. Max Scheler über kollektive Empathie» in: Urs Breitenstein (Hg.) *Empathie – individuell und kollektiv*. Basel: Schwabe 2018, 155–178.
Martin H. Krieger «What's Wrong with Plastic Trees?» in: *Science* 179, 1973, 446–455.
Brigitte Kronauer *Natur und Poesie*. Stuttgart: Klett-Cotta 2015.
Peter Kurzeck *Der Nußbaum gegenüber vom Laden, in dem du dein Brot kaufst*. Frankfurt: Stroemfeld 1979.
Peter Kurzeck *Keiner stirbt*. Frankfurt: Stroemfeld 1990.
Peter Kurzeck «Vorwort zu Ludvík Vaculík *Das Beil*» in: Ludvík Vaculík *Das Beil*. München: Deutsche Verlagsanstalt 1995, 5–11.
Peter Kurzeck *Übers Eis*. Frankfurt: Stroemfeld 1997.
Peter Kurzeck *Als Gast*. Frankfurt: Stroemfeld 2003.
Peter Kurzeck *Ein Kirschkern im März*. Frankfurt: Stroemfeld 2004.

Peter Kurzeck *Oktober und wer wir selbst sind*. Frankfurt: Stroemfeld 2007.
Peter Kurzeck *Kein Frühling*. Frankfurt: Stroemfeld 2007.
Peter Kurzeck *Ein Sommer, der bleibt*. Berlin: supposé 2007.
Peter Kurzeck *Das Weltbild der Igel*. Frankfurt: Stroemfeld 2010.
Peter Kurzeck *Mein wildes Herz*. Berlin: supposé 2010.
Peter Kurzeck *Lesung aus* Vorabend. Moderiert von Ralph Schock. Saarbrücken: Buchhandlung Hofstätter. *Saarländischer Rundfunk*, 26. 2. 2011.
Peter Kurzeck *Lesung aus* Das Weltbild der Igel. Moderiert von Hajo Steinert. *Deutschlandfunk*, 6. 4. 2011 und 13. 4. 2011.
Peter Kurzeck *Lesung des 42. Kapitels und eines Teils des 25. Kapitels aus* Vorabend. Moderiert von Joachim Dicks. Rostock: Andere Buchhandlung. *Norddeutscher Rundfunk*, 26. 5. 2011.
Peter Kurzeck *Interview zu* Vorabend. Moderiert von Denis Scheck. *ARD Videopodcast*, 2011.
Peter Kurzeck *Vorabend*. Frankfurt: Stroemfeld 2011.
Peter Kurzeck *Lesung aus* Vorabend. Moderiert von Denis Scheck. Hamburg: Paschen Literatursalon, 3. 5. 2012.
Peter Kurzeck *Bis er kommt*. Frankfurt: Stroemfeld 2015.
Peter Kurzeck «Grabrede für Jürgen Klaus» in: Peter Kurzeck *Bis er kommt*. Frankfurt: Stroemfeld 2015, 362–363.
Peter Kurzeck *Für Immer*. Berlin: supposé 2016.
Peter Kurzeck *Der vorige Sommer und der Sommer davor*. Frankfurt: Schöffling 2019.
George Lakoff und Mark Johnson *Leben in Metaphern*. Heidelberg: Carl-Auer-Systeme 2008.
Hilge Landweer und Thomas Szanto (Hg.) *The Routledge Handbook of the Phenomenology of Emotion*. London: Routledge 2020.
Gottfried Wilhelm Leibniz «Betrachtungen über die Wahrheit, die Erkenntnis und die Ideen» in: Gottfried Wilhelm Leibniz *Fünf Schriften zu Logik und Metaphysik*. Stuttgart: Reclam 1966.
Andrew Linzey und Tom Regan (Hg.) *Other Nations. Animals in Modern Literature*. Waco: Baylor University Press 2010.
Konrad Paul Liessmann (Hg.) *Über Gott und die Welt*. Wien: Zsolnay 2017.
Theodor Litt *Naturwissenschaft und Menschenbildung*. Heidelberg: Quelle & Meyer 1959.
Hermann Lübbe *Die Gegenwart der Vergangenheit*. Oldenburg: Holzberg 1985.
Jörg Magenau «Die Suche nach der verlorenen Zeit» in: Walter Delabar und Erhard Schütz (Hg.) *Deutschsprachige Literatur der 70er und 80er Jahre*. Darmstadt: Wissenschaftliche Buchgesellschaft 1997, 236–253.
Jörg Magenau «Wie man die Vergangenheit erfindet, Schritt für Schritt» in: *Süddeutsche Zeitung*, 16./17. 4. 2011.
Jörg Magenau «Peter Kurzeck» in: Hermann Korte (Hg.) *Kritisches Lexikon zur deutschsprachigen Gegenwartsliteratur*. München: Boorberg 2012.
Jörg Magenau «Chronist der Nebensächlichkeiten» in: *Deutschlandfunk Kultur*, 17. 10. 2015.
Andreas Maier und Christine Büchner *Bullau. Versuch über Natur*. Frankfurt: Suhrkamp 2008.
Andreas Maier *Das Zimmer*. Frankfurt: Suhrkamp 2010.
Andreas Maier «Neulich war der Peter bei mir» in: Andreas Maier *Was wir waren*. Frankfurt: Suhrkamp 2018.
Herbert Marcuse «Aggressivität in der gegenwärtigen Industriegesellschaft» in: Herbert Marcuse und Alexander Mitscherlich (Hg.) *Aggression und Anpassung in der Industriegesellschaft*, Frankfurt: Suhrkamp 1969, 7–29.

Avishai Margalit und Joseph Raz «National Self-Determination» in: *Journal of Philosophy* 87, 1990, 439–461.
Avishai Margalit *Ethik der Erinnerung*. Frankfurt: Fischer 2002.
Nicola Menzel «Peter Kurzecks Wege – Die App zwischen Werkfortführung und Umgangsform». Unveröffentlichtes Manuskript.
Georg Misch *Der Aufbau der Logik auf dem Boden der Philosophie des Lebens*. Freiburg: Alber 1994.
Rainer Moritz «Peter Kurzeck» in: Christiane Freundenstein-Arnold (Hg.) *Kindler Kompakt. Deutsche Literatur der Gegenwart*. Stuttgart: Metzler 2016, 23–28.
Iris Murdoch *The Sovereignty of Good*. London: Henley 1980.
Iris Murdoch «Philosophy and Literature» in: Bryan Magee (Hg.) *Men of Ideas*. Oxford: Oxford University Press 1982, 230–250.
Jan Müller «Idee und Wahrheit. Benjamins sprachphilosophischer Beitrag und seine Einheit» in: *Zeitschrift für kritische Theorie* 50–51, 2020, 12–43.
Jörg Müller *Immer wieder saust der Presslufthammer nieder*. Aarau: Sauerländer 1973.
Jörg Müller *Hier fällt ein Haus, dort steht ein Kran und ewig droht der Baggerzahn*. Düsseldorf: Sauerländer 1976.
Vladimir Nabokov *Erinnerung, sprich*. Hamburg: Rowohlt 1991.
Arne Næss *Ecology, Community and Lifestyle*. Cambridge: Cambridge University Press 1989.
Arne Næss «Die tiefenökologische Bewegung» in: Angelika Krebs (Hg.) *Naturethik*. Frankfurt: Suhrkamp 1997, 182–210.
Thomas Nagel *Der Blick von nirgendwo*. Frankfurt: Suhrkamp 1992.
Thomas Nagel «Wie ist es, eine Fledermaus zu sein?» in: Peter Bieri (Hg.) *Analytische Philosophie des Geistes*. Weinheim: Beltz 2007, 261–275.
Friedrich Nietzsche *Zur Genealogie der Moral*. München: dtv 1980.
Werner Nohl *Landschaftsplanung*. Berlin: Patzer 2011.
Werner Nohl «Auswirkungen von grosstechnischen Baustrukturen auf das Landschaftsbild» in: Karl-Martin Tanner, Matthias Bürgi und Thomas Coch (Hg.) *Landschaftsqualitäten*. Bern: Haupt 2006, 215–231.
Martha Nussbaum *Love's Knowledge. Essays on Literature and Philosophy*. New York: Oxford University Press 1992.
Martha Nussbaum «Menschliches Tun und soziale Gerechtigkeit» in: Holmer Steinfath (Hg.) *Was ist ein gutes Leben?* Frankfurt: Suhrkamp 1998, 196–234.
Martha Nussbaum *Die Grenzen der Gerechtigkeit*. Frankfurt: Suhrkamp 2006.
Anthony O'Hear «Philosopher par excellence» in: *The Critic*, Februar 2020.
Konrad Ott *Naturethik zur Einführung*. Hamburg: Junius 2010.
Juhani Pallasmaa *Die Augen der Haut*. Los Angeles: Atara 2013.
Blaise Pascal *Gedanken*. Berlin: Suhrkamp 2012.
D. Z. Philips «Wittgenstein and Religion» in: D. Z. Philips *Religious Beliefs and Language Games*. Houndsmill: Palgrave Macmillan 1993, 56–78.
Boris Pilnjak *Maschinen und Wölfe*. Leipzig: Reclam 1992.
Heribert Prantl «Fühlmäler für die Grundrechte. Zum internationalen Tag des Denkmals: Wie später einmal die Erinnerung an die Corona-Krise aussehen könnte» in: *Süddeutsche Zeitung*, 18.4.2020.
Benjamin Puls *Das Dorf als literarischer Imaginationsraum in der deutschen Gegenwartsliteratur. Eine Untersuchung am Beispiel von Peter Kurzecks Romanzyklus* Das alte Jahrhundert. Unveröffentlichte Masterarbeit an der Universität Marburg 2015.

Sten Eiler Rasmussen *Architektur Erlebnis*. Stuttgart: Krämer 1980.
Matthew Ratcliffe *Feelings of Being*. Oxford: Oxford University Press 2008.
John Rawls *Eine Theorie der Gerechtigkeit*. Frankfurt: Suhrkamp 1979.
Joseph Raz «Strenger und rhetorischer Egalitarismus» in: Angelika Krebs (Hg.) *Gleichheit oder Gerechtigkeit*. Frankfurt: Suhrkamp 2000, 50–80.
Tom Regan «Wie man Rechte für Tiere begründet» in: Angelika Krebs (Hg.) *Naturethik*. Frankfurt: Suhrkamp 1997, 33–46.
Paul Ricoeur «Narrative Identität» in: Elmer Mittler (Hg.) *Heidelberger Jahrbücher* 31. Berlin: Springer 1987, 57–67.
Christian Riedel *«Wie ich mit meinem Vater im Wald bergauf gehe und dann weiter mit Carina. Generationelle Verflechtungen bei Peter Kurzeck»* in: Matthias Bauer und Christian Riedel (Hg.) *TEXT + KRITIK 199: Peter Kurzeck*. München: Boorberg 2013, 27–35.
Christian Riedel *Peter Kurzecks Erzählkosmos. Idylle – Romantik – Blues*. Bielefeld: Aisthesis 2016.
Joachim Ritter «Landschaft» in: Joachim Ritter *Subjektivität*. Frankfurt: Suhrkamp 1974, 141–166.
Robert Roberts «The Sophistication of Non-Human Emotion» in: Aaron Ben-Ze'ev und Angelika Krebs (Hg.) *Philosophy of Emotion I: The Nature of Emotions*. London: Routledge 2018, 57–73.
Hartmut Rosa *Beschleunigung*. Frankfurt: Suhrkamp 2005.
Hartmut Rosa *Resonanz*. Berlin: Suhrkamp 2016.
Peter Rühmkorf «Das lyrische Weltbild der Nachkriegsdeutschen» in: Hans Werner Richter (Hg.) *Bestandsaufnahme*. München: Desch 1962, 474–476.
Rüdiger Safranski *Romantik*. München: Hanser 2007.
Rüdiger Safranski *Die Zeit*. München: Hanser 2015.
Mark Sagoff *Price, Principle, and the Environment*. Cambridge: Cambridge University Press 2004.
Simon Schama *Der Traum von Wildnis*. München: Kindler 1996.
Barbara Schäfer «Erzählen und Erinnern. Ein Besuch bei Peter Kurzeck» in: *Radio Bayern 2, Nachtstudio*, 4.6.2013.
Max Scheler *Wesen und Formen der Sympathie*. Bonn: Bouvier 1999.
Erika Schellenberger-Diederich *«Zwischen den träumenden Basaltfelsen. Geopoesien bei Peter Kurzeck, Thomas Hettche, Peter Handke und Christoph Ransmayr»* in: *literatur für leser* 39, 2011, 25–41.
Friedrich Schiller und Johann Wolfgang von Goethe *Xenien*. Leipzig: Reclam 1895.
Erika Schmied (Hg.) *Peter Kurzeck. Der radikale Biograph*. Frankfurt: Stroemfeld 2013.
Friederike Schmitz (Hg.) *Tierethik*. Berlin: Suhrkamp 2014.
Hermann Schmitz *Der Leib, der Raum und die Gefühle*. Ostfildern: Tertium 1998.
Hermann Schmitz *Der Leib*. Berlin: de Gruyter 2011.
Hans Julius Schneider «Anthropomorphes versus anthropozentrisches Denken» in: Matthias Gatzemeier (Hg.) *Verantwortung in Wissenschaft und Technik*. Stuttgart: Metzler 1989, 34–45.
Hans Julius Schneider «Ethisches Argumentieren» in: Heiner Hastedt und Ekkehard Mertens (Hg.) *Ethik*. Reinbek: Rowohlt 1994, 13–47.
Hans Julius Schneider «Das Placebo-Argument» in: Ludwig Nagl (Hg.) *Religion nach der Religionskritik*. Wien: Akademie 2003, 177–194.

Hans Julius Schneider «Erfahrung und Erlebnis» in: Reinhold Esterbauer und Elisabeth Pernkopf (Hg.) *Das Spiel mit der Wirklichkeit*. Würzburg: Königshausen und Neumann 2004, 231–248.
Hans Julius Schneider *Religion*. Berlin: de Gruyter 2008.
Hans Julius Schneider «Sätze können nichts Höheres ausdrücken. Das Ethische und die Grenzen der Sprache beim frühen Wittgenstein» in: *Deutsche Zeitschrift für Philosophie* 58, 2010, 1–16.
Hans Julius Schneider «Können, Wissen, Zuschreibung» in: Jens Loenhoff (Hg.) *Implizites Wissen*. Weilerswist: Velbrück 2012, 67–90.
Christoph Schröder «Peter Kurzeck erinnert sich wie gedruckt» in: *Die Zeit*, 29.5.2012.
Christoph Schröder «*Die ganze Zeit erzählen, immer.* Nachruf Peter Kurzeck», in: *Die Zeit*, 26.11.2013.
Stephanie Schuster «*Die Ewigkeiten macht man sich selbst*». Schönheit und Zeiterleben in Peter Kurzecks Werk. Unveröffentlichte Masterarbeit an der Universität Basel 2019.
Roger Scruton *The Classical Vernacular*. Manchester: Carcanet 1994.
Roger Scruton *On Hunting*. London: Yellow Jersey 1998.
Roger Scruton *The Aesthetics of Music*. Oxford: Oxford University Press 1999.
Roger Scruton «Die Quellen moralischen Denkens» in: Ursula Wolf (Hg.) *Texte zur Tierethik*. Stuttgart: Reclam 2008, 164–169.
Roger Scruton «The Aesthetic Gaze» in: Mark Dooley (Hg.) *The Roger Scruton Reader*. London: Continuum 2009, 137–151.
Roger Scruton «Knowledge and Feeling» in: Mark Dooley (Hg.) *The Roger Scruton Reader*. London: Continuum 2009, 152–162.
Roger Scruton *Schönheit*. München: Diederichs 2012.
Roger Scruton *The Face of God*. London: Continuum 2012.
Roger Scruton *The Aesthetics of Architecture*. Princeton: Princeton University Press 2013.
Roger Scruton *Grüne Philosophie*. München: Diederichs 2014.
Roger Scruton *The Soul of the World*. Princeton: Princeton University Press 2014.
Roger Scruton «The Strangely Enduring Power of Kitsch». London: BBC, 12.12.2014.
Roger Scruton «The Point of Intersection of the Timeless with Time» in: Roger Scruton (Hg.) *Ephemera*. Venedig: Fondazione Cini 2016, 164–169.
Roger Scruton «No Through Road» in: James Bryson (Hg.) *The Religious Philosophy of Roger Scruton*. London: Bloomsbury 2016, 263–266.
Roger Scruton «Things As They Seem» in: *Philosophy* 94, 2019, 461–471.
Roger Scruton u. a. *Living with Beauty. Report of the Building Better, Building Beautiful Commission*. Online unter:
https://assets.publishing.service.gov.uk/government/uploads/system/uploads/attachment_data/file/861832/Living_with_beauty_BBBBC_report.pdf (abgerufen am 12.6.2020).
Martin Seel *Eine Ästhetik der Natur*. Frankfurt: Suhrkamp 1991.
Martin Seel «Aisthetik und Ästhetik» in: Martin Seel *Ethisch-ästhetische Studien*. Frankfurt: Suhrkamp 1996, 36–69.
Christoph Seifener «*Immer schneller die Zeit. Der Verlust dörflicher Strukturen und die veränderte Zeitwahrnehmung in Peter Kurzecks Vorabend*» in: Werner Nell und Marc Weiland (Hg.) *Imaginäre Dörfer*. Bielefeld: transcript 2014, 309–322.
Georg Simmel *Die Philosophie des Geldes*. Frankfurt: Suhrkamp 1989.
Georg Simmel «Die Großstädte und das Geistesleben» in: Georg Simmel *Aufsätze und Abhandlungen 1901–1908*. Frankfurt: Suhrkamp 1995, 116–131.

Georg Simmel «Philosophie der Landschaft» in: Georg Simmel *Aufsätze und Abhandlungen 1909–1918*. Frankfurt: Suhrkamp 2001, 471–482.
Peter Singer *Praktische Ethik*. Stuttgart: Reclam 2010.
Bruno Snell *Die Entdeckung des Geistes*. Göttingen: Vandenhoeck & Ruprecht 1975.
Stadt Staufenberg (Hg.) *Peter Kurzecks Wege*. Online unter: https://peter-kurzecks-wege.de (abgerufen am 12.6.2020).
Achim Stanislawski «Der Bibliotheksbus, ein eigenartiges Bett, die RAF. Interview mit Peter Kurzeck» in: *Faust-Kultur*, 6.12.2010.
Edith Stein *Zum Problem der Einfühlung*. Freiburg: Herder 2008.
Raymond Tallis «Art and the Escape from the Elusive Prison of the Present» in: Roger Scruton (Hg.) *Ephemera*. Venedig: Fondazione Cini 2016, 40–48.
Michael Tanner «Sentimentality» in: Angelika Krebs und Aaron Ben-Ze'ev (Hg.) *Philosophy of Emotion III: Morality, Aesthetics and the Emotions*. London: Routledge 2018, 136–150.
Theater am Tisch «*Das Weltbild der Igel*» von Peter Kurzeck (Hörstück in vier Teilen). Marcus Schäfer (Sprecher) und Willi Häne (Musik, Sounds, Produktion). Online unter:
https://www.youtube.com/watch?v=P_vls163mi8 (Teil 1, 2.4.2020),
https://www.youtube.com/watch?v=bd1XzowIuEk (Teil 2, 9.4.2020),
https://www.youtube.com/watch?v=aKjQTqMkooo (Teil 3, 16.4.2020),
https://www.youtube.com/watch?v=4e9FWw-Sd5w (Teil 4, 22.4.2020).
Michael Theunissen «Freiheit von der Zeit» in: Michael Theunissen *Negative Theologie der Zeit*. Frankfurt: Suhrkamp 1991, 285–298.
Stefan Tolksdorf und Holm Tetens (Hg.) *In Sprachspiele verstrickt*. Berlin: de Gruyter 2010.
Johannes Ullmaier «*Die Ewigkeiten macht man sich selbst*. Zu Verlebendigung und Überzeitlichkeit bei Peter Kurzeck» in: Matthias Bauer und Christian Riedel (Hg.) *TEXT + KRITIK 199: Peter Kurzeck*. München: Boorberg 2013, 58–70.
United Nations Environment Programme *Making Peace with Nature: A Scientific Blueprint to Tackle the Climate, Biodiversity and Pollution Emergencies*. Nairobi 2021. Online unter: https://www.unep.org/resources/making-peace-nature (abgerufen am 19.2.2021).
Ludvík Vaculík *Das Beil*. München: Deutsche Verlagsanstalt 1995.
Markus Vogt «Im Zeichen der Ökologie» in: *Impulse* 534, 2015, 111–115.
Christiane Voss *Narrative Emotionen*. Berlin: de Gruyter 2004.
Frans de Waal *Der Affe und der Sushimeister*. München: Hanser 2002.
Michael Walzer *Sphären der Gerechtigkeit*. Frankfurt: Campus 1992.
Michael Walzer *Kritik und Gemeinsinn*. Berlin: Rotbuch 1990.
Michael Walzer *Zweifel und Einmischung*. Frankfurt: Fischer 1991.
Michael Walzer *Lokale Kritik – globale Standards*. Hamburg: Rotbuch 1996.
Andreas Weber *Alles fühlt*. Berlin: Berlin Verlag 2007.
Kurt-H. Weber *Die literarische Landschaft*. Berlin: de Gruyter 2010.
Simone Weil *Die Verwurzelung*. Zürich: Diaphanes 2011.
David Wellbery «Stimmung» in: Karlheinz Barck (Hg.) *Ästhetische Grundbegriffe 5*. Stuttgart: Metzler 2003, 703–733.
Wim Wenders *Papst Franziskus. Ein Mann seines Wortes*. Hollywood: Universal Studios 2018.
Adrian Wettstein *Fiktive Geschichten – echte Gefühle*. Münster: Mentis 2015.
David Wiggins «Claims of Need» in: David Wiggins *Needs, Values, Truth*. Oxford: Clarendon 1998, 1–59.
David Wiggins «Nature, Respect for Nature, and the Human Scale of Values» in: *Proceedings of the Aristotelian Society* 100, 2000, 1–32.

David Wiggins «An Idea We Cannot Do Without» in: Soran Reader (Hg.) *The Philosophy of Need.* Cambridge: Cambridge University Press 2005, 25–50.
David Wiggins «A Reasonable Frugality» in: Anthony O'Hear (Hg.) *Philosophy and the Environment. Royal Institute of Philosophy Supplement* 69, 2011, 175–200.
Bernard Williams *Ethik und die Grenzen der Philosophie.* Berlin: Rotbuch 1987.
Bernard Williams «Muß Sorge um die Umwelt vom Menschen ausgehen?» in: Angelika Krebs (Hg.) *Naturethik.* Frankfurt: Suhrkamp 1997, 296–306.
Peter Winch «Discussion of Malcolm's Essay» in: Norman Malcolm *Wittgenstein: A Religious Point of View?* London: Routledge 1994, 95–135.
Werner Winderl (Hg.) *Peter Kurzeck erzählt. Ein Projekt der Klasse M10 Doktor-Eisenbarth-Schule Oberviechtach.* Berlin: Epubli 2015.
Ludwig Wittgenstein *Philosophische Untersuchungen.* Frankfurt: Suhrkamp 1977.
Ludwig Wittgenstein «Vortrag über Ethik» in: Ludwig Wittgenstein *Vortrag über Ethik und andere kleine Schriften.* Frankfurt: Suhrkamp 1989, 9–20.
Ludwig Wittgenstein *Vorlesungen und Gespräche über Ästhetik, Psychoanalyse und religiösen Glauben.* Frankfurt: Fischer 2000.
Peter Wohlleben *Das geheime Leben der Bäume.* München: Ludwig 2015.
Ursula Wolf *Das Tier in der Moral.* Frankfurt: Klostermann 1990.
Ursula Wolf (Hg.) *Tierethik.* Stuttgart: Reclam 2006.
Richard Wollheim «Correspondence, Projective Properties, and Expression in the Arts» in: Angelika Krebs und Aaron Ben-Ze'ev (Hg.) *Philosophy of Emotion III: Morality, Aesthetics and the Emotions.* London: Routledge 2018, 192–204.
Georg Henrik von Wright *Erklären und Verstehen.* Königstein: Athenäum 1974.
Georg Henrik von Wright *The Varieties of Goodness.* Bristol: Thoemmes 1993.
Juli Zeh *Unterleuten.* München: Luchterhand 2016.
Peter Zumthor *Architektur denken.* Basel: Birkhäuser 1999.
Peter Zumthor *Atmosphären.* Basel: Birkhäuser 2006.

Bildnachweise

Abb. 1	*Peter Kurzeck, im Baum schreibend*, auf einer Reise zwischen Uzès und Petit Munot im Burgund, 1995, Fotografie, © Ute Schendel
Abb. 2	*Peter Kurzeck in der Telefonzelle*, im Elsass unterwegs nach Uzès, 1993, Fotografie, © Ute Schendel
Abb. 3	*Peter Kurzeck auf der Wendeltreppe zu seiner Wohnung in Uzès*, 1995, Fotografie, © Ute Schendel
Abb. 4	*Peter Kurzeck an einem Brunnen in Uzès*, auf dem Markt, 1995, Fotografie, © Ute Schendel
Abb. 5	*Peter Kurzeck vor den Türmen von Uzès*, auf einem der täglichen Spaziergänge in der Garrigue, 1995, Fotografie, © Ute Schendel
Abb. 6	*ein stück geschichte – peter kurzeck liest*, Plakat des Kulturarbeitskreises Staufenberg, später «IM-PULS», mit einer Zeichnung von Otto Ubbelohde, zur Kurzeck-Lesung am 18. November 1987 im Restaurant *Felseneck* in Staufenberg, © Burkhard Fuchs
Abb. 7	Peter Kurzeck: *Ohne Titel (Gewerbegebiet Lollar Süd)*, 1965, Öl auf «Lukas»-Malkarton, 4 mm, 80 × 100 cm, datiert und signiert oben rechts «Peter KurzEck / Staufenberg / 65», Privatbesitz, © Carina Wächter
Abb. 8	Peter Kurzeck: *Schwarze Bäume*, 1964, Tusche mit Rohrfeder über Bleistift, aquarelliert, 29,9 × 39,8 cm, datiert und bezeichnet oben links: «MÄRZ 64 / Schwarze / Bäume», signiert oben rechts: «Peter KurzEck / Staufenberg», Sammlung Manfred Aulbach, Gießen, © Carina Wächter
Abb. 9	Peter Kurzeck: *Die Straße über die Brücke und der gefrorene Fluß am Morgen*, 1964, Tusche mit Rohrfeder über Bleistift, aquarelliert, mit Bleistift überarbeitet, 29,9 × 39,8 cm, datiert oben links: «JANUAR / 64», signiert oben Mitte: «Peter KurzEck / Staufenberg», bezeichnet oben rechts: «die Straße / über die / Brücke / und der ge- / frorene / Fluß», unten Mitte: «am Morgen», Privatbesitz, © Carina Wächter
Abb. 10	Peter Kurzeck: *Ohne Titel (Teich bei Staufenberg)*, nicht datiert, Gouache, 21 × 27,6 cm, Papier mit Lochperforation, Nagellöcher in den Ecken, Sammlung Manfred Aulbach, Gießen, © Carina Wächter
Abb. 11	Schaubild *Formen der Erkenntnis (nach Gabriel 2015)*
Abb. 12	Schaubild *Arten von Begriffen (nach Leibniz 1684)*
Abb. 13	Schaubild *Landkarte der Naturethik (nach Krebs 1997)*
Abb. 14	Peter Kurzeck: *Typoskriptseite aus den Igelkapiteln des Romans* Vorabend, Schreibmaschine mit Handschrift, blauer Kugelschreiber, © Carina Wächter

Abb. 15	Jörg Müller: *Die Veränderung der Landschaft*, vier Bilder aus der Bildermappe *Immer wieder saust der Presslufthammer nieder oder die Veränderung der Landschaft*, ursprünglich 1973 im Sauerländer Verlag, Aarau, © Fischer Verlag
Abb. 16a und b	*Reklame des Handelshofes Dutenhofen*, vermutlich 1970
Abb. 17	*Peter Kurzeck vor gefällten Bäumen*, auf einer Wanderung in einem Wald in Graubünden, nahe Valchava im Val Müstair, 2012, Fotografie, © Frank Wierke
Abb. 18	*Angelika Krebs am Telefon*, 2021, Fotografie
Abb. 19	*Jan Müller und Alexander Fischer an einem Brunnen in Uzès*, 2019, Fotografie
Abb. 20	*Stephanie Schuster vor den Türmen von Uzès*, 2019, Fotografie

Die Autorinnen und Autoren

Angelika Krebs am Telefon

Angelika Krebs: Geboren 1961 in Mannheim. Studium der Philosophie und Germanistik in Freiburg im Breisgau, Oxford (UK), Konstanz und Berkeley (USA). Philosophische Assistenz bei Prof. Friedrich Kambartel zunächst in Konstanz, dann in Frankfurt. Umweltschutzpreis der Universität Frankfurt und Stegmüller-Preis der Gesellschaft für Analytische Philosophie für ihre Dissertation und UNO-Studie zur Naturethik 1993. Seit 2001 Lehrstuhl für Praktische Philosophie in Basel. 2005/2006 *Visiting Fellow* am *Center for Human Values* in Princeton (USA) und 2014 am *Rachel Carson Center* in München. Forschung im Bereich Ethik und Ästhetik, zu den Themen Natur, Arbeit, Familie und Gerechtigkeit, zu Gefühlen und Stimmungen, zu Henry James und der Liebe zwischen Ich und Du.

Jan Müller und Alexander Fischer an einem Brunnen in Uzès

Alexander Fischer: Geboren 1985 in Hildesheim. Studium der Philosophie, Germanistik, Kommunikationswissenschaft und Neueren Geschichte in Bamberg sowie Film und Literatur in Waterloo (Kanada). Assistenz und Promotion in Bamberg. Derzeit Oberassistenz am Lehrstuhl für Praktische Philosophie in Basel. Gastaufenthalte an der Duke University (USA), der University of Cambridge (UK), der Bond University (Australien) und zuletzt an der University of Notre Dame (USA). Forschung im Bereich Philosophie und Psychologie (Manipulation, Emotionstheorie), Philosophie und Literatur (Narration) sowie Ethik. Zudem psychotherapeutische Tätigkeit. (Auf dem Foto ist Alexander Fischer der mit der Kamera. Er fotografiert eine Studentin, welche das Schendel-Foto von Peter Kurzeck am Brunnen in Uzès vor ebendiesen Brunnen hält.)

Jan Müller: Geboren 1979 in Lüdenscheid. Studium der Philosophie und Germanistik in Marburg und Frankfurt. Promotion in Stuttgart. Derzeit Oberassistenz am Lehrstuhl für Praktische Philosophie in Basel. Forschung im Spannungsfeld von Handlungsphilosophie, Sprachphilosophie, Ethik und Kritischer Theorie, u. a. zum Begriff der Lebensform in Ethik und politischer Theorie. (Auf dem Foto ist Jan Müller der mit dem Strohhut.)

Stephanie Schuster vor den Türmen von Uzès

Stephanie Schuster: Geboren 1987 in Freiburg im Breisgau. Studium der Philosophie, Skandinavistik, Ethnologie und Biogeografie in Basel, Freiburg im Breisgau, Reykjavik und Trier. Forschung zu Zeitphilosophie und Ästhetik. Masterabschluss 2019 in Basel mit der mit dem Max-Fäh-Preis ausgezeichneten Arbeit *«Die Ewigkeiten macht man sich selbst» – Schönheit und Zeiterleben in Peter Kurzecks Werk*.

Register

Aberglaube   64, 104, 145
absoluter Wert (Wert an sich)   155, 159
Affordanz   69, 77, 91, 159
Ameisen   52, 68, 85, 151
Améry, Jean   173–177, 179
Angst   54, 116, 130, 213 f.
Animismus   68, 98
Anmutung (Ausdruck)   70 f., 75, 77 f., 91
Ansteckung   59, 61, 67 f., 91, 108, 110, 132
anthropologische Konstanten   54, 111, 165, 194 f.
Anthropomorphismus   65 f., 70, 91
Anthropozentrik   12–14, 47, 80–82, 93, 138, 155, 157
– versus Physiozentrik   12–14, 80–82
– instrumentell versus eudaimonistisch   13 f., 80–82
– moralisch versus epistemisch   70, 153, 157, 159, 209
Äpfel   166
Arbeit   29, 195, 200, 202
Arche Noah   62, 154, 156
Architektur   97, 101 f., 110–112, 133, 170–172, 179, 182, 213
Arendt, Hannah   143
Aristoteles   41 f., 87, 194, 196, 200, 216
Artenschutz   43, 136 f., 142, 155
ästhetische Betrachtung (Kontemplation, Resonanz)   13, 96, 107–110, 155
– versus kausale Effekte   108, 110
ästhetische Erziehung   53
Atmosphäre   70, 91, 97, 101–106, 111, 128, 130
– versus Stimmung   101
– anhaltend versus transitorisch   102
Auen   172
Auferstehung   141, 144, 153
Autobahnen   161–163

Bäche   189 f.
Bambifikation   68, 91
Banken   200, 205
Bäume   118, 168, 219
«beatitudo» (versus «fortuna»)   149

Bedeutungstheorien (Abbild- versus Gebrauchstheorie)   146
Bedürfnisse (Grundbedürfnisse, vitale B., wahre B.)   193 f., 215
– versus bloße Wünsche, Interessen, Präferenzen und Begierden   193 f.
– biologisch versus existenziell versus persönlich   194
Begreifen   13, 29, 32 f., 36, 46, 70, 211 f.
– versus Bescheid-Wissen   46, 212
Begriffspolitik   29
Begründung   33, 64, 75 f., 88, 207 f.
– versus Argumentation   208
– versus Zwang und Manipulation   207 f.
Benjamin, Walter   96, 116, 134, 158
Ben-Ze'ev, Aaron   43, 89, 130
Berge   128
Beschleunigung   114, 121, 134, 188 f., 216
Bibel   62, 139–144
Blasiertheit   204 f.
Bollnow, Otto Friedrich   100, 115 f., 130, 134, 169, 179

Corona-Pandemie   9, 40, 83, 164, 176, 193, 202, 213

Dankbarkeit   47, 63, 97, 99, 129, 138, 152
Definition   10, 73 f., 88
Demut (Pietät)   63, 152, 178
deutlich versus klar   73–75, 112
Diäten   192
dichotomisch (binär, dualistisch, kontradiktorisch) versus polar (graduell, konträr)   29, 72, 106
«disneyfication»   169
doppelte Intentionalität   103, 105
Dörfer   29, 166
Dylan, Bob   95, 129

«éducation sentimentale»   53
Effizienz   50, 187
– versus Produktivität   201
Egalitarismus(kritik)   197, 215

Eigentum 199–201
- Gebrauch versus Verwertung (Kapital) 199

Eigenwert (intrinsischer Wert, Selbstzweck) 80–83
- versus instrumenteller Wert 80
- moralisch versus eudaimonistisch (inhärent, relational) 81, 92
- Schönheit versus Heiligkeit versus Heimat 155, 177

Eigenzeit 123
Einsfühlen (Verschmelzung) 59, 61, 107 f.
Elfenbeinturm 9, 11
Emotion *siehe* Gefühl
Empathie (Einfühlung, Nachfühlen) 59 f., 69 f., 75, 90, 98
- versus Ansteckung 59
- versus Ein*s*fühlen 59
- versus «in his shoes imagining» 69 f.
- versus Mitgefühl (Sympathie) 60

Entfremdung *siehe* Resonanz
Erde 29, 139
Erdgeschichte 61 f., 128
Erhabenheit 131, 133
- mathematisch versus dynamisch 131

Erholung 9, 131
Erinnerung 26, 62 f., 79, 112, 115 f., 118, 120, 150, 154, 170, 173–180
Erkenntnis (propositionales versus sinnliches Wissen) 10, 15, 33, 49, 72–78, 92, 148 f., 212
Erlebnis (versus Erfahrung) 116, 118, 134
essen 181 f.
eudaimonistisch *siehe* Eigenwert
Evokation (versus Diskurs) *siehe* Erkenntnis
Ewigkeit 116, 126–128

Fabrikschritt 39
fahren 52, 181 f.
«fake nature» (Plastikbäume etc.) 112
fernsehen 116, 189
Film 42 (Tati), 48, 90 (Haneke), 96 f. (Clouzot), 137 (Wenders), 219 (Wierke)
Fleisch 181
«flow» 108, 110

Flüchtlinge 164, 173 f.
Fortschritt 29, 39, 63, 211
Fortschrittsverlierer 52
Frankfurt 19, 23, 42, 58, 166, 233
Frauen 49, 68, 75, 84, 181, 192
freies Spiel der Sympathie 108
Freude (Lust, Wohlgefallen, Genuss, Vergnügen) 9, 25, 107 f., 110, 116, 132
- aktiv versus passiv 108, 132

Frevel 155
Frösche 135 f., 138–144
Frühling 121 f.

Gabriel, Gottfried 15, 18, 33, 40, 72–77, 92, 114, 148 f., 208
Gaia 12
Gänse 64 f.
Gärten 103, 123 f., 131, 138, 202
Geborgenheit (Sicherheit) 9, 111, 122, 127, 146, 148, 165, 167
Gefühl (Emotion) 35 f., 43, 48 f., 89 f., 168 f., 203 f.
- versus leibliche Empfindung 54
- versus Stimmung 54
- versus Verstand und Vernunft 10, 49 f., 76, 203 f., 212

Gefühlstheorien (Empfindungstheorie versus kognitive versus narrative Theorie etc.) 56, 89 f.
Gegenwart 125 f., 187
Geiz 16, 183 f., 215
Gelassenheit 107, 113, 126, 149 f., 151, 219
Geld 198–206
Gerechtigkeit 196–198, 215 f.
- versus Moral 197
- allgemein versus besonders 196
- formal versus substantiell 205
- global versus lokal 196, 201, 206

Gerechtigkeitstheorien (Egalitarismus versus Humanismus etc.) 197, 215
Gesundheit 46, 81, 84, 109, 194, 202
Gewinnmacherei (Profitstreben, Verwertungsinteresse) 16, 31, 184, 188, 199–202
Gier (nach absolutem Mehr) 183, 190–192, 198

- versus Neid (auf relatives Mehr) 186 f.
Glaube 9, 33, 64, 97, 102, 138, 145, 147 f.
- «faith» versus «belief» 148
Gogh, Vincent van 26, 98
Gott 9, 16, 102, 138, 144–147
Gras 19, 26, 163, 189
Grundbedürfnisse *siehe* Bedürfnisse
Gründe des Herzens 10, 212
Grundeinkommen 196, 216

Habermas, Jürgen 207 f., 216
Halbdinge 119, 131
Haneke, Michael 48, 90
Häresie der Paraphrase 33 f., 40
Heidegger, Martin 54, 100, 111, 116, 129 f., 171, 179
Heiligkeit 79, 151 f., 155, 177
Heimat 29, 79, 161–180
- versus Ferne 167
- Land der Kindheit versus Wahlheimat 174 f.
Heu 190, 204
Heuristik der Furcht 213, 218
Himmel 64, 127, 219
Holismus 83 f., 93
Humanismus 197 f., 215 f.

Ich-Erzähler 57–60
idealtypisch 67
Identität (Besonderung) 79, 164 f., 172, 177, 179 f.
Ideologie(kritik) 32, 202
Idylle 29, 40
Igel 45 f., 50–55, 58 f., 61–63
Immersion 96, 110, 112, 119
intrinsisch *siehe* Eigenwert

joggen 182
Jonas, Hans 93, 213, 218

Kambartel, Friedrich 16, 18, 87 f., 115, 133, 145, 199–201, 216–218, 233
Kant, Immanuel 17, 46–50, 53, 75, 78, 87, 92, 101, 107 f., 130 f., 132
Kapital 199

Kapitalismus(kritik) 198–202, 216
Kindheit 65, 68, 163, 170, 174
Kitsch 35, 68, 168–170, 180
Klima 12, 46, 102, 104, 120, 137, 196
Konsum 118, 138, 141, 169 f., 183–189, 195 f.
Kontingenz 148, 197
Kontrolle 99, 148, 186, 198, 212
Kostenexternalisierung 201 f.
Kritik 207–211, 216 f.
- intern versus extern 209 f.
Kühlschränke 182, 188

Landschaft 12, 29, 96–106, 112, 161–163, 170–173
Landschaftsmalerei 102
Landschaftsplanung 172, 180
Lärm 28, 104, 139, 163, 178, 211
Latour, Bruno 42
Lebenslügen 210
Lebensstil 138, 204, 212 f.
Lebenswelt 10, 15, 71 f., 114
leibliche Empfindung (lokal versus global) 54
Leibniz, Gottfried Wilhelm 73 f.
Leid 48, 80 f., 147, 156
Leistungsmythos 201
Licht 97, 128
Liebe und Freundschaft 81 f., 93, 132 f., 168, 199
Literatur 10, 31–33, 52–59, 154, 198, 209
Logik 10, 33, 77
- subsumptiv versus hermeneutisch 73, 76 f.
Lollar 33–35, 46, 61 f., 188, 214
loslassen 79, 148, 150 f., 155
Luxus 10, 109, 201
lyrische Prosa 53–56, 112

Magenau, Jörg 36, 40, 53, 78, 114, 134
Malerei 26, 98 (van Gogh), 34–38, 95, 97 (Picasso),102, 105 (da Vinci), 162
Manipulation 191
Märchen 37, 40, 50 f., 58, 64, 68, 137
Margalit, Avishai 26, 178, 197
Marginalität 144, 209

Marktwirtschaft (sozial versus kapitalistisch)   199–202
Marx, Karl   192, 199, 208, 216
Meditation   155, 158
metaphorisch (versus wörtlich)   14, 16, 72, 75, 97
- versus notwendig metaphorisch   78, 81, 91, 104, 149, 177
Metaphysik (im schlechten Sinne)   16, 78–82, 133
Milch   63
Misch, Georg   76 f., 92
Mitgefühl (Mitfreude und Mitleid, Sympathie)   59–61, 76, 89 f., 108, 130
- und Moral   46–48, 70 f.
- «pity» versus «compassion»   90
Mond   55, 124
Moraltheorien (Kantianismus versus Utilitarismus versus Kontraktualismus etc.)   15, 47–50, 63, 87–89
Morgen   95
Moses   139–141, 153
Möwen   87
Müll   135–137, 143
Musik   40 (Blues), 53 f., 60, 129 (Beatles), 95, 129 (Dylan), 101, 105, 107,180 (Bach)

Næss, Arne   43, 93
Nagel, Thomas   75, 216
narrative Emotionstheorie   56, 90
Nationalismus   179
Nationalsozialismus   76, 140, 164, 173
Naturästhetik   9 f., 111, 130 f.
Naturbegriff   19, 29, 42 f., 106
Naturethik   12 f., 80–82
nebenbei   53, 136, 152, 154
Neid   186 f., 198
Neubaugebiete   28, 166
nicht-propositional (sinnlich, klar, prägnant, evokativ)   *siehe* Erkenntnis
- praktisch versus phänomenal   75
Nostalgie   16, 29, 168–170, 180, 207
Nussbaum, Martha   41, 87, 89, 194–196, 206, 215

Oikophilia   179
Ökodumping   201
Ökofeminismus   83 f.
Ökozentrik   *siehe* Physiozentrik

Pantheismus   152 f., 156
Papst Franziskus   137 f., 140, 153, 157, 206, 212, 218
Paradoxien der Zeiterfahrung   115 f.
Pathozentrik   47, 80, 88, 156
Personifikation   14 f., 37 f., 65–72, 81, 97 f., 104–106, 142, 149, 177
Perspektivenübernahme   58 f.
Pflanzenethik   93
Pfusch   32
Philosophie   10, 49, 71, 73, 212
Physiozentrik   12–14, 47, 80–84
- moralisch versus ästhetisch   14, 81 f.
Pietät   *siehe* Demut
Pilnjak, Boris   38 f., 216
«place making»   171
Pluralismus (Komplexität, Kultur)   11 f., 48–50, 87, 197, 209, 217
Politik   29, 111, 131, 213
Prägnanz versus Präzision   *siehe* Erkenntnis
praktische Einsicht   218
Projektion   68, 82, 91, 100, 103, 136
propositional (deutlich, präzise, diskursiv)   *siehe* Erkenntnis
putzen   31

Rationalität   *siehe* Verstand
Rawls, John   197 f., 209, 215 f.
Recht auf Leben   137, 156 f.
Recht auf Natur   10, 202
Reichtum   105, 200, 218
- natürlich versus abstrakt   200, 206, 216
Religion   *siehe* Gott, Heiligkeit, Spiritualität, Pantheismus
Resonanz (versus Entfremdung)   13, 15, 27 f., 71, 79, 108, 111, 132–134, 165, 173, 177, 190, 211
- kausal-sinnlich versus ästhetisch versus spirituell versus biografisch versus sozial   132

Rhythmus 17, 27, 119-121, 123 f., 187
Riedel, Christian 18, 34, 40 f., 91, 129, 154, 156
Rilke, Rainer Maria 37, 96, 123, 134, 168
«road kill» 46, 157
Romantik 13 f., 29, 40, 91, 129, 154, 156
Rosa, Hartmut 28, 115, 132, 134, 158, 216

Scheler, Max 59, 68, 90
Schmetterlinge 122
Schmitz, Hermann 91, 119
Schneider, Hans Julius 16, 18, 40, 87 f., 91, 145-151, 155, 158 f.
Schönheit 12, 32, 78 f., 95-134, insbes. 131, 150, 152, 155, 177
- versus Erhabenheit 131
- frei versus abhängig 130, 133
- imaginativ versus kontemplativ versus korresponsiv 130
Schöpfung 62, 137 f., 144, 153, 158
Schwalben 31, 34
Schwimmbäder 59, 67
Scruton, Roger 15, 18, 88, 91 f., 93, 105 f., 108, 120, 128 f., 132 f., 151, 158, 169, 172, 179 f., 216
Seel, Martin 93, 130, 133
Selbstoptimierung 190, 215
Sentimentalität 164, 167-170, 180
Simmel, Georg 106, 131, 203-206, 216
Sommer 95
Sonne 121
Sorgen 54, 121
sparen 181-186
Speziesismus (Gattungsegoismus, Humanchauvinismus) 48, 89
Spiritualität 79, 135-159, insbes. 137, 147., 157 f.
Städte 140, 164, 167, 171, 178, 203 f.
Statistik 46, 213 f.
Staufenberg 17, 19, 29 f., 39 f., 42, 109, 139, 163, 166 f., 173, 177, 179, 214
Stein, Edith 59, 68, 90
Steine 65
Stille 139
Stimmung 96, 98-106, 129 f.
- versus Atmosphäre 101
- versus Emotion 99

- versus leibliche Empfindung 99
- basal (Grundstimmung) versus wechselnd (Laune) 100
Stimmungsinkongruenz 99
Stimmungslyrik 167
subjektiv
- versus intersubjektiv 10, 67, 75, 88, 103, 109, 111, 159
- versus objektiv 83, 159
Suffizienz (Genügsamkeit) versus Gleichheit 31, 184, 190, 193 f., 197 f., 200, 212, 215
Supermärkte 182-189
Symbolisierung 68
Szientismus 14, 16, 78, 82

Täler 161
tanken 182
teeren 182
Teiche 39, 139
Teleologie (versus Funktionalität) 83, 93
tertiäre Qualitäten 71, 91, 101, 103, 105
Tiefenökologie («deep ecology») 83 f., 93
Tierethik 71, 87-89
Transzendenz 129, 145-147, 153, 155, 158, 209
Trost 9, 14, 122, 128, 132, 148-150

Uhren 120 f.
Unorte 16, 79, 109, 161, 205
Urteilskraft 75, 88, 92, 198, 209, 211
Uzès 14, 17, 19-26, 34, 39, 41 f., 54, 167

Vaculík, Ludvík 32, 38, 177, 198, 216
Veränderung 35, 43, 115, 120, 122, 128, 152, 162, 164, 173
Verdichtung 29
Vergänglichkeit 118, 124, 127 f.
Vergletscherung des Gefühlslebens 48, 90
Vernunft (versus Verstand und Gefühl) 10, 49 f., 100, 212
Verrat 62 f., 70
Verstand (Rationalität) (versus Gefühl und Vernunft) 10, 31, 49 f., 76, 183 f., 203 f., 212
«virtual reality» 112

Vogelgesang 105 f.
Vorher-nachher-Bilder (Kippbilder) 31, 34 f., 39, 52 f., 138, 149, 163

Wachstum(szwang) 183, 188, 191, 200 f.
Wahrheit 33, 75 f., 109
- versus Angemessenheit 33
- versus Wahrhaftigkeit 33, 43
Wälder 27 f., 176
Walzer, Michael 87 f., 197, 209, 211, 216 f.
Wandel des Herzens 36, 212
wandern 131, 142
Wasser 45, 137 f.
Wege 61 f., 95
Weil, Simone 165, 215
Werbung 27, 184 f.
Widerfahrnis 43, 109, 148–150
Wiggins, David 93, 194, 215
Williams, Bernard 89, 93, 159, 218
Wind 119, 138
Windräder 29, 171–173, 180
«Wissen, dass» (versus «Wissen, wie») *siehe* Erkenntnis
- versus «Wissen, was» 92
Wissenschaft 10 f., 49, 77 f., 81, 105
Wittgenstein, Ludwig 108 f., 115, 145 f., 159
wohnen 111
Wright, Georg Henrik von 43, 132

zählen 62, 105, 181
Zeit 113–129, insbes. 114–117, 133 f.
- ordinal versus durativ versus modal 115, 117
- zyklisch versus linear 119–124
- zur rechten Zeit 122 f.
Zeitbewusstheit (Achtsamkeit auf Zeit) 117–119, 128, 134
Zeiterleben 15, 115 f.
Zersiedlung 170
Zukunft 113, 115, 121, 125, 181, 187 f.
zukünftige Generationen 120, 178
Zumthor, Peter 97, 171 f.

Das Signet des Schwabe Verlags ist die Druckermarke der 1488 in Basel gegründeten Offizin Petri, des Ursprungs des heutigen Verlagshauses. Das Signet verweist auf die Anfänge des Buchdrucks und stammt aus dem Umkreis von Hans Holbein. Es illustriert die Bibelstelle Jeremia 23,29: «Ist mein Wort nicht wie Feuer, spricht der Herr, und wie ein Hammer, der Felsen zerschmeisst?»